四川省“十二五”普通高等教育本科规划教材
工商管理本科系列教材

# 人力资源管理

RENLI ZIYUAN GUANLI

（第二版）

主编 卿涛　　副主编 徐险峰 罗键

Southwestern University of Finance & Economics Press
西南财经大学出版社

图书在版编目(CIP)数据

人力资源管理(第二版)/卿涛主编.—2版.—成都:西南财经大学出版社,2013.2

ISBN 978-7-5504-0942-2

Ⅰ.①人… Ⅱ.①卿… Ⅲ.①人力资源管理—高等学校—教材
Ⅳ.①F241

中国版本图书馆CIP数据核字(2013)第002802号

人力资源管理(第二版)

主 编:卿 涛
副主编:徐险峰 罗 键

责任编辑:李特军
助理编辑:高 玲
封面设计:穆志坚
责任印制:封俊川

| | |
|---|---|
| 出版发行 | 西南财经大学出版社(四川省成都市光华村街55号) |
| 网 址 | http://www.bookcj.com |
| 电子邮件 | bookcj@foxmail.com |
| 邮政编码 | 610074 |
| 电 话 | 028-87353785 87352368 |
| 照 排 | 四川胜翔数码印务设计有限公司 |
| 印 刷 | 郫县犀浦印刷厂 |
| 成品尺寸 | 185mm×260mm |
| 印 张 | 21.75 |
| 字 数 | 685千字 |
| 版 次 | 2013年2月第2版 |
| 印 次 | 2013年2月第1次印刷 |
| 印 数 | 1—3000册 |
| 书 号 | ISBN 978-7-5504-0942-2 |
| 定 价 | 43.80元 |

# 第二版前言

在人力资源管理的理论研究和实践操作飞速发展的今天，人力资源管理教育也在突飞猛进地发展。人力资源管理教育已经形成了本科、硕士、博士三个层次的完整教育体系，尽管三个层次的教学目的、内容、方法和重点各不相同，但本科教育在这个体系中的基础作用是不可动摇的。本教材正是为了加强本科教学、巩固人力资源管理教育的基础而编写的。为了满足广大读者的需求，对第一版进行了修订，第二版的编写强化了以下几个特点：

(1) 基础性。本科教育是高等教育的基础，必须让学生了解和掌握基本概念、基本原理和基本方法。本教材正是从“三基”出发，突出了本科教育的特点，从整体章节的安排，到具体内容的写作，都强调和保持了把基本概念和基本原理讲准确、讲透彻，把基本方法讲清楚、讲明白的特点，以此来帮助学生建立起相对完整而清晰的人力资源管理知识的基础。

(2) 规范性。本科教育的重点是培养应用型人才，同时向更高层次的教育输送人才，因此，在突出“三基”的同时，学科知识的规范性尤为重要。这里讲的规范，不仅指知识本身的规范，也指知识学习、探索和传播过程的规范。因此，本教材不仅力求所写内容的规范，也力求形式的规范，力求帮助学生在习得知识的同时，也习得学术规范，为学生进一步深造奠定基础。

(3) 系统性。本教材站在战略的高度，以战略为主线，围绕人力资源管理的各项职能展开，从人力资源管理战略、人力资源规划、工作分析与工作设计、人员招聘、培训管理、职业生涯管理、绩效管理、薪酬管理、股权激励、劳动关系管理、人力资源管理外包等方面对现代人力资源管理的知识体系进行了全面系统的讲解，为读者建立起了一个完整的知识体系和相应的操作方法的框架。

(4) 实践性。为了使本教材成为读者理论与实践的指南，本书更突出理论与实际的结合。每章都结合内容穿插了一些案例，在增加常识的同时，也引导读者进行更多的联想和思考，用理论知识去及时分析现实生活中的管理事件。

本书共分十二章。第1章为导论，主要介绍人力资源的概念与特征、人力资源管理的概念与职能、人力资源管理的演变过程、人力资源管理的发展趋势等。第2章为人力资源战略，主要介绍人力资源战略与企业战略的关系、企业文化的整合、人力资源战略与企业竞争优势、人力资源战略的制定等。第3章为人力资源规划，主要介绍人力资源规划的种类与内容、人力资源规划的原则与步骤、人力资源规划内外环境分析、人力资源需求与供给预测的步骤与方法等。第4章为工作分析与工作设计，主要介绍工作分析与工作设计的概念、意义和程序，工作设计常用的方法，工作说明书的编写以及定编定员的主要方法等。第5章为人员招聘与甄选，主要介绍招聘的含义与流程、招聘渠道、甄选技术与方法、员工录用、招聘评估等。第6章为培训管理，主要介绍培训的重要意义、培训的分类与形式及培训方法、培训的理论基础、管理人员培训与开发的特点、培训的成本管理、培训效果评估等。第7章为职业生涯管理，主要介绍职业生涯管理的理论与方法、职业生涯路径选择、影响职业生涯变化的主要因素、职业生涯发展模式、职业生涯管理与组织竞争优势等。第8章为绩效管理，主要介绍绩效管理的含义、绩效管理在人力资源管理中的地位和作用、绩效考核的方法、绩效管理流程、绩效管理中的问题、绩效管理系统有效的条件等。第9章为薪酬管理，主要介绍薪酬的含义和类型、我国企业的工资制度和福利制度、薪酬管理的理论基础、薪酬管理的目标与原则、薪酬体系设计流程等。第10章为股权激励，主要介绍股权激励的含义和特点、管理层股权激励的操作要点、员工持股计划的操作要点、管理层和员工进行股权激励要注意的问题等。第11章为劳动关系管理，主要介绍劳动关系的内涵，劳动合同的订立、履行、变更等过程中的相关法律和知识，劳动关系调整中的协调机制，劳动争议处理的程序和相关法律法规，劳动过程中关于劳动者的健康、安全保护的法规知识等。第12章为人力资源外包，主要介绍人力资源外包的含义与类型、人力资源外包的战略决策、人力资源外包的风险辨别与管理、人力资源外包下人力资源管理的转变等。

本书的写作团队由长期从事人力资源管理教学与研究的中青年教师组成，由卿涛、徐险峰和罗键分别担任主编和副主编，全面负责本书的基本内容和框架体系的设计。本书具体章节的写作任务分工如下（以章节先后为序）：卿涛第1章，罗键第2章，罗键、罗怡第3章，徐险峰第4章，任迎伟第5章，钟峥第6章，石磊第7章，曾祥发第8章，甘元霞第9章，李映东第10章，师丽第11章，郭志刚第12章。在第二版的修改过程中，章璐璐参与了部分章节的修改、整理工作，为第二版的顺利出版做出了贡献。本书的出版得到了西南财经大学出版社的大力支持，在此表示衷心的感谢！

在本书的编写过程中，我们参阅和借鉴了大量相关文献，还引用了一些已发表的案例、新闻报道和其他资料，在此我们谨向这些文献（包括书籍、论文、案例、新闻报道和其他资料）的作者表示感谢！

本书适合人力资源管理专业和相关专业的本科生使用，也可作为各类企业管理人员的培训教材。由于作者水平有限，书中难免存在不足之处，恳请读者批评指正。

编者

2013年1月

# 目　录

# 第1章　导论

人事管理转变为人力资源管理是历史的必然，这个转变不是名称的更改，而是观念和内涵上的根本转变。本章将阐述读者在系统学习现代人力资源管理的各项职能之前必须了解的相关基本知识，分析现代人力资源管理的发展趋势。

## 1.1　人力资源的概念与特征

### 1.1.1　人力资源的概念

人力资源是指一定范围内的人口中具有智力和体力劳动能力的人的总和。它是包含在人体内的一种生产能力，并以劳动者的数量和质量来表示的资源。

这里有必要将人力资源与几个相关的概念如人口资源、劳动力资源、人才资源相区别。人口资源是指一个国家或地区以人口总数来表示的资源，它是其他几种资源的基础。劳动力资源是指在一个国家或地区具有劳动能力并愿意从事劳动以换取劳动报酬，并且其年龄在法定的劳动年龄范围之内的人力资源。人才资源是指在一个国家或地区劳动力资源中具有某种突出能力的高智商、高素质、高技能的那部分人力资源。

### 1.1.2　人力资源的特征

人力资源相对于物质资源具有以下几个突出的特征：

1. 能动性

人力资源的能动性是人力资源与其他资源相区别的主要特征。人力资源的能动性包括以下要点：

(1) 人具有意识。人清楚活动的目的，可以有效地对自身活动作出选择，以调整自身与外界环境的关系。

(2) 人在生产活动中处于主体地位。人是支配其他资源的主导因素。

(3) 人力资源具有自我开发性。在生产过程中，人一方面损耗自身，另一方面通过合理的行为，得到补偿、更新和发展。

(4) 人力资源在活动过程中具有可激励性。通过提高人的工作能力和工作动机，可以提高人的工作效率，激发其工作潜力。

2. 双重性

人力资源同时具有生产性和消费性。人力资源的生产性是指人力资源是物质财富的创造者。人力资源的消费性是指人力资源的保护与维持需要消耗一定的物质财富。生产性和消费性是相辅相成的。生产性能够创造物质财富，为人类或组织的生存和发展提供条件。

消费性则能够保障人力资源的维持和发展，是人力资源本身生产和再生产的条件。

3. 时效性

人力资源存在于人的自然生命体中，随着人的体力和脑力的变化而发生变化。人力资源的时效性一方面是指人力资源的形成、开发和利用会受到人的自然生命规律的限制，另一方面是指人力资源如果长期不用，便会荒废和退化。所以，对人力资源的开发和利用都要把握好最佳时期，让人在其生命周期的每一个阶段都得到最好的潜力开发机会，使人的生命价值得到最充分的体现。

4. 社会性

这是人力资源区别于其他资源的重要特征。人是社会的人，不可避免地要受社会文化的影响，形成自己特有的价值观念和行为方式。这可能会与所在企业的文化价值观一致，也可能不一致而发生冲突。同时，人的社会性体现在人有思想、有感情，从属于一定的社会群体，有复杂的心理和感情活动，这就增加了人力资源管理的复杂性和难度。而人在有思想、有感情的同时，也有爱心和责任心，这就使人力资源较之于其他资源有更大的潜力，一旦人的责任心、积极性、主动性被调动起来，就可以创造奇迹、创造难以估量的价值。

5. 再生性

人力资源也同许多其他资源一样存在消耗与磨损问题，但其不同之处在于：自然资源在消耗后就失去了再利用的价值，物质资源在形成最终产品后也无法继续开发，而人力资源在使用后可以通过体力恢复和培训投入继续发挥作用。人力资源是可以开发和再生的资源，人力资源的使用过程也是人力资源开发和再生的过程，职业生涯设计、培训、积累、创造、激励和提升，还有劳动保护、安全健康措施等都是人力资源开发和再生的途径。

## 1.2 人力资源管理的概念与职能

### 1.2.1 人力资源管理的概念

人力资源管理是指运用科学的方法，在企业战略的指导下，对人力资源进行获取与配置、培训与开发、考核与激励、安全与保障、凝聚与整合等，最终实现企业目标和员工价值的过程。通过挖掘人的潜力，运用各种人力资源管理实践和人力资源管理政策，以获取企业的持续竞争优势。

### 1.2.2 人力资源管理的职能

人力资源管理的职能主要体现在人力资源战略、人力资源规划、工作分析与工作设计、招聘与选拔、员工培训与开发、职业生涯规划、绩效管理、薪酬管理、劳动安全与健康、企业文化建设等方面。

1. 人力资源战略

人力资源战略是企业为适应外部环境日益变化的需要和人力资源自身发展的需要，根据企业的发展战略充分考虑员工的期望而制定的人力资源开发与管理的纲领性的长远规划。人力资源的价值性、稀缺性、不可模仿性和无法替代性，使其成为了企业竞争优势的重要源泉。现代企业为了实现企业战略，为了获得并保持竞争优势，必须从战略的高度、用战略的思维来规划人力资源的问题，以保持企业的人力资本优势。

2. 人力资源规划

人力资源规划是指分析组织在环境的变化中的人力资源需求状况，并制定必要的政策和措施以满足这些需求。具体来讲，就是要在组织和员工的目标达到最大一致的情况下，使人力资源的供给和需求达到最佳平衡，确保组织在需要的时间和需要的岗位上获得各种所需的人才（包括数量和质量两个方面）。企业的人力资源规划必须与企业战略保持协调一致，而企业战略的制定是受制于外部环境的变化的，因此，人力资源规划必须要有战略眼光，要整合企业各种资源，综合考虑人力资源管理的各项职能，发挥企业优势，回避劣势，以适应内外部环境的发展变化。

3. 工作分析与工作设计

工作分析是确定工作内容、性质以及完成工作所需技能、责任和知识的系统过程。它是一种重要的人力资源管理职能。工作分析需要全面了解、获取与工作有关的详细信息，对组织中某个特定岗位的工作内容和职务规范（任职资格）进行描述和研究，即制定职务说明和职务规范。工作设计是对工作完成的方式以及完成一项工作所需要从事的任务进行界定的过程。为了有效地进行工作设计，必须通过工作分析全面地了解当前的工作现状和整个工作流程。工作设计是组织向其成员分配工作任务和职责的方式，因而工作设计是否得当对于有效地实现组织目标，激发员工的工作积极性，提高工作绩效和增强员工的工作满意感都有重大的影响。

4. 招聘与选拔

招聘与选拔是企业采取科学的方法寻找、吸引具备资格的个人到本企业来任职，从而选出适宜人员予以录用的管理过程。知识经济时代，企业的竞争将集中在人才的竞争上，因此企业人才储备与开发将是极其重要的一环，企业为了实现其目标，必须拥有能够胜任工作的员工。通过人力资源规划确定了人力资源需求与供给状况之后，还必须通过招聘与选拔保证组织能够在需要的时候聘用到那些最适合组织及招聘岗位要求的人，并把他们安置到具体的工作岗位上。

5. 员工培训与开发

员工培训与开发是企业为适应业务及培育人才的需要，采用补习、进修、考察等方式，对员工进行有计划的培养和训练，使其不断更新知识，胜任现职工作及将来担任更重要职务，以适应新技术革命所带来的知识结构、技术结构、管理结构等方面的深刻变化的要求。根据员工的类别不同和成长阶段的不同，员工培训与开发有入职培训、晋升培训、绩效改善培训、转岗培训以及岗位资格培训等。人力资源的培训开发与职业生涯规划密切相关。

6. 职业生涯管理

职业生涯管理是建立在有组织的员工职业生涯规划和发展基础之上的。一方面，正确识别员工的能力和技能，引导员工的职业发展，加强和提高企业进行人力资源管理和开发活动的准确性，可以增强员工在工作场所的适应能力和竞争能力。另一方面，有效的员工职业生涯开发活动又能激励员工通过自己的努力提高企业的获利能力和水平。职业生涯管理最终的结果是达到组织和员工的双赢。个人的职业和组织的需要并不是冲突的，通过职业生涯规划与管理，可以使组织和员工的需要都能够得到满足。

7. 绩效管理

绩效管理是通过有效的体系综合地管理组织绩效和员工绩效。绩效管理的中心目标是发挥员工的积极性和创造力，挖掘员工的潜力，并将组织战略目标的实现与员工个体职业生涯发展有机结合起来，提高组织的绩效的同时实现员工的个人价值。绩效管理是现代人力资源管理的重要内容和核心职能之一。绩效考核是用正式的结构化的制度来衡量、考核并影响与员工工作有关的特性、行为和结果，以考核员工的实际绩效。绩效考核是绩效管理流程中的核心环节。

8. 薪酬管理

薪酬管理是企业根据员工为实现组织目标所作的贡献，包括实现的绩效、付出的努力、时间、学识、技能、经验与创造，运用薪酬制度给予其相应的回报。薪酬通常包括工资、奖励、津贴和福利等四个主要的组成部分。薪酬管理的原则是竞争性原则、公正性原则和激励性原则。除了经济性报酬之外，还有舒适的工作环境、良好的工作氛围、完成工作的成就感等非经济报酬。

9. 劳动关系管理

劳动关系是劳动者与用人单位，包括各类企业、个体工商户、事业单位等，在实现劳动过程中建立的社会经济关系。任何劳动者与任何性质的用人单位之间因从事劳动而结成的社会关系都属于劳动关系的范畴。当劳动者加入某一个用人单位，成为该单位的一员，并参加单位的生产劳动，劳动者与用人单位的劳动关系便形成了；双方所涉及的工作任务、劳动条件、工作时间、工作年限、劳动报酬、劳动保护、社会保障和生活福利、劳动纪律等就是劳动关系所涉及的主要内容。处理好劳动关系是人力资源管理的重要职能。

10. 企业文化建设

企业文化是企业在长期的生产经营实践中，有意识地推广和传播并逐步形成的、为全体员工所认同并遵守的、带有本组织特点的使命与愿景、精神与价值观、运营理念和它们在生产经营实践、管理制度、员工行为方式上的体现，以及企业对外形象的总和。企业文化对于企业实现自身的目标，发挥团队的协作效用，增强组织的凝聚力，留住企业的核心员工具有重要的作用。企业文化建设是整合企业精神，建立价值理念，规范企业行为，完善企业制度，塑造企业形象，建立企业识别的整个过程。建设优良的企业文化是人力资源管理的重要职能。

---

**即时案例**　　**海底捞的员工管理秘诀**

海底捞于1994年创办，到现在整整17个年头，连锁店60多个，营业额十几亿元。海底捞先后在四川、陕西、河南等省荣获“先进企业”、“消费者满意单位”、“名优火锅”等十几项称号和荣誉，创新的特色服务赢得了“五星级”火锅店的美名，并连续多次被评为“最受欢迎10佳火锅店”、“最受欢迎20佳餐馆”，获得“中国餐饮百强企业”名誉称号。如今，海底捞更是成为各高校商学院以及不同行业的企业纷纷研究的典范企业。

一、善待员工

海底捞董事长张勇说：“人心都是肉长的，你对人家好，人家也就对你好；只要想办法让员工把公司当成家，员工就会把心放在顾客上。”张勇道出了海底捞的秘诀：善待员工，把员工当成家里人。海底捞也是这么做的。

善待员工首先要信任员工，而信任的标志就是授权。张勇在公司的签字权是100万元以上；100万元以下是由副总、财务总监和大区经理负责；大宗采购部长、工程部长和小区经理有30万元签字权；店长有3万元签字权，这种放心大胆的授权在民营企业实属少见。张勇对一线员工的信任更让同行匪夷所思。一线普通员工有给客人先斩后奏的打折和免单权。不论什么原因，只要员工认为有必要，都可以给客人免一个菜或者加一个菜，甚至免一餐。

在大多数餐饮业的打工者居住在简陋的地下室时，海底捞不仅为员工提供公寓，还配置24小时的热水与空调。公寓内电话、电视网络一应俱全，有专人打扫卫生，换洗床单。员工生病了，公司还会送上药品和病号饭，上夜班的员工还能享受到夜宵服务。对那些夫妻员工还考虑给单独房间。

二、海底捞的平等主义

作为北方区的总负责人，袁华强每个月都有一项特殊的任务：去员工的宿舍生活三天。目的在于体验员工的衣、食、住、行是否舒适，以便及时改善。员工对待他，不叫“袁总”，而是亲切地呼唤他“袁哥”。在海底捞分店，他与来自家乡的小服务生随意地开玩笑，互相拍着肩膀。

在袁华强看来，在很大程度上，这得益于张勇的充满理想主义的“人生而平等”的价值观念。现在海底捞的核心高管，除了财务和工程师外聘外，其他都是开始在海底捞的基层做，一步步走到现在的普通人。袁华强几乎干过海底捞所有的职务：门童，厨师，洗碗工……

至今他还记得刚进入海底捞时，曾连续三个月吃菜花的经历，这让他到现在对这种寻常菜还留有阴影，同时，这种从苦难中成长起来的亲身经历也让他们保持着一颗平常心。

三、鼓励创新，给员工成长的平台

关于海底捞被人广为称道的细节服务——发圈、眼镜布等，最初只是一个自发的想法。袁华强说：“员工提出新建议，大家讨论后觉得可行就会去实践。”包丹袋就是这个想法的代表，这是一个防止顾客手机被溅湿的塑封袋子。由于是一名叫包丹的员工提出的这个创意，即用员工的名字命名。“这种命名的方式既能实现他的价值，也是对他的尊重，很多员工都有很多不错的创意，要给他们提供机会。”当包丹袋在其他店使用时，这些店会给这位员工交纳一定的费用。

当然，不是每一个创意都可以得到应用和推广，但海底捞鼓励员工自由提出想法，允许员工犯错误。为了鼓励员工创新，现在海底捞已经形成了一个代表着创新意识的红黄蓝榜机制。在海底捞总部的办公室墙上，每月以店为单位进行创意统计。每个月9号，各个片区的店经理都要向总部提交一份创新的评估报告，上面将详细列出各店员工最近的一些想法和创意，而几位核心高层则会在月底讨论，负责对此进行总结和评比，确定哪些是在本店可行的，哪些是可以推广到全国连锁应用的。“如果一个店这个月是蓝榜，那代表无创新，黄榜则代表本店可以应用，红榜则代表全国可以推广。”

四、良好的晋升通道

在海底捞，公司会给员工明确的晋升方向：从管理线、技术线、后勤线三个通道让不同岗位的员工都有晋升的机会；所有的高管，包括店长，必须从基层的员工开始做起，一步一步升级上来。按照张勇的说法，管理者要是没有做过服务员，再换位思考也是“近台看戏”——看戏的哪怕是票友，也不能完全体会真正靠唱戏为生的压力与追求。

这种晋升制度，让所有的员工都感受到公平——哪怕你今天是一个切菜的厨房小工也有机会升级——这样让有能力和追求的员工都能够在这里找到发展的方向，几乎没有晋升的天花板。即使你当了店长，还有更大的区域和连锁店给你提供施展的空间，只要你想，海底捞早就给你设计好了职业生涯的舞台。

五、激发员工工作热情的考核制度

海底捞超越了一般企业最重要的一点是，它更大程度地发挥了员工的热情，并把这种热情传递下去。对于餐饮连锁企业来说，店长起着极为重要的作用。在张永德的办公室墙上，贴着对店长以上干部的考核表，目的就是检测干部和员工的热情度。考核分为多个项目，除了业务方面的内容之外，还有创新、员工激情、顾客满意度、后备干部的培养。每项内容都必须达到规定的标准，唯独缺少的就是业绩指标。

这几项不易评价的考核内容，海底捞都有自己衡量的标准。例如“员工激情”，总部会不定期地会对各个分店进行检查，看员工的注意力是不是放在顾客的身上，看员工的工作热情和服务的效率。如果有员工没有达到要求，就要追究店长的责任，“你平时是怎么要求的？你是怎么带动的？”一次可以原谅，可以给机会，几天后再派人检查，员工的服务是否快速、准确、热情，是否能够马上满足顾客的要求，是否快速准确、大方得体。

资料来源：董克用．人力资源管理概论［M］．北京：中国人民大学出版社，2011：80－82．（引用时有所改编）

## 1.3 人力资源管理的演变过程

在整个现代管理系统中，人力资源管理是一个重要的子系统。人力资源管理的发展也与整个现代管理的发展一样经历了一个不断演进的过程，在每一个阶段表现出了不同的特点。

### 1.3.1 人事管理初级阶段——18 世纪中叶至 19 世纪中叶

随着第一次工业革命的标志——蒸汽机的产生、英国圈地运动开始以及手工作坊被大规模机械化生产所替代，农村人口涌入城市，雇佣劳动随之产生。在人事管理的初级阶段，管理先驱人物罗伯特·欧文（Robert Owen，1771—1858）提出了把钱花在提高劳动力素质上是企业经理最佳的投资之一。他认为关心雇员既能为管理当局带来高利润，又能减轻人们的痛苦。亚当·斯密（Adam Smith，1723—1790）于 1776 年发表了《国富论》，对组织和社会将从劳动分工中获得巨大经济利益进行了论述，认为劳动分工之所以能够提高生产率，是因为它提高了每个工人的技巧和熟练程度，节约了由于变换工作而浪费的时间，有利于机器的发明和应用。[1]

这一阶段人事管理思想有如下特点：

（1）把人视为经济人。以金钱为唯一衡量标准和激励手段，确立了工资支付制度和劳动分工。每个工人有自己的工作岗位、工作职责，按规定获得劳动报酬。

（2）管理以任务为中心。以结果为导向，以任务为中心，不关注人在生产过程中的感受，不关注人在金钱和物质之外的其他需求。

（3）管理者与劳动者有了明显区分。管理者的主要任务是指派、强迫和监督工人劳动，工人的任务就是做工。这日益加大了工人和管理者之间的距离和矛盾。

### 1.3.2 科学管理阶段——19 世纪末至 20 世纪初

随着资本主义从自由竞争到垄断的发展，科学管理思想和学派占据了主导地位。其中的代表人物美国的弗雷德里克·温斯洛·泰勒（Frederick Winslow Taylor）出版了《科学管理原理》一书，阐述了科学管理（Scientific management）理论——应用科学方法确定从事一项工作的“最佳方法”。科学管理的内容很快被世界范围的管理者们普遍接受。泰勒的理论和研究活动，确立了他“科学管理之父”的地位。[2]泰勒科学管理的主要内容有：①工作方法的标准化；②工作时间的标准化；③挑选和培训工人；④实行“差别计件工资制”；⑤明确划分计划职能与作业（执行）职能。

德国社会学家马克斯·韦伯（Max Weber，1864—1920）在20世纪早期发展了一种权威结构理论，并依据权威关系来描述组织活动。他描述了一种官僚行政组织（Bureaucracy）的理想组织模式。这是一种体现劳动分工原则的、有着明确定义的等级和详细的规则与制度的组织模式。韦伯因此被称为“组织理论之父”。

在这些管理思想的影响下，这一阶段人事管理有如下特点：

（1）劳动计量标准化。开始了对工时、动作的规范化和专业化管理，强调用“最好的方法”去完成任务，建立了劳动定额、劳动定时工作制，开始按标准方法对劳动成果进行计算。

（2）有计划的培训。由于劳动计量标准化的实行，能够按标准方法对劳动效果进行计算，这就为标准化的培训提供了条件，使对工人的工作分配与岗位安排更为科学合理。

（3）劳动人事管理专门化。随着管理职能和作业职能的日益分化，出现了劳动人事管理部门，它负责招聘雇佣工人、人员的协调与配置等。

### 1.3.3 工业心理学阶段——20世纪初至第二次世界大战

20世纪初，与泰勒对效率的极端关注不同，工业心理学更加关注工作和个体的差异。管理学家发现人们在金钱、物质之外，还有别的需求，由此出现了人本主义心理学家亚伯拉罕·马斯洛（A. Maslow）的层次需求理论。哈佛大学的埃尔顿·梅奥教授（Elton Mayo，1880—1949）于1924—1927年在西方电气公司（Western Electric）设在伊利诺伊州西塞罗的霍桑工厂实施了霍桑试验（Hawthorne Studies）。有关霍桑实验的总结主要集中在他的两本书《工业文明中的人类问题》（1933）和《工业文明中的社会问题》（1945）里。梅奥主要阐述了以下思想：①人的行为与人的情感有密切关系；②社会关系对个体的行为有重大影响；③企业中存在正式组织，又存在非正式组织；④金钱不是决定产出的唯一因素，群体规范、士气和安全感对产出的影响更大。霍桑试验的结论带动了关于组织中人的行为和心理理论的研究，并影响着管理者的管理实践。管理学家运用心理学、社会学等学科知识，从个人、群体及组织的各个方面来分析人的工作行为。不仅关心人的需求、动机和激励因素，而且研究环境的压力、沟通、组织变革、领导方式等。工业心理学强调从人的作用、需求、动机、相互关系和社会环境等方面研究对管理活动的影响，研究如何处理好人与人之间的关系、做好人的工作、协调人的目标、激励人的主动性和积极性，以提高工作效率。

在工业心理学的影响下，这一阶段人事管理思想有如下特点：

（1）承认人的社会属性。这一阶段开始萌发了对人性的关注与尊重，承认人除了基本的生存和安全需要外，还有社会的、心理的和精神方面的更多、更高层次的需求。除了物质和金钱对人有刺激作用外，精神的、情感的关怀也对人有激励作用。

（2）承认非正式组织的存在。非正式组织作为一种未经官方规定的、自然形成的、无形的组织，其自然形成的规范对成员的行为有很大的调节作用。它是利益、情感、爱好、信仰、友谊、亲缘的产物。

（3）承认管理的艺术性。将工业心理学引入人事管理，提倡以人为核心改善管理方法，承认针对不同的人要用不同的方法，开始重视工会和民间团体的利益和作用。

### 1.3.4 人际关系运动阶段——第二次世界大战后至20世纪70年代

这一时期劳资矛盾、人际关系、工作满意度等问题更加突出。这个时期影响最大的管理学者是彼得·德鲁克（Peter F. Drucker，1909—2005），其代表作有：《管理实践》（1954年）、《有效管理者》（1967年）、《管理：任务、责任、实践》（1974年）等。德鲁克的主要观点有：①目标管理（MBO）；②商业模式（Business model）；③有效的管理者（知识管理者）；④企业家精神；⑤直觉和创造精神、冒险精神等。

1964年，美国《民权法案》第七章《公平就业法案》（EEO）对就业中的各种歧视作了规定，这标志着人事管理开始进入比较严格和规范的时代。

这一阶段人事管理思想有如下特点：

（1）人事管理规范化。人事管理在这一阶段从内容和职能上都有很大的发展，在薪酬、绩效、劳资关系、福利和培训等方面的职能明显增强，大量企业都设了专门的人事部门，在管理方法上也逐步规范。

（2）强调均等的就业机会。随着对人性的关注与尊重，人事管理开始强调均等就业机会，反对性别歧视、年龄歧视、种族歧视和信仰歧视，使更多的人才获得了就业机会。

（3）出台人事管理法规。1964年美国出台的《民权法案》第七章《公平就业法案》（EEO）标志着人事管理开始进入比较严格和规范的时代，对人事管理的规范化管理和人事管理向人力资源管理过渡产生了极大的推动作用。

### 1.3.5 现代人力资源管理阶段——20世纪70年代至今

从20世纪70年代到现在，管理学科进入了多学派林立的“管理丛林”。彼得·德鲁克作为经验主义的代表人物，其管理思想继续影响着这个阶段管理理论和实践的发展。德鲁克在1974年出版的代表作《管理：任务、责任、实践》中对组织与管理作了深刻、精辟的论述。他认为“人是我们最大的资产”，组织应帮助员工体验到成就感以激励他们完成工作，而员工则通过完成工作来使组织富有活力。德鲁克还对组织与员工管理的内容与技巧提出了独特的见解，如目标管理即管理人员应做好目标制定、工作管理、信息沟通、工作成就评估和人的培养等工作，对员工的职务要用客观、科学的方法来描述（即工作分析）。他还提倡加强信息沟通和员工培训。与此同时，人本主义学派认为组织应当采用人本管理模式，坚持“以人为中心”和“人是第一资源”的思想；在强调员工在组织中的个人作用的同时也强调团队的作用，鼓励员工在组织中得到发展，认为个人的发展对组织是有益的；主张人力资源管理的重点在于对员工进行开发和利用，强调充分调动员工工作的主动性、积极性、创造性。[3]由于这些观点占据了重要地位，传统的人事管理开始向现代人力资源管理转变。

传统的人事管理是以任务为中心，对人实行刚性管理，工业时代的标准化、大型化、集中化仍然相当程度地影响和左右着人事管理的思想和方法。随着科技进步和社会发展，人们更多地要求管理人性化和个性化，以人为本、柔性管理，把人作为最稀缺的资源、作为第一生产力来看待。现代人力资源管理与传统的人事管理相比实现了以下重要转变：

（1）以“事”为中心的管理转化为以“人”为中心的管理。由于工业时代的标准化、大型化、集中化极大地影响着人事管理的思想和方法。传统的人事管理是以事为中心，以任务为中心，现代人力资源管理建立在以高科技为支柱、以智力资源为主要依托的经济形态下，知识经济引起的组织形式的巨变，组织对掌握先进知识和技术的员工的依赖，员工在工作场所体现的不同特点，以及他们的不同层次的需求等都要求人力资源管理不断改变策略和方法，实行以人为中心的管理，从而赢得组织的发展。

（2）以管理为主转化为以开发培训为主。现代人力资源管理理论认为，对员工进行的劳动培训应适合员工的个性如个性特征、自我概念、价值观等，这有助于发展员工的职业技能，体现组织的业务特征和个体的职位特征，反映个人与组织间的关系。劳动生产率的迅速提高有赖于对核心员工的劳动培训。开发培训在提高现代人的生活水平上发挥的巨大作用是其他任何管理主张都难以企及的。开发培训抓住了工作场所人性表现的核心所在：人生来就具有生产力和主动性。组织通过开发培训使员工增加“对个人价值的坚定信赖”，这是一种人本主义的精神体现。

（3）刚性管理转化为柔性管理。现代人力资源管理鼓励员工自我管理，因为员工和组织是一种共生共荣、相互依赖的关系。这种心理契约的基础是员工的工作能力和员工的责任，而不是家长式的管理。由于顾客需求的多样化，劳动力资源的多元化，外部环境的复杂化，那些僵化的规则、惯例和结构早已不能适应组织的要求。企业内部多以临时性的组织方式出现，如项目组、特别工作组以及非正式的工作团队。这些组织的活动不影响个人的正式职位或正式的组织结构，而是根据客户多样化和不定时的需要，迅速重新配置人力资源和物质资源来解决问题。

---

**即时案例**　　**中国企业人力资源管理现状**

国务院发展研究中心企业研究所采用开放式问卷、半结构化问卷、调查访谈、文献资料分析等方法，对国内几十家企业的人力资源管理现状进行了调查分析。从所调查企业的组织结构设置、人力资源工作人员配置、人力资源管理理念、人力资源管理机构与职能设置及制度建设等方面来看，目前国内企业的人力资源管理主要具有以下特点：

（1）大多数企业的人力资源管理还处于以“事”为中心的阶段。只见“事”，不见“人”，只见某一方面，而不见人与事的整体性、系统性，强调“事”的单一方面静态的控制和管理。管理的形式和目的是“控制人”，把人视为一种成本，当作一种“工具”，注重的是投入、使用和控制。

（2）企业普遍缺乏人力资源规划与相关政策。目前国内大多数企业人力资源管理往往注重招聘、员工合同管理、考勤、绩效评估、薪金制度、调动、培训等与公司内部员工有关的事项，却忽略了与顾客的联系，没有关注顾客需求和市场变化以及与企业经营战略、市场环境相一致的人力资源管理战略。

（3）人力资源管理的功能远未完善。整个人力资源管理系统中的各个模块之间相互矛盾或不一致，难以有效发挥人力资源管理的整体效能。

（4）人力资源部门无法统筹管理整个公司的人力资源。比如：人力资源部无法将公司战略和部门战略与人力资源战略统一结合；受职权限制，人力资源部门与其他业务部门沟通困难；人事部的实际工作停留在主管层以下，造成考核体系不完善，激励机制不健全等问题；公司高级领导层受业务困扰，对人力资源的重要性认识不够。

（5）缺乏将先进的人力资源管理思想转化为适合中国企业特点的、可操作的制度、措施的技术手段和途径。由于没有十分成熟的人力资源管理技术和完善的工作流程的实践，人力资源管理工作难以提炼、固化成为人力资源管理信息系统，电子化程度低、工作效率不高也就在所难免。

(6) 薪酬福利难以有效激励员工努力工作。没有处理好资历、职位、能力、智慧、贡献等要素在薪酬分配体系中的关系，“凭能力上岗、凭贡献取酬”没有得到很好的体现。

资料来源：约翰 M 伊万切维奇，赵曙明．人力资源管理［M］．北京：机械工业出版社，2005.

## 1.4 人事管理与人力资源管理的区别

### 1.4.1 概念上的区别

1. 人事管理

传统的人事管理是指为完成组织任务，对组织中涉及的人与事的关系进行专门化管理，使人与事达到良好的匹配。人事管理的重点在于员工考勤、档案、合同管理等事务性工作上，在企业中被定位于后勤服务部门。

2. 人力资源管理

人力资源管理是指运用科学的方法，在企业战略的指导下，对人力资源进行获取与配置、培训与开发、考核与激励、安全与保障、凝聚与整合等，最终实现企业目标和员工价值的过程。通过开发人的潜力，运用各种人力资源管理实践和人力资源管理政策，可以获取企业持续竞争优势。

3. 战略人力资源管理

战略人力资源管理是指组织为达到战略目标，系统地对人力资源的各种部署和活动进行计划和管理的模式。它是组织战略不可或缺的有机组成部分，是现代人力资源管理的最佳模式。战略人力资源管理强调：将人力资源视为获取竞争优势的首要资源和决定组织成败的关键因素；人力资源管理的核心职能是参与战略决策，倡导并推动变革，规划组织的人力资源，组织人力资源管理实践活动；战略匹配是人力资源管理运作系统有效性的重要保证，它包括人力资源管理战略与企业总体战略的匹配、人力资源管理的各项实践与人力资源管理战略的匹配以及人力资源管理的各项实践相互之间的匹配。

### 1.4.2 管理重点和手段的区别

1. 关注的重点不同

人力资源管理以“人”为核心，视人为资本，其管理出发点是“人”，其目标是达到人与事的系统优化，使企业取得最佳的经济和社会效益。而传统人事管理以“事”为中心，将人视为一种成本，强调对“事”的单一方面的静态控制和管理。

2. 在组织中的角色不同

人力资源管理部门作为企业的核心部门之一，是企业战略的重要组成部分，是企业高层和各业务部门的战略伙伴，它是通过促进企业长期可持续发展来实现对战略的贡献。而传统人事管理部门属于企业的辅助部门，其主要工作是负责员工的考勤、档案及合同管理等事务性工作。

3. 管理的起点不同

人力资源管理从企业战略的高度，主动分析和诊断人力资源现状，为决策者准确、及时地提供各种有价值的人力资源相关数据，协助决策者制定人力资源战略和企业战略，支持企业战略目标执行和实现。而传统人事管理则是站在部门的角度，考虑与人事相关工作的规范性，从事传达决策者制定的战略目标的信息等工作。

4. 管理的手段不同

人力资源管理侧重于变革管理和人本管理，采取前瞻态度，防患于未然。人力资源管理的手段是借助先进科学的现代化管理工具，搭建系统全面的人力资源管理体系。而传统人事管理侧重于事务管理和事后管理，不可能搭建和运用系统全面的人力资源管理体系来进行先进的管理。

### 1.4.3 管理职能上的区别

1. 战略与规划方面

人力资源管理是在明确企业发展战略及经营计划、评估人力资源现状、掌握和分析大量人力资源相关信息和资料的基础上，科学合理地制定人力资源战略与规划，以获取和提升企业的竞争优势。而传统人事管理则是按照企业领导者的指令来进行相关的人事工作，不涉及人力资源战略与规划工作。

2. 招聘与选拔方面

人力资源管理在招聘与选拔评估时除关注应聘者的能力与职位匹配外，还特别关注应聘人的价值观念是否符合企业的核心价值观、应聘人的发展期望是否与公司一致等因素，以确保招聘人选的个人职业生涯规划符合公司的发展目标。而传统人事管理只关心应聘者的条件是否与职位相匹配，只注重眼前，较少关注未来和长远。

3. 培训与开发方面

人力资源管理要根据企业战略发展的需要，结合员工的个人发展规划建立系统的人力资源培训开发体系，确保为企业源源不断地输送所需的各类人才，实现企业发展与员工个人价值的实现。而传统人事管理关注新员工进入企业后的操作技能、组织纪律、劳动安全等方面的培训，很少结合企业发展与员工个人发展的长远目标，运用人力资源培训与开发体系来系统地进行培训与开发。

4. 绩效管理方面

人力资源管理根据企业战略目标、企业价值观和企业文化，结合员工实际能力情况制定全面的绩效管理体系，关注企业全面的绩效管理，包括绩效计划、绩效考核、绩效评估、绩效反馈的全过程，以确保员工绩效和企业绩效的提升。而传统人事管理只关注绩效考核的单一环节，没有形成科学的绩效管理体系，没有进行全面的绩效管理。

5. 薪酬管理方面

人力资源管理要根据国家政策、经济形势、人才市场状况、行业及其他企业薪酬状况等因素，结合本企业的实际情况来制定切实可行的薪酬管理战略与体系，以确保薪酬政策既能吸引优秀人才，又能留住核心人才。人力资源管理还注重人力资源投入成本与产出效益的核算与分析工作，使企业的薪酬管理对外有竞争性，对内有公平性。传统人事管理只按照国家及地方政府的相关规定进行工资及社保管理，只进行一些简单的工资计算。

6. 企业文化建设方面

人力资源管理的价值是通过提升员工能力和组织绩效来实现的，而提升员工能力与组织绩效要结合企业战略与人力资源战略，重点思考如何提炼和塑造优秀的企业文化和共同的价值观。传统人事管理的价值主要在于规范性及严格性，即是否将各项事务安排得井井有条、是否控制住员工等，不涉及企业文化建设和价值观的塑造。

## 1.5 现代人力资源管理的发展趋势

知识经济将现代人力资源管理带进了一个新的阶段。知识经济是以高科技为支柱、以智力资源为主要依托的经济形态。它引起了组织形式的巨大变化，不断地改变着人力资源管理的策略和方法，使现代人力资源管理呈现出新的发展趋势。

### 1.5.1 新型企业组织形式的特点

知识经济引起了组织形式的巨变，Deborah Ancona（2005）用五个相互联系的特征来描述知识经济时代的新型组织：网络化、扁平化、柔性化、多样化和全球化。[4]

1. 组织网络化

在网络化组织中，个体、团队等内部子单元和环境中各关键要素之间的相互依赖将加强，团队而不是个人成为了组织活动的基本单位。组织与供应商、客户及利益相关者甚至竞争公司结成了联盟或协作网络。在这种“虚拟化组织”的模式下，管理者无法依靠权力去完成目标，他必须与其他关键人员协商以建立相互信任，与各角色协同完成任务，这改变了员工开展工作的方法和组织控制员工的策略。团队日益成为了组织的基本单位，这要求管理者具有作为团队领导和团队成员的技能，包括与团队互动的能力、观察能力、诊断和处理团队问题的能力等。

2. 组织扁平化

扁平化组织减少了管理层级，将权力下放给操作层面，使决策能够深入到第一线。相对于传统的多层级的组织结构来讲，扁平化组织为员工提供的晋升机会较少，升职已不是主要的激励方式。在与环境交互作用的扁平化组织中，更多的人在工作中跨越组织边界，与客户、供应商以及其他利益相关者相互影响，形成了跨边界的价值链。随着合作的加深，“边界”日益模糊，这要求成员忠诚、献身于自己的组织，而组织也必须寻找有效的途径来协调员工对组织长期目标的责任、对组织的忠诚与跨边界协作的关系。

3. 组织柔性化

由于顾客需求的多样化、劳动力资源的多元化、外部环境的复杂化，那些僵化的规则、惯例和结构早已不能适应组织的要求了。柔性化组织内部多以临时性组织的方式出现，如项目组、特别工作组以及非正式的工作团队。这些组织的活动不影响个人的正式职位或正式的组织结构，而是根据客户多样化和不定时的需要，迅速重新配置人力资源和物质资源来解决问题。在柔性化组织中，对员工的工作行为的要求不是循规蹈矩而是能处理不确定性事件以及能参与团队合作与互补。不断学习、提升、创新和适应变化的能力是员工的关键能力。

4. 组织多样化

网络化组织、扁平化组织、柔性化组织能满足劳动力的日益多样化、解决问题的思路和方法的多样化，以及经营环境的不可预见和不规则性。多样化组织需要适应多样化的观点、方法、职业路径、激励机制以及组织内的人和政策，并且能对多样化的顾客和利益相关者作出快速反应。多样性组织中员工的行为特征表现为自觉、主动地对多样化的重视、认同与容忍，理解别人对事物的看法，学会倾听，懂得换位思考。

5. 组织全球化

经济全球化使组织的发展空间由单一地域扩展到了跨地域，由国内扩展到国际、全球。跨国经营的特点是组织内部在不同国家的经营相对独立，而全球化则意味着跨边界的相互作用。全球化组织更促进了组织向网络化、多样化和虚拟化的方向发展，带来了工作模式的变化，远程办公、旅馆办公、链系办公、在家办公、完全流动办公、时间弹性化等工作模式将会越来越流行和普遍。全球化组织不仅要求员工具有跨文化交流的技能，还要求员工要有自觉性，忠诚度，热忱，事业心，对组织愿景、战略、目标的认同等。

---

**即时案例**　　**Molex 公司的国际人力资源管理**

1998 年，Molex 有限公司的年度报告中自豪地指出："无论走到哪里，都有 Molex 公司。"这是有六十多年历史的电子连接器制造商的具有深远意义的宣言。拥有着 160 亿美元的公司资产，在 21 个国家开了 49 个制造厂，在全世界拥有13 000名员工的 Molex 公司，是一家真正的全球性的公司，该公司在全球 50 多个国家都有自己的客户，并且其 70% 的销售额都来自国外。

该公司有四个经营目标：(1) 为顾客提供良好的服务；(2) 全面发展其人力资源管理；(3) 成为真正的全球性的公司；(4) 实现或者超越财政目标。培训与发展部经理 Malou Roth 指出："通过我对 Molex 的观察，我发现我们的目标有两个人是与人有关的。"每个员工都将与人力资源相关的因素与自己的绩效目标联系起来。

Molex 公司希望其目标对于员工起到真正的作用，人力资源团队在这一方面也付出了很大的努力。Roth 指出："自从 15 年前我来到 Molex 公司以来，我利用自己所知道的好的基本的人力资源计划或者是时间方案来为各个国家的子公司建立一种标准的和稳固的实践标准。"例如，在 20 世纪 80 年代，随着 Molex 公司的快速发展，Roth 建立了一系列的标准的员工手册，这其中包括遣返回国员工的政策和实施、协调的层级工资的管理体系、工作描述、晋升和投诉过程以及绩效评估。Roth 确保所有的资料都译成了 Molex 公司各分公司所在国的语言，当地的经理人员有为这个手册增加方案和创新的权利，但是他们必须以最小的标准来实施。

公司的副总裁 Kathi Rages 指出："我们在培训和交流方面的实践帮助我们建立了很强的管理员工、增加员工的技能、改善对当地和世界各地顾客服务能力的基础。"由于每个地区的子公司都有独特的需要，因此，其核心理念就是要雇佣不同国家的经验丰富的人力资源专家在同一家公司工作。Roth 指出，你需要雇佣一些懂得语言、具有可靠性、懂得法律以及怎样雇佣员工的人，你不可能从母公司向子公司转移一个人来做些。在 Molex 公司从事经营活动的 17 个国家中，共有 80 个人力资源员工。

Molex 公司全球化的另一个宗旨是员工在世界各地的子公司中轮流工作，以促进相互学习。对于一个中等大小的公司，这种员工的转移成本是非常大的。Roth 指出："尽管成本巨大，但是仍然是值得的。因为与不同国家的员工共同工作和生活更能够让人感觉到是在比日本或者是德国的 Molex 公司更大的公司工作。"另外，Regas 指出："我们对外派的员工的投资对于我们建立分享经验的基础是十分必要的。对我们来讲，尊重不同的文化以及保持 Molex 特有的文化是十分重要的。"

作为文化保持的一种方式，Molex公司所有的子公司每两个月都要举行一次交流会议，这种自下而上的沟通方式可以使员工迅速地知道子公司所发生的事。通常情况下，由人力资源经理主持召开会议，总经理或者销售经理发言。Molex公司还会召开年度交流会议，参会人员包括公司的总裁、首席运营官、公司副总裁、人力资源副经理以及各子公司的主要负责人等，他们在每个地区利用一天的时间参观工厂、查看新的设备并与员工进行会面。Regas指出："我们每年举行的年度交流会议是为了保证员工知道对公司来讲，他们自己是比子公司还重要的部分。他们知道公司的历史、绩效以及未来的发展计划。因此，各地子公司的员工的经常性接触有助于保持公司的文化，并且加强员工的团队合作精神。"

以上这些方法都有助于促进Molex公司的不同背景和对事物有不同的看法的员工沟通工作，这种文化就像一种"粘合剂"将整个公司的效率粘合在一起，同时通过全球性的经营使得每个人的贡献能够得到最大限度地发挥。

资料来源：斯科特·斯内尔，乔治·柏兰德．人力资源管理［M］．大连：东北财经大学出版社．2011：523－524.

---

### 1.5.2 现代人力资源管理的发展趋势

新型企业组织形式的特点不断改变着人力资源管理的策略和方法，使现代人力资源管理呈现出以下发展趋势：

1. 管理背景全球化

全球化是知识经济时代的特征。在全球化背景下，企业需要进行人力资源管理职能的再造，运用全球化策略解决遇到的新问题。企业的人力资源管理必须关注以下方面：

（1）企业应该具备独特的技能和视野，从全球的角度考虑企业的管理活动。企业应该接受世界范围内各种不同的文化、宗教、生活习惯的差异，以及对企业生产运作的影响。

（2）关注知识型员工，进行知识管理。全球化竞争时代是以人才为主导的时代。高素质的人才是企业核心竞争力的主要源泉，知识型员工已成为企业人力资源管理关注的重点，知识的创造、传递、应用、增值已成为人力资源管理的主要内容。

（3）提升员工的工作生活质量。在全球性竞争越来越激烈的环境中，企业之间的竞争直接转变为人才的竞争，企业需要吸引和留住优秀人才，要通过帮助员工规划职业生涯，为员工提供个性化的人力资源服务和产品，来提高员工的工作生活质量，使他们通过企业的工作和生活实现自身的人生价值和目标。

（4）培养在全球范围内进行有效沟通的能力。企业应建立全球化的信息和知识系统，提升员工和企业在全球范围进行有效沟通的能力，以帮助企业在全球范围整合和分享有价值的信息。

（5）开发全球经理人员。了解和把握国际趋势，熟悉国际惯例，能及时掌握国际动向，是企业经理人员的必备素质。企业必须开拓经营管理人员的国际化视野，使他们具备顺利开展工作的重要能力。

（6）进行跨文化的培训。全球化的经理人员必须通过培训学会与世界伙伴合作，从相互交流中获得更多的知识，通过世界范围内的网络快速有效地传递知识、学习不同文化团队的工作和管理经验。

2. 管理过程信息化

知识经济是信息化经济。信息技术的广泛应用使经济生活信息化，因此人力资源管理活动也应信息化。

(1) 创建信息化工作环境。电子通信、国际互联网等技术的迅速发展，消除了企业与企业、人与人之间的地理间隔，创造了一个不受地理限制和束缚的全球工作环境，这将重新定义工作的时间和工作的方法。

(2) 创建学习型组织。在信息化条件下，未来组织的发展方向主要是建立学习型组织，不断创造知识、应用知识和转移知识。学习与培训成为企业日常工作的一部分，企业应培养员工的创造性思维，通过员工之间的沟通、相互学习来达到共同成长。

(3) 广泛推广计算机技术。在信息化条件下，沟通的主要方式就是利用计算机和信息技术，通过信息通信设备和互联网，实现虚拟化的管理。信息技术的广泛应用要求人力资源管理学会利用信息技术，如网上招聘、网上培训、网上沟通、网上考评等。

(4) 建立企业知识库。依赖组织内部和外部专家的知识，会对企业发展产生积极的影响。未来企业的人力资源管理需要有效的管理全球范围业务的知识。

3. 劳动力多元化

劳动力多元化是指企业的劳动力日益由多样化的人员构成。劳动力多元化是经济的全球化和信息化、企业的工作模式多样化的结果。劳动力多元化是一种趋势，它也为企业的人力资源管理带来了新的挑战。劳动力多元化使企业人力资源管理变得更为复杂。由于文化背景的差异，企业的组织成员具有不同的价值观和信念，这决定了他们有着不同的需求和期望，以及为满足需要和期望而产生的行为。为使全体员工的需要都得到满足，需要企业的管理活动能够针对不同人的特点进行沟通、激励、领导和控制，这增加了企业决策制定和实施的难度。但同时，劳动力多元化也有很多益处：

(1) 多元化有利于企业创新。文化差异使企业对某一问题的把握更为深刻、全面和透彻，更容易产生新观点、新思想，使观点互补、认识互补。这是单一文化下的企业难以获得的优势。

(2) 多元化使企业增强了适应性和应变能力。由于企业内部劳动力供给的灵活性，使企业能够面对外部竞争环境的变化快速地增员或减员。而兼职工、工作分担等弹性化的工作体制也提高了员工的在职工作效率。

(3) 多元化使企业增加了国际竞争力。多元化培养了企业管理人员的角色敏感度。在进入国际市场时，他们能够及时进行角色转换，更准确地理解不同国家消费者的需要和欲望，制定出针对其特点的市场战略，赢得国际竞争力。总之，劳动力多元化要求企业的人力资源管理改变传统的单元化管理理念，克服多元化带来的困难，充分发挥多元化的优势，使企业充满生命力。

4. 雇佣关系短期化

非常规性员工的出现使雇佣关系出现了短期化趋势。非常规性员工是指不被看成是全日制雇员的临时工、非全日制工人和自我雇佣人员，这包括最初的出租车司机、行政秘书、建筑工人、流水线工人等低技能群体，以及现在出现的CEO、助理教授、律师和软件设计人员。非常规性工人的增长对企业人力资源管理带来了挑战，如：非常规性员工对企业的认同度和归宿感问题、工作中的监督问题、企业的智力产权和安全问题、企业的潜在成本问题、企业人才梯队和未来人才质量的问题。这些都需要企业对人力资源管理策略进行调整：

（1）人力资源的弹性化管理。企业面对的是稍纵即逝、瞬息万变的市场环境，因此弹性化成为了人力资源管理的重要特点。弹性化的人力资源管理不再把企业员工看成是完全一样的，而是根据员工对企业的价值和市场稀缺性对其进行分类，把员工分为核心员工、边缘员工、外部员工等，对其分别采取相应的管理策略。

（2）人力资源规划的科学性。非常规性工人对于企业的作用是多方面的。在人力资源规划中，必须要先确定企业要通过使用非常规性工人要达到的目的：是为了人力资源的弹性，保护核心员工，筛选正式员工，获取专门的知识、经验或技能，还是仅仅为了降低劳动成本？这应该是在人力资源战略的指导下确定的。科学的人力资源规划是企业人力资源管理的前提，也是用好非常规性员工的前提。

（3）人力资源一体化。人力资源一体化是企业发挥各岗位员工贡献价值的手段。人力资源一体化可以将员工有效地融为一体，实现企业的目标。非常规性员工与企业员工的一体化十分重要，也十分困难。企业可以从文化、培训、团队交往和薪酬方面消除两个群体的身份差异和认知差异。

（4）评估与激励。使用非常规性员工需要时常在企业和员工层面上进行考核评估。员工价值的发挥依赖于企业的有效激励，非常规性员工也不例外。企业应该针对他们的需求结构制定相应的激励措施。可以通过上述相应的人力资源管理策略的调整消除雇佣关系短期化对企业产生的负面影响。

5. 管理职能外包化

人力资源管理职能外包是知识经济条件下产生的虚拟人力资源管理中的一种形式，指依据双方签订的服务协议，将企业人力资源的部分业务的持续管理责任转包给服务商，让其代为管理。服务商按照合约管理某项特定的人力资源活动、提供预定的服务并收取既定的服务费用。企业之所以选择人力资源外包，是基于服务质量和成本方面的考虑，这包括：

（1）企业的人力资源管理人员的知识、技能和素质达不到要进行的人力资源管理活动需要具备的各种资格要求，如设计一个有效的培训和考核体系、进行员工的有效测评和职业生涯设计等。

（2）企业所需的人力资源管理活动由企业的人力资源管理者自行实施的成本可能太高。一方面，各种专门的人力资源管理咨询机构中有足够的人力资源专家，另一方面，他们具有实施相关管理活动的成功经验和失败教训，因此由他们开展某些管理活动的成功几率要比企业内部员工实施的成功几率要大几倍，如人员测评、各种人力资源制度和政策的建立和实施。

（3）企业从未进行过相关的各种人力资源管理活动，如新型产业部门的员工的招聘和职业生涯设计等。

（4）根据降低人力资源成本的需要，精简企业的人力资源部门，使人力资源部不可能自己完成所有的工作。人力资源人员要进行战略性的人力资源规划和设计、提供相应的各种产品和服务，因此许多低附加值的人力资源工作要进行外包。在外包过程中，由于服务商承担了企业人力资源活动的某些风险和不确定性，比如技术手段变化的风险或难以预料的情况，因此这能在一定程度上降低企业人力资源活动的风险和损失。这对于生存在人力资源管理愈加法制化和信息技术高度发达的知识经济时代的企业来说，非常具有现实意义。

6. 管理方式柔性化

人力资源管理方式的柔性化体现在它不依赖于固定的管理模式，会随着时间、空间等客观条件的变化而变化，是一种反应敏捷、灵活多变的人力资源管理模式。人力资源管理方式的柔性化具有以下特点：

（1）柔性管理是以高素质员工为核心的人力资源管理模式。柔性管理要求人力资源的管理和开发要体现“以人为本”的思想。在现代市场经济中，企业要使顾客满意，必须以员工满意作为基础和条件。人力资源的柔性管理是在尊重人的人格独立与个人尊严的前提下，在提高广大员工对企业的向心力、凝聚力与归属感的基础上实行的管理。柔性管理不是依靠外力，而是通过激发员工的内在潜力、主动性和创造精神，使他们真正心情舒畅地创造工作业绩，从而使企业在全球剧烈的市场竞争中取得竞争优势。

（2）柔性管理以企业内部组织结构扁平化为特征。传统的金字塔型的组织结构、组织层次过多，信息的渠道过长、反应迟缓，各职能部门相互隔离、信息流动受阻，上下级之间的信息常常扭曲、失真。柔性管理的企业层次少，以网络型的扁平化组织结构代替多层次的垂直型组织结构，提高了信息传递的效率和整体工作效率，加强了部门之间的相互沟通，提高了企业整体的反应灵敏度，使企业能够迅速抓住市场机会。

（3）建立灵敏反应的企业员工队伍是实施柔性管理模式的关键。拥有高素质的、反应灵敏的员工是柔性管理对企业的基本要求。柔性化管理要求管理人员必须懂得现代科学知识，熟练掌握多种技能技巧，在信息网络化的条件下具有独立处理问题的能力。柔性管理的组织首先应该是学习型组织。该组织能通过不断的学习，及时获取所需的新知识和新技能。

## 小结

作为导论，本章为读者介绍了现代人力资源管理的基本框架和相关的基本知识。本章的第一节介绍了人力资源的概念与特征，并将人力资源与几个相关的概念，如人口资源、劳动力资源、人才资源相区别，分析了人力资源区别于其他资源的能动性、两重性、社会性、时效性、再生性等特征。第二节定义了人力资源管理的概念并阐述了人力资源战略、人力资源规划、工作分析与工作设计、招聘与选拔、员工培训与开发、职业生涯规划、绩效管理、薪酬管理、劳动安全与健康、企业文化建设等人力资源管理的重要职能。第三节分析了人力资源管理的演变过程。第四节从概念、管理手段、管理职能等方面阐述了传统人事管理与现代人力资源管理的区别。第五节阐述了现代人力资源管理发展的趋势。

## 练习与思考

1. 人力资源的概念是什么？人力资源有哪些特征？
2. 人力资源管理的概念是什么？人力资源管理的主要职能有哪些？
3. 人力资源管理经历了哪几个发展阶段？
4. 传统的人事管理与人力资源管理的主要区别是什么？
5. 分析现代人力资源管理的发展趋势。

## 参考文献

[1] 廖泉文. 人力资源管理 [M]. 北京：高等教育出版社，2003.

[2] 史蒂芬P罗宾斯. 管理学 [M]. 4版. 闻洁，等，译. 北京：中国人民大学出版社，1997.

[3] 陈维政，余凯成，程文义. 人力资源管理与开发高级教程 [M]. 北京：高等教育出版社，2004.

[4] 约翰M伊万切维奇，赵曙明. 人力资源管理 [M]. 北京：机械工业出版社，2005.

[5] 董克用. 人力资源管理概论 [M]. 北京：中国人民大学出版社，2011.

[6] 斯科特·斯内尔，乔治·柏兰德. 人力资源管理 [M]. 大连：东北财经大学出版社，2011.

# 第 2 章　人力资源战略

人力资源战略是企业为适应外部环境日益变化的需要和人力资源开发与管理自身发展的需要，根据企业的发展战略并充分考虑员工的期望而制定的人力资源开发与管理的纲领性的长远规划。现代企业为了实现企业战略，为了获得并保持竞争优势，必须专注于人力资源战略管理问题，以培养和保持企业的人力资本优势。

## 2.1　人力资源战略概述

巴尼（Barney，1991）提出，人力资源由于具有价值性、稀缺性、不可模仿性和无法替代性的特点，成为了企业竞争优势的源泉。随着管理实践的发展，这一观点得到了认可。

### 2.1.1　人力资源战略的发展历程

20 世纪初期，由于产业革命带来的生产工具与生产动力的变革，使以手工劳动为基础的工场手工劳动转向了机器大生产，资本主义工厂制度迅速确立起来，推动了经济迅速发展。企业为了攫取最大利润，不断降低工人工资来减少生产成本，再加上资本主义经济危机（危机期间裁减工人、降低工资）的影响，造成了劳资关系紧张、工人消极怠工，影响了生产效率的提高。以泰勒的管理思想和实践为代表的科学管理运动试图通过科学的管理来提高工业效率。如何把员工和工作进行匹配、确保员工得到合理的报酬被泰勒看作是“技术问题”（Barney & Kunda，1992），有的人事工作者应用泰勒所要求的科学方法，使用新的测量技术合理地选择和配置雇员（Peter Bamberger，2000）。在这个时期，企业人力资源管理的重点是如何选择合适的员工和通过人力资源措施来提高员工工作效率，人力资源管理被看作是“技术活动”。

管理思想的创新和管理实践的发展推动了人力资源管理的发展。20 世纪 30 年代到 50 年代的人际关系运动促使企业在管理中更加重视“人”的因素，关注员工关系的管理。六七十年代，操作研究和系统优化运动的兴起，人事负责人在工作再设计、工作评价、人事预测及规划、绩效评价系统设计等领域提供了新的服务（Barney & Kunda，1992）。人际关系和行为科学学派十分强调生产率问题中潜在的“人的因素”（Roethlesberger & Dickson，1939；Herzberg，1957；McGregor，1960；Trist，1963），分析家们也不断地提供证据证明改善工作环境能提高工作产出。这种更为人性化的人力资源政策和实践与科学管理阶段的原则和假设截然不同。特别是在 20 世纪 60 年代后，由于经济和科学技术的快速发展，使社会扩大了对各种人才的需求。那时人力资源管理的主要功能是预测企业的人力资源需求，并根据预测结果制定人员招聘和配置方案，制定员工培训与开发方案等。可以看出，这时人力资源管理为了适应企业的需要而开始进行计划，初步具备了一定的战略性。

进入20世纪80年代，企业开始对多元化战略进行反思，逐渐认识到战略的制定不是简单机械的过程，不同的组织有不同的战略，战略规划和实际结果存在差距，战略需要根据外界条件的变化不断进行调整。此时，全球化的步伐开始加快，企业间的竞争已经跨越了国界。面对迅速变化的经营环境，成功的战略管理对企业的生存和发展具有重要意义。越来越多的学者开始关注企业内部的资源和能力，人力资源被认为是企业核心能力的源泉。在人力资源领域，研究者也将研究的重点集中于人力资源各模块之间的匹配上，试图建立一个更加综合、严密的系统以有效地对员工进行管理。也正是在这个时候，人力资源战略的概念开始出现在管理文献之中（Walker，1980；Fombrum & DeVanna，1982；Miles & Snow，1984）。怀特和麦克玛罕（Wright & McMahan，1992）把人力资源战略描述为“规划人力资源配置和活动的模式……以保持一段时间内的连续性和各种不同决策和活动的一致性”。贝尔德和米肖拉姆（Baird & Meshoulam，1988）认为，内部匹配和外部匹配对人力资源战略的研究和实践都十分重要。内部匹配是指组织内人力资源管理的各组成部分之间的一致性。例如，如果目标是招聘高素质的员工，那么人力资源管理活动如人力资源开发、薪酬制度和绩效评估就必须支持核心员工的发展。外部匹配聚焦于人力资源战略和实践如何与企业的发展阶段和战略方向相适应，大多数人力资源战略研究者把精力放在了研究如何使人力资源实践与不同类型的业务战略相匹配上（Burton & O'Reilly，2000；Delery & Doty，1996；Jackson Schuler & Rivero，1989；Olian & Rynes，1984；Wright & Snell，1991；Miles & Snow，1984），还在他们提出的竞争战略基础上拓展出一个与竞争战略相匹配的人力资源战略模型。此时，真正意义上的人力资源战略才形成，并开始指导企业人力资源管理实践。

从以上分析可以看出，在20世纪80年代以前，人力资源活动并不是真正意义上的人力资源战略管理活动，它还停留在技术活动的层面上，只是随着管理理论和实践的发展，而不断出现新的技术以解决生产经营中出现的问题。这些人力资源措施由于缺乏系统的设计，相互之间可能唱反调，传递出不一致甚至是相互冲突的信息（Boxell & Purcell，2000）。进入80年代后，学者们受资源基础理论的影响，开始关注从企业整体的角度来考虑人力资源问题——如何使人力资源措施之间配合形成合力，如何使人力资源战略支撑企业战略，以确保企业战略的实现。直到此时，人力资源战略才真正成型。人力资源战略是随着管理理论和实践的发展而逐渐形成和发展的。

### 2.1.2 人力资源战略的含义

人力资源战略是一个出现相对较晚的概念，研究者们从不同的角度对其进行界定，得出了不同的结论。至今，人力资源战略还没有一个被广泛接受的定义。

舒勒（Schuler，1992）认为，人力资源战略是阐明和解决涉及人力资源管理的基本战略问题的计划和方案。戴尔（Dyer，1984）形成了一个决策性（Decisional）的人力资源战略概念，他把组织的人力资源战略定义为“从一系列人力资源管理决策中出现的模式（Pattern）”。戴尔和霍德（Dyer & Hoder，1988）提出了一个更为综合的人力资源战略概念，认为人力资源战略是人力资源目标和追求战略目标的综合。当一个业务战略形成并被接受之后，支撑战略目标的关键人力资源目标就已经形成，为完成这些目标必需的方法（例如计划和政策等）也同时被设计出来并得到执行。例如，如果一个组织的战略是选择成为一个低成本的制造商，那么其主要人力资源目标就是高绩效和低人头数，这反过来会导致员工人数的减少和员工培训费用的增加。这种人力资源目标和方式的综合就是组织的人力资源战略。舒勒和沃克（Walker）认为，人力资源战略是人力资源经理和直线经理共同去解决与人有关的业务问题（Business Issue）的一套活动和过程。经理们必须制订一些有指导意义的方案以解决这些与人相关的业务问题。这些方案和计划将集中（Focus）、启动（Mobilize）和指导（Direct）人力资源行为以成功解决对企业至关重要的业务问题。这些计划和方案组成了人力资源战略的核心。库克（Cooker）认为，人力资源战略是指员工发展决策以及对员工有重要的、长期影响的决策，是根据企业战略制定的人力资源管理与开发的纲领性的长远规划，它通过人力资源管理活动来实现企业战略目标。沃尔里奇（Ulrich，1997）认为，人力资源战略是企业高层管理团队建立的一种试图改造人力资源功能的策略、组织和行动方案。

以上对人力资源战略的定义或理解是从两个角度来考虑的：一种是把人力资源战略看作一种决策方案，是导向性的；另一种是把人力资源战略看作是解决问题的行动和过程，是行动性的。虽然不能对人力资源战略概念有一个统一的界定，但通过对它们的分析，可以总结出人力资源战略的特征：一是强调与企业战略的匹配（外部匹配）和支撑企业战略的实现；二是强调人力资源实践间的匹配（内部匹配），以系统的观点审视人力资源实践；三是强调人力资源战略是员工发展决策以及对员工有重要的、长期影响的决策。

### 2.1.3 人力资源战略的类型

人力资源战略指导着企业的人力资源管理活动，它使人力资源管理活动能够有效地相互配合。下面将介绍三种对人力资源战略的分类。

1. 戴尔和霍德的分类

根据戴尔和霍德的研究，人力资源战略可分为三种：诱引战略、投资战略和参与战略。

（1）诱引战略

诱引战略是指自己不培养员工，而通过丰厚的报酬去诱引人才，从而形成高素质的员工队伍。在这种战略下，吸引员工的是高薪酬、高福利，但这样可能使企业的人工成本较高。因此，企业往往严格控制员工人数，并力求使诱引的员工都是高质量的，以减少对员工的培训费用。在这种战略下，企业与员工的关系主要是金钱关系，工作报酬主要取决于员工的努力程度，管理上则采取以单纯利益交换为基础的严密的科学管理模式。企业强调员工对目标的承诺，因此员工往往被要求做繁重的工作，员工的流动率较高。处于激烈竞争环境下的企业常常采取此战略。

（2）投资战略

这种战略通常被那些采取差别化战略的企业采用。这类企业具有一定的适应性和灵活性，注重通过自行培养来获得高素质的员工、储备多种专业人才。管理人员注重对员工的支持、培训和开发，视员工为企业最好的投资对象，并力争在企业中营造和谐的企业文化和良好的劳资关系。除与员工之间的雇佣关系外，企业还注重培养员工的归属感，因此员工的流动率较低。

（3）参与战略

采取参与战略的企业大都有扁平和分权的组织结构，能够在对竞争者和生产需求作出决策反应的同时，有效地降低成本。为鼓励创新，这些企业的人力资源管理政策强调人员配备、工作监督和报酬；其员工多数是高技术水准的专业人员，他们可以达到企业人力资源战略目标。企业为员工提供具有挑战性的工作，鼓励员工参与，把员工报酬与其工作成果密切联系在一起，从而实现战略目标。在这种战略下，管理人员的工作主要是为员工提供咨询和服务，企业注重团队建设和授权。企业在培训中也强调对员工人际技能的培养，如对员工进行魔鬼训练等。大多数日本企业采取这种战略。

**即时案例　　提倡参与和授权——美国本田汽车公司的竞争法宝**

美国汽车产业有以下特点：

(1) 美国汽车产业虽然被本国的三大汽车公司所垄断，但由于全球化竞争，日本七大汽车公司及欧洲的大汽车公司均在美国占有一席之地，并设有生产厂。因此，美国汽车产业竞争激烈。

(2) 汽车业由于资金成本很高，非汽车业的新公司很难加入。

(3) 汽车在美国是必需品，替代性较低。

(4) 美国汽车零部件的供应商很多，对汽车公司不构成重大威胁。但由于美国工会势力强大，人力供应反而是一个大问题。

(5) 顾客的要求很高，并且由于汽车产品之间很容易相互代替，争取顾客就成为了汽车行业最大的目标。

由对美国汽车产业特点的分析可知：美国汽车业竞争激烈，每家公司都想尽力满足顾客的需求，以争取市场占有率。由于汽车是耐用消费品，维修保养费用昂贵，因此，顾客不仅要考虑购买时的价格，更要考虑购买后的维修费用，加上汽车在美国很多地方是基本交通工具，若汽车经常出现故障，会带来很多不便；因此，从产业结构分析，竞争和顾客需求是美国汽车厂商首先要考虑的因素，而在顾客方面，汽车质量可靠则是重要的因素。

通过以上分析，美国本田汽车公司采用高品质战略，以优质产品创造竞争优势。美国本田汽车公司在俄亥俄州的玛利维市建厂，拥有约4500名员工，其生产的汽车质量可以和日本本土的媲美。

为了迎合高品质战略，公司在人力资源管理中采取了如下措施：

(1) 以家族式文化为主，重视员工的忠诚度和投入感。

(2) 招聘后，用3~4个小时的工作时间举行迎新活动，鼓励家属参加。

(3) 特别重视员工的工作保障。

(4) 强调平等政策。所有员工都穿同样的制服，停车场的车位不分管理层和普通员工，企业只有一个餐厅，公司保健中心为所有员工服务。

(5) 重视员工参与管理，员工的意见和观察结果能快速反映到管理层。

(6) 重视员工的长远利益。

(7) 借助正式和非正式训练，增加员工的技术水平和转换能力。

(8) 绩效考评以发展性信息为主，小组领班有责任帮助组员改善不良表现。

(9) 晋升制度采用内升制。

资料来源：于桂兰，魏海燕. 人力资源管理 [M]. 北京：清华大学出版社，2004.

2. 斯特雷斯和邓菲的分类

根据斯特雷斯和邓菲（Strace & Dunphy，1994）的研究，人力资源战略可以因企业变革的程度不同而采取以下四种战略：家长式战略、发展式战略、任务式战略和转型式战略，如表 2－1 所示：

表 2－1　变革程度与人力资源战略

| 变革程度 | 管理方式 | 人力资源战略 |
| --- | --- | --- |
| 基本稳定<br>微小调整 | 指令式管理为主 | 家长式人力资源战略 |
| 循序渐进<br>不断变革 | 咨询式管理为主、<br>指令式管理为辅 | 发展式人力资源战略 |
| 局部变革 | 指令式管理为主、<br>咨询式管理为辅 | 任务式人力资源战略 |
| 整体变革 | 指令式管理与<br>高压式管理并用 | 转型式人力资源战略 |

资料来源：方振邦．战略与战略性绩效管理［M］．北京：经济科学出版社，2005.

（1）家长式人力资源战略

这种战略主要运用于避免变革、寻求稳定的企业，其主要特点是：①集中控制人事的管理；②强调秩序和一致性；③刚性的内部任免制度；④重视操作与监督；⑤人力资源管理的基础是奖惩与协议；⑥注重规范的组织结构与方法。

（2）发展式人力资源战略

当企业处于一个不断发展和变化的经营环境时，为适应环境的变化和发展，企业采用渐进式变革和发展式人力资源战略。发展式人力资源战略的主要特点是：①注重发展个人和团队；②尽量从内部招聘；③大规模的发展和培训计划；④运用“内在激励”多于“外在激励”；⑤优先考虑企业的总体发展；⑥强调企业的整体文化；⑦重视绩效管理。

（3）任务式人力资源战略

采用这种人力资源战略的企业面对的是局部变革，其战略制定采取的是自上而下的指令方式。这种企业在战略推行上有较大的自主权，但要对本单位的效益负责。采取这种战略的企业依赖于有效的管理制度，其主要特点是：①非常注重业绩和绩效管理；②强调人力资源规划、工作再设计和工作常规检查；③注重物质奖励；④同时进行企业内部和外部的招聘；⑤开展正规的技能训练；⑥重视战略事业单位的组织文化。

（4）转型式人力资源战略

当企业已完全不能再适应经营环境而陷入危机时，全面变革迫在眉睫。企业在这种紧急情况下没有时间让员工较大范围地参与决策，因为彻底的变革有可能触及相当部分员工的利益而不可能得到员工的普遍支持，企业只能采取强制高压式和指令式的管理方式，包括企业战略、组织机构和人事的重大改变，创立新的结构、领导和文化。与这种彻底变革相配合的是转型式人力资源战略，其主要特点是：①企业组织结构进行重大变革，职务进行全面调整；②进行裁员，调整员工队伍的结构，缩减开支；③从外部招聘骨干人员；④对管理人员进行团队训练，建立新的“理念”和“文化”；⑤打破传统习惯，摒弃旧的组织文化；⑥建立适应经营环境的新的人力资源系统和机制。

3. 舒勒的分类

根据舒勒（1989）的研究，人力资源战略分成三种类型：累积型、效用型和协助型。

（1）累积型战略

累积型战略用长远观点看待人力资源管理，注重人才的培训，强调通过甄选来获取合适的人才；以终身雇佣为原则，以公平原则来对待员工，在此战略指导下员工晋升的速度较慢；薪酬是以职务及年功为依据，高层管理者与新员工工资差距不大。该战略的基础是建立员工最大化参与及技能培训，开发员工的能力、技能和知识，获取员工的最大潜能。

（2）效用型战略

效用型战略用短期的观点来看待人力资源管理，为员工提供的培训较少。企业职位一有空缺会随时进行填补，采用非终身雇佣制，员工晋升速度快，采用以个人为基础的薪酬方案。该战略是基于员工高技能的充分利用和极少的员工承诺，企业雇佣具有岗位所需技能且立即可以使用的员工，并注重员工的能力、技能和知识与工作的匹配。

（3）协助型战略

协助型战略介于累积型和效用型战略之间，要求个人不仅要具备技术性的能力，还要在同事间拥有良好的人际关系。在培训方面，员工个人负有学习的责任，企业只是提供协助。该战略基于新知识的创造，鼓励员工的自我开发。

从舒勒的人力资源战略分类及其特征可以看出，当企业将人力资源视为一种资产时，就会提供较多的培训，如累积型战略；而当企业将人力资源视为企业的成本时，则会提供较少的培训以节约成本，如效用型战略。

从以上分析可以看出，不同的学者对人力资源战略有不同的分类方法，同时，不同的人力资源战略在人力资源获取渠道、采用的薪酬策略或管理方式等方面都有各自的特点，这就要求企业在管理实践中，必须根据自身的具体情况来选择合适的人力资源战略或人力资源战略组合。需要指出的是：就企业总体来说，大多数企业采取的人力资源政策与主导的人力资源战略相符合；就企业微观层次上来讲，企业可能根据不同的员工而采取不同的措施。

## 2.2 人力资源战略与企业战略、企业文化的整合

企业的人力资源战略派生和从属于企业的总战略，而且受到企业文化的直接影响。要制定有效的人力资源战略，就必须明确企业的总战略和企业文化，以及人力资源战略在其中的位置和作用，并将这三者进行有效地整合。

### 2.2.1 企业战略

1. 企业战略的定义

长期以来，管理学界对企业战略的看法并不一致。在20世纪50年代，企业战略包括三个方面：①企业宗旨；②企业目标；③实现目标的行动方案。阿尔弗雷德·钱德勒（Alfred Chandler，1962）在其《经营战略与结构》一书中提出企业战略由三个部分构成：企业的长远目标、实现目标的行动方案和资源分配。伊戈尔·安索夫（H. I. Ansoff，

1965）在其《公司战略》中认为，企业战略实际是由产品市场范围、成长方向、竞争优势和协同效应四个要素构成。随着对企业战略研究的深入，詹姆斯·奎因（James Quine，1980）认为，企业战略是一种计划，是用以整合组织的主要目标、政策和活动次序的。从学者们的研究可以看出，虽然他们对企业战略没有统一的定义，但基本认为企业战略是企业管理层所制定的"策略规划"，是以企业未来为出发点，旨在为企业寻求和维持持久竞争优势而作出的有关全局的重大筹划和谋略，是企业为自己确定的长远发展目标和任务，以及为实现这一目标而制定的行为路线、方针政策和方法。正如乔伊尔·罗斯（Jowell Rose）和迈克尔·加米（Michael Jamie）所说："没有战略的组织就好像没有舵的船，会在原地打转。"

2. 企业战略的类型

表2－2从不同角度对企业战略进行了分类。

表2－2　企业战略的分类

| 分类标准 | 战略类型 | 注释 |
| --- | --- | --- |
| 基于战略层次的划分 | 公司战略 | 整个公司和所有业务的战略 |
| | 经营战略 | 各个业务领域的战略 |
| | 职能战略 | 各个业务领域中各个具体职能单元的战略 |
| 基于公司整体方向的划分 | 增长型战略 | 扩展公司活动的战略 |
| | 稳定型战略 | 不改变公司现有活动的方向性的战略 |
| | 缩紧型战略 | 压缩公司活动水平的战略 |
| | 混合型战略 | 以上三种战略中两者或三者同时使用的战略 |
| 基于成长机会和制约条件的划分 | 进攻型战略 | 利用企业有利条件，寻求成长机会的主动出击的战略 |
| | 防御型战略 | 针对企业的发展威胁，强化自身的薄弱环节的对策性战略 |
| 基于战略态势的划分 | 防御者战略 | 在有限的市场范围内，通过深入开发而提高效率、维持竞争能力的战略 |
| | 探索者战略 | 不断探索新产品、新市场机会的战略 |
| | 分析者战略 | 有稳定的事业和领域，很高的市场占用率，并注意开发或引进有希望的新产品的战略 |

资料来源：方振邦．战略与战略性绩效管理［M］．北京：经济科学出版社，2005.

（1）基于战略层次的划分

赫发·苏恩得尔（Hofa Schendel，1978）、罗伯特·M. 格兰特（Robert M. Grant，2001）和斯蒂芬·P. 罗宾斯（Stephen P. Robbins）等将战略分为三个层次，即公司战略、经营战略和职能战略（如图2－1所示）。公司战略描述了公司总的方向，主要表明公司在业务增长、多种业务和产品种类管理等方面的态度，决定企业应该选择哪类经营业务，进入哪些领域。经营战略通常针对事业部或产品层次，重点强调公司的产品或服务在某个产业或事业部所处的细分市场中竞争地位的提高，主要包括竞争战略与合作战略。经营战略主要涉及如何在选定的领域内与竞争对手开展有效的竞争，该战略关心的主要问题是开发哪些产品或服务，以及这些产品提供给哪些市场以达到组织的目标，如远期盈利能力和市场增长速度等。职能战略为营销、研究开发等职能领域所采用，它们通过最大化资源产出率来实现公司和事业部的战略和目标，主要涉及如何使企业的不同职能如营销、财务和生产更好地为各级战略服务，从而提高组织的效率。

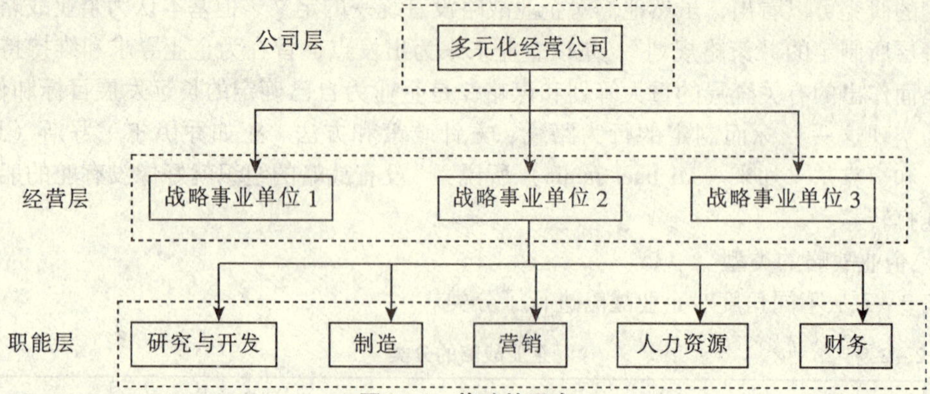


图 2－1 战略的层次

资料来源：史蒂芬 P 罗宾斯．管理学［M］.4 版．黄卫伟，等，译．北京：中国人民大学出版社，1996.

一般来说，企业的战略是一个战略组合，其中包括了企业组织层次中各级管理者所制定的战略。各层次的战略都是企业战略管理的重要组成部分，但侧重点和影响的范围各有不同。高层次的战略变动往往会涵盖低层次的战略，而低层次战略影响范围则较小，尤其是职能部门的战略，一般只涉及部门范围内。由于不同层次战略的相互作用，各层次战略之间以及目标体系内部必须要相互协调。只有战略的各个层次之间以及目标体系和战略各个层面统一协调起来，才能使各层次战略与目标在相互促进中实现，为企业带来竞争优势。

（2）基于公司整体方向的划分

许多学者（Certo & Peter，1988；Johnson & Scholes，1993；Buenes，1996）把一系列公司战略整合为四大类战略，即增长型战略（Growth）、稳定型战略（Stability）、紧缩型战略（Retrenchment/Withdrawal）和混合型战略（Combination）。

①增长型战略。从企业发展的角度来看，任何成功的企业都经历过长短不一的增长型战略实施期。因为从本质上说，只有增长型战略才能不断地扩大企业规模，使企业从竞争力弱小的小企业发展成为实力雄厚的大企业。与其他类型的战略态势相比，增长型战略具有以下特征：第一，实施增长型战略的企业不一定比整个经济增长速度快，但它们往往比其产品所在的市场增长得快。企业不应该仅仅追求绝对市场占有率的增长，更要衡量相对市场占用率的增长态势。通常情况下，企业销售增长率应该高于产品的市场增长率。第二，实施增长型战略的企业往往会取得大大超过社会平均利润率的利润水平。由于发展速度较快，这些企业更容易获得较好的规模经济效益，从而降低生产成本，获得超额利润。第三，采用增长型战略的企业倾向于采用非价格的手段同竞争对手抗衡。由于采用了增长型战略的企业不仅仅在开发市场上下工夫，而且在新产品开发、管理模式上都力求具有竞争优势，因此一般来说它们总是以相对更为创新的产品或服务以及管理上的高效率作为竞争手段，而不会打价格战。第四，增长型战略鼓励创新。这些企业常常开发新产品、新市

场、新工艺和老产品的新用途，以把握更多的发展机会，谋求更大的风险回报。第五，与简单地适应外部条件不同，采用增长型战略的企业倾向于通过创造新产品或创造对原有产品的需求来改变外部环境，并使之适合企业发展目标。

②稳定型战略。稳定型战略是指在内外环境的约束下，企业在战略规划期内使自身的资源分配和经营状况基本保持在目前状态和水平上的战略。按照稳定型战略，企业目前所遵循的经营方向、正在从事经营的产品和面向的市场领域、在其经营领域内所达到的产销规模和市场地位都应大致不变或以较小的幅度增长或减少。稳定型战略具有以下几个方面的特征：第一，企业对过去的经营业绩表示满意，决定追求既定的或与过去相似的经营目标。比如说，企业过去的经营目标是在行业竞争中处于市场领先者的地位，稳定型战略则意味着在今后的一段时期里企业依然以这一目标作为经营目标。第二，企业在战略规划期内追求业绩按大体的比例递增。与增长型战略不同，这里的增长是一种常规意义上的增长，而非大规模的和非常迅猛的发展。实行稳定型战略的企业总是在市场占有率、产销规模或总体利润水平上保持现状或略有增加，从而稳定和巩固企业现有竞争地位。第三，企业准备以与过去相同或基本相同的产品或劳务服务于社会，这意味着企业的创新产品较少。从以上特征可以看出，实行稳定型战略的前提条件是企业过去的战略是成功的。对于那些曾经成功地在一个处于上升趋势的行业和一个变化不大的环境中生存的企业，在短期内使用稳定型战略会很有效。

③紧缩型战略。紧缩型战略是指企业从目前的经营领域和基础水平收缩或撤退的一种经营战略。与增长型战略和稳定型战略相比，紧缩型战略是一种相对消极的发展战略。一般来说，企业实施紧缩型战略只是短期的，其根本目的是使在企业渡过难关后转向其他的战略选择。有时，只有采取紧缩或撤退措施才能抵御竞争对手的进攻，避开环境的威胁，迅速地实行自身资源的最优配置。可以说，紧缩型战略是一种以退为进的战略，它具有以下特征：第一，在企业现有的产品和市场领域实行收缩、调整和撤退策略，比如放弃某些市场和某些产品。因而从企业的规模来看是在缩小，而一些效益指标如利润率和市场占用率都会有较为明显的下降。第二，对企业资源的运用进行较为严格的控制，尽量削减各项费用支出，只投入最低限度的经营资源。因此紧缩型战略的实施过程往往会伴随着大量的裁员、一些奢侈品和大额资产的暂停购买等。第三，紧缩型战略具有明显的短期性。与增长型战略和稳定型两种战略相比，紧缩型战略具有明显的过渡性，其根本目的并不在于长期节约开支、停止发展，而是为了今后发展积蓄力量。

④混合型战略。混合型战略是增长型战略、稳定型战略和紧缩型战略的组合。事实上，从长期来看，许多有一定规模的企业实行的并不只是一种战略，而是多种战略的组合。从采用情况来看，大型企业采用混合型战略较多。因为大型企业相对来说拥有较多的战略业务单位，这些业务单位很可能分布在完全不同的行业和产业中，它们所面临的外部环境和所需要的资源条件完全不相同，因而若对所有的战略业务单位都采用统一的战略态势的话，就有可能由于战略与具体的业务不相一致而导致企业的总体效益受到伤害。因此，可以说混合型战略是大型企业在特定的历史阶段的必然选择。

（3）基于成长机会和制约条件的划分

①进攻型战略。进攻型战略主要是指企业利用有利条件寻求成长机会的主动出击战略。进攻型战略力图从领先者那里获得市场份额，这通常发生在领先者所在的市场领域，

实施该战略的企业的竞争优势是通过采用成功的战略性行动来获得的——旨在产生成本优势的行动、产生差异化优势的行动，或者产生资源能力优势的行为。进攻型战略主要有以下六个基本类型：第一，赶上或超过竞争对手。在企业不得不放弃竞争优势，或不管竞争对手拥有什么资源和强势企业都有可能获得有利可图的市场份额的情况下，采取进攻型战略以抵消竞争对手的强势具有一定的意义。第二，采取进攻性行动，利用竞争对手的弱势。在这种进攻策略下，企业往往瞄准竞争对手的弱点，实施进攻行动，最终占领市场。一般来说，利用竞争对手的弱点，采取进攻性行动，相对于挑战竞争对手的强势来说更有取得成功的希望，特别是在竞争对手没有充分防范的情况下"攻其不备"更是如此。第三，同时从多条战线出击，如降价、加强广告力度推出新产品、提供免费使用样品、发行彩票、开展店内促销、实行折扣等。如此全面出击可以使竞争对手失去平衡、措手不及，在各个方向上分散它的注意力。第四，终结性行动。终结性行动所追求的是避免面对面的挑战，如挑衅性的削价、加大广告力度，或者花费昂贵的代价在差异化上压倒竞争对手。其中心思想是与竞争对手进行周旋，抓住那些没有被占领或者竞争不激烈的市场领域，改变竞争规则，使形势变得对进攻者有利。第五，游击行动。游击行动特别适合中小企业，因为它们既没有足够的资源，也没有足够的市场知名度来对行业的领导者发起正面的攻击。游击性进攻行动所秉承的原则是"打一枪换一个地方"，有选择性地攫取市场领域；不管是什么地方，也不管是在什么时候，只要能够出其不意地攻击竞争对手，就要抓住机会"骗取"竞争对手的顾客。第六，先买性行动。先买战略强调首先采取行动获得某种竞争优势，而这种竞争优势是竞争对手不可能获得的，即使要进行复制也有很大的阻力和难度。

②防御型战略。所谓防御型战略，是指针对企业发展的威胁，强化自身的薄弱环节的对策性战略。市场上的进攻性行动既可以来自行业的新进入者，也可以来自于那些寻求改善现有地位的现有企业。防御型战略的目的是降低被进攻的风险，减弱任何已有的竞争性行动所产生的影响，从而影响挑战者，迫使它们把行动瞄准其他竞争对手。虽然防御型战略通常不会提高企业的竞争优势，但它有助于加强企业的竞争地位，捍卫企业最有价值的资源和能力，维护企业已有的竞争优势。防御型战略通常采用以下方式：第一，尽力堵住挑战者采取进攻性行动的一些途径。如招聘额外的职员以扩大或者加深企业在关键领域的核心能力，从而战胜那些模仿自己技巧和抢夺资源的竞争对手；提高企业的资源资产和能力的灵活性，以便使企业可以进行快速、有效的资源分配，或者根据变化的市场环境调整策略，从而使企业适应新的发展态势的能力比竞争对手相应的能力强等。第二，向挑战者发出信号——如果你们发起进攻，将会受到很强的报复。其目的是劝说挑战者根本不要进攻，或者至少让它们采取那些对自己来说威胁更小的行动。第三，尽力降低挑战者发起进攻性行动的利润诱惑。如果一个厂商或者行业的盈利能力具有足够高的水平，挑战者就愿意跨越很高的防卫障碍，迎接很强的报复性行动。此时，防卫者可以通过人为地捏造一些短期的利润水平，利用会计手段遮掩一些盈利能力来转移进攻，特别是来自新进入者的进攻。

（4）基于战略态势的划分

①防御者战略。防御者战略寻求向整体市场中的一个狭窄的细分市场稳定地提供有限的一组产品。在这个优先的细分市场中，防御者拼命努力以防止竞争者进入自己的市场领

域。这种战略倾向于采用标准的经济行为，如以竞争性的价格和高质量的产品或服务作为竞争手段。防御者不会受其细分市场以外的发展和变化趋势的诱惑，而是通过市场渗透和有限的产品开发获得成长。经过长期的努力，防御者能够开拓和保持小范围的细分市场，使竞争者难于渗透。

②探索者战略。探索者战略追求创新，实施该战略的企业的实力在于发现和发掘新产品和新市场机会。探索者战略取决于开发和把握大范围环境条件、变化趋势和实践的能力。灵活性对于探索者的战略来说是非常关键的。

③分析者战略。分析者战略靠模仿、复制探索者的成功思想生存。分析者必须具有快速响应那些领先一步的竞争者的能力，与此同时，还要保持其稳定产品和细分市场方面的经营效率。一般来说，探索者必须有很高的边际利润率以平衡风险和补偿它们生产上的低效率；分析者的边际利润虽然低于探索者，但分析者有更高的效率。

从以上分析可以看出，企业必须根据自己的具体情况制定合适的战略并成功地实施才能在激烈的竞争中立于不败之地。

### 2.2.2 人力资源战略与企业战略的关系

1. 企业战略决定人力资源战略

早期的人力资源战略的形成模式是将企业的长期需求、人力资源相关问题（柔性经营、员工竞争力、士气及承诺）等统筹考虑，企业战略和人力资源战略之间是一种单向的关系（垂直关系）。与其他职能部门的战略一样，人力资源战略是建立在企业战略的基础上，并能够反映企业今后的需求。戴尔（Dyer，1984）提出：“组织战略是组织的人力资源战略的主要决定因素”，并以实证研究支持这一观点。其中一项研究是拉贝尔在调查11家加拿大企业的最高管理层人力资源战略的形成过程时，发现组织战略被提及的频率最高，被调查者大部分认为组织战略是人力资源战略的决定因素，而且，如果组织所追求的战略目标不同，其人力资源战略的形成也会有显著的差异。

舒勒（Schuler，1987）也认为较高层次的组织战略是人力资源战略的决定因素，不同的组织战略决定了不同的人力资源战略。战略通过对组织结构（职能型或直线型）和工作程序（规模生产或柔性生产）的作用来对人力资源战略产生影响。他于1994年提出人力资源战略形成的5P模式——理念（Philosophy）、政策（Policy）、方案（Programs）、实践（Practices）和过程（Processes），认为组织的外部环境因素（如经济、市场、政治、社会文化、人口）和内部环境（如组织文化、现金流、技术）因素都会决定组织战略需求并改变其形成战略的方式。在对上述因素进行分析之后，最高管理层会制定出全面的组织使命，明确关键性的目标，说明管理方案及程序，以帮助组织实现战略目标。这些目标、方案以及政策当然是人力资源战略的一部分。因此，这一模式同样强调企业战略与人力资源战略之间存在紧密联系，后者与前者是一体的。

由此可以看出，人力资源战略被定位于企业的职能战略层次上，它是在企业战略基础上形成的，通过发挥其对企业战略的支撑作用，促进企业战略的实现。沃尔里克（Ulrich，1992）基于人力资源必须落实公司战略的考虑指出人力资源战略必须与公司战略一致，因为战略与人力资源合作可以达到三个优点：一是使公司的执行能力增强；二是使公司适应变化的能力增强；三是因为能产生“战略一致性”，从而使公司更能符合顾客需求与接受挑战。

2. 人力资源战略影响企业战略

在早期对人力资源战略形成的描述性研究中，戴尔（Dyer，1984）的结论是组织战略和人力资源战略相互作用，组织在整合两种战略的过程中要求从人力资源角度对计划的灵活性、可行性及成本进行评估，并要求人力资源系统开发自己的战略以应对因采取计划而面临的人力资源方面的挑战。

伦格尼可和霍尔（Lengnick & Hall，1988）在人力资源战略形成的“相互依赖模型”中认为，组织战略与人力资源战略的形成具有双向的作用。他们证实了人力资源战略不仅会受到组织战略的影响，同时也会受到组织是否对未来的挑战和困难做好了准备的影响。当然，这些影响并非单向的，人力资源战略对全面的企业战略的形成和执行有着自己的贡献。他们提出人力资源战略的产生是为了适应组织的成长期望和组织对期望所作的准备，如果组织有较高的组织期望但人力资源战略还不成熟，组织会采取以下行动：①投资在人力资源上以提高执行能力；②根据所缺乏的准备条件调整组织目标；③利用现在的人力资源配置优势改变战略目标。在这三种情况下，人力资源战略和组织战略相互提供信息并相互影响。

3. 人力资源战略在企业战略管理中的主要功能

（1）在战略制定阶段为 SWOT 分析提供相关信息

在战略制定阶段，战略制定小组在审视和分析原来的战略后，要对企业环境（机会和威胁）进行详细的分析。外部环境中的许多机会和威胁都是与人联系在一起的。随着企业对人力资源重要性认识的加深，企业已经不仅仅是为争夺顾客而竞争，也是为获得高素质雇员而竞争。人力资源管理部门在外部分析环节上所起的作用是从人力资源的角度密切关注外部环境——相关的机会和威胁，尤其是那些与人力资源职能直接相关的方面：潜在的劳动力短缺、竞争对手支付给相同职位员工的薪酬、竞争对手获取优秀雇员的途径、对人员雇佣产生影响的立法工作等。

对企业的内部优势和劣势进行分析同样也需要人力资源部门的参与。现在，许多公司已越来越清晰地意识到人力资源是它们最为重要的财富之一。根据一项研究的估计，在1943—1990 年之间，美国国民生产总值的增长总额的 1/3 以上是人力资本增加所导致的。如果不考虑自己员工队伍所具有的优势和劣势，企业就可能选择它们自己本来没有能力实现的战略。比如，一家企业选择战略如下：通过计算机自动化控制设备来替代原来设备，以期提高生产效率来降低成本。尽管这种选择看上去不错，但是企业很快就发现事实并非如此。因为雇员根本就不会利用这些新设备，该公司的雇员队伍中有大约 25% 的人实际上是功能性文盲，根本无法适应公司战略的要求。所以，在战略制定阶段，人力资源部门必须分析企业内部人力资源状况，作出合理的、符合企业战略的人力资源需求分析。康乃尔大学斯科特·A. 斯内尔（Scott A. Snell）教授对企业内部人力资源分类进行的研究，对企业进行人力资源状况分析有一定的借鉴意义。他将企业内部的人力资源分为核心人才、通用人才、独特人才和辅助型人才，并提出针对不同类型的人力资源采用不同的雇佣模式等建议。

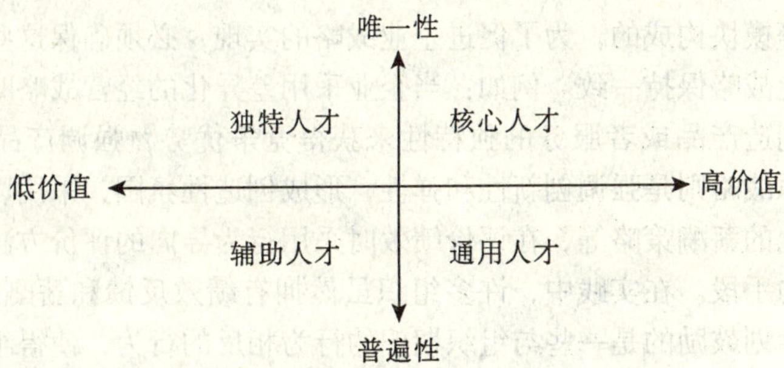


**图 2－2　斯内尔模型中对人才的分类**

资料来源：方振邦．战略与战略性绩效管理［M］．北京：经济科学出版社，2005.

**表 2－3　不同类型的人力资源所具有的特点及其适用的工作方式和雇佣模式**

| | 核心人力资本 | 通用人力资本 | 辅助人力资本 | 独特人力资本 |
|---|---|---|---|---|
| 价值 | 高价值：直接与核心能力相关 | 高价值：直接与核心能力相关 | 低价值：操作性角色 | 低价值：与核心价值间接相关 |
| 独特性 | 独一无二、特殊的知识和技能 | 普遍性：普通知识和技能 | 普遍性：普通知识和技能 | 独一无二、特殊的知识和技能 |
| 工作方式 | 知识工作 | 传统工作 | 合同工 | 伙伴 |
| 雇佣模式 | 以组织为核心 | 以工作为核心 | 交易 | 合作 |
| 人力资源管理系统 | 以责任为基础 | 以生产效率为基础 | 以服务为基础 | 合作的人力资源管理系统 |
| 工作设计 | 授权、提供资源因人设岗 | 清晰定义<br>适度授权 | 准确定义<br>圈定范围 | 以团队为基础<br>资源丰富/自主 |
| 招聘 | 根据人才学习能力<br>内部提升 | 根据业绩<br>外部招聘 | 人力资源外包<br>为特别任务招聘 | 根据业绩<br>能够合作 |
| 开发 | 在职培训<br>具有公司特色<br>局限于具体情况<br>关注短期效果 | 局限于规章、流程 | 在职培训<br>根据具体情况 | |
| 考核 | 关注对战略的贡献<br>开发 | 关注业绩<br>培训效果 | 服从性 | 以团队为核心<br>目标的完成情况 |
| 薪酬 | 外部公平(高工资)<br>为知识、经验、资历付薪<br>持股 | 外部公平 | 按小时或临时工作付薪 | 以团队为基础的激励<br>合同、年薪、为知识付薪 |

资料来源：方振邦．战略与战略性绩效管理［M］．北京：经济科学出版社，2005.

（2）人力资源战略支撑企业战略的实施

人力资源战略和其他的职能战略（如市场战略、研发战略等）位于企业战略的第三层次——职能战略层，只有充分发挥它们对企业战略的支撑作用，才能促进企业战略的实现。而人力资源战略又是由工作设计与工作分析、薪酬管理、绩效管理、招聘与甄选以及员工开发与培训等模块构成的，为了促进企业战略的实现，必须确保这些模块与总体的人力资源战略及企业战略保持一致。例如：当企业采用差异化的经营战略时，这种战略思想的核心在于通过创造产品或者服务的独特性来获得竞争优势，强调产品的设计和研究开发；此时人力资源战略则是强调创新性和弹性，形成创造性氛围，采用以团队为基础的培训和考评、差异化的薪酬策略等，在评价绩效时采用行为导向的评价方法，并且把绩效评价作为员工发展的手段。在实践中，许多组织虽然拥有绩效反馈和薪酬的人力资源计划，但由于人力资源计划鼓励的是一些与组织期望的行为相反的行为，使得组织无法得到期望的行为和绩效。

**即时案例　高露洁公司的人力资源战略计划帮助企业成功地实施企业战略**

高露洁公司是一家年销售额超过5亿美元的全球性生产公司，公司制定和明确了以“公司进取”为基础的新战略。这种新战略主要强调以下几个方面的内容：注意开发新产品；努力降低生产成本；精简公司业务和组织机构；下放决策权；鼓励企业家行为；提高雇员士气和主动精神。这种战略的目标是使高露洁公司在其全球市场上成为一个精干的、反应灵活的竞争者，并且使公司的业务更为明确地集中在与人们的健康有关的产品上。

战略方向确定之后，公司就立即按照战略的要求着手采取了以下几个主要步骤：首先，公司放弃了四个主要领域的经营业务，其中两个是体育用品公司，另外两个是娱乐公司。其次，公司进行了重大的结构重组，削减了一个高级管理层。最后，将在调整过程中富余出来的资源用于新产品开发和其他一些研究开发活动。在这种背景下，高露洁公司的人力资源管理部门就被赋予了一项新的使命：帮助公司达到其新目标。

摆在高露洁公司的人力资源管理部门面前的这些任务实际上说明了在当前时代，人力资源管理者将会越来越多地参与到企业的战略管理中。在高露洁公司，总经理指示人力资源管理部门必须制定和执行一些计划来努力创造出本公司特定的企业文化，他要求这些计划能够达到以下几个方面的要求：

（1）在强调对雇员个人以及各业务单位的工作绩效加以认可、赞扬和奖励的同时，鼓励各业务单位在工作过程中（无论是在单位内部还是各单位之间）都以公司的共同利益为目标，积极发扬团队合作精神。

（2）在管理者当中积极培育企业家精神，在全体雇员当中培养创造性的思维方式。

（3）强调雇员与股东之间利益上的共同之处。

为了实现上述目标，高露洁公司的人力资源管理部门制订了一系列的人力资源管理计划。例如，对公司管理层的激励性薪资计划进行了重新设计，新的计划更强调管理者本人的工作绩效以及经营目标的完成情况。再如，对公司的雇员福利计划也进行了重新设计，使它们更具有灵活性并且对雇员的需要能作出更为迅速的反应。同时，该部门还制定了成本控制及雇员薪资成本浮动计划，并且通过将这两种计划有效地联系在一起，使两种计划都发生了一定的变化。从最基本的作用上来说，高露洁公司的人力资源管理部门能够通过制定一系列的计划将公司所有雇员的努力集中到一起，从而为公司的战略计划执行作出了自己应有的贡献。

资料来源：加里·德斯勒．人力资源管理［M］．6版．北京：中国人民大学出版社，1999.

### 2.2.3 人力资源战略与企业战略的整合

1. 与波特的竞争理论相适应的人力资源战略

根据波特的理论，企业获得竞争优势的三个基本点是：成本领先、差异化和重点集中战略。成本领先战略强调以最低的单位生产成本为对价格敏感用户生产标准化的产品。差异化战略旨在为对价格相对不敏感的用户提供某产业中独特的产品和服务。重点集中战略指专门提供满足小用户群体需求的产品和服务。

波特的战略意味着根据产业类型、公司规模及竞争类型等因素，不同的企业应采取不同的组织安排、控制程序和激励机制。不同的战略可以分别在成本领先、差异化及重点集中方面取得竞争优势：可得到更多资源的大公司一般以成本领先或差异化为基点进行竞争，而小公司则往往以重点集中为基点进行竞争。基于波特的竞争理论，戈梅斯和麦加等人提出了与之相匹配的三种人力资源战略，如表 2－4 所示。

当企业采用成本领先战略时，它主要是通过低成本来获得竞争优势，因此应该严格控制成本和加强预算。为了配合低成本的企业战略，此时的人力资源战略强调有效性和低成本生产，强调通过合理的高度结构化的程序来减少不确定性，并且不鼓励创造性。

表 2－4　与波特的竞争战略相匹配的三种人力资源战略

| 企业战略 | 一般组织特点 | 人力资源战略 |
|---|---|---|
| 成本领先战略 | ·持续的资本投资<br>·严密地监督员工<br>·严格的成本控制，经常、详细的控制报告<br>·低成本的配置系统<br>·结构化的组织和责任<br>·产品设计以制造上的便利为原则 | ·有效率的生产<br>·明确的工作说明书<br>·详细的工作规划<br>·强调具有技术上的资格证明与技能<br>·强调与工作有关的特定培训<br>·强调以工作为基础的薪酬<br>·使用绩效的评估当作控制机制 |
| 差异化战略 | ·营销能力强<br>·产品的策划与设计<br>·基础研究能力强<br>·公司以质量或科技领先著称<br>·公司的环境可吸引高技能的员工、高素质的科研人员或具有创造力的人 | ·强调创新和弹性<br>·工作类别多<br>·松散的工作规划<br>·外部招聘<br>·团队基础的培训<br>·强调以个人为基础的薪酬<br>·使用绩效评估作为发展的工具 |
| 重点集中战略 | ·结合了成本领先战略和差异化战略组织特点 | ·结合了上述人力资源战略 |

资料来源：赵曙明．人力资源战略与规划［M］．北京：中国人民大学出版社，2002.

当企业采用差异化的竞争战略时，这种战略思想的核心在于通过创造产品或服务的独特性来获得竞争优势。因此，这种战略的一般特点是企业具有较强的营销能力，强调产品的设计和研发，以产品质量著称。此时的人力资源战略则是强调创新性和弹性，形成创造性氛围，采用以团队为基础的培训和评价，采用差异化的薪酬策略等。

当企业采用重点集中的战略时，企业战略的特点是综合了低成本战略和差异化战略，相应的人力资源战略的特点是上述两种人力资源战略的结合。

2. 与迈尔斯和斯诺的企业战略相匹配的人力资源战略

迈尔斯（Miles）与斯诺（Snow）将企业战略分为三类：防御型战略、探索者战略和分析者战略。防御者战略寻求的是整体市场中的一个狭窄、稳定的细分市场，而不是成长性。探索者战略是通过不断寻求新产品、新市场或新服务，发掘新的商业机会。在这种战略之下，企业资源主要用于鼓励创新以及获取难以在组织内部发展的能力，创新比效率更为关键。分析者战略要求企业在一些稳定的产品市场上经营，但同时积极寻求和把握机会，通过快速模仿有创新能力的竞争对手来保持竞争优势。

柏德（Baird）和比奇勒（Beechler）认为，对应于企业的防御者战略、探索者战略和分析者战略，企业应当采取与之相互匹配的人力资源战略，如表2－5所示。

表2－5　企业战略、组织要求和人力资源战略

| 企业战略 | 组织要求 | 人力资源战略 |
| --- | --- | --- |
| 防御者战略<br>·产品市场狭窄<br>·效率导向 | ·持续的内部稳定性<br>·有限的环境分析<br>·集中化的控制系统<br>·标准化的运作程序 | 累积者战略：基于员工投入及技能的培养的最大化<br>·获取员工的最大潜能<br>·开发员工的能力、技能和知识<br>·关注内部公平 |
| 探索者战略<br>·持续地寻求新市场<br>·外部导向<br>·产品/市场创新者 | ·不断地陈述改变<br>·广泛的环境分析<br>·分权的控制系统<br>·组织结构的正式化程度低<br>·资源配置快速 | 效用者战略：基于极少的员工承诺和高技能的利用<br>·雇佣具有目前所需要的技能且可以马上使用的员工<br>·使员工的能力、技能与知识能够配合特定的工作<br>·关注外部公平 |
| 分析者战略<br>·追求新市场<br>·维持目前的市场 | ·弹性<br>·严密和全盘的规划<br>·提供低成本的独特产品 | 协助者战略：基于新知识和新技能的创造<br>·聘用自我动机的员工，鼓励和支持能力、技能和知识的自我开发<br>·在正确的人员配置及弹性结构化团体之间作协调<br>·关注内部和外部公平 |

资料来源：赵曙明．人力资源战略与规划［M］．北京：中国人民大学出版社，2002.

当企业采用防御者战略时，与其相对应的人力资源战略是累积者战略。累积者战略是强调最大化的员工投入和员工技能培养，以充分发挥员工的最大潜能。

当企业采用探索者战略时，最优的人力资源战略是效用者战略。效用者战略是基于极少的员工承诺和高技能的利用，企业将雇佣具有目前所需要的技能且可以马上使用的员工，使员工的能力、技能与知识能够配合特定的工作。

当企业采用分析者战略时，与其相对应的人力资源战略是协助者战略。协助者战略是基于新知识和新技能的创造，鼓励和支持员工能力、技能和知识的自我开发。

3. 与奎因的企业基本经营战略和企业文化相匹配的人力资源战略

(1) 企业文化分类

企业文化主要是指一个企业长期形成的并为全体员工认同的价值信念和行为规范。每一个企业都会有意或无意地形成自己特有的文化，它来源于企业经营管理的思想观念、企业的历史传统、工作习惯、社会环境和组织结构等。密歇根大学的詹姆斯·奎因（James Quine）认为，企业文化可以根据两个轴向而分成四大类，如图2-3所示。

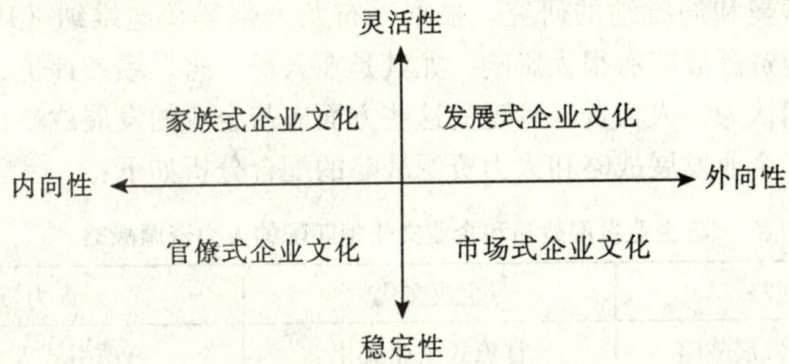


图2-3 企业文化的分类

资料来源：于桂兰，魏海燕．人力资源管理［M］．北京：清华大学出版社，2004.

发展式企业文化：强调创新和成长，组织结构较松散，采用非正规化运作。

市场式企业文化：强调工作导向和目标实现，重视按时完成各项生产经营目标。

家族式企业文化：强调企业内部的人际关系，认为企业像一个大家庭，员工就是这个家庭中的成员。员工彼此间应相互帮助和相互关照。在这种企业文化里最受重视的价值是忠诚和传统。

官僚式企业文化：强调企业内部的规章制度，认为凡事皆有章可循，重视企业的结构、层次和职权，注重企业的稳定性和持久性。

(2) 企业基本经营战略、企业文化与人力资源战略的匹配

①詹姆斯·奎因的研究。根据企业文化的类型特点，奎因提出了企业基本经营战略、企业文化和人力资源战略的几种配合形式，如表2-6所示。

表2-6 与企业经营战略和文化相匹配的人力资源战略

| 基本经营战略 | 企业文化 | 人力资源战略 |
| --- | --- | --- |
| 低成本、低价格经营战略 | 官僚式企业文化 | 诱引式人力资源战略 |
| 独创性产品经营战略 | 发展式企业文化 | 投资式人力资源战略 |
| 高品质产品经营战略 | 家族式企业文化 | 参与式人力资源战略 |

资料来源：余凯成，等．人力资源管理［M］．大连：大连理工大学出版社，1998.

采取成本领先战略的企业多为集权式管理，其生产技术较稳定，市场也较成熟，工作专业化程度高，要严格控制工作流程。企业追求的是员工在特定的工作中有稳定一致的表现。如果员工经常缺勤或表现参差不齐，这将对生产过程和成本构成严重影响，因此企业主要考虑的是员工的可靠性和稳定性。

采取产品差异化战略的企业主要以创新性产品和独特性产品去战胜竞争对手。企业处在

不断成长和创新的过程中，其生产技术一般较复杂，员工的工作内容较模糊，无常规做法，没有重复性，具有一定的风险。企业的任务就是为员工创造一个有利的环境，鼓励员工发挥其独特性。这种企业的成本取决于员工的积极性，注重培养员工独立思考和创新的能力。

采取高品质产品战略的企业依赖于广大员工的主动参与，以保证其产品的优秀品质。企业重视培养员工的归属感和合作参与精神，通过授权鼓励员工参与政策制定，或通过团队建设让员工自主决策。传统的日本企业就广泛采取了这种战略配合。

②冯布龙·蒂契和迪维纳的研究。根据冯布龙·蒂契和迪维纳（1984）的研究，企业发展战略对人力资源战略有很大影响，尤其是在人员招聘、绩效评价、薪酬政策和员工发展等方面。他们认为，人力资源管理的这些方面应与企业的发展战略相配合，才能实现企业的发展目标。企业发展战略和人力资源战略的配合分析如下：

**表 2－7　与企业发展战略和企业文化相匹配的人力资源战略**

| 基本经营战略 | 企业文化 | 人力资源战略 |
| --- | --- | --- |
| 集中式单一产品发展战略 | 官僚式企业文化 | 诱引式人力资源战略 |
| 纵向整合式发展战略 | 市场式企业文化 | 协助式人力资源战略 |
| 多元化发展战略 | 发展式企业文化 | 投资式人力资源战略 |

资料来源：方振邦. 战略与战略性绩效管理［M］. 北京：经济科学出版社，2005.

采取集中式单一产品发展战略的企业，往往具有规范的职能型组织结构和运作机制，高度集权的控制和严密的层级指挥系统，各部门和人员都有严格的分工。这种企业常采用家长式人力资源战略，在员工招聘和绩效评价上，较多从职能作用上评价，且较多依靠各级主管的主观判断。在薪酬管理上，这种企业多采用自上而下的家长式分配方式，由上司说了算。在员工的培训和发展方面，这种战略以单一的职能技术为主，较少考虑整个系统。

采用纵向整合式发展战略的企业在组织结构上仍较多实行规范性智能型结构的运作机制，其控制和指挥同样较集中，但这种企业更注重各部门实际效率和效益，其人力资源战略多为任务式，即人员的招聘和绩效评价较多依靠客观标准，立足于事实和具体数据，其奖酬的依据主要是工作业绩和效率，员工的发展仍以专业化人才培养为主，少数通用人才主要通过工作轮换来培养和发展。

采用多元化发展战略的企业因为经营不同产业的产品系列，其组织结构多采用战略事业单位制（SBU）或事业部制。这些事业单位都保持着相对独立的经营权。这类企业的发展变化较为频繁，其人力资源战略多为发展式：在人员招聘和选择上，较多运用系统化标准；对员工的绩效评价主要是看员工对企业的贡献，主客观评价标准并用；奖酬的基础主要是对企业的贡献和企业的投资收益；对员工培养往往是跨职能、跨部门，甚至跨事业单位的系统化开发。

4. 企业基本经营战略、企业文化、人力资源战略和人力资源管理作业的匹配

人力资源战略需要与企业战略、企业文化相匹配，同时，不同的人力资源战略又制约和影响着人力资源管理的具体作业。它们之间的关系，可以用表 2－8 来表示。

表 2-8 企业基本战略、企业文化、人力资源战略与人力资源管理作业的匹配

| 企业战略 | | 企业文化 | | 人力资源战略 | | | | | | | | | | 人力资源作业 | | | | | |
|---|---|---|---|---|---|---|---|---|---|---|---|---|---|---|---|---|---|---|---|
| | | | | | 员工信念与行为 | | | | | | | | | | | | | | |
| 类型 | 员工 | 类型 | 特点 | 类型 | 重复性 | 国际性 | 品质敏感度 | 数量敏感度 | 风险态度 | 责任要求 | 弹性要求 | 技术应用 | 员工参与 | 工作描述 | 招聘吸引力 | 培训 | 考评 | 薪酬 | 晋升 |
| 低成本战略 | 稳定可靠 | 官僚式 | 制度至上 | 诱引战略 | 高 | 低 | 中 | 高 | 低 | 低 | 低 | 狭窄 | 低 | 详尽具体 | 有竞争力的薪酬 | 有限的知识与技巧 | 短期、个人与结果导向 | 基本薪酬低、浮动薪酬高、雇用保障低 | 狭窄、不易转移 |
| 创新战略 | 创新能力 | 发展式 | 创新灵活 | 投资战略 | 低 | 高 | 中 | 中 | 高 | 高 | 高 | 广泛 | 高 | 宽泛 | 成长与前景的召唤 | 广泛的知识与技巧 | 长期、行为与结果、团队与个人导向 | 基本薪酬高、浮动薪酬高、雇用保障高 | 广泛灵活 |
| 高品质战略 | 合作信任 | 家族式 | 人际和谐 | 协助战略 | 较高 | 中 | 高 | 中 | 低 | 高 | 中 | 中 | 高 | 介于中间 | 家的凝聚力 | 适中的知识与技巧 | 中期、行为与结果、团队与个人导向 | 基本薪酬中、浮动薪酬中、雇用保障高 | 介于中间 |

资料来源：于桂兰，魏海燕．人力资源管理[M]．北京：清华大学出版社，2004.

## 2.3 人力资源战略与企业竞争优势

企业的可持续成长与发展，从根本上讲取决于企业的竞争优势。只有具备竞争优势的企业才能在市场中占据先机，在为顾客创造独特价值的过程中找到自身存在和发展的价值。人力资源战略及其管理实践依靠对企业内部资源的有效整合，能提升企业的竞争能力，通过能力的提升来建立企业的竞争优势。

### 2.3.1 人力资源战略提升竞争优势的实践证据

人力资源管理实践是企业人力资源战略的具体表现。我们将引用国外著名的人力资源管理专家和人力资源管理咨询机构从实证的角度进行研究所取得的证据，来说明人力资源管理是否能够支撑企业的竞争优势，或者人力资源管理的哪些职能能够更为有效地支撑企业的竞争优势。

世界著名的惠悦咨询公司在1999年推出了人力资本指数（Human capital index）来显示人力资源管理对企业经营业绩的影响。该指标显示了人力资源管理实践措施的质量与公司的五年股东回报率之间的关系。惠悦公司通过对18个国家的750家公司的数据分析，揭示了在人力资源管理实践措施上得分高的公司，其五年股东回报率显著高于其他公司（见图2-4、2-5）。惠悦公司通过对各项人力资源管理实践措施的调查，发现五项实践措施（整体奖励回报系统、有校园氛围和灵活的工作场所、员工的招聘与保留、充分沟通、有重点的HR服务技术）全部与企业的市值呈正相关关系，并且在五项实践措施上的一个标准差的改进可以导致公司市值47%的增长。①

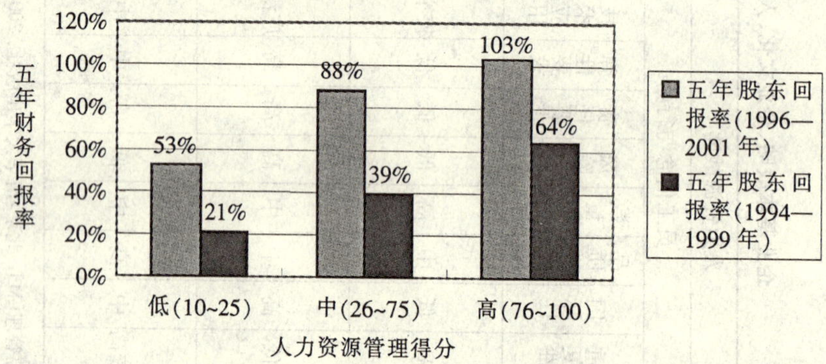


**图2-4 惠悦咨询公司的人力资本指数**

资料来源：林杰文．HR价值的首次量化［J］．人力资本，2002(10).

① 林杰文．HR价值的首次量化［J］．人力资本，2002(10).

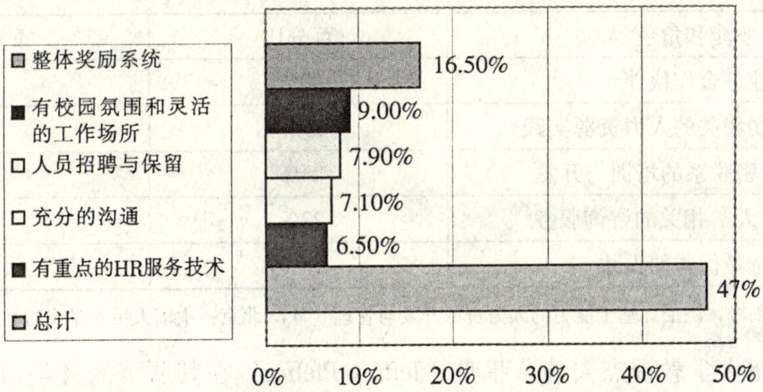


**图 2-5　人力资源管理实践措施对公司市值的影响**

资料来源：彭剑峰. 人力资源管理概论［M］. 上海：复旦大学出版社，2005.

美国的人力资源管理专家劳伦斯·S. 克雷曼在所著的《人力资源管理：获取竞争优势的工具》一书中，引用了1994年对人力资源管理的有效性进行考察的一项研究结论。该研究考察了美国35个行业中的968家公司的人力资源管理实践和生产率水平。每个公司的人力资源管理实践的有效性根据以下项目来加以评定：激励计划、雇员投诉系统、正式的绩效评估系统以及员工参与决策。该研究揭示了人力资源管理的有效性与生产率水平之间的某种密切联系：人力资源管理有效性较高的公司，其绩效显著地优于某些人力资源管理有效性较低的公司。具体而言，在人力资源管理评分上的一个标准差就转变为5%的生产率差异。与此相似，一项1993年的研究发现，具有健全人力资源管理实践的组织，例如恰当地测验和面试求职者、评价招聘和挑选程序的有效性较高的公司，与那些实践较不健全的组织相比，其年利润、利润增长和总体绩效的水平都比较高。

美国康奈尔大学的 Patrick M. Wright 教授对美国公司高层管理者和人力资源经理所认同的、与组织核心能力和成功关键密切相关的人的因素进行了调查，得出的结论如表2-9所示。从表2-9中，我们可以看出，与组织核心能力和成功密切相关的人力资源管理职能中，排在前五位的职能分别是：学习与开发、管理组织承诺的工作环境、吸引/甄选/维系人才、管理继承人的储备、绩效管理/薪酬设计。[1]

**表 2-9　与组织核心能力和成功密切相关的人的因素**

| 要素 | 百分比 | 重要程度 |
|---|---|---|
| 学习与开发 | 47% | 1 |
| 管理组织承诺的工作环境 | 34% | 2 |
| 吸引/甄选/维系人才 | 29% | 3 |
| 管理继承人的储备 | 21% | 4 |
| 绩效管理/薪酬设计 | 20% | 5 |

资料来源：彭剑峰，饶征. 基于能力的人力资源开发与管理［M］. 北京：中国人民大学出版社，2000.

此外，Patrick M. Wright 教授还对理想的人力资源职能对获取竞争优势的作用进行了调查，其结果如表2-10所示。

表 2 - 10　　理想的人力资源职能对获取竞争优势的作用

| 职能和角色 | 百分比 | 重要程度 |
|---|---|---|
| 业务合作伙伴 | 30% | 1 |
| 与战略密切相关的人力资源实践 | 29% | 2 |
| 与战略紧密联系的培训与开发 | 24% | 3 |
| 提供与“人”相关的咨询服务 | 22% | 4 |
| 甄选最优秀的人才 | 13% | 5 |

资料来源：彭剑峰，饶征．基于能力的人力资源开发与管理［M］．北京：中国人民大学出版社，2000.

美国斯坦福大学教授杰夫瑞·菲弗（Jeffrey Pfeffer）在其所著的《经由人员获得的竞争优势》一书中，列举了经过文献研究和实际调查所得到的能够提升一家企业竞争优势的 16 种人力资源管理实践活动，其具体内容如下：

（1）就业安全感：作为一种就业保证，任何一个雇员都不会因为工作量不饱满而被解雇。

组织向雇员提供一个长期就业保证承诺。这种实践将带来雇员的忠诚、承诺，并使他们愿意为组织利益付出额外努力。

（2）招聘时的挑选：仔细地以正确方式挑选合格的雇员。

一个非常合格的员工比不太合格的雇员的平均劳动生产率要高出两倍。此外，通过在招聘实践中的挑选，组织向求职者发出的信息是他们加入的是一个精英组织，同时，它对员工的绩效有高度期望。

（3）高工资：工资高于市场所要求的工资（即比竞争者所付的工资还要高）。

高工资倾向于吸引更加合格的求职者，使流失较少发生，并且发出公司珍视它的雇员的信息。

（4）诱因薪金：让那些使绩效和赢利率水平提高的雇员们分享津贴。

雇员们会认为这样一种做法既公平又公正。如果将雇员们的才智和努力所产生的效益都归所有者和最高管理部门，人们会认为这种情况不公平，可能会感到气馁并放弃他们的努力。

（5）雇员所有权：通过向雇员们提供诸如公司股票份额和利润分享方案等，把组织中的所有权的利润给予雇员。

如果恰当地加以实施，雇员所有权可以使雇员们的利益与股东的利益密切地结合起来。这样雇员将可能对公司的组织、战略和投资政策保持一种长期的信念。

（6）信息分享：向雇员们提供有关运作、生产率、赢利率的信息。

提供信息使雇员们明确自己的利益与公司的利益是相互关联的，并为他们提供成功完成工作的信息。

（7）参与和授权：鼓励决策的分散化，鼓励扩大工人的参与和授权。

组织应当从一种层级制的控制和协调活动系统走向另外一种系统。在这种系统中，较低层次的雇员们可以做那些能提高绩效的事情。研究已经表明，参与既能提高员工的满意度，又能提高生产率。

（8）团队和工作再设计：使用跨学科的团队以协调和监控他们的工作。

通过设定关于恰当的关于工作数量和质量的规范，团队会对个体施加某种强烈影响。管理者对群体努力实施奖励，群体对工作环境拥有某种自主权和控制权，群体受到组织的严肃对待，都更有可能引发群体的正面影响。

(9) 培训和技能开发：为工人们提供完成其工作所必需的技能。

培训不仅保证雇员和经理们能胜任他们的工作，而且也显示了公司对雇员们的承诺。

(10) 交叉使用和交叉培训：培训人们去从事好几项不同的工作。

让人们去做多项工作可以使工作变得更加有意思，并可以使经理们更有弹性地安排日常工作。例如经理可以用一个受过培训的工人代替一个缺勤的工人完成工作。

(11) 象征性的平等主义：平等对待雇员可以通过诸如取消经理餐厅和专用停车位之类的措施做到。

减少社会级别有可能减少雇员与管理者之间的对立，并使每个人都觉得大家在为共同目标而工作。

(12) 工资浓缩：缩小雇员之间薪金差别的程度。

当任务需要相互依赖及相互协调时，缩小雇员间的薪金差别可以通过减少人际竞争、强化合作来高生产率。

(13) 内部晋升：以晋升较低组织层次上的雇员以填补职位空缺。

晋升可以为雇员们提供一个努力工作的动力，并且让雇员们产生“工作是公平和正义的”的感觉。

(14) 长期观点：组织必须明白，通过劳动力来实现竞争优势要花费较长时间。

在短期内，与维持就业安全感相比，解雇人也许更有利可图，减少培训经费也是保持短期利润的快捷方式。但是，一旦通过使用人力资源管理实践获得长期的竞争优势，那么这种优势就有可能更实在、更持久。

(15) 对实践的测量：组织应当测量如雇员态度、各种方案和首创精神的成功以及雇员绩效水平等方面。

测量能够通过指明“何者重要”而指引雇员行为，而且能为公司和雇员提供反馈，告诉他们：根据测量标准，他们表现得有多好。

(16) 贯穿性的理念：通过根本的管理理念把各种个体的实践连接成一个凝聚性的整体。

第1项到第15项中各项实践的成功在一定程度上依赖于形成一个成功的基础和管理人的价值和信念的系统。例如，高级微设备（AMD）公司的贯穿性理念是“持续快速改进、授权、无缝的组织界限、高期望和技术卓越”。[2]

### 2.3.2 人力资源战略加强竞争优势的理论模型

人力资源战略加强企业竞争优势的理论模型是我们根据劳伦斯·克雷曼的模型修改而得的。克雷曼的模型以人力资源管理实践作为分析的起点。企业可能会针对不同的员工采取不同的人力资源管理实践，但企业都有其主要的人力资源战略，而主要的人力资源战略则指导着企业的人力资源管理实践。因此，对企业竞争优势的分析应当从人力资源战略开始，在某种人力资源战略指导下，才能进行一系列的人力资源管理实践。克雷曼指出这一系列的人力资源管理实践会直接或间接地加强企业竞争优势。直接地加强企业竞争优势主要是指贯彻某种人力资源管理实践的方法本身能够对竞争优势产生一种直接影响。间接地加强企业竞争优势是指某种人力资源管理实践能够通过它产生的某些结果影响竞争优势。具体地说，是通过“以员工为中心”带来“以组织为中心”的结果，来加强企业竞争优势。其理论模型如图 2－6 所示。

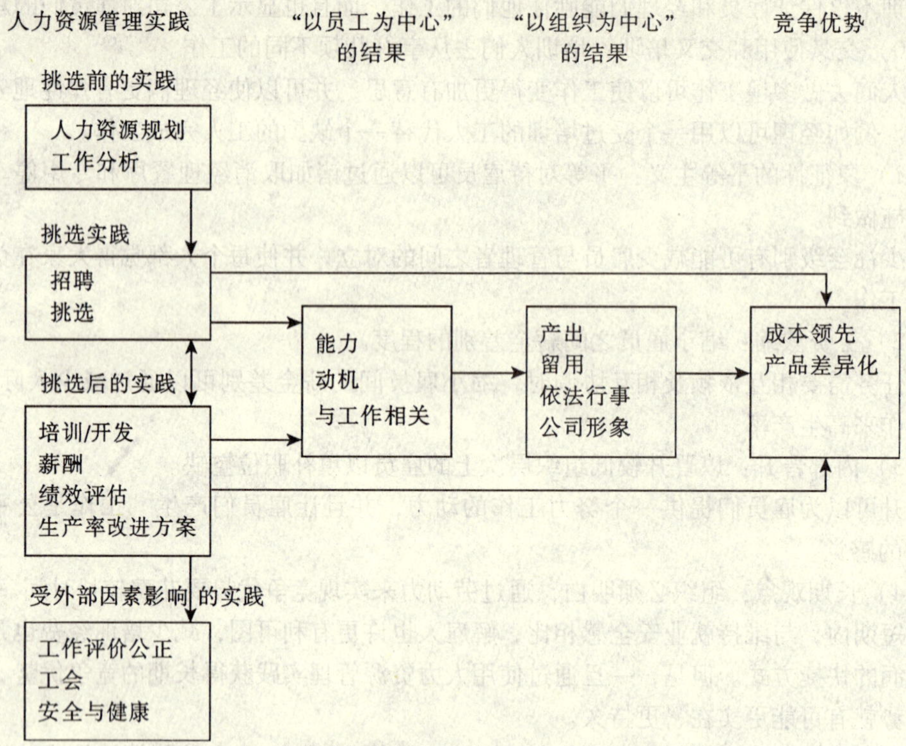


**图 2－6　人力资源战略加强企业竞争优势的理论模型**

资料来源：劳伦斯·克雷曼．人力资源管理：获取竞争优势的工具［M］．北京：机械工业出版社，1999.

人力资源战略可以通过许多形式直接提升企业的竞争优势。比如，与人力资源管理有关的成本涉及企业的招聘、挑选、培训和报酬等多方面的费用，这些费用共同组成了企业的人工成本，而人工成本是企业总成本中的重要组成部分。特别是在劳动密集型产业中，人工成本的差异直接决定了企业之间的成本差异。因此，企业可以通过采取以成本削减为导向的人力资源管理实践，提高企业人力资源的成本产出率，降低企业的人工成本，直接产生企业的成本领先优势。事实也证明那些在人工成本控制上表现出色的公司也的确获得了财务上的竞争优势。另外，对于服务型企业而言，其产品直接表现为员工为客户提供的服务，对生产型企业而言，客户服务也是产品差异化的重要组成部分，因此，与竞争对手直接相区别的人力资源管理实践可以直接改变员工对客户提供服务的方式、态度和水平，从而直接影响企业的竞争优势。

人力资源间接地加强企业竞争优势是指人力资源战略指导着人力资源实践，人力资源实践会带来“以员工为中心”的结果，而“以员工为中心”的结果会引发“以组织为中心”的结果，“以组织为中心”的结果则会加强企业竞争优势。

1. 人力资源实践导致“以员工为中心”的结果

“以员工为中心”的结果主要是指人力资源实践能够使企业员工的能力、动机以及与工作有关的态度得到积极地改变，具体如表2－11所示。在这里，能力是指特定的工作对员工的知识、技能和能力的要求，动机是指员工愿意作出必要努力做好他的工作，与工作有关的态度是指员工对其工作的满意度以及愿意对组织承诺自己像优秀组织公民那样行动。

表2－11　　各项人力资源管理实践对员工的能力、动机和态度的影响

| | 招聘/挑选 | 培训 | 绩效评估 | 报酬 | 生产率改进方案 |
|---|---|---|---|---|---|
| 员工的能力 | 通过识别、吸引，挑选出最能干的求职者，大幅度提高整个公司的人力资源队伍的能力 | 通过培养员工与工作相关的知识、技能与能力，来提高员工胜任工作的能力 | 通过绩效考核来引导员工的行为，并通过绩效改进来促进整个公司的人力资源能力的提高 | 通过具有内部公平性和外部竞争性的薪酬，使公司能够吸引和保留那些有能力的员工 | |
| 员工的动机 | 通过识别员工的内驱力，使公司所挑选的求职者与公司的期望保持一致 | | 通过绩效考核和绩效反馈，将考核结果与员工的报酬挂钩来改变员工的工作动机 | | 通过强化正确行为的生产率改进方案和对员工的授权来改变员工的工作动机 |
| 员工的态度 | 员工的工作态度包括工作满意度、组织承诺、组织公民行为等，这些与工作有关的态度都受到人力资源管理的公平性的影响，而这种公平性也是贯穿于各项人力资源管理实践之中的。 | | | | |

资料来源：彭剑峰．人力资源管理概论［M］．上海：复旦大学出版社，2005.

2.“以员工为中心”的结果引发“以组织为中心”的结果

正如该理论模型（见图2－6）中所表明的那样，有效的人力资源实践通过它们所产生的“以员工为中心”的结果带来某些“以组织为中心”的结果，以提升竞争优势。以组织为中心的结果是以产出、员工留用、依法办事、企业声望和形象构成的。产出指的是某个公司所奉献的产品或服务的数量、质量和创新性。留用比率反映的是某个公司所经历的员工流动数量。一个组织的流动比率每年通常通过用劳动力的总体规模除离开公司的员工数进行计算。依法办事涉及该公司的人力资源实践是否符合各种就业法律所提供的要求。公司声望涉及“外人”——潜在的求职者和顾客怎样有利地看待该组织。具体而言，“以员工为中心”的结果可以通过以下方式来实现“以组织为中心”的结果：

（1）有能力胜任工作并且具有较高工作满意度和积极性的员工往往也具有较高的生产率，这样的员工留在组织里会提高组织的产出率；

（2）员工的工作满意度、组织承诺的提高能够有效地降低员工的离职倾向，从而提高组织的员工保留率；

（3）员工的组织公民行为能够有效地提高团队的凝聚力，从而提高组织的生产率，并减少员工的离职率；

（4）员工的工作满意度和组织承诺往往是建立在公平、公正的人力资源管理实践的

基础上，而公平公正的人力资源管理制度能够降低企业遭遇就业法律诉讼的可能，并能够提升公司的形象；

3.“以组织为中心”的结果提升企业竞争优势

企业的竞争优势主要有两种：一种是成本领先，一种是产品差异化。“以组织为中心”的结果最终能形成企业的竞争优势，其具体传导机制可以从以下几个方面来解释：

（1）在人员数量不变的情况下，组织产出的增加能够有效降低企业产品的单位成本，从而增强企业的成本优势；

（2）员工保留能力的提高，能够降低由于人员流失所增加的替代原来员工的人工成本和组织成本，从而增强企业的成本优势。而且员工保留能力的提高能够建立一支高度稳定的员工队伍，从而有利于提高顾客的保持率，增加企业的财务价值；

（3）遵守就业法律能够减少企业的法律诉讼，节约企业的成本；

（4）公司形象的提高和公平公正的人力资源管理都能够帮助企业提高产品的差异化程度，从而增强企业的竞争优势。

通过上述机制的层层传导，以人力资源战略为指导的各项管理实践就能够有效地支撑企业的竞争优势，保障企业的可持续成长和发展。

### 2.3.3 通过人力资源战略获得持久的竞争优势

人力资源战略管理的基本任务就是通过人力资源管理来获取和保持企业在市场竞争中的战略优势。巴尼（Barney，1991）提出了企业运用其资源保持持久竞争优势的五个充分条件：①必须有价值；②必须是稀缺的；③必须是不可能被完全模仿的；④其他资源无法替代；⑤以低于其价值的价格为企业所取得。

恰当的人力资源战略可以有效地吸引、开发、留住核心人才，为企业赢得持续的竞争优势，而核心人才是完全符合巴尼认为的赢得和保持持久竞争优势的条件：①核心人才对企业的现在和未来发展都具有非常重大的价值；②对某个企业而言，核心人才肯定是稀缺的，是企业的核心资源；③核心人才是无法被仿制的，因为世界不可能有两片完全相同的树叶，也不可能有完全相同的人；④人力资源是其他资源无法替代的；⑤以低于其价值的价格为企业所获得，这一点不是所有企业都能做到的，所以企业只有采取恰当的人力资源战略才能以低于其价值的价格取得了核心人才，才能赢得和保持的竞争优势。

## 2.4 人力资源战略的制定

人力资源战略的制定和组织发展战略、经营战略、财务战略的制定有相似的程序，但在制定过程中的每一个阶段，人力资源战略的制定有其特定的内涵、方法与特征。

### 2.4.1 人力资源战略制定的基本程序

当今世界的竞争归根结底是人的竞争，因此，人力资源战略在组织发展过程中起着举足轻重的作用，在制定人力资源战略时，必须慎重、周全、切合实际，要注意以下问题：

人力资源战略是根据内外部环境和条件的变化需要而产生的，因此在制定人力资源战略时：①要考虑内外部的环境。②人力资源战略是组织发展战略的组成部分，或者说是组织发展战略实施与保障分解战略，比组织发展战略更具体，因此人力资源战略的目标应尽可能具体、现实。③人力资源战略是组织长期稳定发展的具体保障，它必须保障组织有一支稳定、高素质的员工队伍。要做到这一点，就要在组织的发展过程中让员工得到应得的利益，让员工得到发展和提高。所以，人力资源战略在制定过程中应将员工的期望与组织发展的目标有机地结合起来。④由于信息的不完备性，人力资源战略的制定者存在着认识水平的局限性，因此，人力资源战略的评价与反馈是必不可少的。⑤由于内外环境的不断变化，人力资源战略也需要不断调整和修改，它是一个制定→调整→再制定→再调整……的过程。图 2-7 给出了人力资源战略制定的流程图。

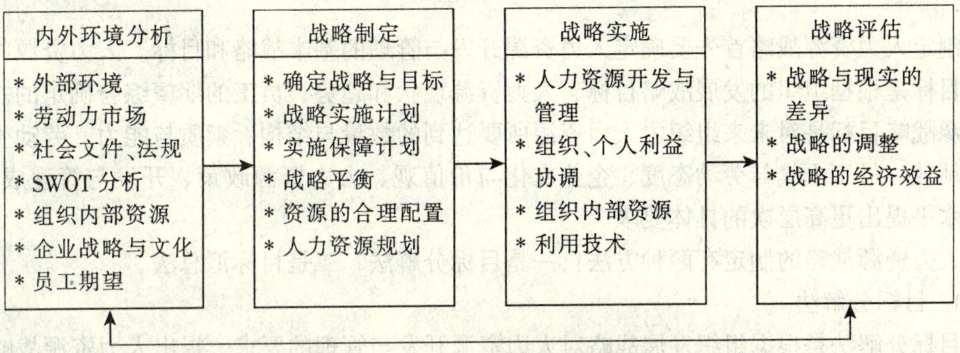


**图 2-7　人力资源战略制定流程图**

资料来源：于桂兰，魏海燕．人力资源管理［M］．北京：清华大学出版社，2004.

### 2.4.2　内外部环境分析

外部环境分析主要包括：组织所处地域的经济形势及发展趋势；本组织所处行业的演变、生命周期、现状及发展趋势；本组织在行业所处的地位、所占有的市场份额；竞争对手的现状及增长趋势；竞争对手的人力资源状况；预计可能出现的新竞争对手。内部环境分析主要包括企业内部的资源、企业总体发展战略、企业的组织文化，以及企业员工的现状和他们对企业的期望。

劳动力市场分析的主要内容是：劳动力供需现状及趋势；就业及失业情况；企业发展速度与劳动力供需间的关系；劳动力的整体素质状况；国家和地区对提高劳动力素质的投入；人力资源的再生现状与趋势等。

社会文化与法规对海外公司尤为重要。这方面的分析涉及当地的文化风俗、政策与法规、当地的价值观、当地文化与本国文化的差异等。

SWOT 分析要求组织认清自己在行业中的地位，与竞争对手相比较自己所具备的优势、存在的弱点，可能出现的机遇和潜在的威胁等。

进行组织内部资源分析首先要进行人力资源分析，要搞清楚组织内部人力资源的供需现状与趋势；其次要分析本组织可利用的其他资源，如资本资源、技术资源和信息资源，特别是可用于人力资源开发与管理的资源。

企业战略是企业为自己确定的长远发展目标和任务，以及为实现目标而选择的行动路线与方针政策。人力资源战略派生并从属于企业的总体战略，企业战略的实施也离不开人力资源战略的配合。企业文化对人力资源战略的制定也有很大的影响。企业文化决定了企业的价值、观念和行为规范，任何人力资源战略及政策都应该与企业文化相一致，而不是背道而驰。

员工期望与人力资源战略的实现有着密不可分的关系，这一点通常被人们所忽视。由于人力资源战略具有长远性的特点，它的实现需要有一支稳定的员工队伍。组织中任何一个员工都有自己的期望和理想，当期望得到基本满足、理想得到基本实现时，他才愿意留在组织中继续发展，组织的员工队伍才可能稳定发展。因此，组织的人力资源战略不能不考虑员工的期望。

### 2.4.3 人力资源战略的制定

制定人力资源战略首先要确定人力资源开发与管理的基本战略和目标。人力资源的战略与目标是根据组织的发展战略目标、人力资源现状和趋势、员工的期望综合确定的。人力资源战略目标是对未来组织内人力资源所要达到的数量与结构、素质与能力、劳动生产率与绩效、员工士气与劳动态度、企业文化与价值观、人力资源政策、开发与管理成本、方法水平提出更高层次的具体要求。

人力资源战略的制定有两种方法：一是目标分解法，二是目标汇总法。

1. 目标分解法

目标分解法是根据组织发展战略对人力资源开发与管理的要求，提出人力资源战略的总目标，然后将此目标层层分解到部门与个人，形成各部门与个人的目标与任务。事实上，我们在介绍人力资源战略的制定程序时就是用的这种方法。这种方法的优点是战略系统性强，对重大事件与目标把握较为准确、全面，对未来的预测性较好，但其缺点是战略易与实际相脱离，易忽视员工的期望，且过程非常繁琐，不易被一般管理人员所掌握。

2. 目标汇总法

目标汇总法是目标分解法的逆向过程。它首先是部门与每个员工讨论、制定个人工作目标，在目标制定时要充分考虑员工的期望与组织对员工的素质、技能绩效的要求，提出工作改进方案与方法，规定目标实施的方案与步骤，然后组织再由此形成部门的目标和组织的人力资源战略目标。部门与个人目标的确定往往采用经验估计、趋势估计的方法。显然，这样的估计带有较多的主观臆断，缺少对未来的预测，但这样的估计却非常简单，因此在现实中经常被采用。这种方法的优点是目标与行动方案非常具体，可操作性强，并充分考虑了员工的个人期望，但这种方法全局性较差，对未来的预见能力较弱。

表 2－12　　目标分解法与目标汇总法的比较

| 方法 | 目的 | 时间 | 涉及范围 | 操作性 | 环境分析 | 信息要求 | 评估者 |
|---|---|---|---|---|---|---|---|
| 目标分解法 | 战略规划 | 长远 | 全局到局部 | 较差 | 要求较高 | 全面 | HR 部门 |
| 目标汇总法 | 行动规划 | 短期 | 局部到全局 | 较强 | 要求一般 | 局部 | 职能部门 |

资料来源：于桂兰，魏海燕．人力资源管理［M］．北京：清华大学出版社，2004.

人力资源战略的实施计划是人力资源战略实现的保障。它主要回答如何完成、何时完成人力资源战略这两个问题，要将人力资源战略分解为行动计划与实施步骤。前者主要提出人力资源战略目标实现的方法和程序（How），而后者是从时间上对每个阶段组织、部门与个人应完成的目标与任务作出规定（What & When）。

实施保障计划则是人力资源战略实施的保障。它对人力资源战略的实施从政策、资源（包括人、财、物、信息）、管理模式、组织发展、时间、技术等方面提供必要的保障。为此需要制定人力资源战略实施条件的保障计划。

战略平衡是人力资源战略、财务战略、市场营销战略、生产战略等之间的综合平衡。由于各战略一般来自于不同的部门、不同的制定者，因而它们往往带有一定的部门和个人倾向性，有时会过分强调各自的重要性，以争取组织的政策优惠与更多的资源。因此，组织必须对各项战略进行综合平衡。

经过各战略的综合平衡，将组织内的资源进行了合理配置。如果说，实施保障计划是需求，那么，资源配置过程则是供给。这个过程是根据战略目标、实施计划与实施保障计划提供所必需的一切资源。

人力资源规划是人力资源战略实施计划的具体体现。人力资源规划是一种可直接操作的计划，关于它的制定请参阅第3章。

### 2.4.4 人力资源战略的实施

人力资源战略实施过程中的一项重要工作是日常人力资源开发与管理。它将人力资源战略与人力资源规划落实到实处，并检查战略与规划的实施情况，对管理方法提出改进方案，以提高员工满意度，改善工作绩效。

人力资源战略实施过程中的另一项重要工作是协调好组织与个人间的利益关系。如果这个问题处理得不好，就会给人力资源战略的实施带来困难。过分强调组织利益而忽视个人利益，员工必然会产生不满；过分强调个人利益而忽视组织利益，则会给组织带来成本损失。

在人力资源战略实施过程中，有许多资源是可以直接利用的。如信息处理的工具与方法、员工潜能的发挥、企业文化与价值体系的应用等，都是可利用的资源。

### 2.4.5 人力资源战略的评估

人力资源战略评估是在战略实施过程中寻找战略与现实的差异，发现战略的不足之处，及时调整战略，使之更符合于组织战略与实际的过程。战略评估的过程同时也是对人力资源战略的经济效益进行评估的过程。人力资源战略经济效益评估主要是进行投入与产出（或节约的成本）比的分析。

评估一个人力资源战略需要从两个方面着手：①评价人力资源政策与企业战略和目标的协调一致性；②判断这些一致性的政策最终对企业的贡献程度。在此我们主要讨论有关一致性的评价。

随着战略管理的推进，为了易于评估人力资源政策与企业战略和目标的协调程度有多大，一些学者调查了不同产业领域的一系列公司的整体战略和策略。其中最具代表性的战略包括：基础性战略、适应性战略和竞争性战略。这种分类有助于用来分析人力资源战略的一致性问题。

基础性战略是指一个公司作为一个整体为达到销售和利润目标的主要行动计划。通常有三种基础性战略：稳定战略、发展战略和转移战略。稳定战略指的是维持现状——继续采用同一方式服务于同一市场区域内的顾客，追求平稳适度的绩效改进。采用这种战略的公司认为环境只提供了有限的机会。发展战略指的是增大潜能——开发新市场或新产品，在公司内部给职工提供提高水平的机会。当一个企业由于不景气或其他原因而衰退时，会采用转移战略。该战略包括降低成本、减少资产和缩减规模。这三种不同的战略都需要实施不同的人力资源政策。

适应性战略是指企业确定基础性战略后运用于整个组织内部的战略。适应性战略的目的是形成组织与外部环境的一致性。适应性战略的三个主要类型是：前瞻型、防卫型和分析型。

采用前瞻型战略的组织会不断地开发产品和市场机会，它们创造那些竞争对手必须应对的变革，它们通常处于动态和增长的环境中。它们需要一个有弹性的内部结构和系统以加快这种变革。相对而言，应用防卫型战略的组织比较稳定，它们主要致力于提高已有的工作方法的效率来取代在技术和结构上的创新。采用分析型战略的组织则是要提供一个在业务周边进行革新而保持核心相对稳定的环境。这种战略介于上述两种战略之间。

竞争战略基于波特的众所周知的三种竞争性战略：成本领先战略、差异性战略和集中经营战略。

一个追求成本领先战略的公司要提高生产率并加强管理以增强竞争力。一个公司在保持产品价格相当于或低于竞争对手的同时，可以维持良好的品质并获得大于平均发展速度值的利润。差异性战略追求建立一种有别于其竞争者的产品和服务。产品宣传、产品外观或技术品位可以使公司的产品或服务很独特。集中经营战略强调保持一个明确的市场、生产线或某一顾客群。在这个市场中，利用集中经营战略的组织可以在差异性战略和成本领先战略的基础上进行竞争。

## 小结

人力资源战略是有关人力资源系统和措施的决策模式。本章系统地考察了人力资源战略与企业战略、企业文化的整合，以及与企业竞争优势的关系。人力资源概述介绍了人力资源战略的发展历程、含义、类型（如诱引战略、投资战略、参与战略等）。人力资源战略与企业战略、企业文化的整合介绍了企业战略的类型，人力资源战略与企业战略的协调关系，包括与波特的竞争战略相匹配的三种人力资源战略（成本领先战略、差异化战略、集中化战略）、与迈尔斯和斯诺的企业战略相匹配的人力资源战略（累积者战略、效用者战略、协助者战略），并介绍了企业战略、企业文化、人力资源战略的匹配关系。人力资源战略与企业竞争优势介绍了人力资源战略提升企业竞争优势的实践证据、人力资源战略提升企业竞争优势的理论模型以及通过人力资源战略如何获得持久的竞争优势。人力资源战略的制定介绍了人力资源战略制定的程序和方法。其中，人力资源战略制定的流程是一个科学的决策过程，包括内外部环境分析、战略制定、战略实施、战略评估。人力资源战略的制定方法有目标分解法、目标汇总法两种。

## 练习与思考

1. 人力资源战略的含义是什么？其主要类型有哪些？
2. 人力资源战略与企业战略、企业文化是如何匹配的？
3. 人力资源战略对提升企业竞争优势具有哪些作用？怎样通过人力资源战略提升企业竞争优势？

4. 人力资源战略制定的程序是什么，制定的方法有哪些？

## 参考文献

[1] 彭剑峰，饶征．基于能力的人力资源开发与管理［M］．北京：中国人民大学出版社，2000.

[2] 于桂兰，魏海燕．人力资源管理［M］．北京：清华大学出版社，2004.

[3] 方振邦．战略与战略性绩效管理［M］．北京：经济科学出版社，2005.

[4] 史蒂芬 P 罗宾斯．管理学［M］．4 版．黄卫伟，等，译．北京：中国人民大学出版社，1996.

[5] 林杰文．HR 价值的首次量化［J］．人力资本，2002(10).

# 第3章　人力资源规划

人力资源规划处于整个人力资源管理活动的统筹阶段，它为整个人力资源管理活动制定目标、原则和方法。它是企业计划的重要组成部分，是各项具体人力资源管理活动的起点和依据，直接影响着企业人力资源管理的效率。有效的人力资源规划工作不但可以使企业获得合理的人力资源，而且能使企业的人力资源得到有效的利用和开发。

## 3.1　人力资源规划概述

### 3.1.1　人力资源规划的概念

1. 人力资源规划的含义

关于人力资源规划的含义已有不少的论述，总括起来有以下几种：

（1）人力资源规划就是要分析组织在环境变化中的人力资源需求状况，并制定必要的政策和措施以满足这些要求。

（2）人力资源规划就是要在组织和员工的目标达到最大一致的情况下，使人力资源的供给和需求达到最佳平衡。

（3）人力资源规划就是要确保组织在需要的时间和需要的岗位上获得各种所需的人才（包括数量和质量两个指标），使组织和个人得到长期的益处。

归纳起来，人力资源规划就是一个国家或组织科学地预测、分析自己在变化的环境中的人力资源的供给和需求状况，制定必要的政策和措施，以确保自身在需要的时间和需要的岗位上获得各种所需的人才（包括数量和质量两个指标），并使组织和个人得到长期的利益。[1]

2. 人力资源规划的层次

人力资源规划的定义包含了三个层次：

（1）一个组织的环境是变化的，这种变化带来了组织对人力资源供需的动态变化。人力资源规划就是要对这些动态变化进行科学预测和分析，以确保组织在近期、中期和远期对人力资源的需求。

（2）一个组织应制定必要的人力资源政策和措施，以确保组织对人力资源需求的如期实现。政策要正确、明晰，例如对涉及内部人员的调动补缺、晋升或降职、外部招聘和培训以及奖惩等都要有切实可行的措施保证，否则就无法确保组织人力资源规划的实现。

（3）人力资源规划要使组织和个体都得到长期的利益。这是指组织的人力资源规划要创造良好的条件，充分发挥组织中每个人的主动性和创造性，使每个人都能提高自己的工作效率，从而使组织的目标得以实现。与此同时，人力资源规划也要切实关心组织中每个人的物质、精神和业务发展等方面的需求，帮助他们在实现组织目标的同时实现个人的目标。这两者都必须兼顾，否则就无法吸引和招聘到组织所需要的人才，也难以留住本组织内已有的人才。

### 3.1.2 人力资源规划的目的

经济学上的基本假定是企业利用既定资源追求效益最大化。企业制定人力资源规划无疑要投入很多的人力和物力，因此企业一定要依据很明确的目的制定人力资源规划。人力资源规划的主要目的是企业在适当的时间、适当的岗位获得适当的人员，以最终获得人力资源的有效配置。[2]

具体来说，人力资源规划的目的可以分解成两个方面：一方面，人力资源规划是为了满足变化的组织对各种人力资源的需求，包括数量、质量、层次和结构等方面的需求；另一方面，人力资源规划是为了最大限度地开发利用组织内现有人员的潜力，使组织及其员工的需求得到充分满足。人力资源部门最重要的职能就是保证企业经营过程中人力资源的有效供给，使企业人力资源符合企业战略发展的需要。制定人力资源规划是企业人力资源部门的重要任务之一。

### 3.1.3 人力资源规划的种类

人力资源规划有各种不同的分类方法，可以按时间、用途、范围、重要程度等进行不同的分类。企业在制定规划时，可以根据具体情况灵活选择。

1. 按时间划分

人力资源规划按时间可划分为长期规划、中期规划和短期规划。长期规划指的是3年以上的计划；中期规划指的是1~3年的计划；短期规划一般是指6个月~1年的计划。这种时间的划分不是绝对的。对有些企业来说，长期规划、中期规划和短期规划比上面所说的更长，而某些企业则会短一些。例如教育发展项目的短期计划可能是5年，而一个食品加工厂的长期计划可能是1年。

2. 按用途划分

人力资源规划按用途可划分为战略规划、战术规划和管理规划。

战略规划是与企业长期战略相适应的人力资源规划，其内容是关于未来企业人力资源的大体需求和供给、人力资源的结构和素质层级，以及对有关人力资源政策和策略的预测。它的作用是决定组织的基本目标以及基本政策。战略规划一般由公司的人力资源委员会或人力资源部制定，它对战术规划和管理规划有指导作用。由于规划时间跨度大，预测的准确性比较有限，战略规划对细节的要求较低。

战术规划将战略规划中的目标和政策转变为确定的目标和政策，并且规定达到各种目标的时间。战术规划是在战略规划指导下制定的，其时间期限较短，预测的准确性较高，对社会经济变化趋势的把握较准确，因此战术规划可以制定得细一些，以增强对管理规划的指导作用。战术规划一般以年度为单位拟定。

管理规划是作业层对一系列操作实务的规划，包括人员审核、招聘、提升与调动、组织变革、培训与发展、工资与福利、劳动关系等操作的具体行动方案，对细节的要求很高。战术规划在时间、预算和工作程序方面还不能满足实际的需要，它的具体落实还需要具体的管理规划来贯彻和执行。

3. 按范围划分

人力资源规划按范围可划分为整体规划、部门规划和项目规划。

整体规划一般是指具有多个目标和多方面内容的计划。就其涉及对象来说，它关联到整个组织的人力资源管理活动，包括企业的招聘、培训、考核、激励等。这些活动都有各自的内容，但又相互联系、相互影响、相互制约。要使这些活动形成一个有机的整体，就必须对它们进行整体规划。整体规划在整个规划中具有重要的作用。

部门规划是各业务部门的人力资源管理活动计划。它包括各种职能部门制定的职能计划，如技术部门的人员补充计划、销售部门的培训计划等。部门规划是在整体规划的基础上制定的，它的内容专一性强，是整体规划的一个子计划。

项目规划是某项具体任务的规划，它是为人力资源管理活动的特定课题作出决策的规划。项目规划与部门规划不同，部门规划只包括单个部门的业务，而项目规划是为某种特定任务而制定的，有时会横跨多个部门。

### 3.1.4 人力资源规划的内容

人力资源规划大致包括人力资源需求预测、人力资源供给预测和能力平衡三个部分，规划的结果则是人力资源规划的计划。人力资源规划中最重要是人力资源需求预测和供给预测。关于如何进行人力资源供求预测的理论并不多，但人们进行预测操作实践的时间却不短。人们根据在实际操作中积累的经验，对如何进行合理预测总结出了一些方法。这些方法偏重操作，对不同行业、不同企业，预测方法不尽相同；要真正找到适合本企业使用的方法，还得靠人力资源工作者在实践中不断摸索和大胆尝试。

在进行人力资源规划前，作为准备工作，应先了解企业内部的人力资源现状，对企业人力资源的结构进行分析，还要了解企业外部的人力资源状况和企业外部的影响因素，如劳动力市场的有关情况。在人力资源规划完毕后，要执行计划并对计划的执行情况进行监督。计划制定出来但不执行是一种浪费，执行了但不进行监督也是一种浪费，只有通过执行并监督计划，才能使整个规划过程完整。表 3 – 1 详细地罗列了人力资源规划的工作内容。

表 3 – 1　　人力资源规划的工作内容

| 收集信息 |
|---|
| A. 外部环境信息 |
| ·宏观经济形势和行业经济形势 |
| ·技术 |
| ·竞争 |
| ·劳动力市场 |
| ·人口和社会发展趋势 |
| ·政府管制情况 |
| B. 企业内部信息 |
| ·战略 |
| ·业务计划 |
| ·人力资源现状 |
| ·辞职率和员工的流动率 |

表 3－1（续）

| 人力资源需求预测 |
|---|
| A. 短期预测和长期预测<br>B. 总量预测和各个岗位需求预测 |
| 人力资源供给预测 |
| A. 内部供给预测<br>B. 外部供给预测 |
| 所需要的项目规划与实施 |
| A. 增加或减少劳动力规模<br>B. 改变技术组合<br>C. 开展管理职位的接续计划<br>D. 实施员工职业生涯计划 |
| 人力资源规划过程的反馈 |
| A. 规划是否精确<br>B. 实施的项目是否达到要求 |

资料来源：CYNTHIA D FISHER，LYLE F SCHOENFELDT，JAMES B SHAW. Human Resource Management［M］. 3rd edition. New York：Houghton Mifflin Company，1995.

### 3.1.5 人力资源规划的作用

人力资源规划在企业管理中的作用，具体表现在以下几个方面：

1. 确保组织在生存发展过程中对人力资源的需求

组织的生存和发展与人力资源的结构密切相关。在静态的组织条件下，人力资源的规划显得不必要。因为静态的组织意味着它的生产经营领域不变、所采用的技术不变、组织的规模不变，也就意味着人力资源的数量、质量和结构均不发生变化。显然这是不可能的。在动态的组织条件下，人力资源的需求和供给的平衡不可能自动实现。因此要分析供求的差异，采取适当的手段调整差异。由此可见，预测供求差异并调整差异就是人力资源规划的基本职能。

2. 人力资源规划是组织管理的重要依据

在结构复杂的大型组织中，人力资源规划的作用特别明显：无论是确定人员的需求量、供给量、职务，还是人员以及任务的调整，不通过一定的计划显然都难以实现。例如什么时候需要补充人员、补充哪些层次的人员、如何避免各部门人员提升机会的不均等、如何组织多种需求的培训等，这些管理工作在没有人力资源规划的情况下，就避免不了头痛医头、脚痛医脚的混乱状况。因此，人力资源规划是组织管理的重要依据，它会为组织的录用、晋升、培训、人员调整以及人工成本的控制等活动提供准确的信息和依据。

3. 控制人工成本

人力资源规划对预测中长期的人工成本有重要作用。在人工成本中最大的支出是工资，而工资总额在很大程度上取决于组织中的人员分布状况。人员分布状况是指组织中的人员在不同职务、不同级别上的数量状况。在一个组织年轻的时候，处于低职务的人多，人工成本相对便宜；随着时间的推移，人员的职务等级水平上升，工资的成本也会增加。

如果再考虑物价上涨的因素，人工成本可能会超过企业所能承担的能力。在没有人力资源规划的情况下，未来的人工成本是未知的，难免会发生成本上升、效益下降的趋势。因此，在预测未来企业发展的条件下，有计划地逐步调整人员的分布状况，把人工成本控制在合理的支付范围内是十分重要的。

4. 有助于进行人事决策

人力资源规划的信息往往是人事决策的基础，如采取什么样的晋升政策、制定什么样的报酬分配政策等。人事政策对管理的影响非常大，而且持续的时间长，调整起来很困难。为了避免人事决策的失误，准确的信息是至关重要的。例如企业在未来某一时间缺乏某类有经验的员工，而这种经验的培养又不可能在短时间内实现，那么该如何处理这一问题呢？如果从外部招聘，有可能找不到合适的人员或者成本太高，而且找到的人员也不可能在短时间内适应工作。如果企业自己培养，就需要提前进行培训，同时还要考虑培训过程中人员的流失可能性等问题。显然，在没有确切信息的情况下，决策是难以客观的，而且可能根本考虑不到某些方面的问题。

5. 有助于调动员工的积极性

人力资源规划对调动员工的积极性也很重要。只有在实施了人力资源规划的条件下，员工才可以看到自己的发展前景，从而积极地努力。人力资源规划有助于引导员工的职业生涯设计和职业生涯发展。

---

**即时案例　　通用电气医疗系统公司的人力资源规划帮助企业成功**

1998 年夏，美国全国的失业率下降到 4.7%，降至美国 25 年来的最低点。对于公司而言，这一方面意味着增长中的经济和市场对它们的产品以及服务的需求上升，另一方面，也意味着它们可能无法满足市场对其产品和服务的需求，因为高素质的人力资源出现了短缺。根据一项对 300 家金融公司、高科技公司、制造业公司以及管理咨询公司所进行的调查，80% 的公司认为，如果自己能够找到所需要的工人——大约是当前工人数量的 2 倍以上，它们的收益还可以有所增加。

当许多公司面对这种劳动力短缺带来的很多困难时，另外一些公司则将这看成是获得更大竞争优势的机会。比如，通用电气医疗系统公司不仅填补了每一个高技术职位空缺，而且将雇佣成本降低了 20%，将填补一个职位空缺所需要的时间减少了 30%，同时还将雇佣工作的失败率降低了 50%。通用电气医疗系统公司之所以能够成功，是因为它将在过去积累下来的采购线圈、螺丝以及接线板等零部件的技能运用到了获取人员上。首先对工作要求加以严格说明，然后对通过人员获取渠道——如学员培养计划、公司内部员工推荐等进行定量分析。

公司强调招聘过程的竞争性。公司所招的新雇员来源之一是由公司现有雇员推荐的、过去曾经在摩托罗拉工作过的人。这些人又帮助通用电气医疗系统公司招聘他们过去在摩托罗拉工作时的一些最优秀的同事，这就强化了通用电气医疗系统公司的竞争力，还直接削弱了竞争对手的能力。

资料来源：李燕萍. 人力资源管理［M］. 武汉：武汉大学出版社，2003.

---

### 3.1.6　人力资源规划与企业计划的关系

企业人力资源规划作为企业人力资源管理的重要环节，与企业计划关系紧密，其关系如图 3－1 所示。要使人力资源规划真正奏效，就必须将它与不同层次的企业规划相联系。

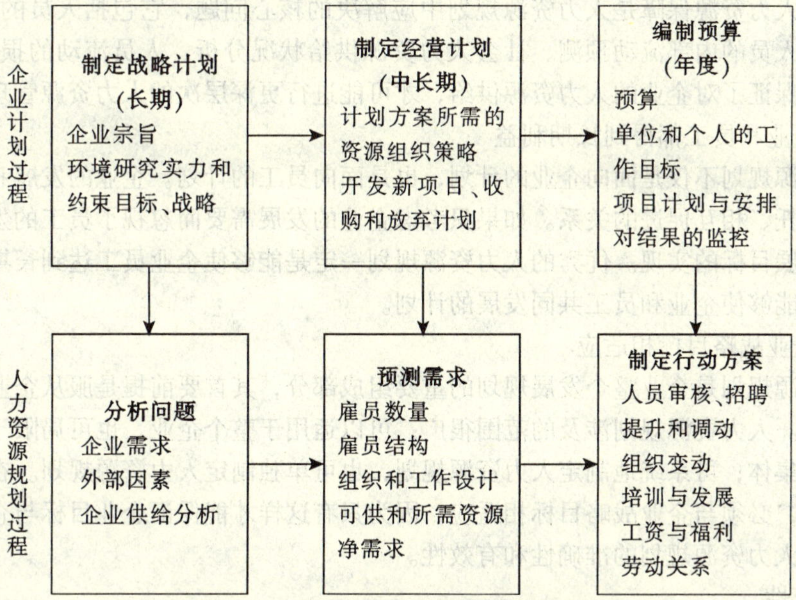


**图 3－1　人力资源规划与企业计划的关系**

资料来源：曹亚克，王博，白晓鸽．最新人力资源规划、招聘及测评实务［M］．北京：中国纺织出版社，2004.

企业计划分三个层次：战略计划、经营计划及年度计划。在战略层次上，人力资源规划涉及预计企业未来总需求中管理人员的需求、企业外部因素（如人口发展趋势、未来退休年龄变动的可能性等）及未来企业内部雇员数量。其重点在于分析问题，不在于详细预测：在经营计划层次上，人力资源规划涉及对雇员供给量与未来需求量的详细预测；在年度计划层次上，人力资源规划涉及根据预测制定具体行动方案（包括具体的招聘、晋升、培训、调动等工作）。

## 3.2　人力资源规划的原则与步骤

为了科学、合理、有效地制定人力资源规划，人力资源规划者们必须按照相关原则，按照一定的步骤和流程来开展这项工作。

### 3.2.1　制定人力资源规划的原则

1. 充分考虑内部、外部环境的变化

人力资源规划只有充分考虑了内外环境的变化，才能适应需要，真正做到为企业发展目标服务。内部变化主要是指销售的变化、开发的变化、企业发展战略的变化，以及公司员工的流动变化等；外部变化是指社会消费市场的变化、政府有关人力资源政策的变化、人才市场的变化等。为了更好地适应这些变化，人力资源规划的制定应该对可能出现的情况作出预测和预留变化空间，最好还能有面对风险的应对策略。

2. 企业的人力资源保障

企业的人力资源保障是人力资源规划中应解决的核心问题，它包括人员的流入预测、流出预测、人员的内部流动预测、社会人力资源供给状况分析、人员流动的损益分析等。只用有效地保证了对企业的人力资源供给，才可能进行更深层次的人力资源管理与开发。

3. 使企业和员工都得到长期利益

人力资源规划不仅是面向企业的计划，也是面向员工的计划。企业的发展和员工的发展是相互依托、相互促进的关系。如果只考虑企业的发展需要而忽视了员工的发展，则不利于企业发展目标的实现。优秀的人力资源规划一定是能够使企业员工达到长期利益的计划，一定是能够使企业和员工共同发展的计划。

4. 与企业战略目标相适应

人力资源规划是企业整个发展规划的重要组成部分，其首要前提是服从企业整体经济效益的需要。人力资源规划涉及的范围很广：可以运用于整个企业，也可局限于某个部门或某个工作集体；可系统地制定人力资源规划，也可单独制定人力资源规划。在制定人力资源规划时，必须与企业战略目标相适应，因为只有这样才能保证企业目标与企业资源的协调，保证人力资源规划的准确性和有效性。

5. 系统性

同样数量的人，用不同的组织网络连接起来，可以形成不同的权责结构和协作关系，取得完全不同的效果。有效的人力资源规划能使不同的人才结合起来，形成一个有机的整体，有效地体现整体功能大于个体功能之和的规律。

当企业的人员结构不合理时，容易使内部人员的力量相互抵消，无法形成合力，这就是常说的“1+1<2”现象。这是因为组织结构不合理破坏了系统功能。当企业人员结构合理时，企业内部人员的力量实现功能互补，则会产生“1+1>2”现象。这是因为合理的人力资源结构既可以使个人充分发挥自身潜力，又可以使组织发挥系统总体的作用。人力资源规划可以反映出人力资源的结构，使各类不同的人才恰当地结合起来，优势互补，实现组织的系统功能。

6. 适度流动

企业的经营活动免不了人员的流动，好的人力资源队伍是与适度的人才流动联系在一起的，企业员工的流动率过低或过高，都是不正常现象。流动率过低，员工会厌倦所在岗位的工作，这不利于发挥他们的积极性和创造性；流动率过高，说明企业管理中存在问题，减少企业培训员工的回报。保持适度的人员流动率，可使人才充分发挥自身潜力，使企业人力资源得到有效的利用。

### 3.2.2 制定人力资源规划的步骤

如图3-2所示，人力资源规划可分为六个步骤：

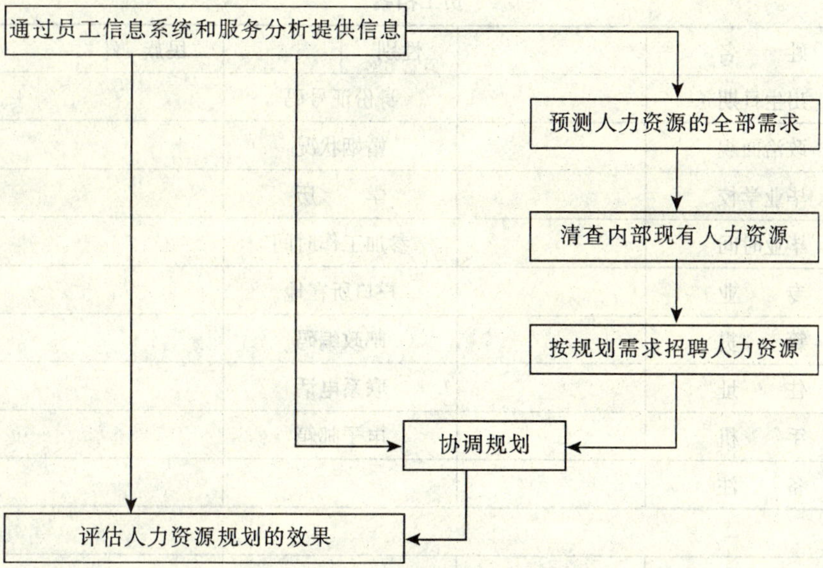


**图 3-2　人力资源规划的制定步骤**

资料来源：曹亚克，王博，白晓鸽．最新人力资源规划、招聘及测评实务［M］．北京：中国纺织出版社，2004.

（1）提供基本的人力资源信息。这一过程是后面各阶段的基础，因此十分关键。

（2）进行人力资源需要的预测，即利用合适的技术和信息估计在某一目标时间内企业或组织所需要人员的数量。

（3）在全体员工和管理者的密切配合下，清查和记录企业或组织内部现有的人力资源情况。

（4）确定招聘的人员数。用全部需要的人员数减去内部可提供的人员数，其差就是需要向社会进行招聘的人数。企业或组织可通过人才市场招聘、训练、开发以及岗位培训等过程得到所需要的人才。

（5）把人力资源规划和企业的其他规划协调起来。

（6）对人力资源规划的实施结果进行评估，用评估的结果去指导下一次的人力资源规划。

人力资源规划的每一个步骤都依赖于第一个步骤，即职工信息系统和职工基本记录提供的数据。下面将对这六个步骤加以详细说明。

1. 提供基本的人力资源信息

提供人力资源信息是人力资源规划的第一步，它的质量对整个工作影响甚大，必须对其给予高度重视。人力资源信息包括的内容十分广泛，主要有人员调整情况，员工的经验、能力、知识、技能的要求，工资名单上的人员情况，员工的培训、教育等情况。这些信息和情况一般可以从员工的有关记录中查出，利用计算机进行管理的企业或组织可以十分方便地存储和利用这些信息。企业应建立自己的人力资源信息系统，随时提供人力资源结构分析所需的信息。企业可利用员工档案来收集员工的初步资料。表 3-2 说明了员工档案的主要内容。

表 3－2　　员工档案

<table>
<tr><td rowspan="10">基本情况</td><td>姓　名</td><td></td><td>性别</td><td></td><td>民族</td><td></td></tr>
<tr><td>出生日期</td><td></td><td>身份证号码</td><td colspan="3"></td></tr>
<tr><td>政治面貌</td><td></td><td>婚姻状况</td><td colspan="3"></td></tr>
<tr><td>毕业学校</td><td></td><td>学　历</td><td colspan="3"></td></tr>
<tr><td>毕业时间</td><td></td><td>参加工作时间</td><td colspan="3"></td></tr>
<tr><td>专　业</td><td></td><td>户口所在地</td><td colspan="3"></td></tr>
<tr><td>籍　贯</td><td></td><td>邮政编码</td><td colspan="3"></td></tr>
<tr><td>住　址</td><td></td><td>联系电话</td><td colspan="3"></td></tr>
<tr><td>手　机</td><td></td><td>电子邮箱</td><td colspan="3"></td></tr>
<tr><td>备　注</td><td></td><td></td><td colspan="3"></td></tr>
<tr><td>备注</td><td colspan="6"></td></tr>
<tr><td rowspan="5">入公司情况</td><td>所属部门</td><td></td><td>担任职务</td><td colspan="3"></td></tr>
<tr><td>入公司时间</td><td></td><td>转正时间</td><td colspan="3"></td></tr>
<tr><td>合同到期时间</td><td></td><td>续签时间</td><td colspan="3"></td></tr>
<tr><td>是否已调档</td><td></td><td>聘用形式</td><td colspan="3"></td></tr>
<tr><td>未调档案所在地</td><td colspan="5"></td></tr>
<tr><td rowspan="7">档案所含资料</td><td colspan="2">文件名称</td><td colspan="4">文件名称</td></tr>
<tr><td>个人简历</td><td></td><td>求职人员登记表</td><td colspan="3"></td></tr>
<tr><td>应聘人员面试结果表</td><td></td><td>身份证复印件</td><td colspan="3"></td></tr>
<tr><td>学历证书复印件</td><td></td><td>劳动合同书</td><td colspan="3"></td></tr>
<tr><td>员工报到派遣单</td><td></td><td>员工转正审批表</td><td colspan="3"></td></tr>
<tr><td>员工职务变更审批表</td><td></td><td>员工工资变更审批表</td><td colspan="3"></td></tr>
<tr><td>员工续签合同申报审批表</td><td></td><td>其他资料</td><td colspan="3"></td></tr>
<tr><td>备注</td><td colspan="6"></td></tr>
</table>

资料来源：曹亚克，王博，白晓鸽．最新人力资源规划、招聘及测评实务［M］．北京：中国纺织出版社，2004.

在这一部分有一项重要的工作就是进行职务分析，提供这方面的有关信息，为下一步工作打好基础。职务分析是收集与工作岗位有关信息的过程，应以此来确定工作的任务和内容以及哪种人可以胜任。工作分析包括的信息如表 3－3 所示。

表 3－3　　工作分析包括的信息

| 工作分析包括的信息 |
| --- |
| 工作行为：<br>·整体工作目标或任务<br>·工作/操作流程或步骤<br>·工作记录<br>·个人职责<br>·个人工作目标或任务<br>·任职人员必须进行的与工作有关的活动<br>·任职人员执行工作中每一项活动的步骤<br>·执行这些活动的原因<br>·执行这些活动的具体时间安排 |
| 工作中的个人行为：<br>·个体行为（包括认知、决策、体力活动、交流沟通等）<br>·工作对承担工作的人的要求 |
| 工作中相关的实体与非实体：<br>·使用的机器、工具、设备和其他辅助作用工具<br>·使用的原材料<br>·生产的产品<br>·提供的服务<br>·接触这些实体与非实体时需运用的知识 |
| 工作绩效的标准：<br>·工作质量标准<br>·工作数量标准<br>·工作所消耗的原材料的标准<br>·工作所耗时间的标准<br>·允许的工作误差标准<br>·其他方面的标准 |
| 工作背景：<br>·工作的物理环境（如工作场所的温度、噪音等）<br>·工作计划（如工作作息表和工作日程表等）<br>·组织情况（如组织背景、发展规划等）<br>·相关的社会情况（如组织内的人际关系）<br>·工作回报（包括经济的和非经济的激励） |
| 工作要求：<br>·相关的知识要求<br>·相关的技能要求<br>·相关大能力要求<br>·相关的其他要求 |

资料来源：曹亚克，王博，白晓鸽．最新人力资源规划、招聘及测评实务［M］．北京：中国纺织出版社，2004.

2．预测人员需求

在预测过程中，选择负责预测工作的人十分关键，因为预测的准确与否和预测者的管理判断力关系重大。一般来说，商业因素是影响员工需要类型和数量的重要变量，预测者要会分离这些因素，并且要会收集历史资料作为预测的基础。例如，一个企业的产量和需要的员工数目之间常存在着直接关系，产量增加时，一般劳动力会成比例地增长。如果实际情况都像这个例子一样，只有产量的少数几个有限的商业因素影响人力需要的话，那么进行人力资源需要的预测是很简单的事情。可实际情况却往往不是如此，员工数量的增加并不单是由产量增加而引起的，改善技术、改进工作方法、改进管理等非商业因素都将增加效率，这时产量和劳动力之间的关系已经发生了变化。对此，预测者必须有清醒的认识。

从逻辑上讲，人力资源需要明显是产量、销售、税收等的函数，但对不同的企业或组织，每一因素的影响并不相同。预测者在选择影响因素、预测计算上都要小心谨慎。

3. 清查和记录内部人力资源情况

搞清楚企业或组织内部现有的人力资源情况当然是十分重要的。对现有人员一定要尽量做到人尽其才、才尽其用，因此，管理者在管理工作中应经常清查一下内部人员情况，对此做到心中有数。对不合适的人员加以调整是必要的。在这一阶段需要格外注意了解内部人员的有用性，鉴别可提升的人员，做出员工个人发展的培养计划。如表 3 – 4 所示，企业或组织每月都应进行一次内部人力资源情况的统计，以便及时调整企业或组织的用工情况。

在清查、记录企业或组织的内部人员时，首先应该确认全体人员的合格性，对不合格的要进行培训，对大材小用和小材大用的情况都要进行调整。对人员空缺的职位，可以由组织内部人员填充，也可以从外部招聘。

4. 确定招聘需要

预测得出的全部人力资源减去企业或组织内部可提供的人力资源，就等于需要向外部求助的招聘需要。在招聘过程中，一定要注意劳动力市场的信息，要统计劳动力的职业、年龄、受教育水平、种族、性别等数据。在比较了企业或组织的劳动力需要和劳动力市场的供给量以后，如果数据显示可供人力资源短缺时，企业或组织就必须加强人力资源的招聘。

**表 3 – 4　　月份员工统计表**

| 单位 / 人数 | | 总管理处 | 分营业一处 | 分营业二处 | 分营业三处 | 总厂 | | | | | | | | | 第一分厂 | 第二分厂 | 第三分厂 | 总计 |
|---|---|---|---|---|---|---|---|---|---|---|---|---|---|---|---|---|---|---|
| | | | | | | 厂长室 | 厂务部 | 生产计划部 | 品质保证部 | 工程师室 | 零部件制造一部 | 零部件制造二部 | 零部件制造三部 | 零部件制造四部 | | | | |
| 上月人数 | 职员 | | | | | | | | | | | | | | | | | |
| | 工员 | | | | | | | | | | | | | | | | | |
| | 合计 | | | | | | | | | | | | | | | | | |
| 新进人数 | 职员 | | | | | | | | | | | | | | | | | |
| | 工员 | | | | | | | | | | | | | | | | | |
| | 合计 | | | | | | | | | | | | | | | | | |
| 离职人数 | 职员 | | | | | | | | | | | | | | | | | |
| | 工员 | | | | | | | | | | | | | | | | | |
| | 合计 | | | | | | | | | | | | | | | | | |

表3－4（续）

<table>
<tr><td colspan="3" rowspan="2">单位<br>人数</td><td rowspan="2">总管理处</td><td rowspan="2">分营业一处</td><td rowspan="2">分营业二处</td><td rowspan="2">分营业三处</td><td colspan="9">总厂</td><td rowspan="2">第一分厂</td><td rowspan="2">第二分厂</td><td rowspan="2">第三分厂</td><td rowspan="2">总计</td></tr>
<tr><td>厂长室</td><td>厂务部</td><td>生产计划部</td><td>品质保证部</td><td>工程师室</td><td>零部件制造一部</td><td>零部件制造二部</td><td>零部件制造三部</td><td>零部件制造四部</td></tr>
<tr><td rowspan="6">调动</td><td rowspan="3">调入人数</td><td>职员</td><td></td><td></td><td></td><td></td><td></td><td></td><td></td><td></td><td></td><td></td><td></td><td></td><td></td><td></td><td></td><td></td><td></td></tr>
<tr><td>工员</td><td></td><td></td><td></td><td></td><td></td><td></td><td></td><td></td><td></td><td></td><td></td><td></td><td></td><td></td><td></td><td></td><td></td></tr>
<tr><td>合计</td><td></td><td></td><td></td><td></td><td></td><td></td><td></td><td></td><td></td><td></td><td></td><td></td><td></td><td></td><td></td><td></td><td></td></tr>
<tr><td rowspan="3">调出人数</td><td>职员</td><td></td><td></td><td></td><td></td><td></td><td></td><td></td><td></td><td></td><td></td><td></td><td></td><td></td><td></td><td></td><td></td><td></td></tr>
<tr><td>工员</td><td></td><td></td><td></td><td></td><td></td><td></td><td></td><td></td><td></td><td></td><td></td><td></td><td></td><td></td><td></td><td></td><td></td></tr>
<tr><td>合计</td><td></td><td></td><td></td><td></td><td></td><td></td><td></td><td></td><td></td><td></td><td></td><td></td><td></td><td></td><td></td><td></td><td></td></tr>
</table>

资料来源：曹亚克，王博，白晓鸽．最新人力资源规划、招聘及测评实务［M］．北京：中国纺织出版社，2004.

在招聘中，我们的眼光不仅要盯住外部的劳动力市场，也应该建立并关注企业或组织内部的劳动力市场。因为内部的劳动力市场对人力资源规划的影响更直接，许多公司都会优先考虑为自己的雇员提供晋升、工作调动和职业改善的机会。公司应该在组织内部实行公开招聘，使组织内部任何人均可应聘。在公司内部刊登招聘广告数日后，再对外进行广告宣传。用这种方式给内部申请者以优惠，可以使员工增强对企业的认同感，提高他们的积极性。例如柯达公司优先提拔自己人，为此柯达公司有一个“内部提拔法”：在公司有空缺时，让员工在第一时间知道。应该说“内部提拔法”给员工的职业发展提供了更多途径。

5. 与其他规划协调

人力资源规划如果不与企业或组织中的其他规划相协调，则必定失败。因为其他规划往往制约着人力资源规划。例如，其他部门的活动直接承担着人员需要的种类、数量、技能及工资水平。人力资源规划的目的往往是为其他规划服务的，只有和其他规划协调一致才会取得好的效果。如员工的工资往往取决于财务部门的预算；销售决定生产，而生产决定员工的种类、数量和技能等。

6. 评估人力资源规划

人力资源规划的制定一定要体现动态性的特点。评估人力资源规划既是对前期人力资源工作的总结，又是以后人力资源规划的实施的基础。在实际工作中，评估人力资源规划一般采用与实际对比的方法。可以从企业人力资源饱和度、企业员工离失率、部门满意度等指标来评估人力资源规划。

## 3.3 人力资源规划环境分析

人力资源管理赖以存在的环境大多处于不断的变化中。在相当广泛的领域内，企业所处的环境都在发生着迅速的变化，这些环境变化会对人力资源管理提出新的要求，而制定的人力资源规划要反映这种要求。因此，在企业制定人力资源规划时，必须首先利用环境分析工具对企业的内外环境进行有效的分析。

### 3.3.1 企业外部环境分析

企业外部环境是指企业开展经营活动的外部因素。影响人力资源规划的外部因素可分为五类：经济因素、人口因素、科技因素、政治与法律因素、社会文化因素。

1. 经济因素

不同国家之间的经济制度会对人力资源管理全球化带来影响。西方发达国家普遍信奉自由竞争，追求效率和利润。这些因素都促使企业倾向于提高员工效率，压缩人手以节约人力资源成本，因而裁员成为提高企业竞争力的一个有力手段。而在社会主义经济制度下，这种人力资源管理策略就不适用了。以我国为例：长期以来，在我国的国有企业中，利润最大化都不是它们最重要的目标；而其他因素如社会稳定、收入分配等却有力地左右着国有企业的人力资源策略，这些因素促使它们的人力资源管理策略倾向于减少失业——虽然这样做会以牺牲企业利润为代价。进入世界500强的几家国有大型企业的员工人均利润率只是欧、美、日企业员工的百分之几，沉重的人员负担就是其中的关键原因之一。

不同经济制度下的政府对人力资源管理也有影响。在发达国家，政府很少对企业的裁员作出反应。而在我国，地方政府为了减少当地的失业数字，往往会以优惠政策吸引外地企业到当地投资。当企业运作出现困难需要裁员时，政府也会出面帮助企业渡过难关，以避免出现企业大面积裁员的情况。

国家的经济运行情况也会影响企业的人力资源管理策略。国家经济运行良好，保持一定的增长率，失业率就会平稳在一个较低的水平上。对企业而言，无论是增员以图谋更大发展，还是裁员以节约成本，都易于操作。因为即使裁员，被裁的员工还是比较容易找到另外一份工作的，企业面临的赔偿压力和社会压力都不大。而在经济低迷、失业率高的国家，裁员将会严峻地考验企业的勇气。尤其是跨国公司的裁员会加重市场的悲观气氛，而公司也将面临政府、社会舆论等各个方面的压力，甚至会背上不负责任、置员工生死于不顾的恶名。

2. 人口因素

人口环境尤其是企业所在地区的人口因素对企业获取人力资源有重要影响。人口环境主要包括以下几个方面：

（1）人口规模及年龄结构

社会总人口的多少会影响社会人力资源的供给。在考虑人口规模对人力资源规划的影响时，应注意考虑年龄对人力资源规划的影响。人处于不同的年龄段有不同的追求，人们在收入、生理需要、价值观念、生活方式、社会活动等方面的差异性，决定了企业获取人力资源时需要因人而异。

（2）劳动力质量

企业在制定人力资源规划时，一定要考虑当地劳动力的质量结构，才能在规划时做到心中有数。如北京的高科技企业较多，是因为企业看中了北京的科研机构较多、高级科研人员较多的特点。

3. 科技因素

科学技术对企业人力资源规划的影响是全面的，尤其是当电子信息技术应用到人力资源规划中的时候。与人力资源规划有关的应用软件包括两个：一是职业更替软件，一是人力资源预测软件。人力资源规划软件有助于管理者对劳动力队伍的结构及动态进行分析，可以为企业提供及雇员全方位的信息。

4. 政治与法律因素

企业运行于一定的政治法律环境下，这种政治法律环境是由那些影响社会系统诸多方面行为的法律、政府机构、公众团体组成的。影响人力资源活动的政治法律环境因素包括政治体制、经济管理体制、政府与企业关系、人才流动的法律法规、方针政策等。如招聘政府有关人员有最低工资的强制性规定、现行的政治制度和社会保证制度等，这些因素都会对企业人力资源规划产生重要影响。我国的现行法律法规对高级人才的限制较少，对低层次劳动力的限制较多。

5. 社会文化因素

不同国家都有自己传统的、特定的文化。形式各异的文化背景为企业人力资源策略的全球化带来了挑战。所以，我们的人力资源主管应懂得如何在各国不同的分支机构中因地制宜地实行不同的策略。文化差异无疑为企业的全球化人力资源政策带来了巨大的挑战，为了尽量降低文化因素对企业业绩的不利影响，企业越来越多地采用员工本土化策略，希望借此使企业员工尽可能地适应当地文化，以减少不必要的损失。

### 3.3.2 企业内部环境分析

企业内部环境包括经营战略、组织环境和人力资源结构。企业的经营战略是企业的整体计划，它对所有的经营活动都有指导作用。企业的经营战略包括企业的目标、产品组合、经营范围、生产技术水平、竞争、财务及利润目标等。企业的组织环境包括现有的组织结构、管理体系、薪酬设计、企业文化等。了解现有组织结构可以预测未来的组织结构。企业的人力资源结构就是现有的人力资源状况，包括人力资源数量、素质、年龄、职位等，有时还要涉及员工价值观、员工潜力等。只有对现有人力资源进行充分了解与有效利用，人力资源规划才有意义。

1. 企业经营战略

不同的企业经营战略对应着不同的人力资源规划，而企业也会根据自身人力资源所具备的优势和劣势，根据企业人力资源规划不断修正和调整企业战略。人力资源规划与企业战略是相互影响、相互作用的。企业所选择的战略是多样的，它可根据所面临的外部环境的机会和威胁、自身所具备的优势和劣势来进行选择。美国管理学家弗雷德 · R. 戴维把企业战略概括为 13 类：前向一体化、后向一体化、横向一体化、市场渗透、市场开发、产品开发、集中化多元经营、混合式多元经营、横向多元经营、合资经营、收缩、剥离及清算战略。企业各战略类型所对应的人力资源规划的特点如表 3 – 5 所示。

表 3－5　　企业各战略类型所对应的人力资源规划的特点

| 战略 | | 定义 | 人力资源规划的特点 |
|---|---|---|---|
| 一体化战略 | 前向一体化 | 获得分销商或零售商的所有权或对其加强控制 | 企业的人力资源规划上应充分利用原有的有效网络，发挥原有网络结点的人力资源应有的作用 |
| | 后向一体化 | 获得供方公司的所有权或对其加强控制 | 企业的人力资源规划要围绕供应商企业所需要的人力资源体系展开，且要保持企业现有人力资源体系的一致性，发挥整体功能 |
| | 横向一体化 | 获得竞争者的所有权或对其加强控制 | 企业在人力资源规划要围绕更大的组织所需要的组织体系、人力资源体系来进行 |
| 加强型战略 | 市场渗透 | 通过更大的营销努力，提高现有产品或服务的市场份额 | 企业采取招聘和培训更多销售人员的人力资源规划 |
| | 市场开发 | 将现有产品或服务打入新的地区市场 | 企业应制定开发和培训开辟新市场的人才的人力资源规划 |
| | 产品开发 | 通过改造现有产品和服务或开发新产品和服务而增加销售 | 企业应建立一支超强的研究和开发队伍 |
| 多元经营战略 | 集中化多元经营 | 增加新的、但与原业务相关的产品或服务 | 企业人力资源规划要围绕优秀的管理队伍展开 |
| | 混合式多元经营 | 增加新的、但与原业务不相关的产品或服务 | 企业要有一套致力于开发高素质管理人才的人力资源规划 |
| | 横向多元经营 | 为现有用户增加新的、与原业务相关的产品或服务 | 保持企业现有人力资源体系的特点，实行相应人力资源规划，以保证战略的配套 |
| 防御性战略 | 合资经营 | 两家或更多的发起公司为合作目的组成独立企业 | 由企业文化融合度来考虑如何进行人力资源规划 |
| | 收缩 | 通过减少成本与资产对企业进行管理重组，以扭转销售额和盈利的下降 | 企业无论实行收缩、剥离还是清算战略，都要有相应的人力资源规划与之配套。企业人力资源规划应围绕如何保留具有竞争力的队伍的问题，以保证企业将来发展的需要 |
| | 剥离 | 将公司或组织的一部分出售 | |
| | 清算 | 为实现其有形资产价值而将公司资产全部分块出售 | |

资料来源：曹亚克，王博，白晓鸽. 最新人力资源规划、招聘及测评实务［M］. 北京：中国纺织出版社，2004.

2. 企业组织环境

美国人力资源管理专家詹姆斯·W. 沃克从组织的复杂程度和组织变革的速度两方面把企业可选择的组织环境分为四种类型。这四种环境分别是：制度型环境（Institutional）、灵活型环境（Flexible）、创业型环境（Entrepreneurial）和小生意型环境（Niche），如图

3－3所示。

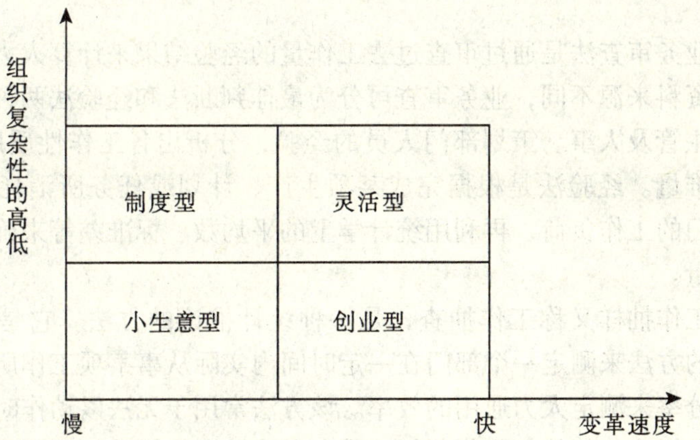


**图3－3　企业可选择的四种组织类型**

资料来源：曹亚克，王博，白晓鸽．最新人力资源规划、招聘及测评实务［M］．北京：中国纺织出版社，2004.

（1）制度型组织

制度型组织要求企业的组织复杂程度高但变革的速度慢。这时，企业的这一变革要求需要一个强调稳定、谨慎和细致管理行为的组织。在规定环境中运作的企业或在成熟的市场中经营成熟产品的企业，如供电企业、家电企业等，通常会采取制度性管理。

（2）创业型组织

创业型组织要求企业变化较快，组织结构相对较简单。大多数企业开始时都是创业型企业。许多网络公司都属于这种类型。

（3）小生意型组织

组织小而变化慢的组织称为小生意组织。没有发展起来的食品店和变化很小的手工艺品制作厂都是小生意型组织。我国大多数企业都属于这种类型。

（4）灵活型组织

相对于复杂的企业来说，灵活型组织是最合适的组织形式。如果创业型组织得到成长，就会变成复杂但仍然快速变化的组织。如华为技术有限公司、联想集团等都是典型的由创业型组织变成大而复杂、但仍然施行灵活管理的企业。

3. 人力资源结构分析

人力资源规划首先要进行人力资源结构分析。人力资源结构分析就是对企业现有人力资源的调查和审核，只有对企业现有人力资源进行了充分的了解和有效的运用，人力资源的各项计划才有意义。人力资源结构分析主要包括以下几个方面：

（1）人力资源数量分析

人力资源规划对人力资源数量的分析的重点在于探求现有的人力资源数量是否与企业机构的业务量相匹配，也就是检查现有的人力资源配置是否符合一个机构在一定业务量内的标准人力资源配置。在人力资源配置标准的方法通常有以下几种：

动作时间研究。动作时间研究法的原则与生产运作管理中对人的能力的测试一样。该研究选择业务水平中等的工人进行一项操作，并计算其花费的时间。动作时间分析应根据正常作业、疲劳、延误、工作环境配合、努力等因素定出标准时间，并按总工作量核算出所需员工数。

业务审查。业务审查法是通过审查过去工作量的经验结果来计算人力标准的方法。根据所依据的经验资料来源不同，业务审查可分为最佳判断法和经验法两种。最佳判断法是通过运用各部门主管及人事、策划部门人员的经验，分析出各工作性质所需的工作时间，再判断出人力标准量。经验法是根据完成某项生产、计划或任务所消耗的人事记录来研究、分析每一部门的工作负荷，再利用统计学上的平均数、标准差等来确定完成某项工作所需的人力标准量。

工作抽样。工作抽样又称工作抽查，是一种统计推论的方法。它是根据统计学的原理，以随机抽样的方法来测定一个部门在一定时间内实际从事某项工作所占规定时间的百分率，并以此百分率来测定人力通用的效率。该方法常用于无法以动作时间衡量的工作。

相关与回归分析法。相关与回归分析法是利用统计学的相关与回归原理来测量计算和分析各单位的工作量与人力数量间存在的相关关系。有了人力标准的资料，就可以分析计算现有的人数是否合理；如不合理，应该加以调整，以消除忙闲不均的现象。

（2）人员类别的分析

不同性质的企业对人力资源的需求不同。分析企业中人力资源的类别有利于把握企业人力需求的大方向，缩小搜索外部人力资源的范围。通过对企业人员类别的分析，可得知一个机构业务的重心所在。企业中人力资源类别分析主要包括功能分析和工作性质分析两部分：

工作功能分析。一个机构内人员的工作类别很多，归纳起来有四种：业务人员、技术人员、生产人员和管理人员。这四类人员的数量和配置代表了企业内部劳动力市场的结构。有了这项人力结构分析的资料，就可以研究各项功能影响该结构的因素。这些因素可能包括以下几个方面：企业所处的市场环境、企业所使用的生产与管理技术、劳动力市场状况等。了解这些因素有助于企业在影响因素变动时准确地预测未来的人力资源需求趋势。

工作性质分析。根据工作性质不同，企业内部工作人员可分为直接人员和间接人员两类。这两类人员的配置也随企业性质不同而有所不同。在较大的企业中存在着间接人员增长较快的现象。这一问题在跨国、跨行业经营的企业中特别明显。最近的研究发现，一些组织中往往出现间接人员不合理膨胀的现象，而该类人数的增加与组织业务量增长并无联系，这种现象被称为“帕金森定律”（Paskinson’s Law）。掌握企业现有的人力资源类别可以防止管理人员人数过于膨胀。

（3）人员素质分析

人员素质分析就是分析现有工作人员受教育的程度及所受的培训状况。一般而言，受教育与培训程度的高低可显示工作知识和工作能力的高低，任何企业都希望能提高工作人员的素质，以使人员对组织作出更大的贡献。但事实上，人员受教育与培训程度的高低，应以满足工作需要为前提。因此，为了达到人尽其才的目的，人员素质必须和企业的工作现状相匹配。管理层在提高人员素质的同时，也应该积极提高人员的工作效率，以人员创造工作，以工作发展人员，通过人与工作的发展，促进企业的壮大。

在人员素质分析中，受教育与培训只能在一定程度上衡量人员的能力。在一个企业或组织中，不难发现一部分人员的能力不足，而另一部分人员则能力有余却未能充分利用，人员的能力及素质与工作的需求不匹配。其解决方法有以下几种：

变更职务的工作内容。减少某一职务、职位的工作内容及责任，转而让别的职务人员来负责。

提高现职人员的能力。运用培训或协助方式来提高现职人员的工作能力。

变更现职人员的职位。如果上述两种方法仍无法达到期望，则表示现职人员不能胜任此职位，应予以调动。

以上三种解决方法究竟选用哪一种，事先需要考虑以下几个因素：

加强培训能否使当事人有所进步。如果加强培训可使能力不足的员工有所进步，则没有必要变动人员。

担任该职位可能的时间长度。如果某员工任该职位已届退休、轮调期满或组织结构更迭，则可采用临时性调整。

是否情况紧急，非立即改善不可。如果该职务比较重要，足以影响组织目标的实施，则必须采取组织措施，否则应尽量不用组织措施解决。

是否影响组织士气。将某员工调职，是否会影响其他员工的情绪，使员工失去安全感，而有损组织的稳定。

有无适当的接替人选。如果短期内无法从内部或外部找到理想的接替人员，则应采取较和缓的措施，以免损失更大。

此职位与其他职位的相关性程度。如果此职位与上、下、平行多个其他职位的相关往来频度很高，则不应采取太突然的措施，以避免影响其他职位的效率和工作进展。

(4) 年龄结构分析

分析员工的年龄结构，在总的方面可按年龄段进行，可以统计全公司人员的年龄分布情况，进而求出全公司的平均年龄。了解年龄结构旨在了解下列情况：

组织人员是日益年轻化还是日趋老化。

组织人员吸收新知识、新技术的能力。

组织人员工作的体能负荷。

工作职位或职务的性质与年龄大小的可能匹配要求。

以上四种情况，均影响组织内人员的工作效率和组织效能。企业员工理想的年龄分布应呈三角形为宜：顶端代表50岁以上的高龄员工；中间部位次多，代表36~50岁的中龄员工；底部人数最多，代表20~35岁的低龄员工。

(5) 职位结构分析

根据管理幅度原理，主管职位与非主管职位的数量应有适当的比例。分析人力结构中主管职位与非主管职位，可以显示组织中管理幅度的大小以及部门与层次的多少。如果在一个组织中主管职位太多，可能会出现下列结果：

组织结构不合理，管理控制幅度太狭窄，部门与层次太多。

工作程序繁杂，增加了沟通协调的次数，浪费了很多时间并容易导致误会和曲解。

由于本位主义，造成了相互牵制，势必降低工作效率。

出现官僚作风，产生官样文章。

通常在公司的经营策略未确立前，资源如何分配对公司现在与未来的发展最有利，所有与公司经营有关的内外资源均应列入考量及检验范围。人力资源结构分析是人力资源部资源盘点的工作之一，是决策者制定策略的重要参考资料；在公司经营策略确立后，新的人力及技术需求自然会出现。因此，人力资源结构分析能帮助人力资源部门为公司作有效的整体人力规划。

## 3.4 人力资源需求预测

受内外部各种复杂环境的影响，企业进行人力资源预测是相当复杂和困难的，既要考虑单个因素的影响，又要考虑各种因素的相互作用。但是，人力资源规划必须要对企业的人力资源需求作出恰当的预测，明确企业在什么时间、什么岗位需要多少什么样的人员，这样才能确保企业人力资源规划的有效性。

### 3.4.1 人力资源需求预测的含义

预测是指对未来环境的分析。人力资源预测是指企业在评估和预测的基础上，对未来一定时期内人力资源状况的假设。人力资源需求预测是指企业为实现既定目标而对未来所需要的员工种类、数量和质量的估算。

企业环境变化会引起企业对人力资源需求的变化。例如，当企业引进了新技术后，我们会发现，企业在引进新技术之前与引进新技术之后对人力资源的需求是不同的，这种不同包括所需人员数量的不同、所需人员质量的不同、所需人员专业结构的不同等。

### 3.4.2 人力资源需求预测的步骤

人力资源需求预测分为现实人力资源需求预测、未来人力资源需求预测和未来流失人力资源需求预测三个部分。人力资源需求预测的典型步骤如下：

（1）根据职位分析的结果来确定职位编制和人员配置；

（2）进行人力资源盘点，统计出人员的缺编、超编及是否符合职位资格的要求；

（3）将上述统计结论与部门管理者进行讨论，修正统计结论；

（4）将该统计结论作为现实人力资源需求；

（5）对预测期内退休的人员进行统计；

（6）根据历史数据，对未来可能发生的离职情况进行预测；

（7）将步骤（5）和步骤（6）的统计和预测结果进行汇总，得出未来流失的人力资源量；

（8）根据企业发展规划，引进新产品、确定各部门的工作量；

（9）根据工作量的增长情况，确定各部门还需要增加的职位及人数，并进行汇总统计；

（10）将该统计结论作为未来增加的人力资源需求；

（11）将现有人力资源需求、未来流失人力资源和未来人力资源需求汇总，就得出了企业整体人力资源需求预测。

通过人力资源需求预测的典型步骤，可以预测出企业的人力资源需求。在实际的操作中，应分别对企业的短期、中期和长期人力资源需求进行预测。预测的准确性可以用预测结果与到时的实际结果相对照，然后不断加以调整，使预测结果与实际结果相接近。

### 3.4.3 人力资源需求预测的定性方法

1. 现状规划法

人力资源现状规划法是一种最简单的预测方法，它是假设企业保持原有的生产规模和生产技术，企业的人力资源处于相对稳定状态，即企业目前各种人员的配备比例和人员的总数将完全能适应预测规划期内人力资源的需求。在此预测方法中，人力资源规划人员要做的工作就是预算出在规划期内有哪些人员或岗位上的人将得到晋升、降职、退休或调整，再准备调节人员加以弥补。这种方法适用于短期人力资源规划预测。

现状规划法是假定企业各岗位上需要的人员都为原来的人数，它要求企业较为稳定，其技术和规模不变。这一前提条件很难在长期内成立，因此此法对长期的预测效果很差，但能为长期预测提供一条简单易行的思路。

2. 经验预测法

经验预测法就是企业根据以往的经验对人力资源进行预测的方法。企业经常用这种方法来预测本组织在将来某段时间内对人力资源的需求。由于此方法是根据以往的经验来进行预测的，因此预测的效果受经验的影响较大。因此，保持企业历史的档案，并采用多人集合的经验可以减少误差。这种方法适用于技术较稳定的企业的中短期人力资源预测规划。

3. 分合性预测法

分合性预测法是一种比较常用的预测方法。首先，企业要求下属各个部门、单位根据各自的生产任务、技术设备等变化的情况，先对本部门或单位将来对各种人员的需求进行预测；然后，在此基础上，企业把下属各部门的预测数进行综合平衡，从中得出整个组织将来某一时期内对各种人员的预测需求总数。这种方法要求人事部门或专职人力资源规划人员统一指导，下属各级管理人员充分发挥在人力资源预测规划中的作用。

分合性预测法有很大的局限性。由于会受到各级管理人员的阅历、知识的局限，很难对长期作出准确预测，因此这种方法比较适用于中短期的预测规划。

4. 德尔菲法

德尔菲（Delphi）法是一种简单、常用的主观判断预测方法，它产生于 19 世纪 40 年代的兰德公司。这种方法是由有经验的专家或管理人员对某些问题的分析或管理决策进行直觉判断与预测，其精度取决于预测者的经验和判断能力，也称“专家咨询法”或“集体预测法”。专家包括企业外部和内部对所研究问题具有发言权的所有人员。德尔菲法典型步骤如下：

（1）预测准备

预测的准备工作包括：

确定预测的课题及各预测项目；

设立负责预测工作的临时机构；

在组织内部和外部广泛选择人力资源问题领域的专家，成立一个专家小组。

（2）专家预测

专家预测工作包括：

预测临时机构把包含预测项目的预测表及有关背景资料寄送给各位专家；

要求专家就各种领域里他们认为将发生的情况以及何时发生等问题以匿名方式作出预测。

（3）收集反馈

收集反馈工作包括：

收集各预测专家的观测结果；

预测机构对各专家意见进行统计分析，综合第一次预测结果；

把综合结果反馈给小组成员，再要求各专家对新预测表作出第二轮预测；

重复数次收集反馈过程。其收集反馈的模型如图 3－4 所示。

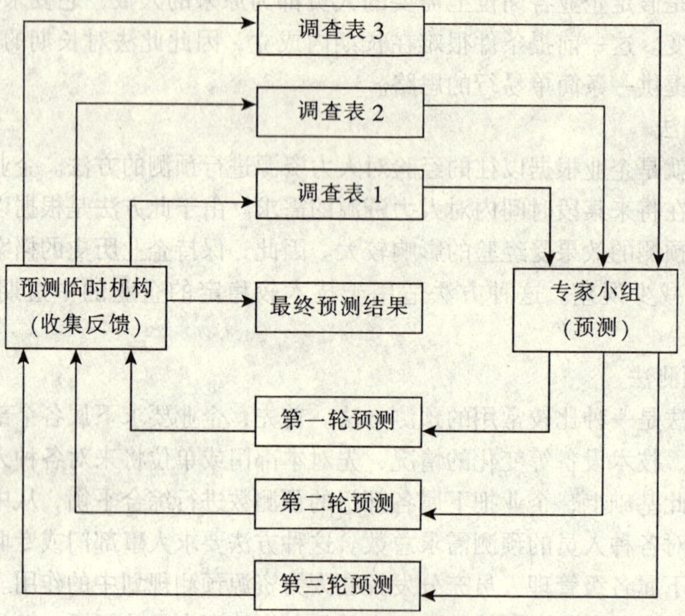


**图 3－4　德尔菲法收集反馈模型**

资料来源：于桂兰，魏海燕．人力资源管理［M］．北京：清华大学出版社，2004.

（4）预测结果

在意见交流开始形成比较一致的看法时，这个结果就成为了可以接受的预测。在运用德尔菲法进行人力资源的需求预测的过程中，企业应注意以下问题：

提供充分且完备的信息，包括已收集的历史资料和有关的分析结果，使预测者能够作出准确的判断。

所提出的问题应尽可能简单，以保证所有专家能够从相同角度理解有关概念。

所提出的问题应该是专家能够答复的或其专业特长之内的问题。

问题的回答不需要太精确。例如，在人力资源需求预测时，可以不预测人力需求的总体绝对数量，只预测变动的百分比或某些专业人员的预计变动数量。预测者可以粗略地估计数字，但要说明数字的可靠程度。

德尔菲法的难点在于如何提出简单明了的问题以及如何将专家的意见进行归纳总结。对此，可采用名义小组讨论弥补不足：请各位专家或有经验的现场管理人员组成一个小组，每人根据现有的信息与资料列出一张问题清单，然后由企业将所有的问题一一列出，再请各位专家归纳。

5. 描述法

描述法是人力资源规划人员通过对本企业组织在未来一定时期的有关因素的变化进行描述或假设，并加以分析和综合，从而对将来人力资源的需求进行预测规划。由于这是假定性的描述，因此人力资源需求就有几种备选方案，其目的是适应和应付环境等因素的变化。例如，对某一企业今后三年情况的变化的描述或假设有以下几种可能性：

（1）同类产品可能稳定地增长，同行业中没有新的竞争对手出现，在行业中技术也没有新的突破；

（2）同行业中出现了几个新的竞争对手，在行业内也有较大的技术突破；

（3）同类产品可能会跌入低谷，市场疲软、生产停滞，但行业内可能会有新的技术突破。

企业可以根据上述不同的描述和假设的情况预测和制定出相应的人力资源需求备选方案。但是，这种方法由于是建立在对未来状况的假设、描述的基础上，而未来具有很大的不确定性，时间跨度越长，对环境变化的各种不确定性就越难以进行描述和假设，因此，对于长期的预测有一定的困难。

### 3.4.4 人力资源需求预测的定量方法

1. 趋势预测法

趋势预测法是一种基于统计资料的定量预测方法，一般是利用过去五年左右的员工雇佣数据进行。

（1）简单模型法

这一模型假设人力需求与企业产出水平（可用产量或劳动价值表示）呈一定比例关系：

$$M_t = M_0 \times \frac{Y_t}{Y_0}$$

在获得人员需求的实际 $M_0$ 值及未来时间 $t$ 的产出水平 $Y_t$ 后，可算出时刻 $t$ 人员需求量的值 $M_t$。这里 $M_0$ 并非指现有人数，而是指现有条件及生产水平所对应的人员数，它通常是在现有人员数的基础上，根据管理人员意见或参考同行情况修正估算得到的。使用此模型的前提是产出水平同人员需求量的比例既定。

（2）简单的单变量预测模型（一元线性回归分析）

简单的单变量预测模型仅考虑人力资源需求本身的发展情况，而不考虑其他因素对人力资源需求量的影响。它以时间或产量等单个因素作为自变量，以人力数为因变量，且假设过去人力的增减趋势保持不变，一切内外影响因素也保持不变。使用此模型的前提是产出水平同人员需求量的比例不一定。例如，某公司 12 年来的产量和员工数量如表 3 - 6 所示：

表 3-6　某公司 12 年的产量和员工数量

| 年份 | 1 | 2 | 3 | 4 | 5 | 6 | 7 | 8 | 9 | 10 | 11 | 12 |
|---|---|---|---|---|---|---|---|---|---|---|---|---|
| 产量 | 10 | 13 | 14 | 15 | 18 | 13 | 12 | 11 | 13 | 19 | 20 | 21 |
| 员工数量 | 20 | 21 | 20 | 22 | 23 | 24 | 22 | 22 | 23 | 25 | 26 | 27 |

注：该分析以时间作为自变量，也称为时间序列分析。

其预测方程为：

$$y=\alpha+\beta x+\xi$$

式中：$y$ —— 员工数量；

$x$ —— 时间；

$\alpha$、$\beta$ —— 常数；

$\xi$ —— 随机变量，其平均值为 0。

运用最小平方法可推导出 $\alpha$、$\beta$ 的公式如下：

$$\alpha=\bar{y}-\beta\bar{x}$$

$$\beta=\frac{\sum(x_i-\bar{x})(y_i-\bar{y})}{\sum(x_i-\bar{x})^2}$$

将数据代入公式：

$$\sum x_i=78,\ \bar{x}=6.5,\ \sum y_i=275,\ \bar{y}=22.92$$

$$\sum(x_i-\bar{x})^2=143,\ \sum(x_i-\bar{x})(y_i-\bar{y})=78.5$$

$$\beta=\frac{78.5}{143}=0.549,\ \alpha=22.92-\frac{78.5}{143}\times 6.5=19.35$$

假定 $\xi=0$，则 $y_{13}=19.35+0.549\times 13\approx 26.5\approx 27$（人）

（3）复杂的单变量预测模型

这一模型是在人力需求当前值、以往值及产出水平的变化值的基础上增加劳动生产率变量而建立的。由于考虑了劳动生产率的变化，这一模型更具有实用性。劳动生产率的变化一般与技术水平有关，因此，实际上考察的是在技术水平变动的情况下的人力资源需求变化。技术水平的变化比较容易预测，因为新技术从研究成功到运用一般总有一个时滞。其公式表示为：

$$M_t=\frac{M_0}{Y_0}Y_t+\left(\frac{M_0}{Y_0}-\frac{M_{-1}}{Y_{-1}}\right)\bar{Y}_t$$

式中：$M_t$—— $t$ 时刻人力资源需求预测值；

$M_0$—— $t=0$ 时的人员需求量；

$Y_0$—— $t=0$ 时的生产水平；

$Y_t$—— $t$ 时刻的产出水平；

$M_{-1}$—— 基期前一期的劳动力数；

$Y_{-1}$—— 基期前一期的产出水平；

$\bar{Y}_t$—— $t$ 时刻的产出水平预测值。

可以使用计算机应用软件如 EXCEL、SPSS、SAS 等统计工具来拟合预测方程，减少手工计算时的误差，提高计算速度。使用计算机可处理更多的历史资料，考虑更多的历史资料可增加数据结论的准确性。

2. 劳动生产率分析法

劳动生产率分析法是一种通过分析和预测劳动生产率，进而根据目标生产量除以服务量预测人力资源需求量的方法。这种方法的关键是预测劳动生产率。如果劳动生产率的增长比较稳定，预测就比较方便，使用效果也较佳。劳动生产率预测可直接用外推预测法，对劳动生产率的增长率也可以使用外推预测。这种方法适用于短期预测。

3. 多元回归预测法

多元回归预测同样是一种建立在统计技术上的人力资源需求预测方法。与趋势预测法不同的是，它不只考虑时间或产量等单个因素，还考虑了两个或两个以上因素对人力资源需求的影响。多元回归预测法不单纯依靠拟合方程、延长趋势线来进行预测，它更重视变量之间的因果关系。它运用事物之间的各种因果关系，根据多个自变量的变化来推测因变量的变化，而推测的有效性可通过一些指标来加以控制。

人力资源需求的变化总是与某个或某几个因素有关。通常都是通过考察这些因素来预测人力资源需求情况。首先，应找出与人力资源需求量有关的因素，将其作为变量，如销售量、生产水平、人力资源流动比率等，然后找出历史资料中的有关数据以及历史上的人力资源需求量，再找出至少 20 个样本，以保证预测有效性。对这些因素利用 EXCEL、SPSS 等统计工具中的多元回归计算来拟合出方程，再利用方程进行预测。在多元回归预测法中使用计算机技术非常必要，多元回归计算比较复杂，手工计算耗时多，易出错，使用计算机可避免这些因素对准确性的影响。

4. 劳动定额法

劳动定额法是对劳动者在单位时间内完成工作量的规定。在已知企业计划任务总量及科学合理的劳动定额的基础上，运用劳动定额法能较准确地预测企业人力资源需求量：

$$N=\frac{W}{q(1+R)}$$

式中：$N$ —— 人力资源需求量；

$W$ —— 计划期任务总量；

$q$ —— 企业现行定额；

$R$ —— 部门计划期内生产率变动系数。

$$R=R_1+R_2+R_3$$

式中：$R_1$ —— 企业技术进步引起的劳动率提高系数；

$R_2$ —— 由经验积累导致的劳动率提高系数；

$R_3$ —— 由年龄增大及某些社会因素引起的生产率降低系数。

5. 趋势外推法

趋势外推法又称时间序列预测法，它是按已知的时间序列，用一定的方法向外延伸，以得到现象未来发展趋势的方法。此方法具体又分为直线延伸法、滑动平均法和指数曲线法三种。

（1）直线延伸法

直线延伸法只在企业人力资源需求量在时间上表现出的明显均等延伸趋势的情况下才

运用。如图 3 - 5 所示，可由需求线 Z 直接延伸得出未来某一时点的企业人力资源需求量。

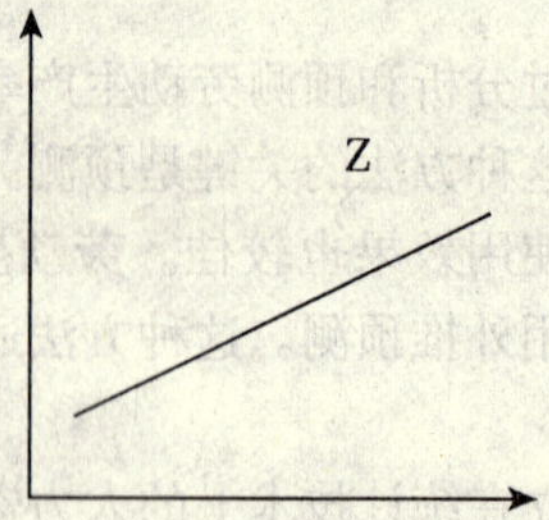


图3 - 5　直线延伸法图示

（2）滑动平均法

滑动平均法一般是在企业人力资源需求量的时间序列不规则、发展趋势不明确时，采用滑动平均数进行修匀的一种趋势外推法。它假定现象的发展情况与较近一段时间的情况有关，而与较远时间的无关，故将近期内现象的已知值的平均值作为后一期的预测值。此方法主要适用于短期预测。

（3）指数平滑法

其计算公式为：

$X = \alpha X_t + (1-\alpha) X_{t-1}$

式中：$X$ —— 新平滑值；

$\alpha$ —— 平滑系数或平滑加权系数；

$X_t$—— 时间序列中的新数据；

$X_{t-1}$ —— 计算出的平滑值。

平滑系数 $\alpha$ 的选择，直接决定着预测的准确度。一般是选择几个 $\alpha$ 值，从而进行多方案分析。经验证明，$\alpha$ 值一般应为 0.3、0.2、0.1 或 0.05。

6. 生产函数模型法

最典型的生产函数模型是道格拉斯（Cobb - Douglas）生产函数。

$y = A(t) L^{\alpha} C^{\beta} u$

式中：$y$ —— 总产出水平；

$A(t)$ —— 总生产率系数（近似于常数）；

$L$ —— 劳动力投入量；

$C$ —— 资本投入量；

$\alpha$、$\beta$ —— 分别为劳动和资金产出弹性系数，且 $|\alpha| + |\beta| \leqslant 1$；

$U$ —— 对数正态分布误差项。

一旦预测出企业在 $t$ 时间的产出水平和资本总额，即可得到在 $t$ 时间企业人力资源的需求量。但对企业来说，这是一个比较复杂的过程，因为 $A(t)$、$\alpha$、$\beta$ 的确定是一件比较困难的事，有条件的大公司可以考虑此方法。

7. 工作负荷法

工作负荷法又叫比率分析法。它考察的对象是企业目标和完成目标所需的人力资源数量间的关系，考虑的是每个人的工作负荷和企业目标间的比率。企业的目标一般是指生产量或者销售量等容易量化的目标。每个人的工作负荷则是指某一特定的工作时间每个人的工作量。该法先预测未来一段时间里企业要达到的目标，如由要完成的产量或销售量折算出的工作量，再结合每个人的工作负荷就可以确定出企业未来所需的人员数量。

### 3.4.5 各种预测技术的对比

各种预测技术的对比如表 3 -7 所示。

表 3 -7　　各种预测技术的对比

| 技术分类 | 方法 | 使用条件 | 特点 | 应用范围 |
| --- | --- | --- | --- | --- |
| 人力资源需求预测定性技术 | 现状规划法 | 企业各岗位上需要的人员都为原来的人数，它要求企业特别稳定，技术和规模不变等 | 预测方法简单，比较容易操作 | 适用于短期人力资源规划预测 |
| | 经验预测法 | 保持企业历史的档案并采用多人集合的经验，可以减少误差 | 预测的效果受经验影响较大 | 适用于技术较稳定企业的中、短期人力资源预测规划 |
| | 分合性预测法 | 该方法要求在人事部门或专职人力资源规划人员的指导下进行预测 | 采取先分后合的预测方法，有较大的局限性 | 比较适用于中、短期的预测规划 |
| | 德菲尔法 | 由有经验的专家或管理人员对某些问题的分析或管理决策进行直觉判断和预测；预测人员应具有提出简单明了的问题和将专家的意见归纳总结的能力 | 技术比较准确，在预测方法中享有一定的权威 | 常用来预测和规划因技术的变革带来的对各种人员的需求，适用于大企业中、长期的预测规划 |

表3－7（续）

| 技术分类 | 方法 | 使用条件 | 特点 | 应用范围 |
|---|---|---|---|---|
| 人力资源需求预测定量技术 | 趋势外推法 | 企业比较稳定 | 对初步预测很有价值，但有很大的局限性 | 既适合对企业进行整体预测，也适合对企业的各个部门进行结构性预测。适合企业的短、中期预测 |
| | 一元线形回归分析方法 | 预测时一定要选取与人力资源需求量相关的变量，对预测出的结果一定要进行检验 | 是比较精确的预测方法，但预测的准确程度与相关变量的选取有很大关系 | 适用于企业的中、短期的预测 |
| | 多元回归分析方法 | 预测时一定要选取与人力资源需求量相关的变量，预测出的结果一定要检验 | 多个变量对人力资源需求有影响 | 该方法在企业预测中经常使用 |
| | 计算机模拟法 | 需要系统软件开发 | 方法复杂，相对预测结果准确，需结合其他预测方法 | 适合大企业的中、长期人力资源规划 |

资料来源：于桂兰，魏海燕．人力资源管理［M］．北京：清华大学出版社，2004.

### 3.4.6 影响需求预测的关键因素

人力资源需求预测以组织的战略目标、发展计划和工作任务为依据。人力资源需求取决于组织的生产/服务需求以及投入/产出等要素。例如：扩大生产，增加产品和服务，人力资源需求量会增加；自动化水平提高，需求量减少，而对员工的技能要求也会随之变化。

1. 选择预测技术

从西方国家的情况来看：大企业在制定中长期人力资源规划时，多采用较为复杂的德尔菲法和计算机模拟法；较小的企业组织多采用较为简单的预测规划法。在制定短期人力资源规划时，企业组织不管大小，采用简单的预测规划法的较多。

人力资源规划的一个关键是劳动力的老化和员工离职情况。人员减少量是辞职人数、解雇人数、调离人数和退休人数的总和。我们可以使用趋势外推法来预测离职率。在预测员工离职规模时，还应区分不可控的和可控制的员工离职两类情况，要考虑随着时间推移各个不同工作岗位上员工正常的流动率。这种预测的精确度越高，劳动力供给的估计在将来的价值也越大。

2. 短期、长期预测中的关键因素

（1）短期预测中的关键因素

一般来说，人力资源短期需求的数量可从工作负荷分析中得到。工作负荷分析包括销售预测、工作进程以及确定生产单位所需员工数量等各种方法。通过工作负荷分析，可得到承担该项负荷的标准人力资源需求数量。此外，还应注意的是，企业工资册上的员工数量与企业实际可运用的人力资源数量并不一致。因此，对现有人力的出勤情况，辞职、退休及其他各原因的离职，均要加以分析，以明确可以实际投入的人力。

（2）长期预测中的关键因素

企业长期人力资源预测要比短期人力资源预测更加复杂和困难。两者的主要区别是前者考虑的因素多，而且具有较高的不确定性。如企业在确定长期的人力资源需求时：不仅要考虑市场的变化趋势，还要了解技术进步和产业结构的调整的方向；不仅要考虑企业组织变革的可能性，还要研究员工需求的变化。

3. 人力资源的流动和周转

人力资源流动是市场经济的特征之一。任何企业都会因人事变动、环境变化及企业业务量的增减等原因而出现退休、离职、辞退等人力资源的流动，企业也会随时启用新员工，以补充和满足企业对人力资源的需要。以企业人力资源的流动来维持员工队伍的新陈代谢，对保持企业组织的效率与活力具有重要意义。

人力资源的流动与周转是企业人力资源管理和规划必须充分考虑的因素。不同的企业或同一企业在不同的形势下和自身发展的不同阶段，会有各不相同的人力资源流动率。人力资源流动率是一定时期内某种人力资源变动（离职或新进）与员工总数的比率。人力资源流动率通常是考察企业组织与员工队伍是否稳定的重要指标。适度的人力资源流动率是维持组织新陈代谢的条件，可作为选择方法和程序的重要依据。

由于人力资源流动率受多种因素的影响，因此计算方法较多，常用的方法有三种：员工离职率、员工新进率、净人力资源流动率。

（1）员工离职率

员工离职率是某一单位时间的离职人数（假设以月为单位）与工资册上的月平均人数的比率。其公式为：

$$离职率=\frac{离职人数}{工资册平均人数}\times 100\%$$

离职人数包括辞职、免职、解职人数。离职率可用来测量人力资源的稳定程度，常以月为单位。

（2）员工新进率

员工新进率是新进人员数与工资册平均人数的比率。其公式为：

$$新进率=\frac{新进人数}{工资册平均人数}\times 100\%$$

（3）净人力资源流动率

净人力资源流动率是补充人数（为补充离职人数而雇佣的人数）与工资册平均人数的比率。公式为：

$$净流动率=\frac{补充人数}{工资册平均人数}\times 100\%$$

分析净人力资源流动率时，可与离职率和新进率相比较。对于成长发展的企业，一般净人力资源流动率等于离职率；对于采用紧缩战略型的企业，其净流动率等于新进率；对于常态下的企业，其净人力资源流动率、新进率、离职率三者相同。

人力资源流动率作为测量企业内部稳定程度的尺度，其大小与企业人力资源政策及劳资关系有着密切的关系。若流动率过大，则一般表明企业人事不稳定、劳资关系存在较严重的问题或企业的业务处于起伏波动状态。流动率过大不仅增加了管理难度，而且会导致企业生产效率降低，增加了企业挑选和培训新进人员的成本；反之，若流动率过小，又不利于企业人员在观念和技术方面的吐故纳新，企业很难通过竞争机制保持的活力。因此，人力资源不可没有变化，但变化又不宜过大，企业只有维持适当的人力资源流动率才能保持稳定和发展。

选择企业适当的人力资源流动率，应视企业的性质、人力资源政策、业务发展、企业历史以及企业商誉等具体情况而定。其一般的原则为：蓝领员工的流动率可以大一些，白领员工的流动率要小一些；企业高层人员的稳定周期宜长些，基层人员可短些。西方发达国家的人力资源管理专家认为：年轻的专业技术人员能在一个企业维持较长的稳定性，就足以说明该企业的人事管理有过人之处，企业工作环境具有较强的吸引力。

## 3.5 人力资源供给预测

人力资源规划除了用到人力资源需求预测技术外，还要有人力资源供给预测技术作保证。只有在人员需求预测和人员供给预测两者都正确的基础上，才能知道企业各类人才需求和供给的实际情况，才能保证企业人力资源规划的正确性。

### 3.5.1 人力资源供给预测的含义

为了保证企业的人力资源供给，企业必须对内部和外部的人力资源供给情况进行估计和预测。通过把人力资源供给预测的结果与人力资源需求预测的结果进行比较，找出差距，才可以制定相应的人力资源具体计划。

人力资源供给预测是指企业为了实现其既定目标，对未来一段时间内企业内部和外部各类人力资源补充来源情况的预测。

人力资源供给预测与人力资源需求预测有所不同，人力资源需求预测研究的只是组织内部对于人力资源的需求，而人力资源供给预测则需要研究组织内部的人力资源供给和组织外部的人力资源供给两个方面。

### 3.5.2 人力资源供给预测的步骤

人力资源供给预测是一个比较复杂的过程，它的步骤也是多样化的，其典型的步骤如下：

(1) 对企业现有的人力资源进行盘点，了解企业员工状况。

(2) 分析企业的职位调整政策和历史员工调整数据，统计出员工调整的比例。

(3) 向各部门的人事决策者了解可能出现的人事调整情况。

(4) 将步骤(2)和步骤(3)的情况汇总，得出企业内部人力资源供给预测。

(5) 分析影响外部人力资源预测的地域性因素。此因素包括：企业所在地的人力资源整体状况；企业所在地的有效人力资源的供求现状；企业所在地对人才的吸引程度；企业薪酬对所在地人才的吸引程度；企业所能提供的各种福利对当地人才的吸引程度；企业本身对人才的吸引程度。

(6) 分析影响外部人力资源供给的全国性因素。此因素包括：全国相关专业的大学生毕业人数及分配情况；国家在就业方面的法规和政策；该行业全国范围的人才供需状况；全国范围从业人员的薪酬范围和差异。

(7) 根据步骤(5)和步骤(6)的分析，得出企业外部人力资源的供给预测。

(8) 将企业内部人力资源供给预测和企业外部人力资源供给预测汇总，得出企业人力资源供给预测。

这些步骤共同构成了人力资源供给预测，从图3-6中可以更为直观地看到人力资源供给预测的典型步骤。

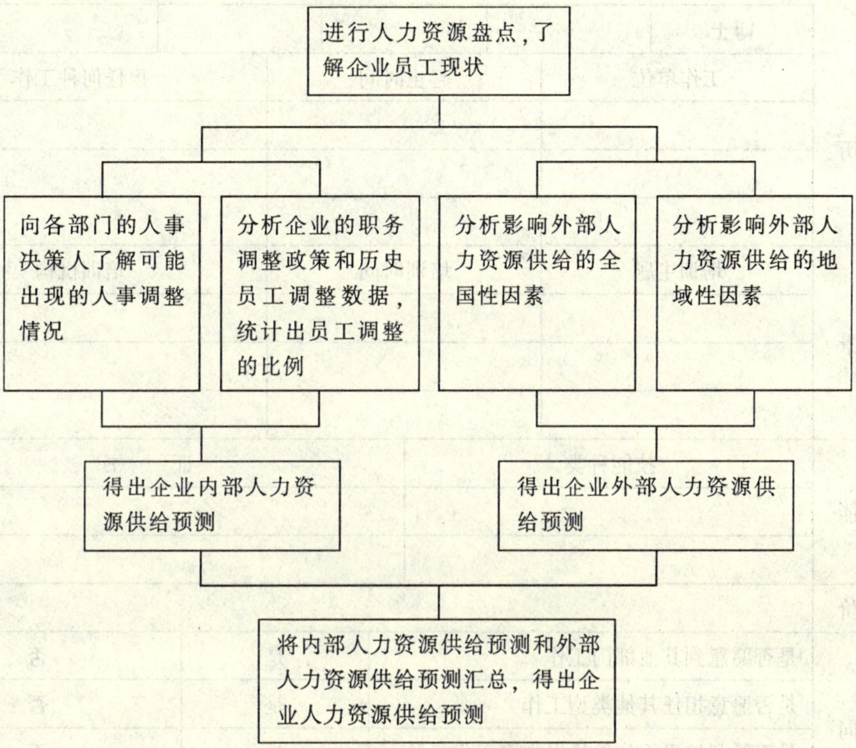


**图3-6 人力资源供给预测步骤**

### 3.5.3 人力资源内部供给预测

在人力资源供给预测中，为了预测的简便和准确，首先要考虑企业现有的人力资源存量，然后在假定人力资源管理政策不变的前提下，结合企业内外部条件，对未来的人力资源供给数量进行预测。下面介绍一些人力资源内部供给预测常用的方法。

1. 技能清单法

技能清单是用来反映员工工作记录和工作能力特征的列表。这些能力特征包括培训背景、以往的经历、持有的证书、已经通过的考试、主管的能力评价等。技能清单是对员工实际能力的记录，可帮助人力资源规划人员估计现有员工调换工作岗位的可能性，以及确定哪些员工可以补充当前的岗位空缺。表 3－8 是一个技能清单的示例。

表 3－8　　某企业管理人员的技能清单

填表日期：　　年　月　日

<table>
<tr><td>姓　名</td><td></td><td>部门</td><td></td><td>到职日期</td><td></td></tr>
<tr><td>来　源</td><td></td><td>出生年月</td><td></td><td>最高职称</td><td></td></tr>
<tr><td rowspan="5">教育背景</td><td>类别</td><td>学位种类</td><td>毕业日期</td><td>学校</td><td>主修科目</td></tr>
<tr><td>高中</td><td></td><td></td><td></td><td></td></tr>
<tr><td>大学</td><td></td><td></td><td></td><td></td></tr>
<tr><td>硕士</td><td></td><td></td><td></td><td></td></tr>
<tr><td>博士</td><td></td><td></td><td></td><td></td></tr>
<tr><td rowspan="4">工作经历</td><td colspan="2">工作单位</td><td colspan="2">起止时间</td><td>担任何种工作</td></tr>
<tr><td colspan="2"></td><td colspan="2"></td><td></td></tr>
<tr><td colspan="2"></td><td colspan="2"></td><td></td></tr>
<tr><td colspan="2"></td><td colspan="2"></td><td></td></tr>
<tr><td rowspan="4">培训背景</td><td colspan="2">培训主题</td><td colspan="2">培训时间</td><td>培训机构</td></tr>
<tr><td colspan="2"></td><td colspan="2"></td><td></td></tr>
<tr><td colspan="2"></td><td colspan="2"></td><td></td></tr>
<tr><td colspan="2"></td><td colspan="2"></td><td></td></tr>
<tr><td rowspan="3">技　能</td><td colspan="3">技能种类</td><td colspan="2">证　书</td></tr>
<tr><td colspan="3"></td><td colspan="2"></td></tr>
<tr><td colspan="3"></td><td colspan="2"></td></tr>
<tr><td>评　价</td><td colspan="5"></td></tr>
<tr><td rowspan="4">志　向</td><td colspan="3">是否愿意到其他部门工作</td><td>是</td><td>否</td></tr>
<tr><td colspan="3">是否愿意担任其他类型工作</td><td>是</td><td>否</td></tr>
<tr><td colspan="3">是否愿意接受工作轮换以丰富工作经验</td><td>是</td><td>否</td></tr>
<tr><td colspan="3">愿意承担哪种工作：</td><td colspan="2"></td></tr>
<tr><td rowspan="2">需要何种培训</td><td colspan="5">改善目前的技能和绩效：</td></tr>
<tr><td colspan="5">提高晋升或需要的经验和能力：</td></tr>
<tr><td>目前可晋升或流动至何岗位</td><td colspan="5"></td></tr>
</table>

资料来源：吴国存，李新建．人力资源开发与管理概论［M］．天津：天津大学出版社，2001.

技能清单的一般用途包括晋升人员的确定、管理人员接续计划、对特殊项目的工作分配、工作调配、培训、薪资奖励计划、职业生涯规划和企业结构分析等。对于成员频繁调动、经常组建临时性团队或项目组的企业，其技能清单中应该包括所有的员工。而那些主要使用技能清单来制定管理人员接续计划的企业，可以只包括管理人员。[3]

2. 人员核查法

人员核查法是通过对企业现有人力资源数量、质量、结构在各位上的分布状态进行核查，从而掌握企业可供调配的人力资源拥有量及其利用潜力，并在此基础上评价当前不同种类员工的供求状况，确定晋升和岗位轮换的人选，确定员工特定的培训或发展项目的需求，帮助员工确定职业开发计划与职业通路。

它的典型步骤如下：

(1) 对组织的工作种类进行分类，划分其级别；

(2) 确定每一职位每一级别的人数。

例如，某企业把企业员工划分为A管理类、B技术类、C服务类和D操作类四类职系，每类职系包括四个级别，其员工状况可以用表格的形式表示出来，如表3-9所示。

表3-9 企业人力资源的现状

| 级别 | 类别 | | | |
|---|---|---|---|---|
| | A | B | C | D |
| 1 | 2 | 3 | 2 | 23 |
| 2 | 9 | 11 | 7 | 79 |
| 3 | 26 | 37 | 19 | 116 |
| 4 | 61 | 98 | 75 | 657 |

从表3-9中可以看出，各类员工的分布状况相当明朗：管理类员工的一级员工为2个，二级员工为9个，三级员工为26个，四级员工为61个，其他技术类、服务类和操作类员工的分布情况与此大致相同。

3. 管理人员替代法

管理人员替代法是通过一张管理人员替代图来预测企业内部的人力资源供给情况的方法。在管理人员替代图中要给出部门、职位全称、在职员工姓名、职位（层次）、员工绩效与潜力等各种信息，依此来推算未来的人力资源变动趋势（如图3-7所示）。

管理人员替代法的典型步骤如下：

(1) 确定人力资源规划所涉及的工作职能范围；

(2) 确定每个关键职位上的接替人；

(3) 评价接替人选的工作情况是否达到提升的要求；

(4) 了解接替人选的职业发展需要，并引导其将个人的职业目标与组织目标结合起来。

从上面的例子可以看出，针对某一部门具体管理人员的接替，用管理人员接替图的方法相当直观。接替图至少要包括两方面的信息：

(1) 对管理者工作绩效的评价；

(2) 提升的可能性。

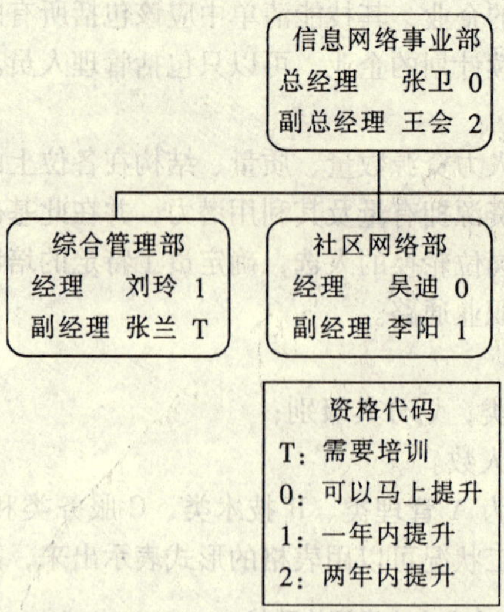


图 3－7 管理人员人员替代法示意图

4. 马尔科夫预测法

马尔科夫预测法是一种内部人力资源供给的统计预测技术方法，其基本思路是通过具体历史数据的收集，找出组织过去人事变动的规律，由此推测未来的人事变动趋势。马尔科夫预测方法实际上是一种转换概率矩阵，它使用统计技术预测未来的人力资源变化。这种方法描述组织中员工流入、流出和内部流动的整体形式，可以作为预测内部劳动力供给的基础。

它的典型步骤如下：

（1）根据组织的历史资料，计算每一类的每一名员工流向另一类或另一级别的平均概率；

（2）根据每一类员工的每一级别流向其他类或级别的概率，建立一个人员变动矩阵表；

（3）根据组织年底的种类人数和步骤(2)中人员变动矩阵表预测第二年组织可供给的人数。

例如，某企业在 1996 年到 2000 年这五年中，技术人员从第三级提升到第二级的人数分别为 23 人、19 人、22 人、21 人和 20 人，而这五年中技术人员第三级的人数分别为 106 人、103 人、107 人、104 人和 105 人。那么这个企业技术人员从第三级提升到第二级的概率为：

$$P=(23+19+22+21+20)/(106+103+107+104+105)=0.2$$

同样，我们可以计算出其他每一类员工流向另一类员工的平均概率，再根据这些数据建立人员变动矩阵，如表 3－10 所示。

表 3 - 10　　人员变动概率　　单位:%

| 工作级别 | | 目的时间 | | | | | | | | | 离职 |
|---|---|---|---|---|---|---|---|---|---|---|---|
| | | $A_1$ | $A_2$ | $A_3$ | $B_1$ | $B_2$ | $B_3$ | $C_1$ | $C_2$ | $C_3$ | |
| 起始时间 | $A_1$ | 70 | | | | | | | | | 30 |
| | $A_2$ | 15 | 65 | | | | | | | | 20 |
| | $A_3$ | 2 | 15 | 70 | | | | | | | 13 |
| | $B_1$ | | | | 70 | | | | | | 30 |
| | $B_2$ | | | | 10 | 75 | | | | | 15 |
| | $B_3$ | | | | 1 | 20 | 70 | | | | 9 |
| | $C_1$ | | | | | | | 60 | | | 40 |
| | $C_2$ | | | | | | | 10 | 70 | | 20 |
| | $C_3$ | | | | | | | 2 | 12 | 73 | 13 |

在表 3 - 10 的人员变动矩阵中，矩阵的列代表分析的起始时间，行代表分析的目的时间。其时间间隔取决于人力资源规划者进行供给预测时的选择，可以是月度，也可以是年度，甚至可以是商业周期（一般用年度的比较多）。人员变动矩阵中单元格中的数字表示在期初承担相应行所表示的职位的员工在期末承担相应的行所表示的职位的概率或比率，对角线的数字代表在期末仍然承担原来职位的员工的比例。“离职”列中的数字描述的是各职位的员工在分析期间离开组织的比率。

矩阵中 A、B、C 代表三个职位的类别，假设为管理类、技术类和操作类，其右下标的 1、2、3 代表各职位类别的职位层次，如：B 代表技术类员工，$B_1$ 代表高级技术员工，$B_2$ 代表初级技术员工，$B_3$ 代表初级技术员工。

从表 3 - 10 可以看出,$B_3$ 即初级技术员工保留在原岗位的比率为 70%,提升到 $B_3$ 即初级技术员工的比率为 20%,跨级提升到 $B_1$ 即高级技术员工的比率为 1%,流出企业的比率为 9%。

运用人员变动矩阵图，对企业历史的员工流动情况一目了然，而且对熟悉高等数学知识的人员来说，运用矩阵来进行计算也特别方便。

在了解组织的人员变动矩阵后，我们可以根据企业起始时间的人力资源状况，预测目的时间的人力资源供给情况。

在上面的例子中，假设企业起始时间的人力资源状况如表 3 - 11 所示。

表 3 - 11　　起始时间的人力资源状况

| 类别 | $A_1$ | $A_2$ | $A_3$ | $B_1$ | $B_2$ | $B_3$ | $C_1$ | $C_2$ | $C_3$ |
|---|---|---|---|---|---|---|---|---|---|
| 人数 | 20 | 40 | 100 | 40 | 80 | 100 | 80 | 160 | 400 |

根据表 3 - 11，可以计算出在目的时间里各类职能人员的供给情况。

$A_1$：$20 \times 0.70 + 40 \times 0.15 + 100 \times 0.02 = 20$

$A_2$：$40 \times 0.65 + 100 \times 0.15 = 41$

$A_3$：$100 \times 0.70 = 70$

$B_1$：$40 \times 0.70 + 80 \times 0.10 + 100 \times 0.01 = 37$

$B_2$：$80 \times 0.75 + 100 \times 0.20 = 80$

$B_3$：$100 \times 0.70 = 70$

$C_1$：$80 \times 0.60 + 160 \times 0.10 + 400 \times 0.02 = 72$

$C_2$：$160 \times 0.70 + 400 \times 0.12 = 72$

$C_3$：$400 \times 0.73 = 292$

以上的计算显得有些呆板，但如果你掌握矩阵知识，运用矩阵原理来计算，过程就会很简单。用起始时间各种职位上员工的数量和转换矩阵相乘，就可以得到期末各种工作岗位上员工供给的预测值。

马尔科夫预测法可以用来进行多期分析，其方法是把目的期所提出的劳动力供给数据作为分析的起点，然后重复上述过程。

马尔科夫预测法不仅可以处理员工类别简单的组织中的人力资源供给预测问题，也可以解决员工类别复杂的大型组织中的内部人力资源供给预测。如果职位类别特别多，我们可以通过建立人员变动矩阵，然后根据企业现有的人力资源状况来预测组织未来的人力资源供给状况。值得注意的是，尽管马尔科夫预测法在一些大公司得到了广泛的应用，但关于这种方法的精确性和可行性还需要进一步研究。显然，转换矩阵中的概率和预测期的实际情况可能有差距，因此，使用这种方法得到的内部劳动力供给预测的结果也就可能不准确。在实际运用中一般采用弹性化方法进行调节，即估计出几种概率矩阵，得出几种预测结果，然后对不同预测结果进行分析，寻找较合理的结果。

马尔科夫预测法是一种定量预测方法，它应用广泛，最大的价值是为企业提供了一种理解人力资源流动形式的框架，但其准确性和可行性尚存在疑义。

### 3.5.4 人力资源内部供给预测技术比较

人力资源内部供给预测技术比较如表3-12所示：

表3-12 企业内部供给预测技术比较

| | 特点 | 适用范围 | 不足 |
|---|---|---|---|
| 技能清单 | 预测员工的个人技能 | 一般应用在晋升人选的确定、管理人员接续计划、对特殊项目的工作分配等上 | 不适合大范围、频繁调动的人力资源预测 |
| 人员核查法 | 是一种静态的人力资源预测方法，不反映组织未来人力资源的变化 | 对组织中现有的人力资源质量、数量、结构和在各职位上的分布状态进行核查 | 在大型企业的人力资源供给预测中存在很大的局限性 |
| 管理人员替代法 | 直观、简单、有效 | 针对企业管理人员的供给预测方法 | 应根据企业的变动进行及时的调整 |
| 马尔科夫预测法 | 是一种转换概率矩阵，使用统计技术预测未来的人力资源变化，可作为预测内部劳动力供给的基础 | 不仅可以处理员工类别简单的组织中的人力资源供给问题，也可以解决员工类别复杂的大型组织中的内部人力资源供给预测 | 这种方法的准确性和可行性还需要进一步研究 |

资料来源：于桂兰，魏海燕．人力资源管理［M］．北京：清华大学出版社，2004.

### 3.5.5 人力资源外部供给预测

内部人力供给不足时，要考虑外部供给的可能性。外部人力资源供给预测主要是对劳动力市场的情况进行分析，对可能为企业提供各种人力资源的渠道进行分析，对与企业竞争相同人力资源的组织进行分析，从而得出企业可能获得的各种人力资源情况，获得这些人力资源可能的代价以及可能出现的困难和危机。下面介绍一下人力资源外部供给预测的常用方法。

1. 查阅资料

企业可以通过互联网以及国家和地区的统计部门、劳动和人事部门发布的一些统计数据及时了解人才市场信息，另外，也应该及时关注国家和地区的政策法律变化。

2. 直接调查相关信息

企业可以就自己所关注的人力资源信息进行调查。除了与猎头公司、人才中介机构保持长期、紧密的联系外，企业还可以与高校保持长期的合作关系，以便密切跟踪目标生源的情况，及时了解可能为企业提供的目标人才的状况。

3. 对雇佣人员和应聘人员的分析

企业通过对应聘人员和已经雇佣的人员进行分析，也可以得出未来人力资源供给状况的估计。

### 3.5.6 影响人力资源供给的因素

1. 人力资源供给的外部影响因素

（1）影响外部人力资源供给的中观层面地域性因素：当时的住房、交通、生活条件；公司所在地的就业水平和观念；公司所在地的人力资源状况；公司所在地的有效人力资源供求状况；公司所在地对人才的吸引程度；公司薪酬对所在地人才的吸引程度；公司能够提供的各种福利对当地人才的吸引程度；公司本身对人才的吸引程度。

（2）影响外部人力资源供给的宏观层面地域性因素：全国相关专业的大学生毕业人数及分配情况；教育制度变革而产生的影响，如延长学制、改革教学内容等对职工供给的影响；国家在就业方面的法规和政策；该行业全国范围内的人才供需状况；该行业全国从业人员的薪酬水平和差异。

2. 人力资源供给的内部影响因素

本企业的人力资源策略与相应的管理措施；本企业员工的年龄和技能结构；本企业的员工流动频率。

## 3.6 人力资源供需平衡与规划编制

在企业人力资源需求与供给预测的基础上，要进行人力资源的供需平衡，这是企业人力规划工作的核心和目的所在。这项工作主要是针对供不应求、供过于求、结构失衡等情况进行合理的调整。在此之后，企业可以依据人力资源具体计划的编写过程综合编制人力资源规划。

### 3.6.1 人力资源供需平衡的概念

一般来说，人力资源需求与人力资源供给存在四种关系：

供求平衡：人力资源需求与人力资源供给相等；

供不应求：人力资源需求大于人力资源供给；

供过于求：人力资源需求小于人力资源供给；

结构失衡：某类人员供不应求，而另类人员又供过于求。

一般而言，在整个企业的发展过程中，企业的人力资源状况始终不可能自然地处于人力资源供求平衡的状态。实际上，企业始终处于人力资源的供需失衡状态。大体有以下几种人力资源供求情况，如表 3－13 所示：

表 3－13　　企业发展过程中的人力资源供求状态

| 企业发展阶段 | 现　　象 | 人力资源状态 |
| --- | --- | --- |
| 扩张时期 | 企业人力资源需求旺盛，人力资源供给不足 | 供不应求 |
| 稳定时期 | 企业人力资源在表面上可能已达到稳定，但企业局部仍然同时存在着退休、离职、晋升、降职、补充空缺、不胜任岗位、职位调整等 | 结构失衡 |
| 萧条时期 | 人力资源需求不足，供给变化不大 | 供过于求 |

资料来源：于桂兰，魏海燕．人力资源管理［M］．北京：清华大学出版社，2004.

人力资源供求平衡就是企业通过增员、减员和人员结构调整等措施，使企业从人力资源供需不相等转变到供需基本相等的状态。

人力资源供需平衡是企业人力资源规划的目的，人力资源需求预测和人力资源供给预测都是围绕着人力资源供需平衡展开的。通过人力资源的平衡过程，企业才能有效地提高人力资源利用率，降低企业人力资源成本，从而最终实现企业的发展目标。

### 3.6.2 人力资源不平衡的调整

针对人力资源供求不平衡的不同状态有不同的调整方法，下面介绍一些常用的方法。[3]

1. 供不应求的调整

当预测企业的人力资源需求大于供给时，企业通常采用下列措施以保证企业的人力资源供需平衡。

（1）外部招聘

外部招聘是最常用的对人力资源供不应求的调整方法。当企业生产工人或技术工人供不应求时，从外部招聘可以比较快地得到熟悉的员工，以及时满足企业生产的要求。当然，如果从外部招聘管理人员，由于管理人员熟悉企业内部情况需要一段时间，见效会比较慢。一般来说，如果企业有内部调整、内部晋升等计划，则应该优先考虑这些计划，再考虑外部招聘。

（2）内部招聘

内部招聘是指当企业出现职位空缺时，从企业内部调整员工到该职位，以弥补空缺的职位。内部招聘可以节约企业的招聘成本，丰富员工的工作内容，提高员工的工作兴趣；但对于比较复杂的工作，内部招聘的员工可能需要一段时间的才能胜任。

（3）聘用临时员工

聘用临时员工是企业从外部招聘员工的一种特殊形式。聘用临时工可以减少企业的福利开支，而且临时工的用工形式比较灵活，企业在不需要员工的时候，可以随时与其解除劳动关系。产品季节性比较强的企业或企业临时需要进行专项调查采取临时招聘比较合适。

（4）延长工作时间

延长工作时间也称为加班。在企业工作量临时增加时，可以考虑延长工人的工作时间。延长工作时间具备聘用临时工的优点，可节约福利开支、减少招聘成本，而且可以保证工作质量。但长期采用延长工作时间会降低员工的工作质量，而且工作时间也会受到政府政策法规的限制。

（5）内部晋升

当较高层次的职位出现空缺、可以采取外部招牌或内部晋升两种手段时，企业一般优先考虑提拔企业的内部员工。在许多企业中，内部晋升是员工职业生涯规划的重要内容，对员工有较大的激励作用，而且由于内部员工更加了解企业的情况，他们会比外部招牌人员更快地适应工作环境，这样提高了工作效率，同时节省了外部招聘的成本。但当企业缺乏生气或面临技术和市场的重大变化时，可以适当地考虑从外部招聘。

（6）技能培训

对公司现有员工进行必要的技能培训，使之不仅能适应当前的工作，还能适应更高层次的工作，这样就为内部晋升政策的有效实施提供了保障。如果企业即将进行经营转型，企业应该及时向员工开展新的工作知识和工作技能的培训，以保证企业在转型后，原有的员工能够符合职位任职资格的要求。这样做的最大好处是防止了企业的冗员产生。

（7）调宽工作范围

当企业某类员工紧缺，在人才市场上又难以招聘到相应的员工时，可以通过修改职位说明书、调宽员工的工作范围或责任范围，从而达到增强企业工作量的目的。需要注意的是，调宽工作范围必须与提高待遇相对应，不然会造成员工的不满情绪，影响企业的生产活动。调宽工作范围可以与企业提高技术成分搭配使用。

---

**即时案例**　　**灵活的劳动力**

我们在谈论使用应急工人的问题——临时工、转包合同工、半日制工和租赁工。这是今天的商业领域中发展最快的趋势之一。

我们很难准确估计应急劳动力大军的数目。但是，保守的估计大约是全部劳动力的25%。有趣的是，这些员工不仅是刻板印象中的文秘人员或临时就业机构的一般劳动者，也越来越多地包括专业技术人员，如工程师、财务分析师、医生和律师等。

临时员工的魅力是显而易见的。在一个变革迅速且把握不定的商业环境中，管理者需要灵活性。他们不愿意在工资单上增加全日制和长期工人，因此转而寻求应急性的工人，以便降低劳动者成本。使用应急性工人使组织能够对市场条件的变化迅速作出反应。例如，通过使用临时工，苹果电脑公司能够针对市场条件的变化来调整自己的劳动力。另外，临时工使组织能够节省医疗和假期福利费用，避免退休和养老金的问题，减少触及法律问题的机会，因为目前几乎没有关于雇佣临时工的规章制度。

我们可以预测：会有越来越多的雇主使用临时工。它使组织有灵活的劳动力，就像手风琴一样，可以随时拉开和压缩。

对这种趋势也有批评。特别是来自工会的指责认为临时工不像长期工，他们没有福利、安全感和工作保障措施。这种指责是有道理的。但是，支持者们认为，雇主必须能对瞬息万变的市场条件迅速做出反应，而使用临时工有利于这一目标的实现。而且，人们往往忽视了一个事实：大公司中长期工的概念只是最近的现象，20 世纪初，有一半的美国人是自我雇佣的。实质上，正在发生的事不过是回到早期的模式：员工是自由的商人，他们携带着自己的技能四处打工。

资料来源：张德．人力资源开发与管理［M］．北京：清华大学出版社，2001.

2. 供过于求的调整

当预测企业人力资源供给大于需求时，通常企业会采用下列措施以保证企业的人力资源供求平衡。

（1）提前退休

企业可以适当地放宽退休的年龄和条件限制，促使更多的员工提前退休。如果将退休的条件修改到足够有吸引力，会有更多的员工愿意接受提前退休。提前退休使企业减少员工比较容易，但企业也会由此背上比较重的包袱，而且退休还会受到政府政策法规的限制。

（2）减少人员补充

减少人员补充是调整人力资源供过于求最常用的方式。当企业出现员工退离职等情绪时，对空闲的岗位不进行人员补充，这样做可以在不紧张的气氛减少企业内部的人员供给，从而达到人力资源的供求平衡。但采取减少人员补充的方式往往作用非常有限，而且难以得到企业所需要的员工。

（3）增加无薪假期

当企业出现短期人力资源过剩的情况时，采取增加无薪酬假期的方法比较合适，这样做可以使企业暂时减轻财政上的负担，而且可以避免在企业需要员工时再从外部招聘员工。

（4）裁员

裁员是一种没有办法的办法，但这种方式相当有效。在进行裁员时要制定优厚的裁员政策，比如，为被裁员者发放优厚的失业金等。一般企业会裁减那些主动希望离职的员工和工作考评成绩低下的员工。裁员会降低员工对企业的信心，挫伤员工的积极性，而且被裁员者有时会做出诋毁企业形象的行为，因此在进行裁员之前一定要慎重考虑。

3. 结构失衡的调整方法

人力资源结构失衡的调整方法通常是上述两种调整方法的综合使用。实际上，在制定人力资源平衡措施的过程中，不可能是单一的供不应求或供过于求，企业人力资源往往可能是出现结构失衡——高层次人员供不应求，而低层次人员供过于求。企业要根据企业的具体情况，对供不应求的某类员工采取供不应求的调整方法，对供过于求的一类员工采取供过于求的调整方法，制定出相应的人力资源部门或业务规划，使各部门人力资源在数量和结构等方面达到调整平衡。

这里有一点需要注意，如果企业不是欠缺生气，应以内部调整为主，把某类富余职工调整到需要人员的岗位上，要给其中需要培训的人员制定培训计划。如果企业比较僵化，则应以外部调整为主，可以通过招聘一些外部的员工，给企业带来一些新的生产技术和新的管理措施。

这里以一个企业二级类别管理人员的供求预测平衡表情况来说明企业对人力资源供求的预测及调整：某企业在 2001 年初的二级类别的管理人员、技术人员和生产人员分别为 40 人、60 人和 320 人，对这三类人的晋升离岗数、晋升补缺数、解雇人数、辞职人数、退休人数的预测分别如表 3－14 所示。

据综合统计，2001 年底此企业二类级别的管理人员、技术人员和生产人员的供给数分别为 34 人、51 人和 282 人。根据预测，2001 年底这三类人员的需求量分别为 42 人、63 人和 338 人，详细的情况我们可以参照人力资源供需预测平衡表。人力资源供求预测平衡表给人一目了然的感觉，企业需要增加哪类员工，增加多少，或者需要减少哪类员工，减少多少，都相当清楚。在实际操作过程中，这类表应更详细，应包括每一类每一级别员工，如技术类工人应包括初级技术人员、中级技术人员和高级技术人员。

表 3－14　　某企业二级类别人力资源供求预测平衡表　　单位：人

| | | 2001 年 | | | 2002 年 | | |
|---|---|---|---|---|---|---|---|
| | | 管理人员 | 技术人员 | 生产人员 | 管理人员 | 技术人员 | 生产人员 |
| 人员需求 | 年初人数 | 40 | 60 | 320 | 42 | 63 | 338 |
| | 年内增加 | 2 | 3 | 18 | | | |
| | 年底需求数 | 42 | 63 | 338 | | | |
| 人员内部供给 | 年初人数 | 40 | 60 | 320 | | | |
| | 晋升离岗数 | －4 | －6 | －30 | | | |
| | 晋升补缺数 | 3 | 4 | 12 | | | |
| | 解雇人数 | －1 | －2 | －7 | | | |
| | 辞职人数 | －3 | －3 | 9 | | | |
| | 退休人数 | －1 | －2 | －4 | | | |
| | 年底供给数 | 40 | 60 | 320 | 42 | 63 | 338 |
| 年底缺口或剩余数 | | －6 | －12 | －56 | | | |

### 3.6.3 人力资源规划的编制

一般来说，企业编写人力资源的具体计划要经过下面几个过程，如图 3－8 所示：

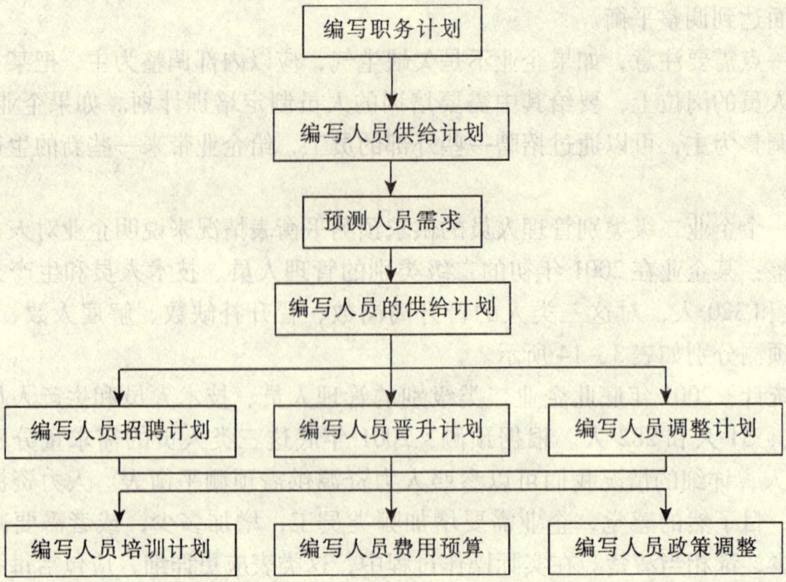


**图 3-8　人力资源规划编写**

资料来源：于桂兰，魏海燕．人力资源管理［M］．北京：清华大学出版社，2004.

1. 编写人员配置计划

根据企业发展规划，结合企业人力资源盘点报告，来制定人员配置计划。人员配置计划阐述了企业每个职务的人员数量、人员的职务变动、职务空缺数量的补救办法等。制定人员配置计划的目的是描述企业未来的人员数量和素质构成。

2. 配置人员需求

根据职务计划和人员配置计划，使用预测方法，来进行人员需求预测。在人员需求中应阐明需求的职务名称、人员数量、希望到岗时间等。最好形成一个标明人员数量、招聘成本、技能要求、工作类别及完成组织目标所需要的管理人员数量和层次的分列表。实际上，预测人员需求是整个人力资源规划中最困难和最重要的部分。因为它要求以富于创造性、高度参与的方法处理未来经营和技术上的不确定性问题。

人员供给计划是人员需求的对策性计划。它是在人力需求预测和供给预测的基础上，平衡企业的人员需求和人员供给，选择人员的供给方式，如外部招聘、内部晋升等。人员供给计划主要包括招聘计划、人员晋升计划和人员内部调整计划等。

3. 制订培训计划

在选择人员的供给方式的基础上，为了使员工适应工作岗位的需要，制订相应的工作计划、对员工进行培训是相当重要的。培训包括两种类型，其中一种是为了实现提升而进行的培训，如让招聘进来的员工接受岗位技能培训。培训计划包括了培训政策、培训需求、培训内容、培训形式、培训考核等内容。

4. 编写人力资源费用的预算

人力资源规划的一个重要任务就是控制人力资源成本，提高投入产出比例。为此，必须对人力资源费用进行预算管理。在实际工作中，应列入预算范围的人工费用很多，常见的有招聘费用、培训费用、调配费用、奖励费用以及其他非员工直接待遇但与人力资源开发利用有关的费用。

5. 编写人力政策调整计划

人力资源政策调整计划，是对企业发展和企业人力资源管理之间的主动协调，其目的是确保人力资源管理工作主动地适应企业发展的需要，其任务是明确计划期内人力资源政策的方向、范围、步骤及方式等。人力资源政策调整计划应明确计划期内的人力资源政策的调整原因、调整步骤和调整范围等，其中包括绩效考评政策、薪酬福利政策、职业生涯规划政策、员工管理政策等。

## 小结

人力资源规划是根据企业的战略规划，通过对企业未来的人力资源的需要和人力资源供给状况的分析及预测，采取职位编制、员工招聘、测试选拔、培训开发、薪酬设计和员工重新配置等人力资源手段，使企业人力资源与企业发展相适应。

人力资源规划的主要目的是使企业在适当的时间、适当的岗位获得适当的人员，并最终获得人力资源的有效配置。人力资源规划的原则包括充分考虑环境变化、与企业战略目标相适应、系统性、适度流动等。

人力资源预测是指在对企业的评估和预言的基础上，对企业未来一定时期内人力资源状况的预测。人力资源预测分为需求预测和供给预测。需求预测是指企业为实现既定目标而对未来所需要员工进行的数量和种类估算。人力资源需求预测分为现实人力资源需求预测、未来人力资源需求预测和未来流失人力资源需求预测。人力资源需求预测定性技术包括现状规划法、经验预测法、分合性预测法、德菲尔法等。人力资源需求预测定量技术包括趋势外推法、一元线性回归分析法、多元线性回归分析法、计算机模拟法等。人力资源供给预测是指企业为了实现其既定目标，对未来一段时间内企业内部和外部各类人力资源补充来源情况的预测。人力资源供给预测分为企业内部供给预测技术、企业外部供给预测技术。

人力资源供需平衡是指企业通过增员、减员和人员结构调整等措施，使企业从人力资源供需不相等达到供需基本相等的状态。人力资源供需平衡是企业人力资源规划的目的，通过人力资源的平衡过程，企业才能有效地提高人力资源利用率，降低企业人力资源成本，从而最终实现企业发展目标。

## 练习与思考

1. 某医院要建立一个住院部，需要预测护士的需求量。医院请了一个专家组，对五个典型的医院进行了调查，发现护士的需求量与住院部的病床数存在很大的相关性。这五个医院的病床数与护士人数情况如下表所示。根据该表，请你预测此医院建立一个500个病床的住院部需要护士多少人。

**医院病床数与护士人数情况表**

| 被调查医院 | 病床数 | 护士人数 |
|---|---|---|
| 甲医院 | 350 | 39 |
| 乙医院 | 420 | 41 |
| 丙医院 | 610 | 58 |
| 丁医院 | 470 | 50 |
| 戊医院 | 530 | 54 |

2. 什么是人力资源规划？
3. 怎样制定人力资源规划？
4. 什么是人力资源需求预测、人力资源供给预测？
5. 怎样运用德菲尔法预测企业的人力资源需求？
6. 对于企业的人力资源需求和供给不平衡应怎样调整？

## 参考文献

[1] 曹亚克，王博，白晓鸽．最新人力资源规划、招聘及测评实务［M］．北京：中国纺织出版社，2004.

[2] 于桂兰，魏海燕．人力资源管理［M］．北京：清华大学出版社，2004.

[3] 谌新民，唐东方．人力资源规划［M］．广州：广东经济出版社，2002.

[4] 吴国存，李新建．人力资源开发与管理概论［M］．天津：天津大学出版社，2001.

# 第4章　工作分析与工作设计

工作分析与工作设计是人力资源管理众多要素中最基本的一个，是人力资源各项管理职能中的基础职能。只有基于有效的工作分析，才能实现科学的工作设计，才能合理地进行人员配备，才能进一步做到事得其人、人尽其才、才尽其用、人事相宜，充分实现人力资源的价值，在促进组织达成其目标和使命的同时，也更有效地满足员工的需求，进而更有效地实现“以人为本”的管理，将“人本观念”体现和落实在日常的管理实践中，使企业和员工普遍从中获益。因此，如何更为有效地进行工作分析和工作设计已成为越来越多的企业所关注的管理工作。

## 4.1　工作分析

工作分析是确定完成各项工作所需技能、责任和知识的系统过程，是组织各项人力资源管理工作的起点。工作分析又是一种重要而普遍的人力资源管理技术。工作分析不仅是人力资源开发与管理工作的重要基础，也是人本管理的基础，是把“以人为本”的理念真正落实到同每一个员工紧密结合的工作岗位、工作任务、工作职责和工作评价上，落实到合理而高效的工作设计与人员配备上的基础。

### 4.1.1　工作分析的概念

工作分析是组织各项人力资源管理活动的起点，是建立人力资源管理制度的基础。好的战略和好的组织结构对于一个组织固然十分重要，但如果无人执行或人员安排不当，所有的事情都难以做好，再好的结构也是摆设，再好的战略也会落空。工作分析则可以为组织用人提供必要的基础。

1. 工作的概念

对“工作”（Job）有不同的定义，最狭义的定义是把工作定义为组织在一段时间内为达到某一目的而进行的活动，即任务。最广义的定义则把工作定义为个人在组织内的全部角色的总和，其中包括其职业发展通道。而在工作描述等特定用途中，工作被定义为个人所从事的一系列专门任务的总和。

从组织的角度看，工作是组织最基本的活动单元，是相对独立的“责—权—利”统一体。一个组织是由一个一个的工作所构成。每一个工作从本质上来说是不同的，它们具有支撑组织有效达到目标的不同功能。完成特定的活动或任务，实际上就是承担了相应的责任；同时，为了有效地完成这一活动或任务，还必须以相应的权力作为支持，配以相应的利益予以回报和激励。这些责、权、利都是完成工作所必需的，它们是一个统一体。[1]

工作分析和工作设计中的“工作”是职务的同义词，是同类岗位的总称。在我国，人们经常把工作与岗位、职务与职位等几个词混淆使用。尽管这样做并不影响日常的交流，但严格地讲，这几个词是有区别的。例如，某企业有十个工程师，指的是该企业有一个工程师职务，而该职务又有十个职位。一般地，工作是组织把各种活动分解后加以逻辑分组和同类性分组形成的，是理性设计的结果，在组织中没有相同的工作。有时，为了方便，管理者也把相似性工作作为一个职务族来管理。

工作是部门、业务组成和组织划分的信息基础。工作是从组织中分解出来的，但是它一旦被分解出来，便成为了组织管理的基础。部门的职责由具体的工作支持，业务的划分也以流程的逻辑相关性或活动的同类性为基础。因此，工作分析所提取的信息，不仅是管理工作的重要基础，也是管理组织的重要基础。工作也是人进入组织的中介。由于工业化的发展，人们脱离了生产资料，因而导致人不再具有与生俱来的就业权利。人是通过工作的中介进入组织的，而组织招人是为了让人履行工作职责，并对进入组织的人提出工作要求。最后，工作与组织相互支持。组织目标是工作分解的基础，工作是构成组织的最小单元。当组织发生变革时，工作的设计也将发生变化；同样，随着工作过程、工艺流程、工作熟练程度、工作技术手段等的变化，工作的内涵与外延都会发生变化，这些变化最终将导致组织分工协作方式和管理方式的变革。[2]

2. 工作分析的概念及术语

工作分析（Job Analysis）又称职务分析，是指全面了解、获取与工作有关的详细信息的过程，具体来说，是对组织中某个特定工作（或职务）的工作内容和职务规范的描述和研究过程，即制定职务说明和职务规范的系统过程。高质量的工作分析能够为组织提供有关工作的全面、准确和详细的信息，以利于对组织进行有效的管理。

工作分析活动中涉及不少术语，主要有：

（1）工作的输出：一项工作的最终结果表现形式。在工作分析中，输出常常被定义为产品、劳务等。它可以是为顾客提供的最终产品或服务；也可以是组织内其他工作的输入，即流程中的一个环节；还可以是一个时间或空间阶段的划分（如化工企业等）。

（2）工作的输入：为了获得工作输出，应当输入的所有影响工作完成的内容，包括物质、能量、信息、规范等。换言之，工作的输入是除人以外产生输出结果的必要条件。有的组织也把人的任职资格特征视为工作的输入特征，这时，人力作为一种生产资源与其他物质或非物质的资源被等同起来。

（3）工作的转换特征：一项工作的输入是如何转化为输出的，其转化的程序、技术和方法是怎样的，在转化过程中，人的行为及其相互联系又是怎样的。转换特征是界定工作方式的基础。研究转化特征对提高组织运行效率具有十分重要的意义。

（4）工作的关联特征：该工作在组织中的位置、工作的责任和权利是什么，对人的体力和智力有何要求。关联特征是界定工作关系和任职资格的基础。

（5）工作要素：工作活动中不能够再继续分解的最小动作单位。例如速记人员速记时，能正确书写各种速记符号；员工装钉报表、签字、打电话、发传真等。

（6）工作任务：能够得到工作输出结果的一系列相关的员工行为的总和，即工作活动中达到某一工作目的的要素集合。例如，管理一项计算机项目、打印文件、参加会议、从卡车上卸货等，都是不同的任务。

（7）工作流程：逻辑上相关的一系列操作过程的组合，其目的是为了将工作的输入转化为最终的工作的输出。

（8）工作背景：工作场所的物理、生理、心理、文化等环境。

（9）职位：某一时间内某一主体所担负的一项或数项相互联系的职责集合。例如，办公室主任同时担负单位人事调配、文书管理、日常行政事务处理等三项职责。通常在同一时间内，职位数量与员工数量相等，有多少位员工就有多少个职位。当然，也存在“一人多岗”和“一岗多人”的情况。

（10）职务（或工作）：主要职责在重要性与数量上相当的一组职位的集合或统称。例如，开发工程师就是一种职务，秘书也是一种职务。在企业中，一种职务可以有一个职位，也可以有多个职位。如企业中的法律顾问这种职务可能只有一个职位；开发工程师这种职务，可能就有多个职位。

（11）职业：在不同时间、不同组织中，工作要求相似或职责平行（相近、相当）的职位集合。例如会计、工程师等。

（12）职系（或工作族）：由两个或两个以上的工作组成，是职责繁简难易、轻重大小及所需资格条件不同，但工作性质充分相似的所有职位集合。例如人事行政、社会行政、财税行政、保险行政等均为不同职系，销售工作和财会工作也是不同职系。

（13）职级：同一职系中职责繁简、难易、轻重及任职条件充分相似的所有职位集合。例如钳工分为1级到8级八个职级，高校教师分为助教、讲师、副教授、教授四个职级。

（14）职等：不同职系之间，职责的繁简、难易、轻重及任职条件要求充分相似的所有职位的集合。例如教师系列的讲师、工程技术系列的工程师、研究系列的助理研究员、医疗系列的主治医师都属于同一职等。

表 4－1　　职系、职级、职等之间的关系

| 职族 | 职系 | Ⅴ | Ⅳ | Ⅲ | Ⅱ | Ⅰ |
|---|---|---|---|---|---|---|
| | 职等／职级 | 员级 | 助级 | 中级 | 副高职 | 正高职 |
| 高等教育 | 教学 | | 助教 | 讲师 | 副教授 | 教授 |
| | 科研 | | 助理工程师 | 工程师 | 高级工程师 | |
| | 实验 | 实验员 | 助理实验师 | 实验师 | 高级实验师 | |
| | 图书、资料、档案 | 管理员 | 助理馆员 | 馆员 | 副研究馆员 | 研究馆员 |
| 科学研究 | 研究人员 | | 研究实习员 | 助理研究员 | 副研究员 | 研究员 |
| 企业 | 工程技术 | 技术员 | 助理工程师 | 工程师 | 高级工程师 | 正高工 |
| | 会计 | 会计员 | 助理会计师 | 会计师 | 高级会计师 | |
| | 统计 | 统计员 | 助理统计师 | 统计师 | 高级统计师 | |
| | 管理 | 经济员 | 助理经济师 | 经济师 | 高级经济师 | |

表4-1（续）

| 职族 \ 职系 \ 职级 \ 职等 | | Ⅴ | Ⅳ | Ⅲ | Ⅱ | Ⅰ |
|---|---|---|---|---|---|---|
| 职族 | 职系 | 员级 | 助级 | 中级 | 副高职 | 正高职 |
| 农业 | 农业技术 | 农业技术员 | 助理农艺师 | 农艺师 | 高级农艺师 | |
| 医疗卫生 | 医疗、保健、预防 | 医士 | 医师 | 主治医师 | 副主任医师 | 主任医师 |
| | 护理 | 护士 | 护师 | 主管护师 | 副主任护师 | 主任护师 |
| | 药剂 | 药士 | 药师 | 主管药师 | 副主任药师 | 主任药师 |
| | 其他 | 技士 | 技师 | 主管技师 | 副主任技师 | 主任技师 |
| 新闻 | 采写 | | 助理记者 | 记者 | 主任记者 | 高级记者 |
| | 播音 | 三级播音员 | 二级播音员 | 一级播音员 | 主任播音员 | 播音指导 |
| 出版 | 编辑 | | 助理编辑 | 编辑 | 副编审 | 编审 |
| | 技术编辑 | 技术设计员 | 助理技术编辑 | 技术编辑 | | |
| | 校对 | 三级校对 | 二级校对 | 一级校对 | | |

3. 工作分析的主要内容

工作分析涉及两个方面的内容：一是工作本身即工作岗位的研究。要研究每一个工作岗位的目的、该岗位所承担的工作职责与工作任务，以及它与其他岗位之间的关系等。二是人员特征即任职资格的研究。要研究能胜任该项工作并完成目标的任职者必须具备的条件与资格，如工作经验、学历、能力特征等。

系统化的工作分析应当按照下列项目来进行：

（1）做什么（内容，What）：指要从事的工作活动，主要包括任职者所要完成的工作活动、任职者的工作活动结果或产出，以及任职者的工作活动标准等。

（2）为什么做（目的，Why）：任职者的工作目的，也是该项工作在整个组织中的作用，主要包括该项工作的目的、它在组织中与其他工作之间的联系及相互影响的关系等。

（3）谁来做（人员，Who）：对从事该项工作的人员应具备的要求，主要包括对任职者身体素质、知识技能、教育与培训、经验，以及个性特征等方面的要求。

（4）什么时候做（时间，When）：该项工作活动进行的时间安排，主要包括工作时间安排是否有固定时间表，工作活动的开展频率，如某项活动是每日进行的还是每周或每月进行的等。

（5）什么场所做（地点，Where）：该项工作进行的场所的具体环境，主要包括该项工作的地点，以及该项工作的自然环境、社会和心理环境等。

（6）为谁做（上级，for Whom）：在工作中与其他岗位，主要是上级岗位的关系，主要包括该项工作的请示汇报对象、工作的信息提供对象或工作结果提交对象、工作监控与指挥对象。

（7）如何做（方法，How）：任职者如何进行工作活动以获得预期的工作结果，主要包括该项工作活动的程序与流程、工作活动涉及的工具与机器设备、工作活动涉及的文件记录、工作中的关键控制点等。

上述项目通常被称为“工作分析公式（Job Analysis Formula）”。

换言之，工作分析是一种在组织内所执行的管理活动，它专注于收集、分析、整合与工作相关的信息，为组织的规划与设计、人力资源管理，以及其他管理职能提供基础。

4. 工作分析涉及的信息

一方面，为了进行有效的工作分析，人力资源管理人员通常需要获取许多基础信息；另一方面，通过工作分析，人力资源管理人员又能够更加准确、完整而充分地掌握有关组织是如何完成任务的有价值的信息。这些信息主要包括：

（1）组织的工作活动——实际发生的工作活动、工序、记录、负责人，以及活动间的关系等。

（2）这些工作活动的背景——组织的性质（类型）、使命、所处环境、规模、战略、文化、组织结构等。

（3）这些工作活动涉及的人的工作行为——与工作有关的个人行为，如决策、沟通、撰写、运动等。

（4）这些工作活动对人的要求——对人的工作行为在数量和质量方面的要求以及与工作有关的知识、技能、经验、个性等方面的要求等。

（5）工作中所使用的工具与材料——包括工作所需的设备、设施、物料、信息等支持。

（6）工作的绩效标准——工作标准、偏差分析、各种度量和评估方法等。

（7）工作的条件——工作环境、时间表、激励因素及其他组织和社会环境条件。

5. 工作分析是常规性工作

工作分析通常由人力资源管理专家（人力资源管理者、工作分析专家或咨询人员等）、组织的主管人员和普通员工通过共同努力合作完成。一般由人力资源专家观察和分析正在进行的工作，然后编写出一份工作说明书；由员工及其直接上级参与此项工作，比如填写问卷、接受访谈等；最后由承担工作的员工及其上级主管来审查和修改工作分析人员所编写出的反映他们工作内容、规范等信息的那些结论性描述。

工作分析是人力资源管理的一项常规性工作，不是一劳永逸的事。通常在下列情况下，组织需要进行工作分析：

（1）建立一个新的组织；

（2）由于战略的调整或业务的发展，使工作内容、工作性质发生了变化；

（3）由于技术创新或（和）劳动生产率提高，需重新进行定编定员；

（4）由于管理体制发生变革或创新，导致组织结构、工作内容、岗位设置等发生了相应的变化。

### 4.1.2 工作分析的意义

工作分析不仅对于企业的人力资源管理职能具有基础性的意义，对于企业的经营管理也具有相当重要的基础性作用。

（1）工作分析能够为人力资源规划及有关决策提供依据。工作分析为人力资源规划的制定提供了以下信息：员工的年龄结构、知识结构、能力结构、培训需求和工作安排。通过全面而深入的工作分析，可以使企业充分了解各项工作的具体内容以及对员工的身心要求，为正确地制定人力资源管理决策提供科学依据。

（2）工作分析可以帮助组织预测人力资源需求，并根据需求及时而合理地招聘与甄选人员，从而实现组织人力资源的合理配置。管理者可以通过工作分析来预测组织未来的人力资源需求，确定员工数量和某些职位的增减，以及对该岗位人员在知识、技能、经验等方面的要求。从人力资源需求出发，再根据工作分析得出的工作说明书，组织的人员招聘和甄选便有了清晰、明确和详细的依据和指导，为人员配备提供了统一的标准。通过工作分析，组织还可以依据员工的资历、经验、知识和技能为员工安排合适的工作，做到人尽其才、才尽其用。

（3）工作分析有利于提高各部门和员工的工作绩效，使组织的人力资源得到更有效的利用。工作分析让组织的员工能清楚了解自己的工作范围和职责，同时，还可以明确反映各职位之间的关系特别是分工协作关系，在此基础上设计出的组织结构会更加合理，组织的运转也更加顺畅。好的工作分析有助于各员工做好自己的本职工作，也有助于各部门完成好各自的任务，从而使组织的整体绩效得以提高。

（4）工作分析能够辅助制定绩效考核指标，帮助管理者科学评价员工的绩效。工作分析中对各岗位要求和职责的准确说明为设计合理的绩效标准和考核指标提供了科学的依据。考核的过程就是将员工的实际工作业绩同考核指标进行比较，从而对员工的工作得出客观、全面的评价的过程。管理者只需要将工作说明书上的要求与员工的实际表现进行比较，就可以评定出员工工作绩效的高低。以工作分析为依据的员工绩效考核相对来说比较公平合理。

（5）工作分析能够为薪酬设计提供参考标准。工作分析的结果是生成职务说明书和工作规范，而职务说明书和工作规范又是制定和设计薪酬标准的重要依据，这有助于企业公平合理地为员工支付薪酬，合理地“按劳分配”。

（6）工作分析可以为组织开发人力资源提供指导。工作分析得出的职位规范中明确规定了完成各项工作所需的特定的知识、技能和经验，工作说明则描述了员工应完成的基本工作的内容，所以工作分析为人力资源培训与开发指出了明确的方向。

（7）工作分析还可以帮助组织有效地激励员工。组织可以在工作分析的基础上了解员工的工作情况以及他们的物质和精神需求，从而有针对性地激励员工。同时，工作分析还通过支持组织的绩效考评、薪酬管理和人力资源开发等工作，使对员工的激励更为全面和有效。

总之，工作分析是各项人力资源管理工作的起点，是建立人力资源管理制度的基础，也是各项人力资源管理活动必须参考的标准[3]，如图4-1所示。

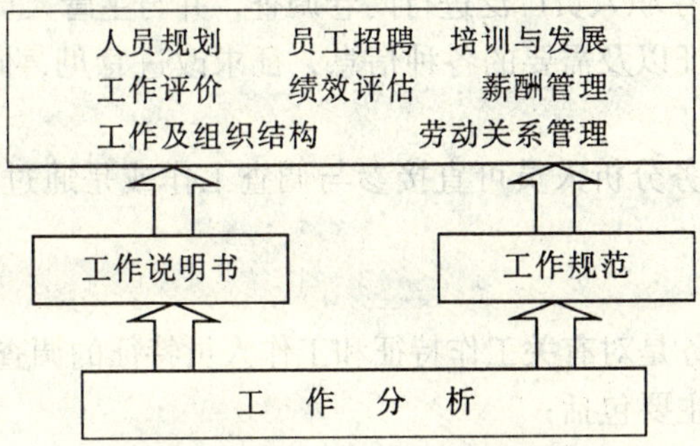


**图 4－1　工作分析在各项人力资源管理活动中的基础性作用**

### 4.1.3　工作分析的程序

工作分析是一个对工作进行全面描述、分析与评价的过程。这个过程可以分为四个阶段：准备阶段、实施阶段、结果形成阶段和结果应用阶段。这四个阶段关系十分密切，它们相互联系、相互影响[4]（如图 4－2 所示）。

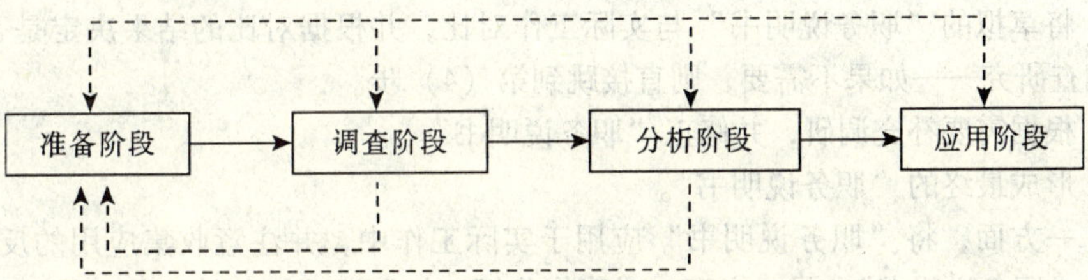


**图 4－2　工作分析的阶段**

1. 准备阶段

这是工作分析的第一个阶段，其主要任务是了解情况，确定样本，组成工作小组。其具体工作主要包括：

（1）组成由工作分析专家、岗位在职人员、上级主管等成员构成的工作分析小组；

（2）确定调查和分析对象的样本，同时考虑样本的代表性；

（3）利用现有文件与资料（如岗位责任制、工作日记等），对工作的主要任务、主要责任、工作流程进行分析总结；

（4）把各项工作分解成若干工作元素和环节，确定工作的重点、难点、大致周期与预算等；

（5）找出原职务说明书中存在的问题，如不清楚、模棱两可的条款、不适应当前技术与管理要求的条款、需要说明而未说明的事项，以及新职务说明书拟解决的主要问题。

2. 调查阶段

调查阶段的主要任务是对整个工作过程、工作环境、工作内容和工作人员等方面作一个全面的调查，因此是一个工作量大、耗时长的阶段。其具体工作主要包括：

（1）编制各种调查问卷和调查提纲；

（2）到工作场地进行现场观察，观察工作流程，记录关键事件，调查工作必需的工具与设备，考察工作的物理环境与社会环境；

（3）对主管人员、在职人员广泛进行问卷调查，并与主管人员、“典型”员工进行面谈，收集有关工作的特征以及需要的各种信息，征求改进意见，同时注意做好面谈记录，注意面谈的方式方法；

（4）若有必要，职务分析人员可直接参与调查工作或是通过实验的方法分析各因素对工作的影响。

3. 分析阶段

分析阶段的主要任务是对有关工作特征和工作人员特征的调查结果进行深入、全面的总结分析。其具体工作主要包括：

（1）仔细审核、整理获得的各种信息；

（2）创造性地分析发现有关工作和工作人员的关键成分；

（3）归纳、总结出职务分析的必需材料和要素。

4. 应用阶段

这是工作分析的最后阶段。由于前三个阶段的工作都是以此阶段作为工作目标，此阶段的任务就是根据工作分析规范和信息编制“职务说明书”。其具体工作主要包括：

（1）根据工作分析规范和经过分析处理的信息草拟“职务说明书”。

（2）将草拟的“职务说明书”与实际工作对比，并根据对比的结果决定是否需要进行再次调查研究——如果不需要，则直接跳到第（4）步。

（3）根据需要补充调研，并修正“职务说明书”。

（4）形成最终的“职务说明书”。

（5）一方面，将“职务说明书”应用于实际工作中，并注意收集应用的反馈信息，不断完善“职务说明书”；另一方面，对工作分析工作本身进行总结评估，将“职务说明书”归档保存，为今后的工作分析工作提供经验与信息基础。

### 4.1.4 工作分析的方法

根据组织的需要和进行工作分析所需资源的不同，工作分析以各种不同的方式进行，其具体方法的选择依据是使用信息的方式（工作评估、报酬提高、开发等）及该方法对组织是否最为可行。下面简要介绍六种常用的工作分析方法：

1. 资料分析法

为了降低工作分析的成本，应尽量利用现有资料。如果企业曾对工作进行过分析，那么原有的职务说明书就是当前工作分析的重要基础材料。即使企业没有职务说明书等资料，也会有或多或少与工作任务及岗位规范等内容有关的资料，如岗位责任制文件、聘用合同、作业统计、人事档案等，它们可以提供与工作有关的各方面信息。在进行工作分析时，仅凭资料分析是不够的；但充分利用现有资料的确可以大大降低工作分析的工作量，缩短工作时间，提高工作效率。

2. 观察法

观察法是指工作分析人员在工作场所通过感觉器官或其他工具，观察员工的工作过程、行为、内容、特点、性质、工具、环境等，并用文字等形式记录下来，然后进行分析与归纳总结的方法。这种方法主要用来收集强调员工技能的那些工作信息，如机器操作工的工作。它也可以帮助工作分析人员确定体力与脑力任务之间的相互关系。但是，在进行工作分析时，仅采用观察法通常是不够的，在工作中脑力技能占主导地位时尤其如此。例如，仅观察一名财务分析人员的工作并不能全面揭示这项工作的要求。

3. 问卷调查法

设计良好的工作分析问卷可以帮助工作分析人员获得大量信息，既快捷又经济。工作分析人员可以把结构化问卷发给员工，要求他们对各种工作行为、工作特征和工作人员特征进行描述、选择或打分评级，然后对回收问卷进行统计与分析。问卷可以分为工作定向问卷和人员定向问卷。前者强调工作本身的条件和结果，后者则集中于了解员工本人的工作行为。问卷调查法在使用中也存在一定局限。例如：有时候会因为员工缺乏表达能力，使这种方法的效果不是很好；一些员工可能会夸大其任务的重要性和自己的贡献。

4. 面谈法

面谈法是一种工作分析专家通过与员工特别是管理岗位员工进行面谈，获得更为详细而精确的信息，并进而对某一岗位特别是管理岗位的工作进行分析的方法。面谈法是工作分析中大量运用的一种方法，尽管它不如问卷调查法那样具有完善的结构，但由于它是面对面的双向沟通，可以对员工的工作动机、工作态度、工作满意度等有更深入的了解。通常工作分析人员会首先与员工就工作目标、工作内容、工作性质与范围、工作责任等内容进行面谈，帮助员工描述出他们履行的职责；然后再与其管理者接触，获得其他的信息，以检验从员工那里获得的信息的准确性，并搞清某些问题。

5. 员工记录法

在某些情况下，工作分析信息可通过让员工以工作日记或工作笔记的形式记录其日常工作活动获得。这种方法如果运用得当，可以获得更为准确的、大量的信息。但是从员工的工作记录中获得的信息一般比较凌乱，难以组织，也需要克服员工有意夸大其工作重要性与自身贡献的倾向，而且这种方法会加重员工的工作负担；因此在企业的实际管理中，这种方法运用得很少。

6. 关键事件记录法

关键事件是指使工作决定成功或失败的关键行为特征或事件。关键事件记录法要求管理人员、员工记录工作中的关键事件。该法要求主要记录以下几个方面的内容：导致事件发生的原因和背景，员工特别有效的行为、多余的行为，关键行为的后果、员工自己能否支配或控制上述因素。在大量收集上述信息之后，再对其进行分类与归纳，总结出与某项工作有关的关键特征和行为要求。关键事件记录法既能获得有关工作的静态信息，也能获得有关工作的动态信息，但不能获得有关工作的完整信息。

通常，一位工作分析人员并不仅仅使用一种方法，而会结合多种方法来进行工作分析，以获得更好的使用效果。例如，在分析事务性工作和管理工作时，工作分析人员可能会采用问卷调查法并辅之以面谈和有限的观察。在研究生产性工作时，可能采用面谈和广泛的工作观察法来获得必要的信息。基本上，工作分析人员都是把几种分析方法结合起来进行有效的工作分析的。

从事工作分析的人员主要是收集与执行某项工作有关的资料。参加工作分析的人至少应该包括员工及其直接领导。规模大的组织可以有一个以上的工作分析人员，但在规模小的组织里，可能就由基层主管负责工作分析。缺乏专门人才的组织，还经常利用外部的顾问来从事工作分析工作。

### 4.1.5 工作说明书

工作说明书（又称职务说明书）是工作分析的直接成果。它包括两个部分：①工作描述，又称工作说明，它说明有关工作的特征；②工作规范，又称任职说明，它说明对从事工作的人的具体要求。职务说明书在企业管理中的地位极为重要，不但可以帮助任职人员了解其工作，明确其责任范围，还可以为管理者的某些重要决策提供参考。

工作说明书的编写并无固定的模式，需要根据工作分析的特点、目的与要求具体确定编写的条目。工作说明书一般包括以下内容：

（1）工作（或职务）概要。概括本职务的特征及主要工作范围。

（2）责任范围及工作要求。任职人员需完成的任务，所使用的材料及最终产品，需承担的责任，与其他人的联系，所接受的监督及所进行的监督等。

（3）机器、设备及工具。列出工作中用到的所有机器、设备及辅助工具等。

（4）工作条件与环境。罗列有关的工作条件，如可能遇到的危险、工作场所布置等。

（5）任职条件。即任职说明，指出担任此职务的人员应具备的基本资格和条件，如所受教育水平、工作经验、所受相关培训、性别、年龄、身体状况、判断力、知识、技能等。

表4－2、4－3、4－4、4－5是四个工作说明书的例子。

表4－2　人力资源部“人力资源总监”工作说明书

| 岗位名称 | 人力资源总监 | 岗位编号 | ZT－HR－001 |
|---|---|---|---|
| 直属上级 | CEO | 所属部门 | 人力资源部 |
| 工资级别 | | 直接管理人数 | 6 |
| 岗位目的 | 保障公司发展所需的人力资源，完善人力资源管理体系。 | | |
| 工作内容：<br>（1）制定并提交本部门年度工作计划、人员计划；<br>（2）负责本部门员工的考评、培训指导和选拔人才；<br>（3）编制公司人力资源战略规划，审核年度招聘计划并监督落实；<br>（4）健全公司人力资源管理制度并监督实施；<br>（5）组织对公司各部门的定岗定编工作；<br>（6）参加对应聘人员的面试并签署部门意见；<br>（7）指导各对外投资控股企业招聘计划的实施；<br>（8）建立公司内部人才的分类及梯队体系，制定员工职业生涯发展计划；<br>（9）负责公司紧缺人才的考察和引进工作；<br>（10）建立员工的综合考察体系，对员工的转正、定级、培养、任用和晋升提出建议；<br>（11）负责公司员工、控股企业经营班子成员和外派人员的年终绩效考评方案设计并组织实施；<br>（12）负责员工工资、公积金和加班费的审批，负责年终奖金的发放工作；<br>（13）审定公司的薪酬和福利保障制度；<br>（14）审核员工培训计划并监督落实；<br>（15）完成上级交办的其他工作。<br>工作职责：<br>（1）对公司人力资源规划的制定与实施负责；<br>（2）对公司人才储备和梯队建设的成效负责；<br>（3）对公司绩效考核方案的有效性负责；<br>（4）对公司薪酬方案实施的成效负责；<br>（5）对公司年度招聘计划的落实负责。 | | | |

表4－2（续）

| 与上级的沟通方式：接受总裁书面或口头指导。 |
|---|
| 同级沟通：与各部门经理以及各控股企业经营班子成员的交流和沟通。 |
| 给予下级的指导：对本部门员工的业务指导，与公司其他部门员工的交流和沟通。 |
| 岗位资格要求：<br>（1）教育背景：硕士及硕士以上学历（或同等学力），人力资源管理相关专业。<br>（2）经验：八年以上工作经历，三年以上大中型企业人力资源管理相关工作经验。 |
| 岗位技能要求：<br>（1）专业知识：掌握人力资源、心理学的相关知识，熟悉相关政策、法规，了解人力资源管理发展的趋势。<br>（2）能力与技能：外向的性格、优秀的沟通能力和亲和力、善于发现人才的眼光。 |

表4－3　人力资源部“综合管理专员”工作说明书

| 岗位名称 | 综合管理专员 | 岗位编号 | ZT－HR－002 |
|---|---|---|---|
| 直属上级 | 人力资源总监 | 所属部门 | 人力资源部 |
| 工资级别 | | 直接管理人数 | |
| 岗位目的 | 协助人力资源总监工作，完善人力资源管理体系。 | | |
| 工作内容：<br>（1）草拟公司相关人事管理制度；<br>（2）负责员工劳动合同签订及人事档案管理；<br>（3）组织市场薪酬调查，掌握市场薪资水平的变化趋势；<br>（4）参与制定公司薪酬管理制度并负责具体实施；<br>（5）负责核定员工工资、公积金、加班费、年终奖金及公司工资总额；<br>（6）负责公司员工的社保、失业、工伤、生育、保险等福利保障制度的制定和贯彻落实；<br>（7）负责公司专业技术人员的职称评定、申报管理和聘任工作；<br>（8）负责处理公司的劳动争议和劳动纠纷；<br>（9）参加对公司员工的绩效考评工作；<br>（10）负责与外部人事组织、人才机构的协调联络；<br>（11）负责公司员工的日常考勤管理及其他事务性管理工作；<br>（12）完成上级交办的其他工作。<br>工作职责：<br>（1）对公司人事制度的完善和实施负责；<br>（2）对公司劳动合同的公平和合法性负责<br>（3）对公司薪酬方案的编制和实施负责；<br>（4）对员工医疗、社保和公积金等事项的管理负责；<br>（5）对专业技术人员的职称等级的申报审查负责。 | | | |
| 与上级的沟通方式：接受人力资源总监的书面或口头指导。 | | | |
| 同级沟通：与各部门经理的协调沟通。 | | | |
| 给予下级的指导：对本部门其他员工的业务指导。 | | | |
| 岗位资格要求：<br>（1）教育背景：大学本科及本科以上学历，人力资源管理相关专业。<br>（2）经验：五年以上工作经历，三年以上大中型企业人力资源管理相关工作经验。 | | | |
| 岗位技能要求：<br>（1）专业知识：掌握人力资源的相关知识，熟悉国家及地方的有关政策法规，了解行业内人力资源管理状况。<br>（2）能力与技能：良好的组织能力，优秀的沟通能力，较好的写作能力，熟练使用计算机。 | | | |

表4-4　　　　人力资源部“招聘专员”工作说明书

| 岗位名称 | 招聘专员 | 岗位编号 | ZT-HR-003 |
|---|---|---|---|
| 直属上级 | 人力资源总监 | 所属部门 | 人力资源部 |
| 工资级别 | | 直接管理人数 | |
| 岗位目的 | 开发人力资源，满足公司对人力资源的需求。 | | |

工作内容：

（1）参与分析、诊断公司人力资源状况，预测人力资源需求；

（2）分析人力资源市场相关动态，掌握相关市场信息；

（3）制定年度的人员招聘计划，组织公司的招聘活动；

（4）建立公司外部分类人才储备库，与人才中介公司建立合作关系；

（5）定期发布招聘信息，筛选合格人员进入人才储备库，定期更新入库高素质人才的个人状况；

（6）设计应聘人员面试程序、笔试内容、面谈问卷及评测标准；

（7）组织对应聘人员的面试活动并出具部门意见；

（8）设立公司急聘人员的应急预案；

（9）负责本部门领导指派的事务性工作；

（10）完成上级交办的其他工作。

工作职责：

（1）对人力资源需求预测的准确性负责；

（2）对招聘方案和面试程序的有效性负责；

（3）对招聘计划的落实负责；

（4）对公司外部人才储备库的设立和维护负责。

所受上级的指导：接受人力资源总监的书面及口头指导。

同级沟通：与公司各部门领导保持良好的沟通。

给予下级的指导：

岗位资格要求：

（1）教育背景：大学本科及本科以上学历，人力资源管理、心理学相关专业。

（2）经验：三年以上工作经历，两年以上大中型企业或事业单位招聘岗位相关工作经验。

岗位技能要求：

（1）专业知识：了解国家有关政策法规以及国内人力资源动态，熟悉招聘流程。

（2）能力与技能：有较强的沟通能力、判断能力，相当的文字表达能力，熟悉计算机操作。

表 4－5　　人力资源部“培训专员”工作说明书

| 岗位名称 | 培训专员 | 岗位编号 | ZT－HR－004 |
| --- | --- | --- | --- |
| 直属上级 | 人力资源总监 | 所属部门 | 人力资源部 |
| 工资级别 | | 直接管理人数 | |
| 岗位目的 | 改善员工的知识结构和素质，提高员工的实际工作能力，满足公司对人力资源质量的要求。 | | |

工作内容：

（1）分析、诊断公司员工的知识结构和实践技能特点和水平；

（2）根据员工现职岗位的具体要求，判断员工在知识结构和实践技能方面的实际差距，明确员工的个性化培训需求；

（3）分析汇总培训需求，设计多样化的公司员工再教育和培训方案并组织实施；

（4）编制公司年度培训预算和确定培训人时数；

（5）负责推动公司各职能、业务部门向学习性团体的转化；

（6）负责设计员工实际能力发展方案，包括工作轮换、一对一教练式培养、现场锻炼等；

（7）协助制定公司员工职业发展计划并组织实施；

（8）负责本部门领导指派的事务性工作；

（9）完成上级交办的其他工作。

工作职责：

（1）对培训需求判断的准确性负责；

（2）对培训方案的设计及其有效性负责；

（3）对员工实际工作能力的提高负责。

所受上级的指导：接受人力资源总监的书面和口头指导。

同级沟通：与公司各相关部门、各控股企业领导保持沟通。

给予下级的指导：与员工保持良好的沟通。

岗位资格要求：

（1）教育背景：大学本科及本科以上学历，人力资源管理、教育学相关专业。

（2）经验：三年以上工作经历，两年以上大中型企业或高等院校人力资源培训相关工作经验。

岗位技能要求：

（1）专业知识：熟悉国家有关政策法规，掌握国际人力资源管理模式，熟悉人力资源培训实务。

（2）能力与技能：较强的组织和沟通能力，较高的文字和口头表达能力，熟练操作计算机。

**即时案例　　　　　什么样的任职资格最好**

在我国中部的一家国有企业人员的配置过程中，企业领导认为，英语水平是学生素质的重要部分，它直接体现了学生的水平和档次。选择英语好的应聘者总比差的要好一些。因此，在招聘与选拔的过程中，企业对英语的考察设置了相当大的权重。然而，在本单位的实际工作中，英语几乎没有任何用处。两三年后，所招聘的几名大学生纷纷考取研究生而离开了本单位。领导为此懊恼不已："难道我们做错了什么？我对他们不错呀！""我们单位的盈利水平有限，我们已经提供了能够支付的最高工资了。"在离职面谈中，将要离开的这些员工说："虽然单位对我们不错，但是市场能够为我们提供更多的报酬，我们为什么不去呢？"单位领导经过分析研究后，在以后的招聘选拔中采用了新的策略，依然对英语进行严格的考察，但是最后选拔的是在英语考察中成绩较差的几名应聘者。这几名应聘者都自称没有学习英语的细胞，其中一位竟然没有通过大学英语四级考试，看来考取研究生是不可能了（在我国，英语是考取研究生的必考科目之一）。在以后的几年工作中，这次招聘的几名大学生工作都很努力，技术进步很快，成为了适合企业的有用人才。

从上面的案例中发现，领导在前后两次的招聘中，采用的任职资格不同，产生的效果也不同。那么，什么样的任职资格才是最好的？如何来确定任职资格呢？

在许多有关任职资格的资料中，通常包括基本的任职资格和理想的任职资格两部分内容。这里主要是指理想的任职资格，因为理想的任职资格是选拔"最优"的标准，这才是我们研究的重点。

判断一个用于人员配置的任职资格的优劣，应该看其能为企业创造多少利润：多则优，少则劣。因此，我们不仅要关注所能创造的价值，而且要关注所要花去的成本；不仅要关注"谁最能把本工作做好"，而且要关注"谁最愿把本工作做好"。只有能在实际的工作中为企业带来最大利润的任职资格，才是最好的任职资格。如在上面的例子中，第一次招聘的员工很可能比第二次招聘的员工创造更多的价值，但第一次招聘的员工所期望的满意薪酬要比第二次招聘的员工所期望的满意薪酬要高得多。所以，对该单位来说，第二次招聘的员工能创造更多的利润，因此第二次用的任职资格更好。

资料来源：卫志刚．确定岗位的任职资格［J］．经营管理者，2007(1)．

## 4.2　工作设计

工作分析是假定工作已经存在，并且这些工作的构成和设置即使不是最好的，也是合理与令人满意的。然而，在当代社会，管理者经常会发现，事实并非如此。有时，他们需要增加或者减少员工的工作负荷；有时，他们需要取消某个岗位，因为机器已经把该岗位的工作都做了；有时，他们要增设某个全新的职务，因为市场提出了新的需求或技术进步创造了新的业务领域……在这些情况下，管理者就会改变工作的设置方式，从而更加有效地完成工作。这就需要进行工作设计。

### 4.2.1　工作设计的概念

工作设计（Job Design）又称职务设计，是指对工作完成的方式以及完成一项工作所需要从事的任务进行界定的过程。为了更有效地进行工作设计，有必要通过工作分析全面地了解当前的工作现状，同时还需要运用工作流程分析来弄清它在整个工作流程中的位置。工作设计经常作为组织设计的一个重要部分与其他相关工作配套进行，如管理模式设计、业务流程设计、部门与层次设计、规章制度设计等。当然，工作设计也可以单独进行。

工作设计问题主要是组织向其成员分配工作任务和职责的方式问题。工作设计是否得当对于有效地实现组织目标，激发员工的工作积极性，提高工作绩效和增强员工的工作满意感都有重大的影响。换言之，工作设计直接关系着能否实现“事得其人、人尽其才”。

### 4.2.2　工作设计的意义

组织在开始做每件工作之前，总是要明确要做什么、要得到什么结果、要什么人来做、怎样才能得到预期的结果等问题，这是工作分析的成果。而工作设计则是在工作分析的前提下来说明工作该怎样做才能最大限度地提高组织的效率，更加有效地实现组织目标；怎样使工作者在工作中得到最大限度的满足，包括在工作中帮助员工成长和增加员工福利。显然工作设计的目的是明确工作的内容和方法，明确工作能够满足技术上、组织上的要求及员工的社会和个人要求。所以，所谓工作设计是关于在组织内如何实现组织运行目标和个人积极性相互适应的方法，以确保组织绩效指标的提高和组织最终目标的实现。

工作设计不仅是人力资源管理工作的核心，同时也是人本管理的基础。以人为本的管理不是管理者们的说教与口号，它要真正落实到与员工相结合的工作岗位、工作任务、工作要求上。而要做到这一点，就必须对组织目标、工作职责、员工特性做分析、设计。只有这样，才能真正做到事得其人，人尽其才，人事相宜，才能真正体现出对员工的尊重和组织的高绩效。

工作设计是否得当对于激发员工的工作积极性、提高员工的工作满意感和工作绩效都有重大的影响。目前，企业中的多数职务都是为提高效率而设，工作的内容往往专业面窄、易学、重复性强，这常常导致很多工作无聊乏味。

管理者应该认识到，没有一种工作本身是乏味的。工作能否吸引人，取决于它是否能充分发挥员工的能力。如果不能，它迟早会变得毫无滋味。真正能够激励人的工作需要员工投入大部分甚至全部的能力，有时甚至需要挖掘员工的潜能。好的工作设计能够收到以下成效：

（1）改善员工和工作之间的基本关系

工作设计打破了“工作是不可改变的”这个传统观念。它是建立在这样的假设基础上：认为工作本身对员工的激情、满意度和生产率有强烈的影响，工作的重新设计对于提高员工与工作之间的和谐意义非凡，它能够使员工在安全、健康、舒适的条件下从事生产劳动。

（2）有助于激励员工，不断提高生产效率

工作设计不是试图首先改变态度，而是假定员工在工作在得到适当的设计后，积极的态度就会随之而来。而实践表明，设计良好的工作的确能够提高员工的工作积极性，从而提高员工的工作效率、改善其工作效果。

（3）重新赋予工作以乐趣，更好地满足员工的多方面需要

在工作设计过程中，有一点要特别充分考虑的就是员工个体的差异。强调工作设计应要求员工本人参加，表达意见，这样会激发员工的主人翁意识和兴趣，使其可以从工作中

体会到更多源于自主意识的乐趣，进而使其多方面的需要得到更好的满足。

### 4.2.3 工作设计的发展

工作设计理论的发展，迄今为止经历了四个时期：由工作专业化到工作轮换和工作扩大化，再到当代的工作丰富化和工作特征再设计。现代的工作设计运用的则是在系统理论的指导下进行的社会技术系统方法。其发展历程具体如下：

1. 工作专业化时期（19 世纪初到 20 世纪 40 年代）

这一时期的重点是提高工作的专业化程度。工作专业化的特点是：机械的节拍决定工人的工作速度；每个工人只完成每件工作任务中的某一项工序，工作简单重复，每个工作所要求掌握的技术少而要求低，工人成长为熟练工人的时间短；工人被固定在流水线上的某一岗位上，限制了工人之间的交往；管理部门决定在工作中采用何种设备和何种方法，工人处于被动服从地位。单调、机械和乏味的工作导致越来越多的员工对工作不满。

2. 工作轮换和工作扩大化时期（20 世纪 40 年代到 60 年代）

这是一个为解决工人对工作的不满而采取一些临时性措施的时期。由于科学管理运动带来的过分专业化，工人的工作越来越简单重复和单调乏味，导致大量的消极怠工对抗现象产生，缺勤和离职率居高不下。面对这种情况，管理当局采用了工作轮换和工作扩大化的方法。这两种方法强调的是工人在不同岗位之间的轮换和个人工作范围的扩大，对安抚工人的对抗情绪起到了暂时的缓和作用。

工作轮换指在不同的时间阶段，员工会在不同的岗位上进行工作。它能给员工更多的发展机会，让员工感受到工作的新鲜感和刺激感，使员工掌握更多的技能，增进不同工作之间的员工的相互理解，提高协作效率。但它只能限于少部分的可轮换的工作岗位，因为大多数的工作是无法进行轮换的；另外，轮换后也可能会使职务效率降低。

工作扩大化是指工作范围的扩大。它旨在向工人提供更多的工作，即让员工完成更多的工序。当员工对某项职务更加熟练时，提高他的工作量（相应地也提高待遇），会让员工感到更加充实。

3. 工作丰富化及工作特征再设计时期（20 世纪 60 年代到 80 年代）

这一时期的工作设计主要采取了降低工作专业化程度、改变工作内容、职能和反馈方式等措施来提高工人的工作满意度，提高工作效率和改善工作效果。这个时期采用的主要方法是工作丰富化和工作特征再设计。

工作丰富化也叫充实工作内容，是指在工作内容和责任层次上的基本改变，员工对计划、组织、控制及个体评价承担更多的责任。充实工作内容主要是让员工更加完整、更加有责任心地去进行工作，使员工得到基于工作本身的激励和成就感。

工作（特征）再设计是将组织的战略、使命与员工对工作的满意度相结合。在工作再设计中，充分采纳员工对某些问题的改进建议，但是必须要求他们说明这些改变对实现组织的整体目标有哪些益处，是如何实现的。

4. 社会技术系统方法时期（20 世纪 80 年代至今）

这一时期的工作设计主要是在系统理论指导下，运用工作特征模型等任务特征理论，借助信息技术对工作进行再设计。社会技术系统方法通过全面完善工作特征和营造良好的组织氛围来激发员工的工作积极性，这是对第三时期所采用方法的进一步扩展。

20世纪90年代以来，随着经济全球化和信息化浪潮的不断推进，企业的内外环境都发生了巨大而快速的变化，变革已成为企业生存的方式。作为变革的重要方式之一的组织再造也被许多企业所采用。工作丰富化、工作特征再设计和社会技术系统方法是企业进行再造时进行工作再设计的主要方法。

### 4.2.4 工作设计的基本方法

工作设计过程的至关重要的一个前提就是要明确工作的特征。所有工作的特征都可以通过运用四种基本方法中的任意一种得以确定。这四种基本方法就是：激励型工作设计法、机械型工作设计法、生物型工作设计法和知觉运动型工作设计法。[5]

1. 机械型工作设计法

机械型工作设计法的目的是寻找一种能够使效率最大化的方式来建构工作。这种方法强调按照任务的专门化、技能简单化以及重复性的基本思路来进行工作设计。科学管理是一种出现最早也最有名的机械型工作设计方法。科学管理首先要做的是找出完成工作的“一种最好方法”。这通常需要进行时间—动作分析，以找到工人在工作时间内可以采用的最有效的操作方式。然后，根据找到的“最佳工作方式”和工人所具有的工作能力进行工人的甄选，并按照这种最佳方式来培训工人。最后在把工人配备到岗位上时，还应对工人进行物质方面的激励，以使其在工作中发挥出最大潜力。

2. 生物型工作设计法

生物型工作设计法又称为人类工程学，它所关注的主要问题是个体心理特征与物理工作环境之间的相互作用。其目的在于以个体工作的方式为中心来对工作环境进行结构性安排，从而将工人的生理紧张程度降到最低水平。生物型工作设计法已经被应用到对体力要求较高的工作领域。很多生物型工作设计法还强调对机器和技术也要进行再设计，例如调整机器操纵杆的位置、形状、材质等方面的设计，使工人能够很轻松地把握和推动。

3. 知觉运动型工作设计法

知觉运动型工作设计法所注重的是人的心理能力和心理局限，这与关注身体能力和身体局限的生物型工作设计法不同。这种工作设计方法的目的在于通过降低工作对信息加工的要求来改善工作的可靠性、安全性以及使用者的反应性，确保工作的要求不会超过人的生理局限和心理局限。在实施工作设计的过程中，工作设计人员首先观察能力最差的人所能够达到的工作能力水平，之后按照这种水平来确定工作的具体要求。

4. 激励型工作设计法

激励型工作设计法所关注的是那些可能会对工作承担者的心理价值和可激发潜力产生影响的工作特征。这种方法把态度变量（例如工作满意度、工作参与、出勤、绩效等行为变量）看成是工作设计的最重要结果。激励型工作设计法的一个典型例子就是赫茨伯格的双因素理论。在这一理论中赫茨伯格指出，激励员工的关键并不在于金钱和物质方面的刺激，而在于通过工作的重新设计来使工作变得更加有意义。

表4－6和表4－7对上述四种基本的工作设计方法的特点作了简要的概括。

表4-6　不同的工作设计方法对工作特征的不同描述

| 激励型工作设计法 | 机械型工作设计法 |
|---|---|
| (1) 自主性<br>(2) 内在工作反馈<br>(3) 外在工作反馈<br>(4) 社会互动<br>(5) 任务/目标清晰度<br>(6) 任务多样性<br>(7) 任务一致性<br>(8) 能力/技能水平要求<br>(9) 能力/技能多样性<br>(10) 任务重要性<br>(11) 成长/学习 | (1) 工作专门化<br>(2) 工具和程序的专门化<br>(3) 任务简单化<br>(4) 单一性活动<br>(5) 工作简单化<br>(6) 重复性<br>(7) 空闲时间<br>(8) 自动化 |
| **生物型工作设计法** | **知觉运动型工作设计法** |
| (1) 力量<br>(2) 抬举力<br>(3) 耐力<br>(4) 座位设置<br>(5) 体格差异<br>(6) 手腕运动<br>(7) 噪音<br>(8) 气候<br>(9) 工作间隔<br>(10) 轮班工作 | (1) 照明<br>(2) 显示<br>(3) 程序<br>(4) 其他设备<br>(5) 打印式工作材料<br>(6) 工作场所布局<br>(7) 信息投入要求<br>(8) 信息产出要求<br>(9) 信息处理要求<br>(10) 记忆要求<br>(11) 压力<br>(12) 厌烦 |

资料来源：雷蒙德 A 诺伊，约翰·霍伦拜克，拜雷·格哈特，等．人力资源管理：赢得竞争优势［M］．刘昕，译．北京：中国人民大学出版社，2001．

表4-7　不同工作设计方法的结果总结

| 工作设计方法 | 积极的结果 | 消极的结果 |
|---|---|---|
| 激励型方法 | 更高的工作满意度<br>更高的激励性<br>更高的工作参与度<br>更高的工作绩效<br>更低的缺勤率 | 更多的培训时间<br>更低的利用率<br>更高的错误率<br>精神负担和压抑出现的可能性更大 |
| 机械型方法 | 更少的培训时间<br>更高度的利用率<br>更低的差错率<br>精神负担和压力出现的可能性降低 | 更低的工作满意度<br>更低的激励性<br>更高的缺勤率 |

表 4 - 7（续）

| 工作设计方法 | 积极的结果 | 消极的结果 |
| --- | --- | --- |
| 生物型方法 | 更少的体力付出<br>更低的身体疲劳度<br>更少的健康抱怨<br>更少的医疗性事故<br>更低的缺勤率<br>更高的工作满意度 | 由于设备或者工作环境的变化而带来更高的财务成本 |
| 知觉运动型方法 | 出现差错的可能性降低<br>发生事故的可能性降低<br>精神负担和压力出现的可能性降低<br>更少的培训时间<br>更高的利用率 | 较低的工作满意度<br>较低的激励性 |

资料来源：雷蒙德 A 诺伊，约翰·霍伦拜克，拜雷·格哈特，等. 人力资源管理：赢得竞争优势 [M]. 刘昕，译. 北京：中国人民大学出版社，2001.

### 4.2.5 工作设计的社会技术系统方法

社会技术系统方法主要是在系统理论指导下，运用由哈克曼（Hackman）和奥德海姆（Oldham）所创立的“工作特征模型”（Job Characteristic Model，JCM）[6]、[7]、[8]（如图 4 - 3 所示），借助信息技术对工作进行再设计，通过全面完善工作特征和营造良好的组织氛围来激发员工的工作积极性，从而更加有效地实现组织目标与满足员工需求。

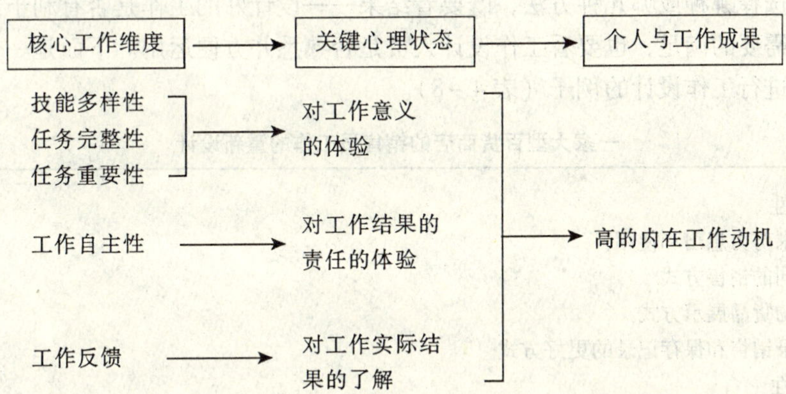


图 4 - 3　HAackman & Oldham（1980）的工作特征模型

资料来源：HACKMAN，OLDHAM. Work Redesign [J]. MA：Addison - Wesley，1980.

在工作特征模型中，特别需要明确就是员工的工作积极性取决于那些与工作有关的心理体验。哈克曼和奥德海姆提出了三个关键的心理状态：

（1）对工作意义的体验。如果员工能体验到工作的意义、重要性或者认为工作是值得干的，他就会有很高的工作热情。

（2）对工作结果的责任感的体验。如果员工能体验到自己对工作结果的责任感，他就会努力对自己的工作绩效负责。

（3）对工作实际结果的了解。如果员工能通过可靠的渠道随时掌握自己工作的阶段性结果以及这样的结果是否令人满意，他就会更好地对自己的工作进行自我检查，并相应地调整自己的行为。

工作特征模型认为任何工作都可以从五个方面即五个核心任务维度来进行描述。这五个方面分别是：

（1）技能多样性（Skill Variety）表示工作对不同类型活动的需求程度，以及由此决定的员工所具备技艺和才干的要求的多样性程度；

（2）任务同一性（Task Identity）指对完成一整套条理清晰的工作的需求程度；

（3）任务重要性（Task Significance）指工作对别人的生活或工作有多大的影响；

（4）工作自主性（Autonomy）指员工在确定工作内容和工作程序时，拥有多大的自由度、独立性以及判断力；

（5）工作反馈（Feedback）指员工在完成工作任务的过程中，在多大程度上可以获得有关自己工作绩效的直接而明确的信息。

具有上述五种特征的工作会引起上述三种关键的心理状态的变化，而这样的心理状态的改变将会导致一定的个人结果和工作结果。从个人结果来看，会使员工产生高度的内在工作动机和对工作的高度满意感，从而达到激励员工的目的。从工作的结果来看，则会带来高质量的工作绩效，以及较低的缺勤率和离职率。

### 4.2.6 工作设计举例

工作设计的具体方法很多，不同的企业在不同的条件下会选择不同的方法来进行工作设计。至于选择哪种或哪几种方法，既要看结果——设计好的工作是否有利于组织目标的实现和员工需要的满足，也要看工作设计人员是否熟悉并方便运用。下面是一个应用工作特征模型来进行工作设计的例子（表4-8）。

表4-8　一家大型百货商店的销售员工作的重新设计

| |
|---|
| 1. 技能多样性 |
| 销售员被要求努力想出和使用： |
| （1）不同的销售方式 |
| （2）新的货品展示方式 |
| （3）记录销售和保存记录的更好方式 |
| 2. 任务完整性 |
| 销售员被要求： |
| （1）按美元记录个人每天的销售量 |
| （2）记录销售或顾客数量 |
| （3）划出个人展示区域，个人对其负责，并使之完整、整洁 |
| 3. 任务重要性 |
| 销售员被提醒： |
| （1）卖出产品是商店的整体基本目标 |
| （2）展示区域的形象对销售很重要 |
| （3）这是顾客的“商店”，殷勤与令人愉快的服务能建立商店的声誉并有助于将来的销售 |

表4－8（续）

| 4. 工作自主性<br>销售员被：<br>（1）鼓励开发和利用他们各自独特的销售方式和风格<br>（2）容许选择他们自己的休息和午餐时间<br>（3）鼓励对所有政策和运行中的改革提出建议<br>5. 来自工作本身的反馈<br>销售员被：<br>（1）鼓励保持他们自己的销售额记录<br>（2）鼓励保持一个销售/顾客比率<br>（3）提醒与顾客建立良好的关系就是成功，如果潜在顾客带着对商店及其雇员的好感离开就是成功<br>6. 来自中介的反馈<br>销售员被鼓励：<br>（1）在销售技巧方面互相观察和帮助<br>（2）从他们的老板和相关部门找出关于他们工作各阶段的信息<br>（3）邀请顾客对产品、服务等给出反馈和想法 |
|---|

资料来源：鲁森斯．组织行为学［M］．王垒，等，译．北京：人民邮电出版社，2003：365.

**即时案例**　　**弹性工作计划**

弹性工作计划（弹性工作制）是20世纪60年代由德国的经济学家提出的，当时主要是为了解决职工上下班交通拥挤的问题。到20世纪90年代，大约40%的欧美大公司采用了弹性工作制，其中包括杜邦、惠普等著名的大公司。我国近年来许多企业也逐渐开始采用这种制度。

弹性工作计划常用的形式有以下八种：

（1）建立自主型组织结构。在这种组织结构中，为了改善工作组织，企业建立弹性工作制，让员工可以自主地决定工作时间，决定生产线的速度。

（2）工作分担计划。工作分担计划就是一个允许由两个或更多的人来分担一个完整的全日制工作的概念。例如，两个人中一个人上午工作，另一个人下午工作，他们共同分担一个工作。

（3）临时工作分担计划。指一种主要在经济困难时期使用的工作安排方式，在这种情况下，企业临时削减某一群雇员的工作时间来对付临时解雇的威胁。例如，为了避免临时解雇30名雇员，企业的400名员工都同意每人每周只工作35小时，并削减工资。

（4）弹性工作地点计划。弹性工作地点计划允许甚至鼓励员工在家里或在离家很近的附属办公室中完成自己的工作。通常，在家工作的员工家中都配备有相应的远程通信系统和计算机系统，利用先进的信息技术及设备进行远程工作。

（5）弹性工作时间计划。弹性工作时间计划有两种形式。一种是以核心工作时间（如上午11点到下午2点）为中心而设计的弹性工作时间计划。它允许雇员自行选择每天开始工作的时间以及结束工作的时间。另一种以一定时期内（如一年）总工作时间为限，允许员工相对自由地安排各阶段的工作时间。例如，一个平均每个月工作110小时的员工，可以在一月份工作150小时，而在二月份只工作70小时。

（6）核心时间与弹性时间的结合。企业可以决定，一个工作日的工作时间由核心工作时间（通常为5个小时，所有员工必须在岗）和前后两头的弹性工作时间组成。

（7）工作任务中心制。公司对员工的工作只考核其是否完成了任务目标，不规定具体时间，只要在所要求的期限内按质量完成了任务就支付薪酬。

(8) 紧缩工作时间制。在这种工作制度下，员工每周工作的天数减少，但每天的工作时间延长，总的工作时间不变，但工作日安排更为紧凑。例如，有的企业实行每周四天工作制，每天工作十个小时；而不是通常的每周五天，每天八个小时。

补充说明

目前在我国，依据《中华人民共和国劳动法》《关于企业实行不定时工作制和综合计算工时工作制的审批办法》(劳部发［1994］503 号）的规定，用人单位因生产特点不能实行《中华人民共和国劳动法》第三十六条（国家实行劳动者每日工作时间不超过 8 小时、平均每周工作时间不超过 44 小时的工时制度)、第三十八条（用人单位应当保证劳动者每周至少休息 1 日）规定的，经各地劳动监察部门核准后，可以实行不定时工作制或综合计算工时工作制，即弹性工作计划。

## 4.3 人员配备

人员配备是把工作设计的成果由“书面”转化为现实的必要一步，也是“事得其人”的必要一环。科学合理的人员配备是人力资源管理工作的重要内容。

### 4.3.1 人员配备的概念及作用

人员配备是根据组织目标和任务正确选择、合理使用、科学考评和培训人员，安排合适的人员去完成组织结构中规定的各项任务，从而保证整个组织目标和各项任务完成的职能活动，也就是让合适的人去做合适的事。

要科学地组织生产，企业就必须在生产过程中使劳动力、劳动手段和劳动对象得到最佳的结合。为保证现代企业顺畅运转，应对各生产环节进行细致地了解并对人员进行合理地配备，从而使劳动力得到最先分地运用。人员配备的作用是要使各个部门事事有人做、人人有事做、岗位不重复、工作无遗漏，实现管理的规范化、合理化和科学化，使人尽其才、才尽其用，组织目标得以实现。

### 4.3.2 人员配备的原则

1. 以实现组织目标为中心，科学、合理地进行人员配备

人力资源管理的任何工作都应围绕着组织目标的实现来进行。对企业而言，人员配备应本着保证整个企业经营过程连续协调、劳动生产率得以提高的原则，科学、合理地进行。

所谓“科学”，就是要符合劳动管理的一般规律，做到“精简但又有效”，即满负荷地工作，在保证生产和工作需要的前提下，与国家制定的部颁标准、行业标准或条件大体相同的企业所确立的标准相比较，要能体现出组织机构精干、用人相对较少、劳动生产率相对较高的特点。

所谓“合理”，就是要从企业的实际出发，实事求是地结合本企业技术装备水平、管理水平和员工素质，以提高劳动生产率和挖掘员工潜力的可能性来确定人员数。在此基础上，如果能超出国家主管部门颁布的或行业颁布的定编定员标准当然更好。但具体到某一个企业时，不能以达到部颁标准或行业标准为目的，而是要考虑企业的实际情况，进行合

理的定编定员。

2. 因事择人、量才使用

因事择人就是员工的选聘应以职位的空缺和实际工作的需要为出发点，以职位对人员的实际要求为标准，选拔、录用各类人员。量才使用就是根据每个人的能力大小来安排合适的岗位。人的个体差异是客观存在的，一个人只有处在最能发挥其才能的岗位上，才能干得最好。人员配备工作中要做到知人善任，关键不在于如何减少人的短处，而在于如何发挥人的长处，使人们各得其所，各遂其志。

3. 各类人员的比例关系要协调

要正确处理企业直接与非直接经营人员的比例关系、直接与非直接经营人员内部各种岗位之间的比例关系、管理人员与全部员工的比例关系，从而保证各类工作都能有序进行，将“忙闲不均”的现象减至最低。其中，管理人员占员工总数的比例与企业的业务类型、专业化程度、自动化程度、员工素质、企业文化以及其他一些因素有关。

4. 以专家为主，走专业化、程序化、规范化道路

人员配备是一项专业性比较强、技术性比较强的工作，它涉及生产技术和经营管理的方方面面。从事这项工作的人，不仅应具备比较高的理论水平，还应具备丰富的生产管理经验。只有这样才能保证人员配备的科学性和合理性。同时，人员配备还必须遵循一定的标准和程序，对条件许可的岗位，应多采取公开竞争的方式来配备人员。只有严格按照规定的程序和标准办事，才能公平、公正地为组织的各岗位配备到称职的员工，保证人员配备工作在过程与结果两方面的质量。

### 4.3.3 定编定员

人员配备最重要的一项内容就是定编定员。所谓定编定员，是指在组织既定战略规划的指导下，进行组织结构设计以及职能的分解，根据需要设置岗位，确定组织的编制，然后再确定具体岗位任职员工的过程。定编定员工作不仅要从数量上解决好人力资源的配置，还要从质量上规定使用人员的标准，从素质结构上实现人力资源的合理配备。

定编定员是一种科学的用人标准，它要求根据企业当时的产品方向和生产规模，在一定的时间内和一定的技术条件下，本着精简机构、节约用人、提高工作效率的要求，规定各类人员必须配备的数量。它所要解决的问题是企业各工作岗位配备什么样的人员，配备多少人员，通过对企业用人方面的数量规定，促进企业少用人，多办事，从而不断提高劳动生产率。

定编更多的是从编制这个角度进行分析，定员则更多的是从人数这个角度进行分析。本书侧重从定员这个角度对定编定员进行阐述，并将定编定员的含义等同于定员。企业定编定员的具体实例见表4-9：

表4-9 财务部岗位设置表

| 部门名称 | 财务部 | 编号 | D-2004 |
|---|---|---|---|
| 本部门岗位设置总数（个） | 9 | 本部门总人数（人） | 18 |
| 岗位名称 | 职位人数 | 主要职责分工 | |
| 财务部经理 | 1 | 略 | |

表4-9（续）

| 部门名称 | 财务部 | 编号 | D-2004 |
|---|---|---|---|
| 财务部副经理 | 1 | 略 | |
| 税务成本会计 | 2 | 略 | |
| 电算化及报表制作会计 | 2 | 略 | |
| 投资及往来款管理会计 | 2 | 略 | |
| 实物资产管理会计 | 2 | 略 | |
| 业务收入及统计会计 | 3 | 略 | |
| 现金出纳 | 3 | 略 | |
| 银行出纳 | 2 | 略 | |
| 备注 | | | |

由于企业内各类人员的工作性质不同，总的工作量和劳动效率不同，技术条件及管理水平不同，加上其他影响定员的因素，因而进行定员的具体方法也不同。常用的方法主要有：按劳动效率定员，按设备定员，按岗位定员，按比例定员，按组织机构、职责范围和业务分工定员五种。在这五种基本定员方法中，按效率定员是基础。在企业定员工作中，可根据企业内各部门和各类人员的特点加以灵活运用，也可以将几种方法结合起来运用。任何企业都应从实际出发，结合国家、行业颁布的定员标准，采用适当的定编定员方法，并对比同类企业的情况，制定本企业的定员方案。

---

**即时案例　　七大新兴产业中的新职业**

2010年10月10日，国务院常务会议审议并原则通过了《国务院关于加快培育和发展战略性新兴产业的决定》（国发〔2010〕32号），确定七大新兴战略产业。

人力资源和社会保障部自2004年8月建立新职业信息发布制度以来，已经发布了12批共122个新职业的信息，其中，与七大新兴战略产业有关的新职业61个。新职业信息的发布和国家职业技能标准的制订，对于引导就业和职业培训，加强职业的规范化管理，促进从业人员技能水平的提高和相关行业的发展都起到了积极的推动作用。对于加快培育和发展以重大技术突破、重大发展需求为基础的战略性新兴产业，对于推进产业结构升级和经济发展方式转变，提升我国自主发展能力和国际竞争力，促进经济社会可持续发展，具有重要意义。中国就业网整理了涉及七大新兴产业中的新职业61个（http://www.chinajob.gov.cn/TrainingSkillAccrenitaTion/content/2010-09/15/content_560142.htm）供参考。

| ·新一代信息技术产业<br>1. 数字视频（DV）策划制作师<br>2. 电子音乐制作师<br>3. 计算机乐谱制作师<br>4. 网络课件设计师<br>5. 数字视频合成师<br>6. 职业信息分析师<br>7. 网络编辑员<br>8. 动画绘制员<br>9. 智能楼宇管理师<br>10. 计算机软件产品检验员<br>11. 灾害信息员<br>12. 调查分析师<br>·新能源产业<br>1. 废热余压利用系统操作工<br>2. 煤气变压吸附制氢工<br>3. 液化天然气操作工<br>4. 干法熄焦工<br>5. 加氢精制工<br>6. 燃气轮机运行值班员<br>7. 小风电利用工<br>8. 微水电利用工 | ·高端装备制造产业<br>1. 数控程序员<br>2. 混凝土泵工<br>3. 工程机械装配与调试工<br>4. 燃气具安装维修工<br>5. 设备点检员<br>6. 温带压堵漏工<br>7. 锁具修理工<br>8. 衡器装配调试工<br>9. 汽车玻璃维修工<br>10. 工程机械修理工<br>11. 安全防范系统安装维护员<br>12. 助听器验配师<br>13. 集成电路测试员<br>14. 可编程序控制系统设计师<br>15. 城轨接触网检修工<br>16. 轮胎翻修工<br>17. 医学设备管理师<br>18. 数控机床装调维修工<br>19. 激光头制造工<br>·节能环保产业<br>1. 水域环境养护保洁员<br>2. 室内环境治理员<br>3. 室内装饰装修质量检验员 | ·新材料产业<br>1. 合成材料测试员<br>2. 玻璃分析检验员<br>3. 木材防腐师<br>4. 陶瓷工艺师<br>5. 陶瓷产品设计师<br>6. 皮具设计师<br>7. 皮革护理员<br>8. 调味品品评师<br>·新能源汽车产业<br>1. 汽车模型工<br>2. 动车组司机<br>3. 动车组机械师<br>4. 汽车加气站操作工<br>5. 机动车驾驶教练员<br>·生物产业<br>1. 乳品评鉴师<br>2. 水生哺乳动物驯养师<br>3. 牛肉分级员<br>4. 水产养殖质量管理员<br>5. 水产品质量检验员<br>6. 肥料配方师 |
|---|---|---|

## 小结

工作分析与工作设计是人力资源管理工作中十分重要的部分，它是各项人力资源管理工作的起点，是建立人力资源管理制度的基础，也是各项人力资源管理活动必须参考的标准，对于整个组织的运行与管理也有着重要的基础性作用。

随着技术进步和社会发展的步伐不断加快，人力资源管理从理念到方法也在快速发展，组织在结构、任务、人员和技术等各个方面都在不断变化，从而导致组织不断地变革，组织内的工作也需要不断地予以重新分析与设计，以保证组织能不断适应内外环境的变化，使组织能有效、高效和经济（Effective, Efficient, Economical）地生存和发展。为此，组织需要通过适时的工作再设计和制定规范的工作说明书来从基础上保证组织能实现自己的目标，同时也能有效地满足员工日益增强与变化着的多样化需求，把“以人为本”的管理理念落到实处。

## 练习与思考

1. 什么是工作分析？工作分析的主要内容有哪些？
2. 工作分析需要收集和使用哪些信息？这些信息会产生哪些新的信息？
3. 比较工作分析常用的几种方法的特点，并在此基础上分析它们各自的适用条件。

4. 什么是工作设计？它与工作分析有什么异同？
5. 工作设计的目的是什么？
6. 列举1~2种工作设计方法，并说明其应用。
7. 什么的人员配备？什么是定编定员？
8. 人员配备应遵循什么基本原则？

## 参考文献


[1] 付亚和. 工作分析 [M]. 上海：复旦大学出版社，2004：4.

[2] 付亚和. 工作分析 [M]. 上海：复旦大学出版社，2004：5.

[3] 郑晓明，吴志明. 工作分析实务手册 [M]. 北京：机械工业出版社，2002.

[4] 陈维政，余凯成，程文文. 人力资源管理与开发高级教程 [M]. 北京：高等教育出版社，2004.

[5] 孙健敏. 组织与人力资源管理 [M]. 北京：华夏出版社，2002.

[6] HACKMAN J R, OLDHAM G R. Development of the Job Diagnostic Survey [J]. Journal of Applied Psychology, 1975 (60): 159-170.

[7] HACKMAN J R, OLDHAM G R. Motivation through the Design of Work: a Test of a Theory [J]. Organizational Behavior and Human Performance, 1976 (16): 250-279.

[8] HACKMAN J R, OLDHAM G R. Work Redesign [J]. MA: Addison-Wesley, 1980.

[9] 雷蒙德 A 诺伊，等. 人力资源管理：赢得竞争优势 [M]. 刘昕，译. 北京：中国人民大学出版社，2001.

[10] LEAVITT, HAROLD J. Applied Organizational Change in Industry: Structural, Technological and Humanistic Approaches [J]. In Handbook of Organizations Chicago: Rand McNally, 1965.

[11] HAMMER, MICHAEL, CHAMPY, et at all. Reengineering the Corporation: a Manifesto for Business Revolution [S.l.]. Harper Collins Publishers Inc, 1993.

[12] 罗宾斯. 组织行为学 [M]. 7版. 孙健敏，李原，等，译. 北京：中国人民大学出版社，1997.

[13] 鲁森斯. 组织行为学 [M]. 王垒，等，译. 北京：人民邮电出版社，2003.

# 第5章 员工招聘与甄选

现代商业环境越来越充满非线性的特质，那些能消除组织所面临的不确定性因素及帮助组织带来更可预见的未来之资源将日益关键。人力资源就是其中之一，许多公司感到发现和留住人才已成为竞争的重点。未来成功的公司将是那些善于吸引、发展和留住具备必要技能和经验的人才的公司。

**即时案例　　一个真实的招聘失败案例分析**

招聘案例简介：位于北京东单东方广场的某外资SP公司因发展需要在2005年10月底从外部招聘新员工，期间先后招聘了两位行政助理（女性），结果都失败了，具体情况如下：

第一位A入职的第二天就没来上班，没有来电话，上午公司打电话联系不到她本人，经她弟弟解释，她不打算来公司上班了，具体原因没有说明。下午，她本人终于接电话，不肯来公司说明辞职原因。三天后又来公司，中间反复两次，最终决定不上班了。她的工作职责是负责前台接待。入职当天晚上公司举行了聚餐。她和同事谈得也挺愉快。她自述的辞职原因：工作内容和自己预期不一样，琐碎繁杂，觉得自己无法胜任前台工作。HR对她的印象：内向，有想法，不甘于做琐碎、接待人的工作，对批评（即使是善意的）非常敏感。

第二位B工作十天后辞职。B的工作职责是负责前台接待、出纳、办公用品采购、公司证照办理与变更手续等。自述辞职原因：妈妈病故了，需要辞职在家照顾爷爷。（但是当天身穿大红毛衣，化彩妆）透露家里很有钱，家里没有人给人打工，HR的印象：形象极好、思路清晰、沟通能力强，行政工作经验丰富。总经理印象：商务礼仪不好，经常是小孩子姿态，撒娇的样子，需要进行商务礼仪的培训。

招聘流程：1. 公司在网上发布招聘信息。2. 总经理亲自筛选简历。筛选标准：本科应届毕业生或者年轻的，最好有照片，看起来漂亮的，学校最好是名校。3. 面试：如果总经理有时间就总经理直接面试。如果总经理没时间HR进行初步面试，总经理最终面试。新员工的工作岗位、职责、薪资、入职时间都由总经理定。5. 面试合格后录用，没有入职前培训，直接进入工作。

公司背景：此公司是国外SP公司在中国投资的独资子公司，主营业务是为电信运营商提供技术支持，提供手机移动增值服务和手机广告。该公司所处行业为高科技行业，薪水待遇高于其他传统行业。公司的位置位于北京繁华商业区的著名写字楼，对白领女性具有很强的吸引力。总经理为外国人，在中国留过学，自认为对中国很了解。

被招聘的员工背景：

A，23岁，北京人，专科就读于北京工商大学，后专升本就读于中国人民大学。2004年1月到12月做过少儿剑桥英语的教师一年。

B，21岁，北京人，大专学历，就读于中央广播电视大学电子商务专业。在上学期间曾在两个单位工作过：一个为拍卖公司，另一个为电信设备公司，职务分别为商务助理和行政助理。B2004年曾参加瑞丽封面女孩华北赛区复赛，说明B的形象气质均佳。

招聘行政助理连续两次失败，公司的总经理和HR觉得这不是偶然现象，在招聘行政助理方面肯定有重大问题，问题出在什么地方？

## 5.1 员工招聘概述

理解招聘的含义、招聘的意义、招聘的原则、招聘工作的职责分工、招聘流程等是学习与掌握本章内容的前提。

### 5.1.1 招聘的含义

员工招聘（Employee Recruitment）是指企业采取一些科学的方法寻找、吸引具备资格的个人到本企业来，从而选出适宜人员予以录用的管理过程。企业招聘员工的原因一般来讲有以下几种情况：

（1）新组建一个企业，为了满足企业的目标、技术、生产、经营需要招聘合适的员工；

（2）原有企业由于业务发展而人手不够；

（3）员工队伍结构不合理，在裁减多余人员的同时，需要及时补充短缺的专业人才；

（4）企业内部由于原有员工调任、离职、退休或升迁等原因而产生的职位空缺。

总之，人力资源部门需要不断吸收新生力量，为组织适应市场需要提供可靠的人力资源保障。所以企业的招聘工作都是企业人力资源管理中最基本的日常管理活动。它在人力资源管理中有着重要的意义。

### 5.1.2 招聘的意义

招聘工作对企业的意义主要表现在以下几个方面：

（1）招聘工作满足了企业发展对人才的需要。企业在发展的任何时期都会需要不同类型、不同数目的人才，这是企业持续发展的保证。即使在企业生命的成熟期或衰退期，也要调整人力资源的结构，以保证人力、物力和财力的最佳结合。

（2）招聘工作是确保较高的员工素质的基础。招聘过程有很多步骤，每一步实际上都有选择。经过层层的选拔，最后被录用的总是企业满意的人员，这些人员的文化水平、所掌握的技能等都是企业所需要的。因此，招聘可以保证员工队伍的基本素质应保持在什么样的水平上。

（3）招聘还可以在一定程度上保证员工队伍的稳定。每一个企业都不希望自己招聘的人员经常出现“跳槽”行为，所以在招聘过程中招聘人员一般都会注意审查申请人的背景和经历，以判断他们不会很快离开并给企业造成损失。因此，招聘工作从一开始就有可能消除部分的不稳定因素。

（4）招聘工作也是一项树立企业形象的对外公关活动。招聘，尤其是外部招聘，从一开始就要准备招聘材料。这些材料包括企业的基本情况介绍、发展方向、政策方针等。通过这些信息的传播，使得招聘也成为向公众宣传企业的大好时机。此外，招聘过程的公正透明也有助于企业树立良好的雇主品牌。

### 5.1.3 招聘的原则

1. 因事择人

企业的招聘应根据企业的人力资源规划和工作说明书进行。人力资源规划决定了未来一段时间内需要招聘的部门、职位、数量、时限、类型等。工作说明书为空缺职位提供了详细的人员录用资格标准，同时也为应聘者提供了该工作的详细信息，是人员招聘的主要依据。对于用人单位来说，无论是多招了人，还是招错了人，都会给企业带来很大的负面作用。除了由此造成的人力成本和培训成本的增加以及低效率和错误决策带来的损失外，还会导致人浮于事，在不知不觉中对企业文化造成不良影响，降低企业的整体效率。

2. 公开公正

人员招聘首先必须公开，公示招聘信息、招聘方法。其次要公正。遵循公开公正原则所带来的好处是很明显的。首先，它可以使企业能从更广的范围选拔优秀人才，因为“暗箱操作”的预设会使得很多潜在候选人望而却步；其次，要遵循该原则，需要企业摒弃偏见，采用理性的心态、科学的方法，对候选人进行全面客观的考核，从根本上体现现代人力资源管理的精神。

3. 人事相宜

在招聘人员时，要做到人事相宜，即要根据企业中各个职务岗位的性质选聘相关的人员，而且要求工作群体内部保持最高的相容度，形成群体成员之间心理素质、能力、技能的互补关系，形成群体优势。坚持该原则必须克服两种错误倾向：一是在招聘人员时，不顾职位的资格要求，降低标准选人；二是一味追求素质最高、质量最好、超出岗位资格要求的人才。

4. 效率优先

不管组织采用何种方法招聘，都是要支付费用的，这就是雇佣成本。雇佣成本主要包括招聘广告的费用，对应聘者进行审查、评价和考核的费用，岗位试错费用等。一个好的招聘系统，表现在效益上就是用最少的雇佣成本聘回适合职位的最佳人选，符合效率优先原则。

5. 内部优先

当企业中的工作出现空缺时，应当首先考虑提拔或调动原有的内部员工，这个原则尤其适用于那些强调执行技能而非战略能力的岗位。

如果从外部招聘员工担任现有工作，往往会引起很多不满的情绪，因为企业内许多人的升迁希望破灭，往往会导致更多人辞职，或者在工作中宣泄不满，从而产生不利的影响。相反，如果从企业内部招聘员工，这些员工可以利用自己的经验迅速适应工作，开拓新局面，这样招聘既可以降低招聘成本，又可以调动员工的积极性。但是，也应该关注这样可能产生的消极性：如果大部分主要工作岗位都以内部优先招聘的话，那么必然会导致人际关系复杂化，人际矛盾加剧，经营思想保守，墨守成规。所以招聘工作要内部优先，同时对一些部门要实行内外兼顾的原则。

### 5.1.4 招聘工作的职责分工

在招聘过程中，起决定性作用的是用人部门而非人力资源部门。用人部门直接参与整个招聘过程，拥有多项人力资源决策权，处于主动地位。人力资源部门只在招聘过程中起组织和服务的功能。表5-1是关于招聘过程中用人部门与人力资源部门的工作职责分工情况。

表5-1 招聘过程中用人部门与人力资源部门的工作职责分工

| 用人部门 | 人力资源部门 |
|---|---|
| (1) 招聘计划的制定与审批；<br>(3) 制作招聘岗位工作说明书、确定录用标准；<br>(4) 应聘者初选，确定参加面试的人员名单；<br>(7) 负责面试、笔试工作；<br>(9) 录用人员名单、人员工作安排及试用期间待遇的确定；<br>(12) 正式录用决策；<br>(14) 员工培训决策；<br>(16) 录用员工的绩效评估与招聘评估；<br>(17) 人力资源规划修订。 | (2) 招聘信息的发布；<br>(3) 应聘者申请登记，资格审查；<br>(5) 通知参加面试的人员；<br>(6) 面试、笔试工作的组织；<br>(8) 个人资料的核实、人员体检；<br>(10) 试用合同的签订；<br>(11) 试用人员报到及生活方面安置；<br>(13) 正式合同的签订；<br>(15) 员工培训服务；<br>(16) 录用员工的绩效评估与招聘评估；<br>(17) 人力资源规划修订。 |

注：表中的项目符号表示招聘过程中各项工作的顺序。

### 5.1.5 招聘流程

招聘流程（The Recruiting Process）是指从组织内出现空缺到候选人正式进入组织工作的整个过程。这是一个系统而连续的程序化操作过程，同时涉及人力资源部门及企业内部各个用人部门以及相关环节。为了使人员招聘工作科学化、规范化，应当严格按一定程序组织招聘工作，这对招聘人数较多或招聘任务较重的企业尤其重要。

从广义上讲，人员招聘包括招聘准备、招聘实施和招聘评估三个阶段。狭义的招聘即指招聘的实施阶段，其间主要包括招聘、选择、录用三个步骤（如图5-1所示）。

1. 准备阶段

准备阶段的主要任务包括确定招聘需求、明确招聘工作特征和要求、制定招聘计划和招聘策略等。

确定招聘需求工作就是要准确地把握有关组织对各类人员的需求信息，确定人员招聘的种类和数量。其具体步骤为：

首先，由公司统一制定人力资源规划，或由各部门根据长期或短期的实际工作需要提出人力需求。

然后，由人力资源部门填写人员需求表。每个企业可根据具体的不同情况制定不同的人员需求表，但必须依据工作描述或工作说明书制定。一般说来，人员需求表包括以下内容：①所需人员的部门、职位；②所需人员的工作内容、责任、权限；③所需人数以及拟采取何种录用方式；④人员基本情况（年龄、性别等）；⑤要求的学历、经验；⑥希望的技能、专长；⑦其他需要说明的内容。

最后，由人力资源部审核，对人力需求及资料进行审定和综合平衡，对有关费用进行评估，提出是否受理的具体建议，报送主管部门审批。

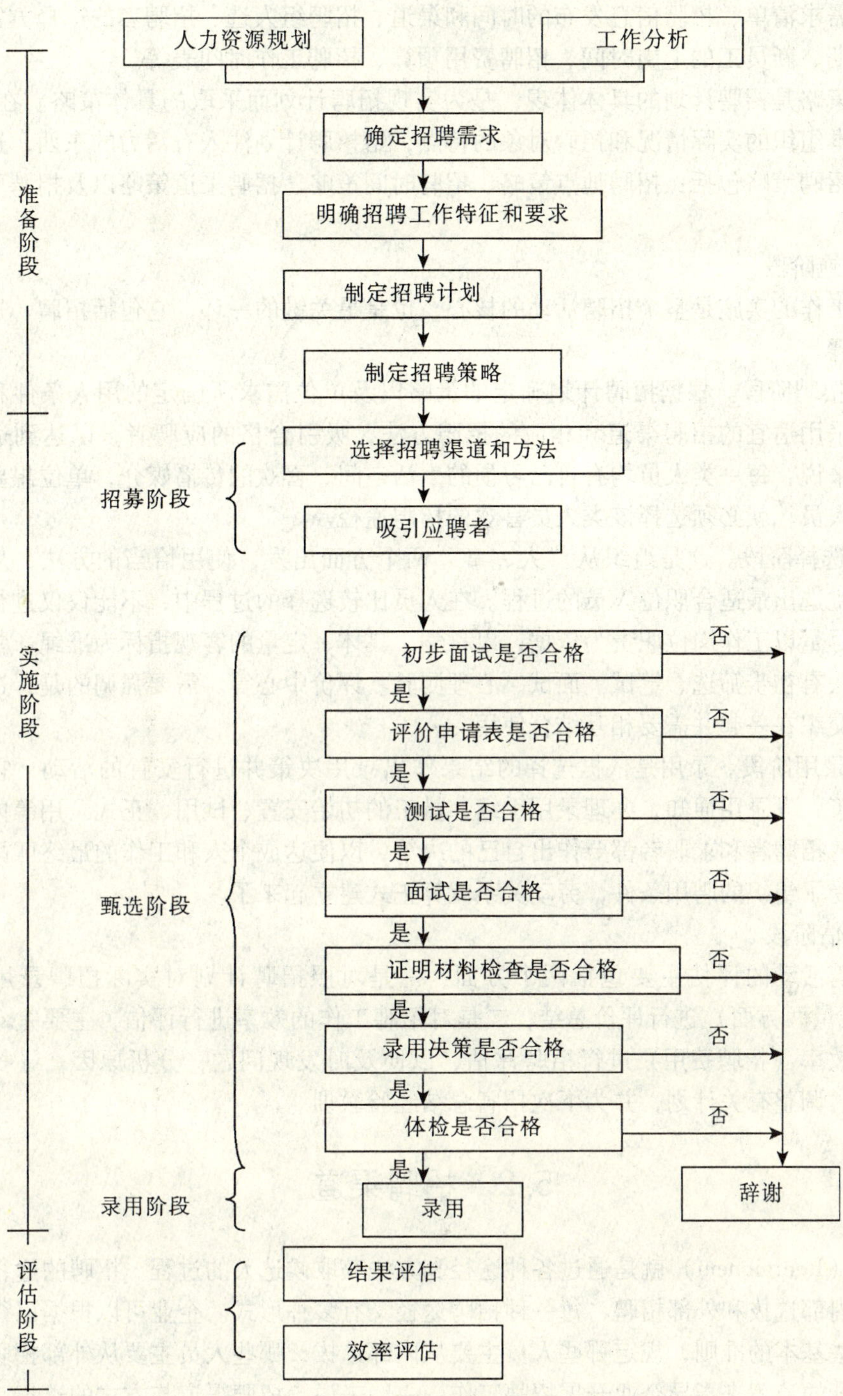


图 5－1　招聘流程

人力资源部根据经批准确定的人员需求制定相应的招聘计划。制定人员招聘计划为组织人力资源管理提供了一个基本的框架，尤其为人员招聘录用工作提供了客观的依据、科学的规范和实用的方法，能够有效避免人员招聘录用过程发生失误。招聘计划一般包括：

岗位人员需求清单、招聘信息发布的时间和渠道、招聘组人选、招聘者的选择方案、招聘的截止日期、新员工的上岗时间、招聘费用预算、招聘工作时间表等。

招聘策略是招聘计划的具体体现，是为实现招聘计划而采取的具体策略。在招聘中，必须结合本组织的实际情况和招聘对象的特点，给招聘计划注入有活力的东西，这就是招聘策略。招聘策略包括：招聘地点策略、招聘时间策略、招聘渠道策略以及招聘中的组织宣传策略等。

2. 实施阶段

招聘工作的实施是整个招聘活动的核心，也是最关键的一环，它包括招聘、选择、录用三个步骤。

（1）招聘阶段。根据招聘计划确定的策略以及单位需求所确定的用人条件和标准进行决策，采用适宜的招聘渠道和相应的招聘方法，吸引合格的应聘者，以达到适当的效果。一般来说，每一类人员均有自己习惯的生活空间、喜欢的传播媒介，单位想要吸引符合标准的人员，就必须选择该类人员喜欢的招聘途径。

（2）选择阶段。这是组织从“人、事”两个方面出发，使用恰当的方法，从众多的候选人中挑选出最适合职位人员的过程。在人员比较选择的过程中，不能仅仅进行定性比较，还应尽量以工作岗位职责为依据，以科学、具体、定量的客观指标为准绳。常用的人员选拔方法有初步筛选、笔试、面试、心理测验、评价中心等。需要强调的是，这些方法经常相互交织在一起并需要相互结合使用。

（3）录用阶段。录用是依据选择的结果作出录用决策并进行安置的活动，它主要包括录用决策，发录用通知，办理录用手续，员工的初始安置、试用、正式录用等内容。在这个阶段，招聘者和求职者都要作出自己的决策，以便达成个人和工作的最终匹配。一旦求职者接受了组织的聘用条件，劳动关系就算正式建立起来了。

3. 评估阶段

对招聘活动的评估主要包括两个方面：一是对照招聘计划对实际招聘录用的结果（数量和质量两方面）进行评价总结；二是对招聘工作的效率进行评估，主要是对时间效率和经济效率（招聘费用）进行招聘评估，以便及时发现问题，分析原因，寻找解决的对策，及时调整有关计划，并为下次招聘总结经验教训。

## 5.2 招聘渠道

招聘（Recruitment）就是通过各种途径和方法获取候选人的过程。招聘的途径主要有两条，即内部选拔和外部招聘，每一种招聘途径又有多种形式。企业可以根据以往的经验来确定一些基本的准则，规定哪些人员主要从内部选拔，哪些人员主要从外部招聘，并据此制定清晰的流程来指导企业开展招聘工作。一般来说，招聘渠道与方式的选择，取决于企业所在地人才市场、企业拟招聘职位的性质、企业的规模、企业的管理政策等因素。

### 5.2.1 内部招聘（Internal Recruitment）

1. 工作公告

通过将职位空缺信息张贴在公告牌、公司时事通讯或公司的内联网上等方式，许多职位空缺会被填补。发布工作公告（Job-posting）的目的在于让企业中全体员工都了解到哪些职务空缺，需要补充人员，使员工感觉到企业在招聘人员方面的透明度与公平性，有利于提高员工士气。

一般来说，工作布告法经常用于非管理层人员的招聘，特别适合于普通员工的招聘。其优点在于让企业更多的人员了解此类信息，为企业员工职业生涯的发展提供了更多的机会，使员工脱离原来不满意的工作环境，也促使主管们更加有效地管理员工，以防本部门员工的流失。

尽管工作告示是一个高效的招聘方法，但同时也存在一系列问题。例如，如果某个雇员认为他（她）比得到该工作的同事更胜任该工作，就会引发冲突。此外，雇员们为工作岗位而竞争会将上司置于一个压力非常大的处境之中。此法花费时间较长，可能导致职位空缺时间较长，影响企业的正常运营，也可能导致员工盲目地变换工作而丧失原来的工作机会。

2. 主管推荐

主管推荐（Superior Referrals）在内部招聘中是一种很常用的方式。当企业发生职位空缺时，由本单位的主管人员根据员工的工作表现及能力素质推荐填充新职位的人选，上级部门和人力资源管理部门对被推荐员工进行分析，选择可以胜任这项工作的优秀人员。

一般来说，主管一般比较了解潜在候选人的能力，此法因此具有一定的可靠性，而且主管们觉得他们具有多处职位的用人决策权，对工作的满意度也会比较高。这种方式一般用于员工晋升，会使员工感到有希望、有发展的机会，对于激励员工非常有利。从另一方面来讲，被推荐的人员对本单位的业务工作比较熟悉，能够较快适应新的工作。主管推荐法的缺点在于比较主观，容易受个人因素影响，主管们提拔的往往是自己的亲信而不是一个能胜任的人选。而且有时候，主管们并不希望自己很得力的下属调到其他部门，因为这样会影响本部门的实力。

3. 档案法

员工档案的内容包括雇员姓名、教育水平、培训、当前岗位、工作经验、相关工作技能等，以及其他资格证明。利用这些信息可以帮助人力资源管理部门获得有关职位应聘者的情况，发现那些具备了相应资格但由于种种原因没有申请的合格应聘者。通过查找企业内的人员信息，在企业与员工达成一致意见的前提下，选择合适的员工来担任空缺或新增的岗位。

档案法的优点是可以在整个组织内发掘合适的候选人，而档案也可以作为人力资源信息系统的一部分。如果经过适当的准备，且档案包含的信息比较全面，采用这种方法会比较便宜和省时。

### 5.2.2 外部招聘（External Recruiting）

1. 报纸和杂志广告

报纸和杂志广告（Newspaper and Magazines Advertisement）招聘是一种较为传统的招聘方式。尽管网络招聘等新渠道越来越受到企业的青睐，但报纸杂志招聘广告目前仍然是企业发布招聘信息的首选。在决定信息的内容时，一个公司必须对它想要树立的企业形象作出抉择。很明显，公司应该给未来的员工一个准确的工作或组织说明，同时应尽力吸引那些注重自身利益的未来员工，以强调工作的唯一性。广告还必须告诉潜在的员工他们为什么要对那个特殊的工作或组织感兴趣。信息内容也应表明一个求职者应怎样申请：亲自申请、电话申请还是提供简历。

报纸杂志广告招聘的特点是信息传播范围广、速度快，应聘人员数量大、层次丰富，企业的选择余地大；有广泛的宣传效果，可以展示企业实力，树立企业形象。但广告招聘有时候效率较低，因为它们不能被传达到最适合的候选人——目前并不正在寻找新工作的优秀人士那里。此外，广告费用不菲，且由于应聘者较多，招聘费用也随之增加。

2. 网络招聘

随着互联网技术在我国的迅速发展，网上求职日渐成为时尚。越来越多的求职者纷纷加入到这一行列中来。网络招聘（Online Recruiting）已成为人力资源管理者改变工作方式、提高工作效率、把握时代脉搏的一种具体方式。

我国网络招聘产业一直在往前走，多年来的积累也造就了网络招聘产业在 2004 年、2005 年的红火，51job 在纳斯达克上市，中华英才网也以股权置换的方式获得了全球排名第一的招聘网站 Monster 5000 万美元的巨额投资。根据有关资料显示，无忧工作网站（www. 51job. com）每月新增职位 3000 个，提供有效职位 7 万个、空缺职位总数 30 万个。中华英才网（www. china - hr. com）每周新增职位 2000 个，现有职位 19 万个，每月新增个人求职简历三千余份，人才库在册的求职者总数为 10 万余人。网上人才市场速发展，网络成为了人才招聘的重要渠道。在国内，网上求职者的数量已由 2002 年的 119 万上升到 2004 年的 410 万，2004 年，中国网上招聘的市场规模已经达到 5. 5 亿元人民币，预计到 2006 年将增长到 16. 9 亿元人民币。2002 年的网络调查显示，网络招聘方式以 28% 排名第一，与 2001 年相比，网络招聘上升了 5%。在美国，这一比例近达 50%。可见，随着互联网的普及，网络在求职招聘过程中将扮演越来越重要的角色。

一般来说，网络招聘的实现渠道有以下三种：

（1）注册成为专业人才网站的会员。在人才网站上发布招聘信息，收集求职者的资料，查询合适的人才信息，这是目前大多数企业在网上进行招聘的方式。由于人才网站上资料库的容量大，日访问量高，所以企业往往能较快招聘到合适的人才。

（2）在自己公司的主页或网站上发布招聘信息，并建立相应的链接。世界 500 强中有很多公司经常在自己的站点上发布招聘信息。这种方式既达到了广告宣传的目的，又能使来访问的求职人员在了解企业的实际状况后有针对性地选择应聘岗位。除了大型知名企业，一些中小企业也纷纷建立自己的网站，并发布招聘信息。为了让更多求职者获得企业招聘信息，很多企业往往同时在专业人才网以及自己公司的网站发布信息。

（3）在一些浏览量很大的网站发布招聘广告，如新浪网（www. sina. com）、搜狐网（www. sohu. com）、网易（www. 163. com）、中华网（www. china. com）等。在这些网站上发布招聘广告，不仅会有很大的信息反馈量，而且也会对公司产生一定的广告效应。

网络招聘依赖互联网技术搭建的先进的信息平台，极大地提高了应聘者和招聘单位的工作效率，降低了成本。它的优势在于覆盖面广、成本低、时间投入少、效果明显等。但网络招聘就像一把“双刃剑”，在越来越受到企业和应聘者喜爱的同时，也暴露出一些问题，比如信息处理难度大、虚假信息大量存在、个人隐私权保护薄弱等。

3. 猎头公司

在国外，“猎头公司”（Hunter）早已成为企业求取高级人才和高级人才流动的主要渠道之一。在我国，由于目前私人就业机构在经营上尚存在一些待规范的问题，限制了其发展，但随着市场经济的发展，猎头公司开始在招聘高级管理人才方面扮演越来越重要的角色。对一个企业来说，高级管理人才和尖端技术人才的作用十分重要，用传统的渠道往往很难获得，而猎头公司拥有专业的人才搜寻手段和渠道，建有优质高层人才库，能实施专业管理并不断更新，因此猎头公司能为企业推荐高素质的人才。

与高素质候选人才相伴的是昂贵的服务费。猎头公司向用人单位而不是人才收取服务费，通常会达到所推荐人才年薪的25%～35%。有人认为猎头公司收费过高，其实猎头公司推荐成功一个人相当不容易，他们要完成一个“订单”需要经过多道复杂程序。如果企业把自己招聘人才的所有成本、人才素质的差异等隐性成本计算进去，猎头服务或许不失为一种经济、高效的方式。

---

**即时案例**　　**猎头公司的工作步骤**

为了切实理解客户的需要，有的猎头公司甚至派人去客户公司工作一段时间，亲自了解和体会其文化、员工关系、组织结构等。企业在使用猎头服务时，也要注意确保猎头公司准确理解自己的需要；否则，耽误了时间，企业将比猎头公司遭受更大的损失。猎头公司工作的典型步骤是：

(1) 分析客户需要。猎头顾问会与委托人沟通企业的背景、对候选人的要求等信息，对理想的候选人的技能、经验和个性进行深入的了解。能否找到最为贴近组织需求的人才，取决于猎头公司对这种需要的了解程度。

(2) 搜寻目标候选人。猎头公司一般拥有自己的人才数据库。通常，它们在接受客户委托后，会根据委托人的要求在数据库中搜索，或者经过分析找出目标候选人。但人才库的作用也是有限的，需要猎头公司主动去发现和寻找人才。

(3) 对目标候选人进行接触和测评。猎头公司主动接触候选人，对候选人进行面谈或其他形式的测评，然后提交给委托人一份具体的描述该候选人素质的报告。衡量高级人才的一个重要依据就是他过去的工作经历。专业的猎头公司一般都必须做背景调查工作，向候选人以前工作单位的上司、同事了解有关情况。有些公司还会提供人才素质测评，除了考察候选人的能力之外，还着重考察候选人的个性特点、工作风格是否与用人公司的文化相适应，其职业兴趣与动机是否与岗位的需要相吻合。

(4) 提交候选人评价报告。委托公司得到猎头公司提名的候选人评价报告后，如果认为有必要，可以直接与候选人接触，并作出决策。有时候，出色的候选人往往已经有一份不错的工作，并且往往是同时面临着好几个机遇待决定，而委托方又不愿意接受一个折中的候选人。在这种情况下，猎头公司会在谈判中起到积极作用，帮助双方达成一项彼此都能接受的最终解决方案。

(5) 跟踪与替换。在委托公司与候选人达成雇佣意向后，猎头公司会对候选人进行跟进，以确保其进入新公司的平稳过渡。通常，猎头公司会在4～6个星期内，制定一个全面的候选人名单，并免费替换在保证期内离开的候选人。

当然，猎头公司也存在不足，比如西方国家的公司中就常出现“跳槽秀”现象，而猎头公司就在其中扮演了重要角色。

---

4. 校园招聘

当组织在初级岗位上有空缺或拥有自己的内部培训计划时，从高校招聘员工是一个经常被采用的战略方法。最常用的校园招聘方式是一年一度或一年两次的高校人才供需洽谈会，供需双方直接见面，双向选择。另外随着网络的发展，许多企业的校园招聘也借助网络平台发布信息，如英才网的校园招聘板块，高校就业信息网和BBS，以及企业网站的校园招聘专栏等。越来越多的企业采取自己在学校召开招聘会，举行宣讲会，张贴、散发招聘广告，在网上公布就业信息，委托毕业生办公室推荐等方式。有的则通过定向培养、委托培养等直接从学校获得所需要的人才。校园招聘（Campus Recruiting）常被作为获得管理人才、技术专家和科技人员的主要来源。一般来说，专家（例如工程师和人力资源管理者）是从全国范围内招聘的，而技术性、低层次的工作岗位更倾向于在地区或当地招聘。

校园招聘有许多优势：学生的可塑性强、选择余地大、候选人专业多样化、可满足企业多方面的需求、招聘成本低、有助于宣传企业形象等。但校园招聘也有其明显的不足之处。它通常只用来选拔工程、财务、会计、计算机、法律以及管理等领域的专业化初级水平人员，而且，许多毕业生在校园招聘中有脚踏几只船的问题，又由于学生缺乏实际工作经历，对工作和职位容易产生不现实的期望，因此，通过校园招聘来的员工在头五年里有比较高的流失率，士气也比较低。

5. 公共就业机构

公共就业机构（Public Employment Agencies）覆盖着我国每一个大的经济区域，包括人才交流中心、职业介绍所、劳动力就业服务中心等。这些机构承担着双重角色：既为企业选人，也为求职者择业，并常年为企业服务。

这些机构每年都要举办多场招聘洽谈会。在确定招聘洽谈会的时间和地点后，就业机构会在人才网或报纸杂志等媒体上公布，并向企业发出邀请函。企业在收到或下载邀请函后，需向就业机构发出回执。在招聘洽谈会举行的前几天就业机构会公布参会单位名单，供求职者参考。在洽谈会中，单位和应聘者可以直接进行洽谈和交流，节省了单位和应聘者的时间。随着人才交流市场的完善，洽谈会呈现出向专业化方向发展的趋势，有中高级人才洽谈会、应届生双向选择会、信息技术人才交流会等。通过参加招聘洽谈会，单位招聘人员不仅可以了解当地人力资源素质和走向，还可以了解同行业其他单位的人力资源政策和人力需求情况。

采用公共就业机构招聘人才的方法，由于应聘者比较集中，招聘单位的选择余地较大，但要想采用这种方法招聘到高级人才仍较为困难。

6. 熟人推荐法

通过单位的员工、客户、合作伙伴等熟人推荐人选，也是企业招聘员工的重要来源，其优点是：对候选人的了解比较准确；候选人一旦被录用，顾及介绍人的关系，工作也会更加努力；招聘成本也很低。其问题在于可能在单位内形成小团体。

在国外，一些著名公司如思科、微软等采取鼓励措施，鼓励员工积极推荐适合公司需要的人才加入公司，如设立奖金、奖励旅游等。这些公司相当一部分的员工是通过熟人推荐获得的。

### 5.2.3 招聘渠道的选择

现在越来越多的企业重视内部招聘，空缺职位在对外公布之前，都首先在内部公布，越来越多的企业视内部员工为企业所需人才的重要来源。内部晋升的可能性经常会增强员工的士气。研究表明，晋升机会能导致流动率的下降、高涨的工作满意度及更好的工作绩效。事实上，无论是内部招聘还是外部招聘都各有优缺点，且在一定程度上是互补的。

1. 内部招聘的优缺点

内部招聘有很多的优点：

（1）得到升迁的员工会认为自己的才干得到组织的承认，因此他的工作积极性和绩效都会得到提高；

（2）内部员工比较了解组织的情况，他们为胜任新的工作岗位所需要的指导和培训比较少，离职的可能性比较小；

（3）提拔内部员工可以提高所有员工对组织的忠诚度，使他们在制定管理决策时能有比较长远的考虑；

（4）许多组织对人力资源的投资很大，充分利用现有员工的能力能够提高组织的投资回报；

（5）员工招聘费用低。

但是，内部招聘也有不足之处：

（1）“近亲繁殖”。在所有管理层成员都是从内部晋升上来的情况下，很可能会出现照章办事和维持现状的倾向，不利于创新的产生和新政策的贯彻执行；

（2）那些没有得到提拔的应征者可能会不满，因此需要作解释和鼓励工作；

（3）当新主管从同级的员工中产生时，工作集体可能会有抵触情绪，这使得新主管难以建立领导声望；

（4）许多企业都要求管理人员将职位空缺情况公布出来，而且要同所有的内部候选人进行面谈，而管理人员往往早有中意人选，因而同一大串并不看好的内部候选人面谈无疑是浪费时间；

（5）如果组织已经有了内部补充的惯例，当组织出现创新需要而急需从外部招聘人才时，就可能遭到现行员工的抵制，损害员工的积极性。

但是，内部招聘已经成为建立员工忠诚度的一种有效的方法。它的不足之处可以通过细致的工作来弥补和消除，如更广泛地通知，使有关信息传达到企业的每一个角落，人力资源部门做更细致的工作，提高服务质量等。

2. 外部招聘的优缺点

外部招聘的优势上要表现在：

（1）人才来源广，挑选余地大，有可能招聘到许多优秀人才，尤其是一些较为稀缺的复合型人才，这样还可以节省内部培养和业务培训的费用。

（2）可以利用外部候选人的能力与经验为企业补充新鲜血液，并能够给企业带来多元化的局面，避免很多人都用同样的思维方式思考问题。

（3）还可以借助在招聘中与外界交流的机会树立企业良好的公众形象。

（4）产生“鲇鱼效应”。外聘人才的进入无形中给原有员工带来了压力，造成了危机感，可激发原有员工的斗志和潜能。

（5）避免近亲繁殖。

（6）有时可缓解内部竞争者之间的紧张关系。由于空缺职位有限，企业内可能有几个候选人，他们之间的不良竞争可能导致勾心斗角、相互拆台等问题。一旦某员工被提升，其他候选人可能会出现不满情绪，消极懈怠，不服管理。外部招聘可以使内部竞争者得到某种心理平衡，避免组织内部成员间的不团结。

同时，企业也必须承担一定的风险：

（1）由于信息不对称，往往造成筛选难度大、成本高，容易被应聘者的表面现象如学历、资历等所蒙蔽，而无法清楚了解其真实能力。

（2）外聘员工需要花费较长时间来适应企业文化，接受培训和进行自我定位，这可能会影响组织的整体绩效；外聘人员有可能出现“水土不服”的现象，无法接受企业文化。

（3）从外部招聘的“空降兵”可能会影响企业内部一些员工的士气：若组织内内部有胜任能力的人未被选用，从外部招聘会使他感到不公平，容易产生与外聘者不合作的态度。

（4）有可能给竞争对手提供了窥视商业秘密的机会。

（5）招聘企业可能成为外聘员工的培训基地和中转站。

企业的通常做法是将内外招聘相结合，但对不同层次员工会有一些侧重。除了基层员工基本是外部招聘外，就一般的招聘经验数据而言，中层管理人员或经营骨干很大比例将从内部招聘，因为这些员工最关键的素质是具备执行技能，而内部员工通常能满足这种需求。高层主管在西方的企业中将会有40% 左右的比例从外部招聘，因为他们更多需要具备战略能力，这是相对稀缺的经营素质，因此组织通常要从更广的范围进行选择。

3. 招聘决策

企业在选择人员招聘来源时，往往会考虑以下因素：

（1）企业经营战略。当企业处在发展阶段，根据未来发展战略和业务拓展要求，需要大批量的人才时，内部选聘已不能满足需求，应采取外部招聘的方式获得人才。若企业采取的是维持战略，出现空缺职位时从外部招聘可能会增加人工成本，如企业内部有较合适的人选，可采用内部选聘。

（2）企业现有人力资源状况。当空缺职位比较重要，现有人员中又没有合适人选或可以培养的对象，或者有培养对象，但培养成本较高时，可从外部招聘。现有人员中有可培养的对象，且培养的成本不高，则可从内部选聘填补空缺。

（3）招聘的目的。当招聘不仅仅是为了找到较合适的人来填补空缺，更重要的是出于管理考虑，通过增加新鲜血液带来新思想、新观点，激发现有员工队伍活力，转变经营观念和工作方式时，则可采用外部招聘方式。

（4）人工成本。当空缺职位是高级职位时，外聘人才可能要价很高，若企业从长远发展角度以及外聘人员的贡献与作用来看认为值得，还是外聘较好；但若企业规模较小，短期内担负不起这种高人工成本，则宜从内部考虑。

（5）企业的用人风格。企业领导的用人风格对企业招聘渠道的选择起决定作用。有些企业领导人喜欢从外部引进，而有的企业领导人则对内部培养感兴趣。

（6）企业所处的外部环境。主要包括人才市场建立与完善状况、行业薪资水平、就业政策与保障法规、区域人才供给状况、人才信用状况等。这些环境因素决定了企业能否从外部招聘到合适的人选。若企业所处区域的人才市场发达、政策与法规健全、有充足的人才供给、人才信用良好，在不考虑其他因素的情况下，外部招聘不仅能获得理想人选，且方便快捷；若企业外部环境与上述相反，则宜采用内部选拔培养，这样既可节约招聘成本，又可避免招聘风险。

## 5.3 甄选技术与方法

有经验的招聘官的工作就是剥去你的“伪装”，寻找真正适合企业的人选。我常建议前来应聘的人表现出最自然的自己，不要为找一份工作而刻意改变自己。要让招聘官看到真实的你，选择真实的你。如果你不是真实的，那么被选中的你，有可能走错人生道路。

——飞利浦电子中国集团人力资源副总裁

招聘中的员工甄选（Selection）是指综合利用心理学、管理学和人才学等学科的理论、方法和技术，对候选人的任职资格和对工作的胜任程度进行系统的、客观的测量、评价和判断，从而作出录用决策。候选人的任职资格和对工作的胜任程度主要包括与工作相关的知识和技能、能力水平及倾向、个性特点和行为特征、职业发展取向以及工作经验等。

### 5.3.1 员工甄选的内容

传统的甄选过程是一种集中于对应聘者所缺乏的才能的测验，而服务于企业战略的员工甄选过程则应与员工未来的工作表现相结合，集中于对应聘者可以被开发的才能的测验上。不是关心应聘者哪些方面不行，而是要发现应聘者的潜能。

人员甄选不应只是以学历、经历等表面的东西为依据，而应关注于应聘者是否具有岗位和企业发展所需要的能力，能否在企业实现长远的发展。候选者的任职资格和对工作的胜任程度主要取决于他所掌握的与工作相关的知识、技能，本人的个性特点、行为特征和个人价值观取向等因素。因此，人员甄选主要是对候选者的以下几个方面进行测量和评价。

1. 知识

知识（Knowledge）是系统化的信息，可分为普通知识和专业知识。普通知识也就是我们所说的常识，而专业知识是指特定职位所要求的特定的知识。在员工甄选过程中，专业知识通常占主要地位。应聘者所拥有的文凭和一些专业证书可以证明他所掌握的专业知识的广度和深度，如计算机等级证书、英语等级证书、法律执业资格证等。知识的掌握可分为记忆、理解和应用三个不同的层次，会应用所学的知识才是企业真正需要的。所以，人员甄选时不能仅以文凭为依据判断候选者掌握知识的程度，还应通过笔试、测试等多种方式进行考察。

2. 能力

能力（Ability）是引起个体绩效差异的持久性个人心理特征，如是否具有良好的语言表达能力是导致教师工作绩效差异的重要原因。通常我们将能力分为一般与特殊能力。一般能力是指在不同活动中表现出来的一些共同能力，比如记忆能力、想象能力、观察能力、注意能力、思维能力、操作能力等。这些能力是我们完成任何一种工作都不可缺少的能力。特殊能力是指在某些特殊工作中所表现出来的能力，例如，设计师需要具有良好的空间知觉能力及色彩辨别力，管理者就要有较强的人际能力、分析能力等，也就是我们常说的专业技能。

对应聘者一般能力的测试可以使用一些专门设计的量表，如智商测试量表等。专业技能的测试常采用实际操作的方法，如招聘文秘可以请应聘者打字、速记、起草公文等，也可采用评价中心的方法测试应聘者的专业技能。

3. 个性

每个人为人处世总有自己独特的风格，这就是个性的体现。个性（Persona-lity）是指个人相对稳定的特征，这些特征决定着特定的个人在各种不同情况下的行为表现。个性与工作绩效密切相关。例如，性格急躁的人不适合做需要耐心的精细工作，而性格内向、不擅长与人打交道的人不适合做公关工作。个性特征常采用自陈式量表或投射测量方式来衡量。

4. 动力因素

员工要取得良好的工作绩效，不仅取决于他的知识、能力水平，还取决于他做好这项工作的意愿是否强烈，即是否有足够的动力促使员工努力工作。员工的工作动力来自于企业的激励系统，但这套系统是否起作用，最终取决于员工的需求结构。不同的个体需求结构是不相同的。在动力因素中，最重要的是价值观，即人们关于目标和信仰的观念。具有不同价值观的员工对不同企业文化的相融程度不一样，企业的激励系统对他们的作用效果也不一样。所以，企业在招聘员工时有必要对应聘者的价值观等动力因素进行鉴别测试。鉴别测试通常采用问卷测量的方法。

### 5.3.2 人员甄选的程序及甄选方法

员工甄选在企业招聘环节中是技术含量最高、最为关键的环节。人员甄选一般包括以下一些程序：

（1）初步筛选。通过求职者填写的申请表掌握其初步信息，筛选出可参加测试者。申请表、推荐检测是企业筛选过程中最初级的筛选，侧重于考察申请人的背景和工作及学习经历。

（2）初次面试。人事主管对求职者做初步面试，决定下一轮的候选者。

（3）笔试。

（4）进行各种测试。这些测试有：

智力测试。测试学习、分析、解决问题的能力，包括表达、计算、记忆以及理解能力等。

专业能力测试。测试某些具体工作所需的特殊技能，如打字、操作电脑、速记。

工作样本测试。测试员工做某件事情的能力。

可塑性测试。测试候选人的可塑性。

个性测试。测试其性格类型、事业心、成就欲望、自信心、耐心等。

职业倾向测试。测试其对某些职业的兴趣和取向。

以上这些测试可采用笔试、面试、在工作现场或模拟情景中测试，甚至可以委托专业的人才测评机构完成。

（5）深入面试。由人事部主持，由有关各方组成招聘专家组，了解求职者的更多信息、个人理想与抱负、与人合作的精神等。

（6）员工需求部门的上司面试。员工甄选方法众多，包括初步筛选、笔试、心理测试、实践操作测试、面试、评价中心法等。企业一般不只采用一种方法，而是搭配使用多种方法，筛选出最适合的人才。下面对一些常用的甄选方法作简要的介绍。

### 5.3.3 员工甄选技术与方法之一 —— 初步筛选

对求职者进行的最初筛选是通过查阅简历或让求职者填写申请表来完成的。由于不同求职者制作的简历存在差异，不利于筛选和比较，因此越来越多企业都会制作一份具有统一格式的申请表，让求职者填写，这样不仅能够得到企业所需要的信息，还可以提高筛选效率。

招聘申请表内容的设计要以拟招聘岗位的工作说明书为依据，每一栏目均有一定的目的，着眼于对应聘者的初步了解。不同的单位在招聘中使用的申请表的项目是不同的，而且不同职位的申请表内容的设计也有一定的区别。此外，申请表的设计还要注意遵守有关法律和政策。

在初步筛选的过程中要注意以下几个问题：

（1）判断应聘者的态度。在筛选申请表时，首先要筛选掉那些应聘不认真的表格，即那些填写申请表不完整和字迹难以辨认的材料。如果有些简历存在虚假信息，也要直接将这些简历筛选掉。

（2）关注与职业相关的问题。在审查申请表时，要估算背景材料的可信程度，要注意应聘者以往经历中所任职务、技能、知识与应聘岗位之间的联系。如应聘者是否标明了过去单位的名称、过去的工作经历与现在申请的工作是否相符，工作经历和教育背景是否符合申请条件，是否经常变换工作而这种变化却缺少合理的解释等。在筛选时要注意分析其离职的原因、求职的动机，对那些频繁离职的人员要加以关注。

（3）要注意应聘者是否标明了过去单位的名称，他过去的工作经验与现在申请的工作是否相符，他的工作经历和教育背景是否符合申请。

值得注意的是，由于个人资料和招聘申请表所反映的信息不够全面，决策人员往往凭个人的经验与主管臆断来决定参加复试的人选，这样会带有一定的盲目性，容易漏选。因此，初选工作在费用和时间允许的情况下应坚持选择面广的原则，应尽量让更多的人员参加复试。

### 5.3.4 员工甄选技术与方法之二 —— 笔试

笔试主要用于测量人的基本知识、专业知识、管理知识、相关知识以及综合分析能力、文字表达能力等素质及能力要素。它是一种最古老而又最基本的员工甄选方法，至今仍是企业组织经常采用的选拔人才的重要方法。

笔试的优点是一次考试能提出十几道乃至上百道试题，由于考试题目较多，可以增加对应聘者知识、技能和能力的考察信度与效度；可以对大规模的应聘者同时进行筛选，花较少的时间达到高效率；对应聘者来说，心理压力较小，容易发挥正常水平；同时，成绩评定也比较客观，易于保存。

笔试的缺点是不能全面考察应聘者的工作态度、品德修养以及企业管理能力、口头表达能力和操作能力等。因此，还需要采用其他方法进行补充。一般来说，在人员招聘中，笔试往往作为应聘者的初次竞争，成绩合格者才能继续参加面试或下轮的选择。

笔试最薄弱的环节是命题技术，其主要问题表现为命题的主观随意性和试题的质量不高。因此，笔试一定要有命题计划，要根据工作分析得出的有关岗位工作人员所需的知识结构，设计出具体的测试内容、范围、题量、题型等。此外，试题要有明确的记分标准，各个考题的分值应与其考核内容的重要性及难度成比例。阅卷时，阅卷人要客观、公平、不徇私情。

### 5.3.5 员工甄选技术与方法之三 —— 心理测试

1. IQ 测试

国内企业运用最多的是 IQ 测试或类 IQ 测试。类 IQ 测试是指对数量分析、逻辑推理等基本能力的测试。有人认为这类测试属于能力测试，但国外 IQ 测试的发展已基本上将这些测试形式包括进去了。国外有许多成熟的 IQ 量表，用于测量人的智商，如比奈量表、瑞文图形推理等。

2. 能力测试

能力测试（Ability Test）是用于测定从事某项特殊工作所具备的某种潜在能力的一种心理测试。这种测试可以有效地测量人的某种潜能，从而预测他在某职业领域中成功和适应的可能性，或判断哪项工作适合他。这种预测作用体现在可以测出什么样的职业适合某人，什么样的人胜任某职位。因此，它对人员招聘与配置都具有重要意义。

3. 人格测试

人格（Personality）由多种人格特质构成，大致包括以下几方面：个性倾向性，如需要、动机、价值观、态度等；个性心理特征，如气度、能力、性格等；此外，还有体格与生理特质。人格对工作成就的影响是极为重要的，不同气质、性格的人适合不同种类的工作。对于一些重要的工作岗位如主要领导岗位，为选择合适的人才，需进行人格测试。因为领导者失败的原因往往不在于智力、能力和经验不足，而在于人格的不成熟。

在过去的十年中，人们对于五种人格特征的关注日益显著，这五种人格特征即五大个性维度。五大个性维度包括情绪稳定型（镇静、乐观）、外向型（善于交际、健谈）、开发型（富于想象、好奇心强）、愉悦型（信任他人、有合作精神）以及责任心型（坚定可靠）。有多种测度五大个性维度的方法可以采用。一种可用的测试是“个性特征测试”。这种测试要求被试者指出他们与行为描述的一致程度。设计用来测度五大个性维度的其他测试包括 NEO 个性测量表和霍根人格测试。

4. 职业兴趣测试

职业兴趣测试的目的在于揭示人们想做什么和他们喜欢做什么，可以从中发现应聘者最感兴趣并从中得到最大满足的是什么。霍兰德的职业兴趣测试把人的兴趣分为六种类型：实际型、研究型、社交型、传统型、企业型、艺术型。

### 5.3.6 员工甄选技术与方法之四 —— 实践操作测试

1. 工作样本测试

工作样本测试（Work Sample Test）也称为绩效测试，它测度的是员工做某件事情的能力而不是了解某件事情的能力。这种测试可能测度运动技能或语言技能。运动技能包括实际操作与工作相关的各种设备。语言技能包括处理问题的技巧和说话的技巧。工作样本测试应该测试工作中的重要方面。因为求职者要实际完成工作的一小部分内容，所以要在这种测试中"做假"是很困难的。

设计工作样本测试最有效的方法之一是使用工作分析的结果。因为工作分析的结果指出了哪个任务最关键以及成功完成这项任务需要哪些技能，这样就很容易确定需要测试完成哪项工作的能力。只要执行成本不是很高，令工作样本与实际工作保持一致是挑选工作最佳人选的好方法。

2. 可塑性测试

对于那些由于求职者的技术水平或工作具有易变的属性从而必须进行培训的工作，可塑性测试非常有用。具体说来，测试的目标是确定候选人的可塑性。在这个过程中，首先由培训者示范如何完成一项特定的任务，然后要求求职者来完成。在这一阶段培训者会对他或她进行几次指导以帮助他们完成。最后，候选人要独立完成任务。在此过程中，培训者仔细观察候选人的完成情况、记录所发生的错误，从而确定求职者的整体可塑性如何。

许多管理人员和求职者更喜欢这种类型的测试而不是认知能力和素质测试，因为工作样本测试和可塑性测试的表面效度较高（也就是说管理人员和求职者认为这种测试预测未来工作绩效的方法效度较高）。实际上，通过实际履行某一工作或工作的一部分，求职者更容易理解自己为什么适合或不适合某一工作。

### 5.3.7 员工甄选技术与方法之五 —— 面试

面试（Interview）兴起于20世纪50年代的美国，指通过测试者与被试者双方面对面的观察、交谈，收集有关信息，从而了解被试者的素质状况、能力特征以及动机的一种人事测量方法。可以说，面试是人事管理领域应用最普遍的一种测量形式，企业组织在招聘中几乎都会用到面试。

1. 结构化面试与非结构化面试

面试按其形式的不同可以分为结构性面试和非结构性面试。

结构性面试（Structured Interview）就是指依照预先确定的内容、程序、分值结构进行的面试形式。或者说，是对同类应聘者，用同样的语气和措辞，按同样的顺序，问同样的问题，以同样的标准评分。问题的结构就是招聘岗位所需要的素质结构，面试所问的问题均与工作本身紧密相关，有时还会预先分析这些问题可能的回答，并针对不同的答案划分评价标准，以帮助主试人进行评定。

结构化面试最大的优点是强调一致性和公平性，将主考官的主观随意性降至最低，因此与非结构化面试相比较，它的信度和效度均较高。一致性就是指对每一位应聘者的问题的一致性，公平性是指公平地对待每一位应聘者，避免主考官出现近期效应和晕轮效应。结构性面试取得成功的关键在于事先的准备，尤其是对工作技能的分析。这种面谈方式适宜于招聘除中高层管理人员之外的所有员工。其缺点是过于僵化，难以随机应变，收集信息的范围有限。

非结构性面试（Unstructured Interview）是指面试的内容、程序等都没有明确的规定，评价者提问的内容和顺序都取决于测试者的兴趣和现场被试者的回答，不同的被试者所回答的问题可能不同。此方法一般用于企业中高层管理人员的招聘和选拔测试。由于非结构性面试是一种难以掌握的方法，对主试人员的素质要求较高，因此一般都聘请专业人员参与主考。

2. 面试步骤

这里的面试步骤主要针对结构化面试。一般来说，面试可以分为五个步骤：

（1）职位分析。确定招聘职位所需要的知识、技能和能力。这是面试的基础。由所需求职位的直接领导人根据岗位分析、职位分析表和所在部门的实际情况来确定所缺职位的工作职责、知识、技能和能力，并将岗位所需要的素质都一一列出；依据“2/8 原则”，20% 的关键因素决定 80% 的结果，运用 ABC 分类法或主成分分析的方法分析少数的关键因素。

（2）问题的设定。主管人员确定所需要的人员的关键素质后，人力资源部门就要根据所要求的素质来设计问题。每一个关键素质一般设置 1～3 个问题，问题的设置以情景问题和过去经历问题为主，避免一些“闭门”问题，使应聘者回答在什么时间、什么地点、遇到了什么问题，应聘者是怎么解决的。这些开放性问题一方面可以让应聘者充分地展示处理实际问题的能力和一定的表达能力，另一方面可以使企业更好地了解应聘者对知识掌握的灵活性，最终达到让适合的人做适合的事的目的。企业在招聘具体某职位的员工时，应该有所侧重，如招聘市场营销人员，应侧重考察候选人的人际关系能力和应变能力等，而招聘技术人员应侧重技术知识和能力等，并根据企业和职位的具体要求，提出具体的问题。

（3）面试基准答案的设定。为每一个问题制定一个五分制或十分制的答案评定量表，并规定最佳的答案（5 分或 10 分）的具体答案是什么，最低可接受的答案（3 分或 7 分）的具体答案是什么，最差的答案（1 分或 3 分）的具体答案是什么。

（4）面试的过程。在部门经理和人力资源部门做了上述的准备之后就进入了面试的过程。在面试中主考官可以根据应聘者的回答给予评分，并且详细记录每一位应聘者的回答的要点，以便和其他应聘者比较。

除了问题列表，很多企业还制定了面试评价表。面试评价表反映的内容更抽象，体现面试者更本质的一些要素。综合问题列表和面试评价表能够更全面地反映面试者的综合素质，从而降低员工甄选决策的偏差。

（5）面试结束后，对评价表进行整理和对比，评选出最适合的人员。这是面试工作的最后一个环节，也是最重要的环节。在众多应聘者中选择最适合企业的人员，这也是整个招聘工作的关键所在。

**即时案例　　中兴通讯的人才招聘——选聘一流人才**

通讯公司的最大特点就是高速发展。对中兴通讯这类的行业开拓者来说，这里的高速发展有着两个方面的含义：一是企业业务的高度膨胀，市场份额不断扩大；二是技术的更新换代持续加快。高速发展的公司面临的首要问题就是人力资源的扩张。人力资源短缺往往是限制业务拓展的主要障碍之一。比如市场份额更多更大时，由于人手问题而无暇顾及一些客户就可能造成客户的流失。因此，中兴通讯一直非常重视招聘，并提出了“以一流的标准选聘和培训员工”的理念。

什么是一流人才？对此，中兴通讯的定位是“在某一个专业领域里的国内前5%”，这群人是一流人才。这在其每一次招聘中都得到了体现。随着招聘的积累，中兴通讯目前的1万多名员工，面试人员也就超过10万人，搜索的简历超过30万份到50万份。

谈到花费这么多的精力与时间选聘员工时，中兴通讯人力资源中心主任陈健洲先生很肯定地说，这很值得！员工选聘就是从一组求职者中挑选最适合特定岗位要求的人的过程，而企业招聘工作对选择过程的质量影响很大，如果符合条件的申请人很少，组织可能不得不雇佣条件不是十分理想的人，企业就不得不加强培训工作，这增加了隐性成本。而且高能力员工和低能力员工之间生产率差别估计高达3:1。因此，选择了一流人才可以获得很大的益处。陈健洲形象地比喻说，只要这些一流的人才还列在企业的工资单上，这种益处就会不断延续下去。

在招聘中，中兴通讯都会重点考虑人才的背景，对其所受教育的要求一般锁定在重点本科院校。对此，陈健洲解释说，我们并不是否定非重点高校的学生，但是我们认为在重点高校的范围内，优秀的学生比率要更高，更有利于中兴通讯选聘到一流的人才。中兴通讯的大部分岗位都要求员工有好的技术背景，因此对高校和专业都有一个较为明确的要求，此外，对工作经验及一个健康的体魄也要求较高。中兴通讯的面试非常严格，从技术能力和素质考核两个方面进行考察，被面试者须通过6~7关，把关极其严格，实行一票否决制，而且中兴通讯的面试官都是通过专业培训的。中兴通讯的要求很简单：招聘到的人才既是优秀的人才，也是符合公司文化的人才。

资料来源：http: //wenku. baidu. com/view/b698d05e804d2b160b4ec0b7. html.

### 5.3.8　员工甄选技术与方法之六 —— 评价中心

评价中心（Assessment Center）是近几十年来西方企业中流行的一种选拔和评价高级人才，尤其是中高层管理人员的一种综合性人才测评技术。评价中心技术自20世纪80年代初被介绍到我国，并在我国企业和国家机关的人员招聘与选拔中有了一定程度的应用。

评价中心起源于情景模拟与角色扮演，是根据被试者可能担任的职位，编制一套与该职位实际情况相似的测试项目，将被试者安排在模拟的、逼真的工作环境中，要求被试者处理可能出现的各种问题，用多种方法来测试其心理素质、实际工作能力、潜在能力的一系列方法。评价中心的评价者由企业或其他招聘单位内部的高级管理人员和组织外部的测评专家共同组成。

评价中心涉及的范围主要有个人的背景调查、心理测评、管理能力和行为评价。评价中心是以评价管理者素质为中心的测评活动，其表现形式多种多样。从测评的主要方式来看，有投射测验、面谈、情境模拟、能力测验等。但从评价中心活动的内容来看，主要有公文筐测试、无领导小组讨论、角色扮演、演讲、案例分析、事实判断等形式。

1. 公文筐测试

公文筐测试（In-tray Test），也称为公文处理，是评价中心技术中使用最多、也被认为是最有效的一种形式。在该方法中，将被试者置于一个特定的职位或管理岗位的模拟情境中，由主试提供一批岗位经常需要处理的文件，文件是随机排列的，包括电话记录、请示报告、上级主管的指示、待审批的文件、各种函件、建议等形式，它们分别来自上级和下级、组织内部与外部，包括日常琐事和重要大事。这些文件都要求在一定的时间和规定的条件下处理完毕。被试还要以口头或书面的形式解释说明处理的原因。主试者根据被试人处理的质量、效率、轻重缓急的判断，以及处理公文中被试表现出来的分析判断能力、组织与统筹能力、决策能力、心理承受能力和自控能力等进行评价。

2. 无领导小组讨论

无领导小组讨论（Leaderless Group Discussion）是指运用松散群体讨论的行为，快速诱发人们的特定行为，并通过这些行为的定性描述、定量分析以及人际比较来判断被评价者素质特征的人事测评方法。

在无领导小组讨论过程中，一般会给被评价者一个待解决的问题，给他们大概一个小时左右的时间，让他们在既定的背景下围绕给定的问题展开讨论并解决这个问题。被评价者的最佳数量一般是6～8人。所谓“无领导”，就是说参加讨论的这一组被评价者在讨论问题情境中的地位是平等的，没有指出哪一个人充当小组的领导者。这种设置的目的在于考察被评价者的表现，尤其是看谁会从中脱颖而出，成为自发的领导者。评价者不参与讨论过程，他们只是在讨论之前向被评价者介绍一下讨论问题，给被评价者规定所要达到的目标及时间限制等，至于怎样解决问题则完全由被评价者自己来决定。评价者一般通过现场观察或者录像观察对被评价者进行评定。

无领导小组讨论的一个优点是它提供给被评价者一个平等相互作用的机会。在相互作用的过程中，被评价者的特点会得到更加淋漓尽致的表现，同时也给评价者提供了在与其他被评价者进行对照比较的背景下对某个被评价者进行评价的机会，从而使评价者给出更加全面、合理的评价。同时，无领导小组讨论具有主动的人际互动效应，通过被评价者的交叉讨论、频繁互动，能看到许多纸笔测验乃至面试所不能检测的能力或者素质，如被评价者在讨论中会无意地显示自己的能力、素质、个性特点等，这有利于捕捉被评价者的人际技能和和领导风格，提高被评价者在真实团队中行为表现的预测效度。

3. 角色扮演

在角色扮演（Role Playing）的情景模拟中，测评者设置了一系列尖锐的人际矛盾与人际冲突，要求几个应试者分别扮演不同的角色，去处理各种问题和矛盾。测评者通过对应试者在扮演不同角色时表现出来的行为进行观察和记录，测试应试者的素质或潜能。一般来说，对角色扮演的评价主要放在角色把握能力、人际关系技能和对突发事件的应变能力等方面。

### 5.3.9 管理者在人才选拔时应克服的知觉偏差

1. 首因效应和近因效应

首因效应，也叫“第一印象”，是指一个人在同他人初次接触时所形成的最初印象。它往往是“先入为主”并且会对后来印象的形成及此后一系列行为的评价产生强烈的影响。招聘时，管理者会通过对候选人穿着打扮或神态表情等外部特征的感知来获取对他们的兴趣和自信等方面的信息，进而影响到后面评估中给出的分数。如果管理者对候选人的“第一印象”带有一定的表面性和片面性，就会常常使管理者对候选人的评价不够全面和准确。

近因效应，则指在知觉中，最后留下的印象是最为深刻且影响强烈的。近因效应使我们往往将最后的印象当作一切，不能历史地看待人和事物。首因效应在感知陌生人时起作用，而近因效应是在感知熟悉人时起作用。首因效应和近因效应是信息出现的顺序造成的影响。

2. 晕轮效应

晕轮效应，也称光环效应，是指当观察者对他人的某种特征形成突出的印象后，还倾向于由此推断该人其余方面的特征，从而夸大和掩盖了对其他特性的知觉。这是一种以偏概全、以点代面的认知形式。如有的管理者在选择人才时，会不由自主地根据候选人的个别品质，对其做出整体的评价。人们往往在通过社会知觉获得个体所具有的某个特征后，将其泛化为其他一系列的有关特征，即从所认知到的特征泛化推及到未被认知的特征。

3. 定型效应

定型效应，也称刻板效应，是根据一个人所属的社会团体或阶层以及这一社会团体或阶层的人的典型行为方式来判断这个人的行为。即在人们头脑里存在着关于某一类人的固定形象，并对以后有关该类人面对其进行归类，并把关于这类人的固定形象作为评价他人的依据。如在招聘入户调查访问员时，一般选择女性，而非男性，因为在人们心目中，女性较男性攻击性稍弱，入户访问对主人威胁较小。然而，个体是存在差异的，刻板印象毕竟只是一种概括而笼统的看法，它使我们对人的看法过度类化，不能具体情况具体分析。

4. 投射效应

投射效应通俗地说就是“以己度人”，是指把他人假想成和自己一样，认为自己有的特质别人也有。在人际认知过程中，人们常常假设他人与自己具有相同的属性、爱好和倾向等，常常认为别人理所当然地知道自己心中的想法。投射效应常使管理者对候选人的知觉产生失真现象。管理者倾向于按照自己是什么人来知觉候选人，而不是按照候选人的真实情况进行知觉。

## 5.4 员工录用

### 5.4.1 录用决策

企业根据岗位的要求，运用面试、心理测验和情境性测评等多种方法对职位候选人进行甄选评价之后，就得到了关于他们是否胜任的信息，根据这些信息，可以作出初步的录用决策。

在作出录用决策的时候要系统性地对候选人的胜任能力进行评估和比较。如果缺乏系统性的方法，招聘者在作决策时往往只能看到候选人表现得比较突出的几个方面，而无法全面地关注候选人的所有胜任特征。同时，录用标准不要设得太高。有些招聘者总是希望能够招聘到最好的人，他们会对一群应聘者进行比较，选出其中最好的，或者总是不作出决策，总是说“再等等吧，也许后面还有更好的”，其实这种想法往往是不现实的。

在录用决策中还应注意：招聘的指导思想应该是招聘最合适的而不是最优秀、最全面的员工；录用标准应根据岗位的要求有所侧重，不同的项目应有不同的权重，应突出重点；初步录用的人选名单要多于实际录用的人数。因为在随后的背景调查、健康检查、人员试用过程中，可能会有一些候选者不能满足企业的要求，或是有些人有了更理想的选择而放弃这次就业机会。

在确定录用名单后要及时通知被录用人员，也要通知未被录用者。很多招聘者往往注意在那些将要被录用的候选人身上做工作，而忽视了对那些未被录用的应聘者的答复。答复未被录用者是企业形象树立的一个重要途径。一般采用书面方式通知，并注意拒绝信的内容和措辞。在发给未被录用者的拒绝信中，首先要表达对应聘者关注本公司的感谢，其次要告诉应聘者未被录用只是一种暂时的情况，要把不能录用的原因归结为公司目前没有合适岗位。

### 5.4.2 背景调查和体检

1. 背景调查

背景调查（Background Investigation）通常指企业通过第三者对应聘者的情况进行了解和验证。这里的“第三者”主要是应聘者原来的雇主、同事以及其他了解应聘者的人员。背景调查的方法包括打电话访谈、要求提供推荐信等。背景调查也可以聘请调查代理机构进行。

背景调查的主要内容包括：

（1）学历学位。在应聘中最常见的一种撒谎方式就是在受教育程度上做假。因为很多招聘的职位都会对学历提出要求，所以有些没有达到学历要求的应聘者就有可能对此进行伪装。

（2）工作经验。除了招聘应届毕业生，企业往往把应聘者的工作经验看成一个非常重要的指标。过去工作经验调查侧重了解的是受聘时间、职位和职责、离职原因、薪酬等问题。了解工作经验最好的方式就是向过去的雇主了解，还可以向过去的同事、客户了解情况。

（3）过去的不良记录。主要调查应聘者过去是否有违法犯罪或者违纪等不良行为。

2. 体格检查

体检（Medical Exam）一般委托医院进行。体检的主要目的是确定应聘者的身体状况是否能够适应工作的要求，特别是能否满足工作对应聘者身体素质的特殊要求，还可以降低缺勤率和事故，发现员工可能不知道的传染病。这通常放在使用了所有选择方法之后进行，主要是为了节约费用。

### 5.4.3 员工入职

员工入职包括建立员工个人档案和签订劳动合同。在建立员工档案之前由新员工填写个人档案登记表。人力资源部门根据员工的基本信息建立起员工档案，以便在需要时查询有关信息。员工个人档案登记表的内容包括个人基本资料、教育背景、工作经验和资格证书等情况。在未来工作的过程中，人力资源部还要不断地对员工的人事信息加以更新。

劳动合同是企业与员工建立劳动关系的保障。企业在签订劳动合同时，不仅要考虑企业以及相关职位的具体情况，还要符合《中华人民共和国劳动法》。企业和应聘者双方签字后，合同方生效。在履行合同的过程中，只要一方出现违背合同的行为，另一方面就可以通过法律保障其利益。

## 5.5 招聘评估

招聘评估（Recruitment Appraisal）是企业招聘的最后一个环节，也是必不可少的一个环节。招聘评估是通过对录用员工质量的评估，检验招聘结果和招聘方法的成效，从而改进整个招聘活动。传统的招聘评估方法以定性为主，如职位填补的及时性、新员工对招聘过程服务的满意度、新员工所在职位的部门负责人对此次招聘工作的满意度、新员工对所在单位的满意度等（储冰凌，2002）。然而，随着人力资源市场竞争日趋激烈，为了更精确地评估招聘渠道的吸引力和有效性，改进招聘的筛选方法，降低招聘成本，从而提高招聘工作绩效，提高新聘员工的质量，企业越来越关注招聘定量评估。招聘定量评估包括招聘结果的成效评估和招聘方法的成效评估。其中招聘结果的成效评估是指评估招聘成本与效益、录用投入与雇佣质量等，招聘方法的成效评估主要评估招聘方法的信度和效度。

### 5.5.1 招聘结果的成效评估

招聘成本效益评估是指对招聘中的费用进行调查、核实，并对照预算进行评价的过程。这是鉴定招聘效率的一个重要方法。

1. 招聘成本与效益评估

（1）招聘成本

招聘成本分为总成本与招聘单位成本。

招聘总成本即是人力资源的获取成本，它由直接成本和间接成本两个部分组成。

直接成本 = 招聘费用 + 选拔费用 + 录用员工的家庭安置费用 + 工作安置费用 + 其他费用

间接成本 = 内部提升费用 + 工作流动费用

招聘单位成本是招聘总成本与实际录用人数之比。如果招聘实际费用少，录用人数多，意味着招聘单位成本低；反之，则意味着招聘单位成本高。

（2）成本效用评估

成本效用评估是对招聘成本所产生的效果进行分析。它主要包括：招聘总成本效用分析、招聘成本效用分析、人员选拔成本效用分析、人员录用成本效用分析等。其计算方法是：

总成本效用 = 录用人数/招聘总成本

招聘成本效用 = 应聘人数/招聘期间的费用

选拔成本效用 = 被选中人数/选拔期间的费用

人员录用效用 = 正式录用的人数/录用期间的费用

(3) 招聘收益—成本比

招聘收益—成本比既是一项经济评价指标，也是对招聘工作的有效性进行考核的一项指标。招聘收益—成本比越高，则说明招聘工作越有效。

招聘收益—成本比 = 所有员工为组织创造的新价值/招聘总成本

2. 录用的投入—产出率（录用比例）

录用比例 = 正式录用人数/有效简历数量

投入是指求职者投到公司的有效简历数量，产出的意义为招聘结束后最终被录用的人数。

3. 雇佣质量

$QH = (PR + HP + HR)/N$

其中 $QH$ 表示被聘用的新员工的质量；$PR$ 表示工作绩效的百分比，如以 100 为满分，该员工的绩效分值为 85，则 $PR$ 为 85%；$HP$ 表示新聘员工在一年内晋升的人数占所有当期新员工的人数的比率，如 25%；$HR$ 表示年后还留在企业工作的员工占原招聘的新员工的数量的百分比，如 60%；$N$ 为指标的个数。则：

$QH = (85\% + 25\% + 60\%)/3$

$QH$ 的数值并不能完全反映新员工的质量，因为绩效率和晋升率有时不是新员工可控制的。一个优秀的员工也许会因为缺乏晋升机会而离开，而不公平、不公正的绩效评价指标和企业的文化环境都会影响员工的质量考评结果。但 $QH$ 指标多少都会部分反映新招聘的员工的质量。

### 5.5.2　招聘方法的成效评估

招聘方法的成效可以从效度和信度两个方面来评估。效度与信度也是对招聘方法的基本要求，只有效度与信度达到一定水平的测试，其结果才适合于作为录用决策的依据。

1. 效度评估

在员工甄选的过程中，有效的测试必须使实际测到的应聘者的有关特征与想要测试的特征的符合程度高，即甄选结果与应聘者的实际工作绩效密切相关。两者之间的相关系数称为效度系数，其系数越大，测试越有效。一般来说，效度有三种：预测效度、内容效度、同测效度。

(1) 预测效度。预测效度是指测试用来测试将来行为的有效性。在人员选拔过程中，预测效度是测试选拔方法是否有效的一个常用的指标。我们可以把应聘者在选拔中得到的分数与他们被录用后的绩效分数相比较，两者的相关性越大，则说明所选的测试方法、选拔方法越有效，以后可根据此法来评估、预测应聘者的潜力。

(2) 内容效度。内容效度是指测试某些重要因素是否代表了工作绩效。考虑内容效度时，主要考虑所用的方法是否与想测试的特性有关。内容效度多应用于知识测试与实际操作测试，而不适用于对能力和潜力的测试。

(3) 同测效度。同测效度是指对现在员工实施某种测试，然后将测试结果与员工的实际工作绩效考核得分进行比较。若两者的相关系数很大，则说明此测试效度就很高。这种测试效度的方法的特点是省时，可以尽快检验某测试方法的效度，但若将其应用到人员选拔测试时，难免会受到其他因素的干扰而无法准确地预测应聘者未来的工作潜力。

2. 信度评估

信度（Reliability）主要是指测试结果的可靠性或一致性。也就是说，应聘者多次接受同一测试或有关测试时，其得分应该是相同或相近的。测试信度的高低主要以对一人所进行的几次测试结果之间的相关系数来表示。可信的测试，其信度系数大多在0.85以上。信度可分为：稳定信度、对等信度和分半信度。

（1）稳定信度。稳定信度是指用同一种测试方法对一组应聘者在两个不同时间进行测试的结果的一致性。此法不适用于受熟练程度影响较大的测试，因为被测试者在第一次测试中可能记住某些测试题目的答案从而提高其第二次测试的成绩。

（2）对等信度。对等信度是对同一应聘者使用两种对等的、内容相当的测试的结果之间的一致性。这种方法减少了稳定信度中前一次测试对下一次测试的影响，但两次测试之间的相互作用仍然存在。

（3）半分信度。半分信度是指把同一(组)应聘者进行的同一测试分为两部分，考察每个部分所得结果之间的一致性。这可用各部分结果之间的相关系数来判别。

对应聘者进行甄选测试时，应尽量做到可信又有效。可信的测试未必有效，但有效的测试一定可信。

## 小结

员工招聘和甄选是人力资源管理的重要内容之一，是制约企业人力资源管理工作效率的瓶颈所在。同时，招聘和甄选也是人力资源管理中培训、绩效评估、薪酬、激励、劳动关系、人员流动等管理环节的基础。如何按照企业的经营目标与业务要求，在人力资源规划的指导下，根据职务说明书，把优秀的人才、所需要的人力资源在合适的时候放在合适的岗位，是企业成败的关键之一。招聘和甄选既要满足组织对人员的需要，也要满足工作候选人的需要，这样才能吸引职工较长时间地为组织工作。本章介绍了人员招聘的含义、意义、原则与流程、招聘途径及员工甄选方法与技术，以及员工录用和招聘评估等。

## 练习与思考

1. 什么是员工招聘？员工招聘有什么意义？
2. 企业招聘人员的一般程序是什么？
3. 内部招聘和外部招聘各有哪些渠道？
4. 什么是猎头公司？猎头公司的工作程序是怎样的？
5. 网络招聘的实现渠道有哪些？网络招聘的优势和劣势体现在哪些方面？
6. 内部招聘和外部招聘各有什么利弊？企业在选择招聘渠道时受到哪些因素的影响？
7. 员工甄选的方法有哪些？
8. 面试有哪些步骤？企业该如何提高面试效果？
9. 如何评估企业招聘活动？

## 参考文献

[1] 陈维政. 人力资源管理与开发 [M]. 北京：高等教育出版社，2004.

[2] 储冰凌．招聘工作绩效的评估方法［J］．中国人才，2002(12).
[3] 威廉P安东尼．人力资源管理战略方法［M］．北京：中信出版社，2004.
[4] 秦志华．人力资源管理总监［M］．北京：中国人民大学出版社，2004.
[5] 时洪浩．从企业角度看网上招聘利弊及应对［J］．管理创新，2002(12).
[6] 时巨涛，等．信息时代的企业人力资源管理［M］．北京：科学出版社，2004.
[7] 田兆福．网络招聘的现状及应注意的问题［J］．商业研究，2004(9).
[8] 吴志明．员工招聘与选拔时务手册［M］．北京：机械工业出版社，2002.
[9] 谢晋宇．人力资源开发概论［M］．北京：清华大学出版社，2005.
[10] 熊军．网络招聘存在的问题与对策探讨［J］．商场现代化，2006(2).
[11] 姚虹艳．人力资源管理［M］．长沙：湖南出版社，2003.

# 第6章 培训管理

培训是现代组织人力资源实务的重要组成部分。当一个企业面临着各种发展和市场竞争的需求时，其最基本的也是最核心的制约因素就是人力资源。发展和市场竞争将企业对人才的要求上升到了一个新的高度，为适应新技术革命所带来的知识结构、技术结构、管理结构等方面的变化，企业员工也要不断更新知识，才能胜任现职工作及将来可能担任的职务。因此，企业要对员工进行有计划的培养和训练。

## 6.1 培训概述

企业的发展与人才培养周期之间的矛盾，造成了企业人才短缺的现象，而企业的竞争实际上是人才的竞争。培训是企业人力资产增值的重要途径，也是企业组织效益提高的重要过程，培训管理目前已经成为了人力资源管理的重要内容。

### 6.1.1 培训的定义及目的

培训是企业人力资源建设的重要环节，也是企业留住人才、激励人才的关键，是企业保持持久发展动力的重要保证。有效的培训能提高企业的创新力和凝聚力，促进企业的发展，因此在企业实施有效培训令人关注。

1. 培训的定义

培训指各组织为适应业务及培育人才的需要，针对员工知识、技能、态度乃至行为特点，采用补习、进修、考察等方式，有计划、有组织地培养和训练员工，使其不断更新知识以适应新的要求，能够按照预期的标准或水平完成现有工作任务，并能胜任将来担任的更重要职务，所采用的系统学习和挖掘潜力的过程。

2. 培训的目的

组织发展最基本、最核心的制约因素是人力资源。员工培训是现代组织人力资源管理的重要组成部分。人力资源的培训在企业人力资源管理中有着重要的意义。

经济增长的主要源泉，除了靠增加劳动力和物质投资外，更主要的是靠人的能力的提高。有远见的管理者都认识到，有效的培训所产生的收益会大大超过培训所花费的成本，它是保证企业有充足的人力资源、赢得核心竞争优势的关键所在。因此对员工和企业双方来说，培训的目的主要有以下几个方面：

（1）开发和利用现有人力资源潜能

通过培训可以提高员工的知识、技能水平，发掘人才，能使企业对人力资源的利用更为充分，能让员工深刻认识企业和工作，使他们感受到企业的关心和照顾，从而增强对企业的归属感。同时，培训使员工明白其未来的发展方向，因为每个人都有一种追求自身发展的欲望，如果这种欲望如得不到满足，工作缺乏动力、生活乏味，那么最终会导致员工流失。

（2）提高企业的效益

培训可以增强员工的归属感，留住人才，提高效益，节省成本，从而提高企业竞争力，使企业能从容面对市场变化。在培训中下工夫，通过提高员工的素质来提高企业的效益是一种极具战略眼光的行为。市场的竞争在不断升级，从产品竞争到销售竞争到资本竞争，都离不开人力资源的竞争，不重视员工培训的企业在激烈的市场竞争中很难胜出。

（3）提高员工对新技术革命的适应能力

从本质上说，现代社会的知识更新在加速，对员工进行培训是避免因不适应新兴产业需要而引起的“结构性失业”的有效途径。新技术革命意味着对人员新的需求不断增加，员工需要及时接受新知识、新技术的培训，以避免他们的知识结构随着时间逝去而老化。培训促进了员工知识结构的更新，使员工适应知识经济时代社会。通过培训使员工掌握新技术，有利于企业技术进步和生产的发展能跟上世界经济的步伐。

（4）确保员工与企业发展同步

通过对员工进行组织文化的培训，增强了员工对组织的认同，使员工对自己的使命和组织目标有了更好的理解，员工对组织的认同感得到加强，员工主动参与企业管理的意识得到强化，还可以形成一个学习技术、研究管理、团结向上的良好氛围。

在培训中加强对企业战略的认识，有利于增强组织的凝聚力，指引员工自觉行动，进行团队合作，从而让员工适应并融入到企业中。培训不仅有力地支持企业战略规划和经营目标的实现，也为员工成长发展提供有效的途径。

（5）促进员工个人发展

培训一方面使员工具有担任现职工作所需的学识技能；另一方面有助于员工的职业生涯规划目标的实现，使员工及时储备将来担任高级职务时所需的学识技能，以便使员工得到升迁。通过有效的人才培养，可以不断地挖掘人类潜力巨大的智能宝藏，使员工的潜能通过培训得到开发，为企业的业务拓展打下基础。

对员工而言，培训永远没有结束的时候，良好的培训机制是给员工最好的激励方式。培训并不一定是花钱由外部提供的，也可以由经理人员讲授或是采取内部员工相互交流的形式。经过培训后，员工会主动掌握并应用经培训得来的新的技能。当员工掌握和应用这些技能能得到一定程度的奖励时，培训对员工的激励作用将表现得更为明显。

### 6.1.2 培训的原则

员工培训是企业生产经营活动中的重要内容，对企业的生存和发展有着至关重要的意义。为了使培训工作同企业的发展目标、管理方法、生产特点密切结合，培训应该遵循的原则是：

1. 培训与企业战略相结合

人力资源战略是企业总战略的分解和落实，培训是企业人力资源管理的重要组成部分，因此培训应该符合企业战略发展的需要，也就是说企业的培训要服务于企业的整体发展战略。企业员工培训既要满足于当前生产经营的迫切需要，又要具有战略眼光。企业培训由一系列培训项目构成，各培训项目之间存在相关性。每一个培训项目以需求调查、课程设计、培训实施及明确的培训整体计划为依托，制定详细的实施计划。

2. 培训与企业经济效率相适应

员工培训是企业的一种投资行为，和其他投资一样，需要从投入产出的角度来考虑问题。传统人事管理把员工培训看成一种资源消费，把培训费用当成企业费用。1968 年，T. W. 舒尔茨认为：人力资本投资与人的经济价值不断提高之间存在很强的关联性。人力资本不是一般的商品，而是一种投资商品，对人力资本的投资作为一种对人的投资，包括教育、培训、健康、迁移等方面，是未来满足和未来收益的源泉。[1] 员工培训投资属于智力投资。它的投资收益应高于实物投资收益。但这种投资的投入产出衡量具有特殊性，培训投资成本不仅包括可以明确计算出来的会计成本，还应将机会成本纳入进去。培训产出不能纯粹以传统的经济核算方式来评价，它还包括潜在的或发展的因素。

3. 全员培训和重点提高相结合

全员培训就是有计划、有步骤地对各级各类人员都进行培训，这是提高全员素质的必由之路。但全员培训并不等于人人都要均等地进行培训，企业在进行员工培训时应该将全员教育培训和重点培训提高相结合，兼顾到“点”和“面”。企业培训在注重进行全员培训的同时，要重点抓好企业的领导人才、管理人才和工作骨干的培训，优先教育培训企业急需的人才，作好核心员工的培训和开发，制定核心员工培训与开发的短期、中长期计划和实施方案，并由公司高层领导亲自负责。这样企业的生产经营和长远发展才有人力资源的保障。

4. 个人发展与企业发展相结合

企业员工培训质量和效果的提高，需要发挥员工的主动性，让员工积极参与到企业的培训中。通过培训，可以促进员工个人职业的发展，使员工感受到组织对他们的重视，有利于增加员工职业发展的机会，同时也促进了企业的发展。企业人力资源部和部门主管应该定期调查员工的培训需求状况，让员工根据自己的岗位工作对技能的要求和自己的技能状况，结合行业的发展趋势，提出培训需求；企业人力资源部和部门主管再综合员工培训需求，制定相应的培训计划和培训方案。主动性是员工培训取得成功的一个重要基础，只有结合了员工的工作需求，调动了员工的主动性，员工才会克服工作、生活中的各种困难，积极参与到培训中来，从而提高培训的质量和效果。

5. 培训反馈与成果强化相结合

在培训过程中，要注意对培训效果的反馈和结果的强化。反馈的作用在于巩固学习技能，及时纠正错误和偏差。反馈的信息越及时、准确，培训的效果就越好。考核是对培训效果的一种事后反馈。严格考核是保证培训质量的必要措施，也是对培训质量的重要检测方法。强化是结合反馈对接受培训人员的奖励或惩罚：可以根据考核结果设置相应的奖项，并把培训结果计入员工档案中，在以后的晋升、评优中体现；也可以对考核优秀者给予适当的物质奖励，而对考核不合格者进行再培训或物质方面的惩罚。

6. 坚持长期进行

员工培训需要企业投入大量的人力、物力，这对企业的工作可能会造成一定的影响，因为有的员工培训项目可能有立竿见影的效果，而有的培训要在一段时间以后才能反映到员工工作绩效或企业经济效益上。比如员工的入职培训需要经常开展：经营环境的变化、员工职位的提高和企业绩效的改善，这些都需要员工的培训支持；员工的职业生涯规划的实施更需要企业给予指导，需要企业开展相应的培训活动。因此要正确地认识智力投资和人力资源开发的长期性和持续性，树立“以人力本”的经营管理理念来做好员工培训，要综合考虑各个方面的因素，制定短期和中长期的培训计划，确保企业培训长期、有效、合理地进行。

### 6.1.3 培训的分类

按照不同的分类标准，如培训对象的不同层次，实施培训的不同时间、地点，培训的不同内容，以及培训的不同性质，培训具有很多形式。企业通常采用形成一个主体的培训分类模式，以方便制定有效的培训计划。

1. 按到工作岗位的时间段分类

按照员工培训与岗位工作的时间段状况，可以把员工培训分为入职培训和在职培训两类。

（1）入职培训

入职培训主要是指任职前为适应新岗位而进行的培训活动。通过入职培训，可为企业提供一支专业知识、业务技能与工作态度均符合经营要求的职工队伍，这对企业发展会产生至关重要的作用。入职培训包括新职工的职前培训和在职职工转岗、晋升新职位前的培训。这里主要介绍针对新员工的入职培训，其内容主要有：

一般培训。企业一般培训是为了让新员工了解本企业的一般情况。其内容包括企业文化、企业的历史、企业组织结构及各部门的职权、企业的经营和服务内容、管理制度和行为规范、企业发展规划、员工的权利义务与责任等。一般培训的目的是使员工对本企业有比较深刻的了解，对未来的工作充满信心。

专业技能培训。其主要目的是使新进员工切实掌握处理业务的原则、程序、技术和方法，使他在培训结束后就能胜任新的工作岗位。培训的主要内容包括业务知识、工作技能等。

（2）在职培训

在职培训是企事业单位经常性员工培训的主要形式，员工在培训期间多为边工作边接受培训。在职培训密切结合工作和生产实际，实现学习、工作两不误。从企业方面来看，在职培训花费少，培训面广，对于员工来说，在岗培训学以致用，对个人提高当前工作绩效和适应未来发展都关系重大，因此它在员工培训中占的比例最大。在职培训按照培训对象的不同又可分为共同性培训与专业性培训。

在职培训按其性质和目的的不同，又可分为以下几类：

完善型培训。完善型培训指员工在完成工作过程中，发现自己职业技能方面的不足，通过培训，可以起到查漏补缺的作用，提高员工完成现任工作所需的知识、技能，使其胜任现职，增进效率，提高工作绩效。依其培训内容的不同，完善型培训还可以更细地分为专业知识培训、技能培训及管理能力培训等。培训可采取内训的形式，让本企业现有的有经验的员工或技术主管进行指导，或举办培训班聘请外部的培训师进行培训。

沟通能力培训。沟通能力培训是指企业为了让员工尽快了解企业内部的人际关系、更好地融入企业而进行的增强员工相互间的团结、合作及沟通的培训。其培训内容包含意见沟通、人群关系培训及领导统御培训等。

思维能力培训。企业的发展过程中，离不开员工的群策群力。思维能力培训就是企业为解决生产、经营中的难题召集部分资深员工，激励他们提出处理问题的策略、程序与方法。思维能力培训不仅能协助领导解决问题，很多大型企业还希望通过这种培训培养自己的储备干部。这种培训可分为解决问题培训、创造力培训、发挥潜能培训、模拟培训、激发意愿与激荡脑力培训等。

拓展训练。拓展培训属于体验式培训的一种，受训人员到拓展培训公司的专门训练场地利用专业器械或专业场景，通过有针对性的课程设计，让受训者体会所经历的项目，参与解决问题和战胜考验的全过程，从而达到增强团队意识、建立积极进取心态、培养健康心理、磨练意志力、增强抗压能力和完善人格的目的。拓展训练具备专业性强（需要专业培训师）、受者体会深刻、培训手段生动、激励效果明显、转变思想明显等优点。拓展培训侧重于体验后的体会分享，体现了成人化教育的特点，是正统教育的全面提炼和补充，因此现在许多企业将拓展培训作为企业培训的重要手段之一。拓展培训相对于室内讲授培训收费较高，有很多企业将拓展培训与员工的职业开发相联系，作为企业给员工的奖励，以此激励员工的工作热情。

2. 按培训对象分类

针对培训员工的不同，一般而言企业培训可以分为普通员工培训、技术人员培训、管理人员培训等，本章主要以普通员工培训和管理人员培训为重点介绍内容。

（1）普通员工培训

普通职工培训是用以提高一般技术、操作岗位上工作人员的能力为目的的培训。这种培训又因培训对象不同或培训目的、内容不同分为许多种。例如普通员工上岗前行为规范的调整，是为初上岗的受训者转变自己行为，以培养适应将要担当的职位工作所必需的知识、技能、心态和行为表现而设计的。其培训内容可以分知识更新、技能开发、观念转变、思维方式、心理训练等几个层次进行。普通员工的培训可以采用学徒制法、行为矫正法等方式。

（2）专业技术人员培训

几乎所有企业都有如会计师、工程师、设计师、技术员等各类专业技术人员，他们都在自己的业务范围内应用本专业的知识和技能开展工作，他们的工作具有专业性较强的特点。因此，对于专业人员培训的重点主要是专业知识的更新、及时了解本专业最新动态和最新知识，以跟上社会经济技术发展的步伐。另外，相对一般职能人员，专业技术人员由于分工性较强，通常会导致他们沟通、协调意识不足，而现代企业都强调团队的工作方式，强调团队间的协调运作，因此为适应专业技术人员之间、专业技术人员与各职能人员之间日益增强的合作关系，培训专业技术人员的沟通、协调能力也是专业技术员工培训需要重视的一个方面。

（3）管理人员培训

现代企业的管理意识、管理理念都在飞速发展，这就要求企业管理人员必须跟上企业管理理念的步伐。管理人员培训是指对各层次管理、领导人员进行的关于管理能力、决策能力等的培训。培训旨在提高管理人员的现代管理业务能力与技巧、洞察力、人际协调能力、团队管理、工作计划能力。根据管理岗位层次不同，此类培训还可以分为基层管理干部（班组长、工段长、职能管理人员）培训、中层管理干部（车间主任、科处长、部长、分部经理）培训和高层领导干部培训。

根据不同的管理层次，在培训的目的要求和内容方法上都会有所不同。总体来说，根据管理人员的工作特点，管理人员培训的主要内容有：战略管理、领导艺术、高效团队、时间管理、人力资源管理、财务管理等管理能力和技巧的培训。管理人员培训的主要方式有：专修班、短训班、外出考查、个案研究、文件处理、角色扮演、敏感训练等模拟训练的方法。

### 6.1.4 培训的方法

培训方法多种多样，内容十分丰富。在实际的培训方法的选择上，组织者必须充分考虑到各种方法的优点和不足，联系组织的具体实际来作出选择。员工培训的方法常用的有直接讲授法、专题讨论法、现场培训法、案例讨论法、网络培训法、实践法、模拟训练法等。不同的培训方法有不同特点，也各有优劣。随着培训工作的进程，采用的方法也会不同。培训组织者应该把握这些方法的特点，注意到这些培训方法之间的差别，依据公司培训的需要和可能、培训的内容以及培训的对象等方面的情况，在具体开展培训工作的时候慎重加以选择。

1. 直接讲授法

直接讲授法采取的是传统学校教育方式，由培训者直接以讲述的方式向培训对象传递信息。这种方法是人类历史上运用时间最长、最基本的培训方法。这种方法的主要特征是：培训者与受训者进行单向的信息交流，培训对象只能被动接受。

直接讲授法的优点主要有：①操作容易。只要确定培训内容后，寻找到合适的培训师和培训地点，培训工作就能开展。②组织容易。培训师根据自己的安排进行培训，培训工作完全由培训师来进行。③费用低廉。受训员工众多，对培训环境要求不高，人均费用很低。

直接讲授法的缺点主要有：①不直观。讲授法只是进行理论讲授，没有实训内容的话，会没有现场感，缺乏实际的效果。②缺乏针对性。课堂上传授的内容多，加上教师面向所有学员讲课，无法顾及学员的个体差异，所以培训针对性不强。③培训师水平直接影响培训效果。如果没有找到好的培训师，会使培训的效果大打折扣。

直接讲授法按讲授的内容和方式又可以分为：课堂讲授法、专题研讨法、案例讨论法。

（1）课堂讲授法

课堂讲授法又可以分为完全讲授式、启发式、互动式三种形式。

完全讲授式由培训师在讲台上按照事先准备好的培训稿讲授，员工听讲、做笔记。这种培训方式的信息传递是从培训老师向受训员工的单向流动。完全讲授培训的优点主要有：传授内容多，有利于大面积培养人才；适合于众多受训者在短时间内集中进行理论性知识的强化培训；传授的知识比较系统、全面；培训费用较低；学员有了疑问可以及时得到培训师专业的解答等。但它存在较大局限，主要表现在：培训师与受训人员之间缺乏信息互动，培训师无法完全调动受训人员的参与积极性；培训师无法顾及学员的信息接收情况，容易使员工对培训产生不满。

启发式培训是指培训师利用自己的专业设计能力，设计出一些问题，启发员工思考，员工将思考后的结果与培训师对比，让培训师以结构化的方式帮助员工建立起正确的思维的方式。这种方式相对完全讲授来说允许员工的参与，员工有机会发表自己的体会，其信息是双向流动的，所以这种培训方式的效果相对好一些。

互动式培训介于启发式和参与式之间，让所有受训员工事前与培训师就培训的目的和考核标准进行充分沟通，并达成一致，然后由培训师将制定好的总目标进行分解，设计出培训方案，然后让受训员工完成各自任务。在这种培训中，培训师只是规则制定者、行动协助者和最后验收者，整个培训完全是受训员工主动完成的，其信息是双向流通的，员工参与的积极性比较高。

（2）专题讨论法

专题讨论法的目的是为了解决某些复杂的问题，或通过讨论的形式使众多受训人员就某个主题进行沟通，谋求对该问题的观念、看法的一致。专题讨论法是培训师为了加深受训人员对某一问题的理解，或希望员工讨论对某一问题的看法，通过对事先设定的专题进行集中研讨来达到培训目标的方法。专题讨论法必须由一名或数名指导训练的人员担任讨论会的主持人，对讨论会的全过程实施策划与控制。

在专题讨论的过程中，要求培训员工积极参与讨论，这是员工与员工、员工与培训师之间的多向交流，信息交流非常充分，对于受训人员来说能够开阔视野，全方位提高能力。在讨论之初，员工要对讨论的话题有所认识并准备相关资料，为此员工必须进行资料查阅和充分思考。在讨论过程时，员工之间要进行积极的沟通和交流，这充分地调动了员工的积极性，使员工共享彼此的观点，使员工分析问题、解决问题的能力得到了提高。因此受训员工的参与积极性高，培训效果较为理想。

但是，在讨论过程中，专题准备和讨论现场控制对培训老师要求高，在讨论过程中，培训员必须要具有良好的应变能力、临场发挥与控制的能力。在结束阶段，培训员的口头表达与归纳总结能力，同样也是至关重要的。同时，讨论话题的设计要求培训老师对受训员工有深入的了解，要能够结合员工的工作现状和知识水平，让员工感兴趣。

专题讨论法比较适宜管理层次人员的训练或用于解决某些有一定难度的管理问题。专题讨论法分为集体讨论、小组讨论、辩论讨论、系列研讨等几种形式。

集体讨论。确定一个讨论专题后，由所有受训员工自由讨论，并形成各自对专题的看法；讨论结束后，培训老师让部分受训员工发表看法。集体讨论可以充分发挥员工的参与度，但由于集体讨论时参与者多，需要培训者注意引导员工以避免跑题。

小组讨论。受训员工被分成人数基本相等的几个小组进行讨论，然后由培训师请各小组派出代表就小组观点进行发言总结。这个部分有时也让员工采用多媒体进行总结发言，以增强受训员工的参与积极性。

对抗式辩论。培训老师将受训员工分成观点对立的两方，小组成员为自己小组的观点寻找论据，并尽量驳斥对方的观点，讨论结束后双方进行总结。辩论的双方无胜负之分，只需对双方的辩论情况如本方论据的充分性、对对方的驳斥是否充分等进行点评。一般这种方式是用于训练员工开放性思维和说服能力，培养员工观点共享的能力。

系列研讨。一般大型科研机构进行的培训持续时间比较长，培训的内容层次深，受训者多为在某一方面有较深造诣的员工。这种方式主要是针对某一专门领域的问题或信息持续较长时间，逐一对这些问题进行集体或分开研讨。

(3) 案例讨论法

案例研究法是目前世界培训界应用最多的培训方法之一。它是由培训顾问在按照培训需求向培训对象展示真实性背景，提供大量背景材料并作出相关解释后，由培训对象依据这些背景材料来分析问题，提出解决问题的各种方案，找出最佳方案，从而达到训练人员解决企业实际问题能力的目的。案例研究法也是一种信息双向交流的培训方式，它将知识传授和能力提高融合到一起，是一种非常有特色的培训方法。案例讨论法中的案例可以细分为：

高结构性问题解决型案例。高结构性问题解决型案例篇幅短，言简意赅，可以根据一些现成的公式或模型提出解决问题的办法。这类案例编写的结构性强，问题的解决有一定的规律。适用于为培养解决程序性问题的能力而进行的情境创造性培训。

短篇小品案例。短篇小品案例篇幅小，提出的问题不局限于某一方面，不可能根据一定的公式或模型得到问题的答案，需要受训员工充分调动自己的各方面知识分析问题、解决问题。这种案例主要用于受训员工的一般综合能力的培养，如帮助会计训练解决一些常见的问题的能力。

长篇无结构案例。长篇无结构案例篇幅长，材料组织不是按照一定的规律，而是将各种相关或不相关信息互相穿插在一起。这类案例与社会和工作更接近，需要受训员工排除无关信息的干扰，诊断式地考虑问题，抓住问题的关键，寻找问题的解决方案。这种案例相对于前面两种更接近于实际企业状况，因此被广泛用于企业员工培训中，对培养员工的综合辨别、分析能力效果非常好。

启发开拓性案例。启发开拓性案例的内容对受训员工和培训老师而言是新的领域，需要双方共同研究，发挥各自的知识和经验寻找案例的系列化解决方法。这类案例一般难度相对较大，通常用于企业管理人员培训，对管理人员战略能力、分析能力的培养有良好作用。

2. 现场培训法

现场培训就是让受训员工在工作场地边工作、边学习或锻炼。培训的内容主要有从事具体岗位所应具备的专业知识、能力、岗位技能、服务礼仪等。接受现场培训的主要是从学校毕业的新员工，这类员工大多是具备理论知识，但相应的工作经验、工作技能却严重不足。通过现场培训让他们把理论实际联系起来，提高实际运用知识和实际操作的能力。另外，还有具备一定的工作经验、但以前的工作内容与新的工作内容有较大差距的员工。这类员工主要是缺乏对新岗位要求的技能、技巧，所以现场培训能让他们快速熟悉新的工作流程和工作要求。通常来说企业都应该有自己的储备人才，所以企业要经常对这类员工进行有关企业的经营状况和部门管理特点的现场培训，使他们能顺利普升到更高的职位。同时对于绩效需要改善的员工，需要对其进行与工作有关的技能、技巧的培训，但这些技能、技巧的培训应该以适合现场培训为前提。

由于现场培训比较接近工作实际情况，员工参与性强，所以培训效果比较明显。现场培训可以利用实际工作中的设备，不需要另外准备专门培训场所和设备，降低了培训成本。现场培训的内容与员工工作内容密切相关，具有很强的针对性；培训的效果比较容易观察，通过员工实际操作就可以反映员工培训的效果，如果不理想，可以立即进行再培训，不像有些培训方式那样不好评估培训成果。

但现场培训由于受到场地等的限制，只能主要用于培训操作技能、技巧，基本无法进行理论方面的培训，内容覆盖面窄；由于培训项目和场地的特殊性，现场培训不适合很多受训员工同时培训，受训员工数量有限，还可能影响工作流程的正常开展，容易造成原材料浪费；某些操作对初学者来说也有一定的危险性。

3. 网络培训法

网络教育是将网络技术用于教育培训，是教育与现代科技密切结合的结果，是教育现代化水平的标志。目前各国上网的人数正在上升，家庭宽带网和公司局域网的运用也越来越多。人们通过网络发布信息、交流、沟通、下载资料并进行相关问题的探讨和调查研究，社会生活、公司运营和教育培训过程中的各类问题的解决都可以通过网络来实现。[2] 同时，随着经济的发展，企业国际化进程进一步加快，企业运营的半径越来越大，网络培训项目已经成为一种广泛使用的培训方式。

网络培训的明显优势在于不受时间和空间的限制，能提高培训管理的效率，能发挥员工的自我导向作用，让员工安排进度；而网上监控受训者的绩效相对来说也比较容易，使培训易于控制。网络培训还可以共享信息，进行有效的沟通。互联网络培训无论在培训前、培训中和培训后都可以让受训者完全控制培训信息传递，与其他资源相结合，实现在培训过程中和其他培训者的不受空间限制的有效沟通，或是将数据存储在数据库内以备使用。由于网络培训可以实现受训者自行控制、与其他资源的联系、对资源的共享，使受训者可以积极参与学习，而学习材料也是直接针对雇员所面临的问题，因此受训者可以及时将所学运用到实际工作中，实现所学知识向培训成果的转化。

互联网络培训还可以同时为大量学习者提供不同步的培训资料。例如，在网络学校，来自不同国家的学员可以都使用一个网址来获得学习指导，与其他学员探讨作业，与培训教师相互沟通。教师可以通过网络布置家庭作业，并可提供其他相关信息节点的地址。这些节点被称作超级链接（Hyperlinks），它可以让使用者在网页之间自由移动。越来越多的大型企业拥有自己的网络学院，在网络学院员工可以根据自己的时间安排来上课。通过这种培训方式，一方面提高了雇员的参与率，另一方面由于节省了交通费和住宿费从而降低了培训成本。互联网培训有利于发放评估工具（测验），也有利于对课程进行管理。培训部门可利用网络发布培训通知、安排课程、准备课程表、了解出勤率和培训费用，并保存和修正培训记录，通过国际互联网高效地完成培训管理任务。同时，通过查阅网址，受训人员可以了解课程的安排情况，进行课程登记，与培训者进行沟通，并保存自己的个人培训记录。

但由于网络技术的特点，网络培训本身只适合理论知识的培训，需要动手才能掌握的东西很难用这种方式；而且开始培训时需要控制和预先通告使用者；由于无法进行现场的监督，员工只能依靠自觉性约束自己，对员工参与的激情有很高要求；由于网络带宽的限制，网络培训无法进行大范围的同时视听。

一般来说，网络培训的系统架构包含六个子系统：学习管理系统主要负责各种教务、学员资料的管理工作；虚拟教室工具用于将老师在教室中上课的实况录制下来，包括声音、影像、操作过程等，制作成教学软件；套装式网上教材系统就是在浏览器上呈现的教材；自学课程编辑工具可以运用于自行编辑教材；客体化网上教材用于由外包厂商为各企业量身制作的教材；网上测验系统可以提供网上自我练习或是鉴定测验的程式系统。

4. 实践法

实践性培训法是通过让学员在实际工作岗位或真实的工作环境中亲身操作、体验，掌握工作所需知识、技能的培训方法[3]。该方法在员工培训中应用最为普遍。这种方法将培训内容和实际工作直接结合，具有很强的实用性，是员工培训的有效手段，适用于从事具体岗位所应具备的能力、技能和管理实务的培训。目前常用的实践法有：工作轮换法、企业教练法、特别任务法等。

（1）工作轮换法

工作轮换法是常见的培训方式之一，这种方式是让受训者在预定时期内轮换到不同岗位，使其获得不同岗位的工作经验。例如，目前一般公司都有让受训者有计划地到各个部门如生产、销售、财务等工作几个月，实际参与所在部门的工作，或观察该部门的业务，以便让受训者了解整个企业各环节工作。

企业运用工作轮换法是因为工作轮换法中能丰富受训者的工作经验，增加对企业整体工作的了解，使受训者明确自己的优、劣势，使管理者能更好地相互理解，改善部门间的合作，拓宽员工的技能、技巧范围，丰富员工的工作内容；还能在企业业务繁忙时，充分利用现有人力资源。

在运用工作轮换法的同时也要注意，工作轮换会鼓励员工“通才化”，造成职能员工不愿意深钻技能，所以这种方法只适用于一般直线管理人员的培训，不适用于职能管理人员的培训。

企业实行轮岗法培训的前提是企业要建立比较完善的员工档案，对员工的技能、技巧特长和教育培训状况有详尽的记录，也要求员工平时注重自己各方面技能、技巧的培养和积累。

（2）企业教练法

企业教练法又叫工作指导法、实习法，它起源于早期的师傅带徒弟方式。传统的师傅带徒弟的方式曾经得到广泛运用，尤其是在生产基层，受训者通过观察师傅的工作和实际操作，掌握机械操作的技能。但是这种“传、帮、带”式的师徒方式受众有限，明显无法适应现代化大生产对人才的需要。

与传统师徒方式相比，企业教练法继承了其实际表现感强的优点，又克服了师徒方式无法适应大生产需要的弊病。这种方法采用有经验的操作人员、管理人员和培训人员组成一个三方面人员参加的工作小组。大家通过调查研究，列出完成某项工作的步骤、可能使用的方法、应该达到的效率、培训的可能性和相应的培训方法，通过讨论对这些方法加以系统化的整理。管理人员可以从总体上提出问题，明确工作的要求和技术方案；培训人员则负责把提出的问题具体化，并从中选择一个切实可行的培训路线。

（3）特别任务法

企业通过为某些员工分派特别任务对其进行培训，此法常用于管理培训。

初级董事会。这是为有发展前途的中层管理人员提供分析全公司范围内问题和经验的培训方法。初级董事会的目的在于为有发展前途的中层管理人员提供分析整个公司问题的经验。一般初级董事会由 10 ~20 名受训者组成，受训者来自各个部门，他们就高层次的管理问题，如组织结构、经营管理人员的报酬以及部门间的冲突等提出建议，将这些建议提交给正式的董事会，通过这种方法为管理人员提供在职分析高层次问题的机会以及决策的经验。

行动学习。这是让受训者将全部时间用于分析、解决其他部门而非本部门问题的一种课题研究法。这种方法是让受训者4～5人组成一个小组，定期开会，就研究进展和结果进行讨论。这种方法为受训者提供了解决实际问题的真实经验，提高有助于他们分析、解决问题以及制定计划的能力。

个别指导法。这种指导制度由我国以前的师傅带徒弟或学徒工制度演变而来。目前我国仍有很多企业在实行这种“传、帮、带”式的培训方式，其主要特点是通过资历较深的员工的指导，使新员工能够迅速掌握岗位技能。

5. 模拟训练法

模拟训练法包括角色扮演法、成就动机训练法、仿真模拟法等。

(1) 角色扮演法

角色扮演法实际上就是提供给受训者一种具体的情境，然后给每个受训者一定的任务和角色让其扮演，在扮演过程中培训者随时加以指导，并在扮演结束后组织大家展开讨论，就各自对某一个扮演角色的看法发表自己的意见。[①] 通过这样一个过程来深化受训者对于角色的体会，以达到培训的目的。

角色扮演法在培训方面能使受训者在一个比较安全的学习环境中练习某项工作技巧，教会人们如何在生活中交流自己的看法、经验和心得，并增进人们之间的感情和合作精神。它使得受训者能够在面对挑战时可以对过去的行为或者做法进行反思，并在此基础上认真思考并实践新的行为和做法，在一定程度上获得信息反馈的机会，从而促进新想法、策略和有价值的方式方法的产生。与管理案例法相比，角色扮演法要求受训员工更自发地投入，更认真地参与，能使人能切实了解和体验别人的处境、难处及考虑方式，学会设身处地，从交往对方的角度思考问题。

(2) 成就动机训练法

成就动机训练法包括游戏、书面练习、课外阅读和测验等活动，这些活动被组合成成就象征、独立研究、树立目标和人际支持四个部分。

成就动机训练法又可分为两大步骤：

第一步是帮助受训员工意识到成就动机的存在。设计一些活动让受训员工来感知，如让受训员工根据所给的一组图画写出他们虚构的故事，然后以故事的评分引导他们最大限度发掘成就。

第二步旨在将受训人员的成就需要与他们的行动联系起来。比如，高成就需要员工勇于承担责任，通过模拟游戏，让受训者从表演和观察中学习能取得高成就的人的种种不同的行为方式；然后培训人员利用上述案例来说明那些有高成就动机的人是如何想、如何做的；最后要求受训人员用成就需要方面的原因来分析他们日常工作环境中出现的问题。

(3) 仿真模拟法

模拟是指可以让受训员工在一个人造的、没有风险的环境下明白自己的决策对工作的影响。仿真模拟法可以用来进行对生产和加工技能、管理和人际关系技能的培训。在培训中可以使用工作中所使用的实际设备的复制品，这样受训员工可以学到实际操作技能，又

① 余凯成，程文文，陈维政．人力资源管理［M］．大连：大连理工大学出版社，2002.

能避免在实际岗位中培训带来的危险、材料浪费、劳动生产率降低的问题，减少因设备用于培训而不能正常生产造成的损失。如对飞行员进行运行环境的模拟训练、利用“镜子训练”达到团队合作和个人管理能力训练的效果等。

## 6.2 员工培训

作为培训组织者，只有在组织培训活动时科学合理地按照培训流程开展培训，才能使整个培训工作有条不紊地顺畅运作。企业员工培训工作流程主要包括四个环节：培训需求分析，培训计划书、培训方法的确定，培训的开发和培训实施，培训工作的评估。这几个环节的关系如图6－1所示。企业员工培训工作的流程就是围绕这几个环节展开的。

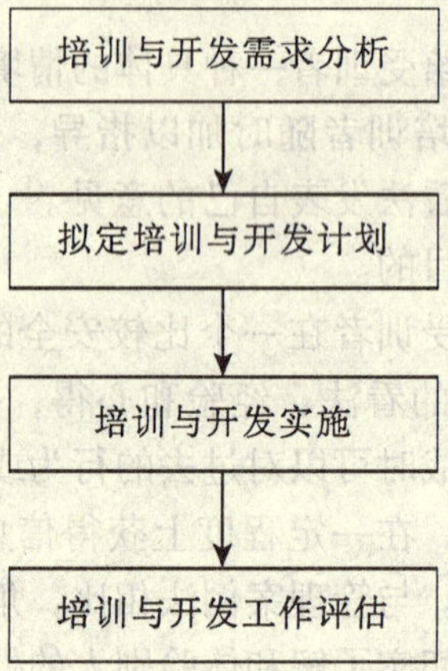


图6－1 企业员工培训流程

### 6.2.1 员工培训需求分析

培训需求分析阶段是培训组织者开展培训活动的第一步。进行培训需求分析的目的就是以满足企业和企业成员的共同需要为出发点，从战略、岗位和个人的各个层面上进行调研和分析，判断企业或个人是否存在真正意义上的培训需求。

1. 员工培训需求分析的定义

培训需求分析是指在规划与设计每一项培训活动之前，由培训部门、工作人员采用各种方法与技术，对各种组织及其成员的目标、知识、技能和工作态度等方面进行系统的考察与分析，以确定是否需要培训，进而确定培训内容的一种活动或过程。培训需求分析是实施培训管理的首要环节，是确定培训目标和制定培训计划的前提，也是进行培训评估的重要依据。

2. 员工培训需求分析的层次

培训需求分析应该从组织、职务和员工个人或者说从战略、岗位、个人三个层面进行，才能够得到比较准确的分析结果，才能制定科学、有效的培训计划和实施方案。

（1）战略层面的培训需求分析

企业培训的战略分析目的是通过对战略层面的分析，使企业的培训具有持续性、前瞻性。因此企业的战略分析首先要进行战略目标分解。明确、清晰的企业战略目标决定着组织的发展方向，也对培训规划的设计与执行起着决定性作用。而组织战略目标决定培训目标。以一个组织市场目标为例，如果企业目标是提高产品市场占有率，那么培训活动就必须加强“提高产品市场占有率”的理念和技能培训，与提高产品市场占有率这一目标相一致。在培训中，假若企业战略目标模糊不清，培训规划的设计与执行就没有了方向。

其次，要进行战略资源分析。企业战略资源分析包括企业的资金、时间、人力等资源的分析，以确定可被利用的人力、物力和财力资源，并根据实际资源状况来确定培训目标。

最后，要进行企业的内外环境分析。企业内外部环境主要有：企业与金融机构的关系、企业与政府的关系、企业自身的特点、企业文化、企业信息系统等。当培训规划和企业的内外环境不相匹配时，培训的效果则很难保证。

（2）岗位层面的培训需求分析

岗位层面主要是对担当工作的员工的工作能力、态度和成绩等进行比较分析，以确定企业组织成员在各自的工作岗位上是否胜任所承担的工作，从岗位的角度设计适用的员工培训计划。

岗位层面的分析主要是通过工作简介、工作清单、工作流程，以及分别对程序性、非程序性工作和知识性工作进行岗位需求调查，找到岗位所需的培训要点，然后根据要点设计培训计划。

（3）个人层面的培训需求分析

员工个人分析主要是通过分析员工个人现有状况与应有状况之间的差距，来确定谁需要和应该接受培训以及培训的内容。从员工个人的层面出发去分析培训需求，应该首先了解员工的想法及需要。员工个人培训需求分析的内容主要包括：员工工作上面临的困扰、问题或工作上施展不开的原因；员工的知识结构、专业与专长、年龄结构、兴趣和爱好、工作能力以及员工的职业生涯规划，并考虑员工的工作性质与特征、工作的饱和程度、工作的内容和形式及其变化；培训部门、部门主管和岗位任职人员的相互关系等。通过这些分析，确定出受训人员和培训内容。

3. 员工培训需求分析的步骤

培训需求分析应由人力资源部门或培训部门组织展开。作为企业培训工作的首要环节，我们已认识到需求分析的重要性。培训需求分析的流程如图 6－2 所示。

**图 6－2　培训需求分析流程**

（1）需求分析调查阶段主要通过问卷、访谈、查询资料等方式进行的一些调查研究，收集需求信息。需求信息包括企业战略、岗位和员工个人三个层面。

（2）甄别与开发需求阶段主要是针对收集到的问题信息，找出需要采用培训方式加与改进的问题，并鉴别这些问题的真实性。

（3）确定培训需求是对已经确定的问题进行进一步确认，最后完成培训需求分析。

4. 员工培训需求分析的方法

培训需求主要是通过完善的信息收集和信息分析处理两个阶段来得到培训的需求结论。

(1) 培训需求信息收集法

培训需求信息收集方法有：观察法、问卷调查法、访谈法、重点团队分析法、工作任务分析法、文件资料法等。

观察法。观察法是指培训组织部门通过对受训员工的工作技能、工作态度的观察，了解其在工作中的困难和渴望解决的问题。它是一种最原始、最基本的调查方法。通过仔细观察很容易发现工作中存在的问题，因此观察法的运用非常广泛。观察法的缺陷是容易让被观察者意识到自己在被观察。在这种情况下，他们的一举一动可能会与平时不同，这就会使观察结果产生很大的偏差。因此，在观察时应该尽量保持隐秘状态并进行多次重复观察，这样有助于提高观察结果的准确性。同时要注意，此方法对脑力工作的需求调查效果不好。

问卷调查法。问卷调查法是培训组织部门将与接受培训员工的工作现状有关的系列问题编制成问卷，发放给受训员工填写后再收回进行分析的方法。问卷法的形式是对随机样本、分层样本或所有的总体进行调查或民意测验，可采用各种问卷形式：开放式、投射性、强迫选择、等级排列等。问卷调查法可节省培训调查时间；调查成本比较低；可以大范围内进行调查，资料来源广泛。其不足之处是问卷回收率可能会很低；确定问卷中提供的信息的真实性比较难，会影响调研结果；问卷的设计工作量比较大。

访谈法。访谈法是指培训部门通过对员工进行访谈，了解受训对象对工作或对自己的态度，是否有什么具体的计划，并与受训对象就相关的工作技能、知识、态度或价值观等方面的需求进行谈话的方法。

访谈可以是正式的，也可以是非正式的。正式访谈是以标准的模式向所有的被访谈者提出结构性的问题；非正式的访谈是由访谈者针对不同的访谈者、针对不同的访谈对象提出不同的开放式问题，以获取所需的信息。

为保持数据的一致，访谈要求有一定的连续性。访谈的成功要求培训者有较高的面谈技巧，要对需要访谈的内容拟定提纲，并对被访谈者通报相关情况，以使被访谈者配合访谈。访谈结束后，要整理好访谈资料以取得相关信息和数据。但访谈要受到多种人的心理因素影响，比如一般员工不愿意将自己的计划轻易告诉别人，这可能影响访谈结果的真实性。

重点小组法。从培训对象中挑选出一批熟悉要讨论的问题的员工作为代表，调查培训需求信息。培训者与这些员工进行讨论，以得到培训需求信息。重点小组通常由 8 ~ 12 人组成，其中 1 人组织讨论，1 人负责记录，1 ~ 2 人负责协调。

重点小组法使大家通过讨论达成一致，得到的信息会更有价值。但是组织小组的难度比较大，比如选择出来参加讨论的员工对所代表的全体对象的了解不够，这会使这些参与者并不代表大家的真实想法，不反映本部门的实际状况。

工作任务分析法。工作任务分析法以工作说明书、工作规范或工作任务分析记录表为依据，比照员工的工作表现，找出二者差距，得出培训的需求。工作任务分析法产生的结论可信度比较高，但会耗费大量的人力和时间。该方法只适合一些非常重要的培训项目。

文件资料法。文件资料法是利用组织现有的职位工作和工作人员的文件资料来综合分析培训需求。文件资料包括企业发展规划文件、人力资源规划文件、人力资源信息系统数据、岗位工作分析文件、工作日记表、人事档案、会计记录、项目报告等。文件资料法的优点是耗时少，成本低，信息质量高。其不足之处是资料所反映的大都是过去的情况，需要技术熟练的专家从原始资料中整理出合乎需要的信息。

（2）培训需求分析法

培训需求分析方法多种多样，在此介绍三种常用的培训需求分析方法：绩效差距分析法、必要性分析法、整体性分析法①。

绩效差距分析法。也称问题分析法。培训需求绩效差距分析法是通过对员工和组织绩效目标和现实的差距，寻找需要进行培训的缺口，从而确定培训需求。该法的特点是其推动力是解决问题而不是系统分析，即分析时针对的是工作行为的结果。该方法是一种广泛采用、非常有效的培训需求分析方法。

必要性分析法。培训需求必要性分析法是通过收集、分析信息或者资料，以确定是否通过培训来解决员工个人或组织存在的问题。

整体性分析法。培训需求整体性分析法是通过对企业及其员工进行全面、系统的调查，以确定理想状况与现实状况的差距，从面向企业未来发展和市场变化的角度确定企业的培训需求和培训内容的方法。全面性标准主要涉及理想状态和现有状态两方面。

---

**即时案例　　摩托罗拉大学的培训需求分析**

摩托罗拉大学是摩托罗拉公司内部设置的，为摩托罗拉各事业部、客户、员工及合作伙伴设立的教育培训机构。基于公司的发展要求，摩托罗拉大学提出了为公司发展和员工成长提供“及时而准确的知识”的学习方案。通过长期的实践和探索，为公司建立一套完整、先进的员工培训与培养系统。

摩托罗拉的员工培训系统主要由培训需求分析、培训设计与采购、培训实施和培训评估四个职能部门组成。与此相应，摩托罗拉大学设置了四个职能部门：客户代表部、课程设计部、培训信息中心及课程运作管理部。

负责培训需求分析的是摩托罗拉大学的客户代表部，它将组织、工作和人员三个层面的需求分析融为一体。摩托罗拉的培训工作以客户为导向，摩托罗拉大学客户代表部的主要职责是与各事业部的人力资源发展部门紧密合作，分析组织现状与组织目标之间的差距，判断这些差距中哪些是可以通过培训解决的、哪些是培训解决不了的，并以此确定组织的培训需求，提供组织发展的咨询和培训方案。之后，它将与各事业部的各级领导合作，制订学院的培训计划。比如，某事业部下一年的战略是要申请通过ISO9000质量系统认证，那么客户代表部就将与该事业部的有关部门合作，对该事业部质量系统方面的培训需求做出分析。首先，从理想状态来看，通过ISO90000系统认证的相关人员都应该具备相关方面的知识和经验，他们应该熟知该系统认证的过程；然后，对该事业部相关人员的现有情况进行相关分析，确定他们现有的水平，理想与现实之间的差距就是该事业当前认证所急需解决的问题，并依据这个“差距”，制订出相关的培训方案。

摩托罗拉大学的客户代表部还根据事业部的发展目标和任务，分别对其事业部的各部门和员工个人职业发展计划的培训需求进行分析，并依据已经找出的“差距”，分别制订相应的培训计划并设置培训课程。

资料来源：李长江．人力资源管理：理论、实务与艺术［M］．北京：北京大学出版社，2011：202－203．（引用时有所改编）

---

① 余凯成，程文文，陈维政．人力资源管理［M］．大连：大连理工大学出版社，2002.

### 6.2.2 拟订员工培训计划

培训计划是根据企业近、中期发展战略，分析和预测企业员工培训需求、制定培训活动方案的系统过程。拟订培训计划是一个系统过程，应在公司的整体发展计划的指导下，充分考虑到员工个人的发展要求，在有关部门的共同努力下制订出来。它包括确定企业发展目标、分析现阶段差距、确定培训范围和培训对象、确定培训内容、选择培训方式、确认培训时间和地点、培训计划的调整方式和组织管理等工作。

1. 企业员工培训计划的种类

（1）长期培训计划

长期培训计划的期限一般为 5 ~ 10 年，主要是为企业在未来较长时期内对人才种类（重点关注各级管理人才），人才的技能、技巧的需求进行规划，是宏观的、框架式的培训计划，侧重于培训的方向指导。

（2）年度培训计划

年度培训计划是对长期培训计划的细化，是对企业各部门该年度应该完成的培训任务的详细安排，内容包括培训内容确定、培训时间安排、培训实施、确定协助部门、年度经费预算。公司的年度培训计划一般应由人事部与各部门充分沟通后负责制定。

（3）项目/课程培训计划

项目/课程培训计划是比长期和年度培训计划都更具体的培训计划，是企业为了某一个具体的培训目的而开展的培训项目/课程。项目/课程计划的内容包括：具体培训内容、培训日期、培训地点、培训程序、受训员工姓名、培训组织部门、培训师、培训考核、培训评估、项目/课程所需经费金额、经费具体支出等内容。

2. 拟制员工培训计划的流程

培训管理工作是人力资源管理的一个重要内容，培训计划是对培训进行评估的一个重要依据，是企业人力资源计划的重要组成部分。企业培训计划的编制包括以下几个步骤：

（1）建立制定员工培训计划的协调领导机构

企业员工培训是企业跨部门、跨单位的活动，涉及企业内的诸多不同部门。而培训计划工作也是一项系统工作，涉及企业内外环境、企业各部门和员工个人。培训计划编制工作不是人力资源管理部门能够独立完成的，需要企业高层、企业其他业务部门的协助才能完成。因此，必须建立培训工作的领导班子，从上到下协调各个部门来组织培训工作。

（2）确定培训需求

培训需求是培训计划制定的依据。通过分析培训需求，按培训需求分析方法，了解企业与员工个人对培训与发展的要求，调查企业在培训方面具备的能力，如自办培训的能力，包括培训管理人员、师资、培训资料和教材、培训设备及经费等，这样才能使培训工作有的放矢。通过培训需求的分析，找到企业经营管理要求与现实或者企业发展的需求与企业现实的差距，确定培训的方向和内容。

（3）确定培训对象

确定培训对象是指确定要对哪些员工进行培训。确定培训对象一般应当根据三个原则：一是组织急需的原则。即对企业迫切要求其改进目前的工作或掌握新的知识和技能的员工要优先进行培训。二是关键性原则，即对企业的关键技术人员和管理人员、组织关键性项目的参加人员应首先予以培训。三是长远性原则，即出于对企业长远利益的考虑，把员工个人发展愿望与企业发展的需要相结合，或要求一部分员工先期掌握某些新技能新知识，为企业的发展储备合适的人才。

确定培训对象方法主要有绩效分析方法、工作任务与能力分析方法、根据组织发展需要并结合员工职业生涯的发展确定培训对象的方法。

（4）确定培训内容、形式和方法

针对培训对象，企业培训可以对员工的操作技巧、技能、人际关系、沟通能力、管理能力、企业文化等方面进行培训。培训形式和方法主要是根据培训内容、培训目的、企业培训资源和受训员工的特点确定。恰当的培训形式和方法将提高培训的效果。

（5）确定培训师

培训效果的好坏与培训师的水平有很大的联系，在选择培训师的时候主要要考虑培训教师的专业和工作经验，同时兼顾培训经费预算。

（6）选择培训时间和地点

培训时间选择关系到是否影响企业的生产，培训时间的选择要考虑员工的工作状况、培训时间的长度、培训方法的运用。培训地点主要结合企业生产经营情况、培训方法的选择、培训时间的长度、员工个人情况、经费的预算进行考虑。

（7）明确培训组织人

培训的各项准备工作、培训期间的协调工作、培训后勤保障、培训后期的评估等工作都需要组织人。一般来说人力资源部和相关部门派遣来的协助人员是企业日常培训工作的组织者。

（8）培训经费预算安排

培训费用是培训工作得以开展的经济基础，它包含两个部分：整体计划的执行费用、单一培训项目的执行或实施费用。培训经费预算包括培训成本预算和培训收益分析两个方面。培训成本有直接成本和间接成本，如培训教师费用、交通费用、培训项目管理费用、培训对象受训期间的工资福利、培训中的各项支出等。培训收益多为潜在收益，如通过培训使员工生产效率提高以此带来生产成本的降低等。

（9）确定培训的考评方式和方法

培训必须进行适当形式的考评或考试以确定每次培训的效果，以利于以后培训工作改进。考评形式有笔试、面试、操作，面试和笔试的题型有开放式和封闭式两种，笔试又分为开卷、闭卷两种。企业一般规定将培训考评或考核结果与员工日常的奖金发放、职位的晋升、优秀和先进的评选等挂钩，以激励员工参与。

（10）确定后勤安排

培训时，不仅地点和时间要确定，还要对受训者的其他问题如住宿、交通、课题资料、膳食供应以及培训的开支和经费等进行安排，并体现到计划中，以利于后面培训的实施。

（11）编写培训计划

完成以上步骤后，就可以编写培训计划了。计划编定后，交主管领导签字实施。培训计划应该让相关部门都备份，以便于今后工作的安排和协调。

### 6.2.3 实施员工培训计划

培训计划的实施是指把培训计划付诸实践的过程，是达到培训目的和目标的基本途径和手段。正确的员工培训实施是在培训需求分析的基础上制定合适的培训计划，以培训计划为准则实施培训，盲目的、脱离企业实际的培训不会让企业的情况有所改善。培训计划实施分准备阶段、实施阶段、培训工作总结和评价等阶段。

1. 员工培训准备阶段

（1）联系学员

为确保培训的进行，培训组织者需要事先对受训员工的资格进行审核。为了使学员对培训课程的意义、目的、内容等要点事前有所了解，培训组织者在课前应尽可能将一些相关的资料分发给学员。在培训开班前的1～2天，要再次确认学员能否参加培训。

（2）正确选择培训设施

培训场所对培训效果能产生很大的影响，而且关系到培训的进行，所以必须慎重地选择。首先要对场地的大小、通风、空调、噪音、安全和周边环境等做周到仔细的检查；然后在该场所应该准备适用的桌、椅、黑板、麦克风、录音机、投影仪等设备和器材；最后，要进一步确认培训后勤准备工作是否到位，如交通工具的准备、培训场地、培训设施与设备、培训经费、受训员工就餐和住宿等。

（3）确认培训时间

确认培训的时间安排是按培训计划进行的，其目的是为了保证培训工作有序而紧凑地进行，其内容主要是培训日期与日程安排，原则上要求时间充分但又不紧张。

（4）准备培训资料和设备

包括确认和购买培训教材、打印培训大纲、编排课程表、印学员名册和培训须知、检查培训设备是否运行正常、签到表是否准备齐全、受训员工花名册是否完整、培训证书的印制是否准确等。

（5）安排培训教师

培训需要哪方面的专家要在培训实施前尽早确定。最迟在培训正式开始前三四天，要提前与培训老师确认讲授的内容、培训的要求；对教师的教学大纲要进行审核；要确定接送教师的时间及方法、食宿的安排、酬金的支付等问题。

2. 员工培训实施阶段

（1）培训上课前的准备工作

在通知学员报到前，培训部人员应该提前到培训场地，做最后的准备工作。培训部人员应该做的准备工作主要包括：培训现场的路标布置，培训现场的布置，准备茶水、播放背景音乐，学员签到，发放培训资料，准备课程及教师介绍资料。

（2）培训课程实施

培训课程实施是把培训付诸实践的过程，是达到预期的培训目的基本途径。培训实施是整个培训的实质阶段。培训成功的关键是受训员工的参与，因此要设法让受训员工全面了解培训，并能全身心投入到培训中。课程实施的步骤包括：

课程介绍。为了使学员了解培训课程的意义、目的、要求、培训方法等，要作一个简短的课程介绍。这有利于帮助学员对课程有个整体把握。

学员介绍。在培训开始之前，要让学员彼此认识，增加相互的了解。介绍的内容包括姓名、所在单位、职务、工作内容等。

引导讲师进教室。在上课前五分钟全体学员要就座，由培训组织者简单明了地介绍老师的姓名、所在单位、经历、主要著作、论文等。

课堂的管理。要注意外部噪音对课程的影响；要观察学员学习状态，如要求关闭手机、禁止打瞌睡、吸烟等；要每一个半小时安排一次休息；对某些授课内容要进行录音、摄像。

授课结束的管理。最好在教师授课结束时，培训组织者对教师的讲课进行简要的归纳，并对教师的辛苦表示感谢；课后要与教师交换意见，虚心听取和记录教师对培训的意见；就学员通过讲课与教师的接触，及时了解培训学员的反应；然后将课酬与教师结清，将教师送走。

（3）培训考核或考评

培训结束后，对学员的培训效果要进行确定，可通过考试、写论文、答辩、案例分析等方式进行。并将考核或考评情况进行公布，对于不合格者，应该按企业的培训管理制度给予相应的处罚，并考虑是否有必要进行补训；对考核或考评优秀者，要给予相应的表彰和物质奖励。

（4）培训的回顾与评价

在培训工作即将结束时，培训组织者要对培训的内容和学员学习情况进行总结，提出希望。培训后的工作有：通过书面或电话向授课老师致谢，进行培训效果问卷调查，颁发培训证书，培训设备、仪器的清理、检查，培训总结和培训成果的评估。

### 6.2.4 员工培训工作评估

培训工作的成果主要体现在员工受训后的改变上。培训效果的评估是所有培训工作中的难点，其原因是员工培训工作的评估是一个系统、完整的过程。

1. 培训效果评估机制的建立

建立科学的效果评估机制是评估工作不可或缺的，没有科学的效果评估机制，培训评估工作就无从谈起。建立科学的评估机制必须从以下两方面入手：

（1）建立评估指标体系

根据培训的特点，企业可以建立三级评价指标体系。一级评价的对象是员工个人，评估指标主要包括员工参加考试或考核的成绩、培训的参与情况、表现等，评价的结果应与员工的待遇挂钩，以加强对员工的激励。二级评价的对象是职能部门或分公司，指标主要包括各职能部门或分公司对培训的支持程度、对培训的组织等，评价结果与部门管理的业绩评价、部门的绩效奖挂钩。三级评价的对象是整个公司，指标是公司整体的培训效果。评价时采用短期评价与长期评价、定性评价与定量评价相结合。该级评估结果仅作为公司的下一步培训改进借鉴之用，作为公司档案保存。

（2）正确选择评估方式

评估方式的选择不是任意的，应根据企业进行评估的目的选择。主要方式有四种：后测、前后测、后测加对照组、前后测加对照组。选择方式应尽量考虑到效果与效率。

2. 培训各个阶段的作用及其评估内容

培训评估是系统地、有计划地收集与分析有关资料，对培训项目、过程和效果在什么程度上达到培训目标进行判定和评价的过程。按评估过程，培训评估分为培训前评估、培训中评估和培训后评估。

(1) 培训前评估的作用和评估内容

对培训前员工的基本状态和要求进行一个评估，是衡量培训效果的基准之一。因此培训前评估的作用主要有：保证培训需求确认的科学性，帮助实现培训资源的合理配置，确保培训计划与实际需求的合理衔接，保证培训效果测定的科学性。

培训前评估的内容主要包括培训需求整体评估，培训对象工作成效及行为评估，培训对象知识、技能和工作态度评估，培训计划评估等，可以根据企业实际情况酌情增减评估内容。

(2) 培训中评估的作用和主要内容

在培训过程中评估能起到保证培训活动按照计划进行，反馈培训执行情况，调整培训计划的作用。培训过程中评估的主要内容包括培训内容监测、培训活动参与状况监测、培训环境监测评估、培训进度与中间效果监测评估、培训机构和培训人员监测评估等，这些内容可以让培训者掌握培训过程中的情况，及时调整相关的培训内容。

(3) 培训后评估的作用和内容

培训后评估对培训工作来说是一个承上启下的过程，能起到明确评估项目选择的优劣、了解评估目标实现情况、为后期培训提供帮助的作用。培训后评估的主要内容可以包括培训目标达成情况评估、培训效果效益综合评估、培训工作者的工作绩效评估等。

3. 培训效果信息的收集

(1) 信息内容

对培训效果评价的关键是要收集到相关信息。收集的信息的内容主要有：培训目的和目标是否能真正满足培训需求；培训的实施是否及时满足需求；培训内容是否能达到培训目的；培训教材是否符合培训的需求；培训师选配的信息，即培训师能否有能力完成培训工作，对受训员工基本情况、企业所在的行业情况和企业的基本情况是否熟悉，是否具有基本教学的组织能力；培训时机的选择、培训的具体时间安排和培训时间的长度是否合适；培训场地是否适合培训的内容、形式、方法和经费预算。

(2) 培训信息收集方法

资料收集法。资料收集法是通过对企业资料进行收集来了解企业培训的相关信息。需要收集的资料一般包括：培训方案；有关培训方案的领导批示；培训的录音、录像；培训需求的调查问卷的原始资料和统计分析资料；培训实施人员写的会议纪要、现场记录；培训教材和辅导资料；培训考核或考评资料；受训员工对培训的反馈意见。

观察法。主要从以下各处进行观察：培训组织准备工作观察，培训实施现场观察，受训员工出席情况观察，培训后受训员工工作效率、工作流程等。

访谈法。访谈的关键是确定合适的访谈对象，访谈对象可以是受训员工、培训师、培训组织者、受训员工的领导和下属。对访谈对象主要可以通过以下问题进行访谈：培训需求定位是否正确，培训时间、地点、长度、内容是否合理，受训对象是否合理，培训过程中的后勤工作的优点和不足，员工对培训工作有什么建议等。

调查法。调查法主要从培训基本组织情况，培训需求、培训内容和形式、培训师的培训情况、培训效果等方面进行调查。

4. 培训评估的实施

培训评估的流程如图 6-3 所示：

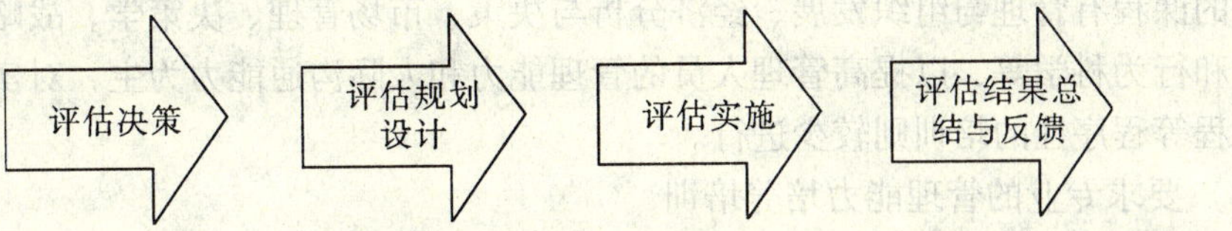


**图 6-3 培训评估流程**

(1) 培训评估决策

培训评估决策阶段的主要工作是从进行培训需求分析出发，确定培训评估目标，同时建立培训评估数据库。

(2) 评估规划设计

评估规划设计首先可以从评估模型入手确定评估层次，从反应、学习、行为和结果四个层面确定收集数据的具体方式。然后，再根据不同层次选择不同的评估方法。

(3) 评估实施阶段

评估实施阶段首先要收集培训对象的数据和资料。这个阶段要特别注意收集的数据的准确性和价值性。然后根据收集的数据进行整理和分析，并对分析结果进行解释。

(4) 评估结果的总结与反馈

在评估结果总结与反馈阶段要注意对数据分析结果的综合考虑，确定培训项目是否有问题，以便进行培训项目的调整。最后要把评估结果及时反馈给人力资源开发人员、管理人员、受训人员和受训人员的直接上级。

5. 培训评估结果的应用

企业培训评估结果主要是通过对过去培训工作的总结，把经验教训用于改进培训工作，为以后的培训工作质量的提高打下基础，还可以反馈培训结果、提高组织绩效。通过培训评估，特别是培训成绩的取得，宣传培训成果，争取更多支持，可以进一步得到企业高层领导对培训工作的认同、支持，为以后获得培训经费奠定基础。

## 6.3 管理人员培训

管理人员培训是目前企业重点关注的内容。根据“2/8”原则，一个有完善的培训机制的企业，为了把有限资金、精力放到培养能给企业带来更大收益的企业精英上，都会把培训的重点放到“2”即企业的关键员工上，而这部分关键员工又大多分布在管理人员中，因此本节将对管理人员培训进行专门介绍。

### 6.3.1 管理人员培训的特点和内容

管理培训的基本流程和企业员工培训基本相同，因此不再赘述。但由于管理人员相对于普通员工来说，其作用和地位在企业中具有特殊性，因此管理人员的培训从内容到方式具有相对比较鲜明的特点。

1. 管理人员培训的特点

（1）重点在于管理理论和理念方面的培训

管理人员的培训同普通员工相比，在培训内容上更突出对管理理论和理念的传输。培训学习的课程有管理与组织发展、经济分析与决策、市场管理、决策学、战略计划、社会心理学和行为科学等，以提高管理人员的管理能力和人际沟通能力为主，对实际操作、规范化流程等程序性的培训则较少进行。

（2）要求专业的管理能力培养培训

由于不同层次的管理人员都强调了概念技能和人际技能，因此要使管理人员真正地胜任管理工作，必须开发出他的计划能力、决策能力、组织协调能力、人事能力、沟通能力、洞察能力等。这些能力的开发必须要接受专业人员、专业机构提供的专业培训。管理人员的培训和开发为企业带来的效益是深远和持久的，其效果具有潜在性，可能在短时间内不会明显地表现出来。

（3）管理人员培训对企业影响更深远、效益更大

管理人员在企业中的角色，决定了管理人员培训是企业整个培训工作中的一个重要组成部分，相对而言管理人员的培训给企业带来的效益更大。企业在培训需求调查和制定培训计划时，也要把管理人员的培训放在一个重要的地位。

（4）管理人员培训更强调机动灵活，办学形式多样性

通常来说管理人员较普通员工工作繁忙，从经济性的角度来看，管理人员难以长时间地集中学习，所以企业管理人员的学习时间安排必须有一定的灵活性，可以采用几天的短训，也可以采用一两年的长期培训。

2. 管理人员培训内容

管理人员的培训可分为高层管理人员、中层管理人员和基层管理人员三个层面。

高层管理人员的培训内容包括：企业内外环境和国内外形式介绍、经营思想讨论、企业发展战略研究、人力资源管理、组织行为学、领导科学、财务管理、企业现代管理技术等。

中层管理干部培训内容包括：企业目标、本职位的任务责任、人力资源管理、市场营销、企业计划方案、沟通技巧、时间管理、执行力培训等。

基层管理人员培训内容包括：企业总体计划和分计划、职位任务与责任、生产管理、沟通技巧、企业规章制度、质量管理技术、协调技巧、时间管理、计划的制定和实施等。

### 6.3.2 管理人员培训的形式

从企业层面来说，管理人员的岗位轮换是为了使管理人员学会按照管理的原则从全局而不是从岗位出发来思考问题，以培养管理人员全面管理的能力和技巧。针对这个目的，企业管理人员培训的形式主要有：

1. 在职开发

对管理人员的开发大多涉及企业的经营状况，因此大多数管理人员的培训是在工作中进行的。

在职开发的优点是：可以让管理人员在竞争中自己学习，不会打击那些未被晋升的人

的积极性，不会使替补训练的人产生不切实际的想法。其缺点是：开发要有专人指导，否则容易出现破坏或浪费现象；培训和开发昂贵、费时、效率低；由于不用正式学习，开发和培训的系统性不足；属于企业内部开发，对外界的新知识、新思维、新方法吸收不够。

2. 职务轮换

职务轮换是受训管理人员在不同部门的不同主管岗位或非主管岗位上轮流工作，使其全面了解整个企业不同岗位的工作内容，获得不同的工作经验，为以后的晋升高层次管理岗位作准备。职务轮换有三种情况：非主管工作的轮换、主管职位间的轮换、事先未规定的主管职位间的轮换。

事先未规定的主管职位间的轮换是在同一层次内进行的，即事先未规定轮换到哪个主管岗位轮换和轮换时间长短，而是根据受训主管人员的具体情况及所从事工作的需要，来确定轮换岗位和时间长短。这种轮换方式需要培训主管部门经常对受训人员的情况进行评估，调整轮换岗位。需要注意的是这种方式由于培训工作无明确的时间划分，会影响到受训人员的工作安排。

主管岗位间轮换是受训人员在同一层次的各个不同部门的主管岗位上轮换。其目的是使将要提拔到较高层次的受训管理人员在不同的职务上学习实际的管理经验，全面提高管理技能，完善其管理知识结构。主管岗位间轮换可以开阔受训管理人员的视野，了解各部门的特点及其相互关系，培养全面管理能力。但同时，主管岗位间轮换使得各个部门轮换时间不好控制；轮换可能会影响到各个部门的相对稳定性；在轮换中的管理人员缺乏管理权限，容易产生临时的观点；由于受训人员不承担真正进行管理工作时所负的责任，不能完全考察出受训人员的管理能力。

非主管工作的轮换是指管理人员在企业的基层第一线进行轮岗。其目的在于通过这种轮换使受训员工了解企业最基层的各类业务活动，了解这些活动的基本特点、基本过程及基本方法，了解基层非主管人员的工作情况和精神状况。非主管工作的轮换让受训管理人员可以对企业的各种业务活动、工作流程有所了解，使与基层非主管员工的关系更加密切。但非主管工作的轮换也有轮换的时间不好控制的问题。

3. 短期理论学习

短期理论学习是提高管理人员管理水平和理论水平的一种主要方法。它有助于管理人员了解某些理论的最新发展动态，更新受训人员的理论水平，并在实践中及时运用一些最新的管理理论和方法。其主要方式是集中培训，把管理人员集中数天、数周，按照明确的管理培训科目进行集中培训。这种培训方式适合于专项学习。

短期理论学习的优点是：管理人员能够在短时间里集中精力学习，学习内容集中、有针对性。其缺点是：容易产生学习内容与工作联系不很紧密的情况。

4. 替补训练

替补训练是将每一名管理人员指定为替补训练者，在完成原有责任外，还要求熟悉本部门上级的工作。这种方式的目的在于可以让受训者随时接替本部门或其他部门上级的工作。

替补训练有利于保持管理的连续性，训练安排周密，为管理人员指明了一条明确的晋升路线，有利于管理人员职业生涯的规划和发展。但替补训练有时会引发员工内部的不当竞争，产生派别现象；容易挫伤非替补人员的积极性；会使上级因害怕被替代而不愿意向替补训练者传授经验，而且替补训练培训本身比较分散。

5. 决策训练

管理的实质就是决策，这是理论界的一个基本共识，所以决策训练的内容是培养决策人员制定战略方针的能力，即“解决问题和处理问题的方法训练”，让受训管理人员正确地掌握决策的步骤。其基本内容包括：提出问题、提出假设、收集数据、制定方案、分析方案、选择方案、测定结果。这种培训方法重在逻辑推理、数学模型、计算机和创造力分析等方面的探索，其目的是提高管理者的思维能力，使受训管理人员养成科学的决策思维习惯和模式。这种方式的不足之处是理论模型下的决策相对理想化，在实际操作中需要结合企业和行业的实际情况进行相应的校正。

6. 角色扮演

角色扮演是管理人员培训常用的方法，它适合于学习和探索组织内部的人际心理因素。角色扮演的目的有三个：一是提高管理人员的人际沟通技能，二是探索现代组织中人际关系因素的相互作用，三是探索企业或组织机构制定决策的过程及其规律。

与一般员工的角色扮演法相比，管理人员角色扮演更注重人际技能的培养，而不是基本技能的把握。这个方法构造出一个类似于日常管理工作的特定情景，受训者被要求将自己假设为该特定情景中的一个角色，然后在角色扮演中扮演这个角色的行为，其他人员则在旁边观察、思考，待模拟结束后进行评价。角色扮演是通过让受训者扮演某一特定情景下的角色，营造出使受训者主动参与的环境，有助于使受训者学会解决管理中遇到的各种人际关系问题。这种方法常应用于商业沟通、企业伦理、战略管理、多方谈判、环境问题管理、跨文化沟通等内容的培训。

管理人员角色扮演的特点是：可以取到实际效果，使角色扮演者演讲和表达能力有所提高，但花费时间长，耗费人力多，若引导不当则没有效果。

7. 跨文化管理训练

跨文化管理训练主要是跨国公司管理人员培训的重要内容，培训的目的是了解各国不同的文化，学会尊重各自的文化。使他们确定这样一种观念：“各种文化没有好坏之分，只是各不相同，我们必须理解和尊重不同的文化。”并使他们学会将不同文化的整合转化为竞争优势。培训的方式是讲课和开展讨论。首先使受训管理人员掌握各种文化背景知识，然后设法改变他们的态度和偏见，最后，使他们掌握与不同文化背景的人打交道的技巧。

8. 敏感性培训

这种方法是直接训练管理人员对其他人的敏感性。众所周知，管理人员必须通过别人去完成任务，要想在工作上取得最大的成功，必须意识到自己以及上级、下级、同事的情感、态度和需要，提高对人的敏感。

敏感性训练的内容主要有：管理者知道如何体察下情吗？管理者对各种人的情感注意到什么程度？公司的某一目标或计划如何影响各种人的态度和追求？争论、命令、讨论、协商等应如何进行？

敏感性训练经常准备有成套的边听边看的课程，并设计了一些活动，让学员在相互影响的实践中，亲自体验相互影响是怎样进行的。敏感性训练强调的是训练的过程和感情上的体验。这种培训方式需要受训人员认真体会，从内心深处产生共鸣，使自己以后在工作中利用正确的方式调动周围人员的积极性，共同完成生产、经营目标。

## 6.4 培训的组织管理工作

培训的组织管理工作是培训得以完成的保证。培训组织管理是由培训控制的过程管理、培训师的选择和培训、培训成本收益分析等几部分构成的有机整体。

### 6.4.1 培训控制

培训中的控制管理是保证培训工作按计划顺利进行、实现培训目的、提高和改善培训效果的保证。为了减少培训所造成的损失，及时纠正错误，培训中的控制管理采用阶段性控制和主动控制。在培训工作的各个阶段引进了控制管理，以保证培训工作的顺利开展。具体讲就是在培训需求确定、培训目标确定、培训实施、培训的考核和评估等四个阶段实施控制管理。

1. 培训需求分析阶段的控制

在培训需求确定时进行控制管理，是准确地确定培训成本和效果的首要阶段。这要求与培训工作有关的各个方面的人员共同确定培训需求，要求人力资源部培训主管、培训组织部门的组织者及其直接上级、现在岗位任职人员及其直接上级、各级领导都参加到培训需求确定的工作中，协同工作，以准确地预测培训需求，确定培训需求，制定培训计划。

2. 培训目标的确定控制

在培训目标确定时也需要进行控制管理，以正确地确定培训的目标。这要求培训工作相关各部门与培训工作相关各方面的人员共同确定培训需求，既要考虑员工的培训需求、员工的工作现状，又要结合培训的方式和方法、培训经费的预算，确定合理的培训目标。

3. 培训实施过程的控制

在培训过程中需要依据培训计划进行控制。主要是对培训完成质量、培训时间、问题和反馈机制、受训员工出席培训课程的状况、培训费用等方面进行控制。培训实施过程的控制是整个培训控制管理的核心环节。

4. 培训考核和评估的控制

对培训考核和评估的控制属于事后控制，它对以后培训工作的改进具有重要意义，还可以为人力资源的其他相关工作提供有用的信息。培训考核和评估的控制主要是以严格按培训计划中的考核方式和方法进行考核，认真收集培训的有关信息，认真地进行考核评估，通过正式渠道公布培训考核结果并实施适当的奖惩办法为核心内容。企业应该形成对培训考核和评估重视的氛围，以使受训员工和相关领导积极、严格地按培训要求参与培训工作，增加培训效果。

### 6.4.2 培训师

培训计划最终是由培训师通过组织各种活动来完成的。培训师的优劣在某种程度上决定着培训效果，因此对培训师的选择和培训是培训工作的重要内容。

1. 培训师的类型

根据决定培训师水平高低的三个方面，即知识和经验、培训技能、个人魅力这三个维度，培训师可以分为六种类型：

第一种是卓越型培训师，是指既有丰富的理论知识，又有丰富的实践经验的培训师。他们熟练掌握各种培训技能，又富有个人魅力，因此他们的培训效果极佳。

第二种是专业型培训师，指理论功底扎实，并有丰富的实践经验，能够熟练掌握各种培训技能，但是缺乏个人魅力的培训师。此类培训师的培训效果比较好。

第三种是技巧型培训师。他们富有个人魅力，也掌握各种培训技能，但缺乏相关知识和经验，因此在培训过程中受训者一般当时感觉不错，但过后会发现收获不大。

第四种是肤浅型培训师。此类培训师熟练掌握培训技能，但既无个人魅力，又无必要的知识和经验的培训师，因此在培训中虽然场面热闹，但却多讨论而无结果，最终使培训流于走过场，无法获得应有的效果。

第五种是讲师型培训师。此类以大学教师为多，他们有丰富的知识和经验，但没有受过培训方面的训练，又缺乏个人魅力，结果使受训者一直处在催眠状态，培训效果不佳。

第六种是弱型培训师。这种培训师是最差的一类，他们在培训技能、知识经验、个人魅力三个方面都属于低水平，只能照本宣科，培训效果极差。

2. 培训师的选择标准

培训师必须具备较高的素质才能适应培训教学的需要。企业在选择培训师时虽然不能面面俱到，但总体上看，可以参照的标准有：具备经济管理类和培训内容方面的专业理论知识；具有培训授课能力；善于在课堂上分析问题、解决问题；具备互动能力、表演能力、场面控制能力；能够熟练运用培训中的培训教材与工具；积累与培训内容相关的案例与资料，充分挖掘学员工作中的案例；有实际工作经验，充分了解、熟悉、掌握培训内容所涉及的一些相关前沿问题，具有敏锐的洞察力、较强的学习能力和创新能力；具有良好的交流与沟通能力、组织能力，能很好地组织培训活动；具有引导学员跟随讲授内容进行学习和思维的能力；拥有培训热情和教学愿望，对培训有热情和兴趣。[4]将这些标准进行整合，就可以选择到合适的培训师。

3. 选择培训师的途径

通常企业选择培训师主要有两大途径：企业内部培养和企业外部专业机构聘请。企业培训的最终目的是满足企业自身发展的需要，内部培训虽然方便、实用性强，但需要投入时间和精力，而且不利于培训人员开拓思路，全方位地接受新知识，因此培训组织者应根据企业的实际情况，确定适当的内部培训师和外部培训师的比例，增加培训效果。

（1）培养内部培训师

企业对内部培训师的要求应该是既熟悉企业的业务又在专业方面有所长，他们一般是企业内部表现比较好的员工。同时也要求内部培训师具有良好的沟通能力、语言表达能力、课程开发设计能力，能结合企业的案例进行课程讲解。内部培训师主要是人力资源部培训主管、企业的管理人员和业务专家。作为企业内部人员，他们对企业文化、企业环境、培训需求、企业员工现状比较了解。内部培训师的主要优点是培训费用比较低，培训时间灵活，培训效果易于控制。其缺点是可能比外部聘请培训师的效果差，企业对培训师的选择有限，培训师只能从本企业来培训，整体战略性差。

（2）聘请专业培训机构

传统上企业外部聘请培训师主要包括高等学校的专业教师、专业协会的培训教师和行业专家等。这种培训师能给企业带来许多新的理念，但企业在具体的培训过程中可能会发现：由于企业自身资源问题，自己选聘培训师往往培训系统性差、培训费用较高；企业缺少对这类培训师全面的了解，培训效果可能不理想。随着整个企业人力资源部地位的提升，需要企业内部人力资源从业者和企业外部服务机构的共同协作，企业把一些事务性工作和自身不擅长的工作外包，自身从琐碎工作中抽身出来，才可能有时间思考企业部门层级以上和战略层面的问题。因此越来越多的企业倾向于借助已经整合的专业机构，将培训外包，以提高企业的培训效率。

① 聘请专业培训机构培训的意义

培训外包的主要方式是聘请专业培训机构，作为当今比较流行的人力资源开发的一种形式，对企业来说，聘请专业培训机构的主要意义在于：首先，企业只要向培训机构支付一定的费用，就可以获得更专业服务，避免了伴随培训项目的实施而产生的相关服务费用和管理成本，从整体效益上看可以提高本部门工作能力，降低企业的成本，节约时间。其次，专业培训机构在某种意义上起到了企业内部培训部的作用，而事实上又不是企业的内部专门机构，这客观上使企业做到了精简机构、提高效率。最后，根据“2/8 原则”，80%的企业利润是由20%的核心工作创造的，企业人力资源人士需要有更多时间和精力关注这20%的工作，从而有效保持和提升企业核心竞争力。因此将培训外包出去，利用社会资源，这可使企业减轻基础性工作，很好地利用企业的优势资源，这更有利于促进开展企业竞争力的核心工作。

② 选择专业培训机构的标准

随着培训在企业人力资源管理中地位的上升，企业要选择合适的专业培训机构，就要以一种实用、客观的标准来选择日益增多的专业机构，这些标准主要有：

良好的信誉。由于培训机构在开展企业培训项目时要和企业充分合作，因此它们会在培训前要求企业提供真实的内部信息，为此企业要调查拟选机构，考查专业机构在以往已经做过的项目中能否做到对客户的相关资料保密。

合适的企业资质。为保证良好的培训效果，专业机构必须拥有与企业合作的长期性和稳定性，因此选择一个有适合资质的专业机构，以保证企业培训的效率、效果，是每个希望聘请专业培训机构的企业进行选择必不可少的步骤。为此企业在选择专业机构时要努力设法了解其资质状况。

拟选专业机构项目成功的样板与本企业的适应程度。通常，外包机构为了建立市场，会有自己建立的项目案例样板。企业在选择外包机构时，为了真实了解该机构项目的运作情况，应该要求其提供这个成功案例。通过对案例的实际考查，企业可以充分了解该机构在其最好状态下是否有本企业所需要领域的专家队伍，该机构对培训项目能做到的最好效果，是否能在本企业要求的时间内完成培训计划的实施。通过调查该机构已经拥有的客户，可以了解该机构的服务水平及客户对它们的评价结果，对比本企业需求，可以比较客观地考量该机构是否是本企业要选择的对象。

专业机构与本企业是否能共享价值观。在培训外包实施过程中，专业培训机构要加强与企业的协作沟通，做到真正了解企业的真实需要，让本身的企业文化与企业的文化互相适应和包容，这样企业才能获得有效的培训服务。

通常来说，专业机构与企业沟通的方式有双方的项目主管保持密切联系、定期召开会议、外包方项目主管经常深入企业等，企业协助外包机构分析情况并及时作出改进，指导外包机构建立质量保证体系。在培训外包结束时，企业要对培训效果及时进行评价。评价的主要指标包括：通过培训员工的满意度是否提高了；企业员工的受训机会是否得到了公平的分配；管理人员满意度以及顾客满意度的情况变化；是否获得了时间和成本的节约；培训后受训员工是否真实改进了绩效；企业对所提供的培训计划是否感到满意等。

③ 专业培训机构选择步骤

专业培训机构的选择是一个复杂的系统，企业必须在明确选择专业机构的前提下，选择适当的形式，按照一定的选择模式运作，才能有效实现培训职能，达到培训的目的。对专业培训机构的选择通常采用的步骤是：

第一，做好培训筹划准备。企业在选择专业培训机构前必须通过组织分析、人员分析、任务分析及其外部资源分析来实现对企业的培训需求真实、客观的了解，通过人力资源培训项目内部运作与外包的成本、效益的分析来决定是否外包培训职能、哪些培训工作外包，然后根据企业现有的人力资源管理人员的能力及特定的培训计划起草项目计划书要求。

第二，科学挑选专业培训机构。企业要选择真正理解本企业的需求并将其纳入培训课程，而不是原封不动地把似是而非的课程拿到企业里来讲的专业机构。通过对选择标准中专业机构的信誉、能力、知名度、服务水平，以及客户对它的评价结果、项目的初步建议书、价格是否合理、设计课程是否能够融入自身企业的文化或经营哲学等进行专业设计，形成一个科学的考查体系，并运用该体系来进行科学判断，有效选择能提供真正适合自己的产品和服务的专业机构。

第三，培训外包合同的签订。企业找到一个比较理想的专业培训机构之后，接下来就是送达项目计划书，对培训相关事宜（如价格等）进行协商，并商谈双方合同的具体条款。合同的设定要注意企业应当在确保自己利益的前提下，把不能达到预期培训效果时的补救措施也在合同中作出规定。

第四，对整个培训实施进行全程监督与评估。在培训外包实施过程中企业必须要加强与服务供应方的协作沟通，让外包方全面了解企业情况，弄清企业的真正需要，协助专业机构培训工作的开展。同时企业必须要做好连续的、长期的培训评估工作。企业应做好事中、事后控制的协调统一，把评估工作放到培训的过程中进行事中控制，及时掌握培训的真实情况，降低事后评估的风险。

### 6.4.3 培训成本分析

在某种程度上培训对企业竞争力有决定作用，但是培训是一种企业投资，因此在做培训评估时，都应做成本分析，企业总是希望用最少的花费得到最佳的效果。通常，企业不愿意培训的主要原因是认为培训的投资利益回收困难。而事实上，公司从培训后的员工边际生产值的增加可以获得不少实际利益。

1. 培训预算分析

培训成本分析的首要步骤是作预算分析。培训成本预算是利用会计方法决定培训项目的经济收益的过程。这主要从成本和收益两个方面进行考虑。

培训预算要考虑成本。整个成本主要包括培训项目管理费用、培训师费用、交通费用、受训员工培训期间工资福利、代替参训员工的临时工的工资成本或损失成本、培训中的各种开支。

企业在进行成本预算分析时，主要要考虑各部门岗位培训需达到什么样的目的，参加培训员工的数量，离岗培训的员工数量、时间，岗位培训包括哪些课程或活动，培训课程或活动的开发、培训及效果转化，需要的时间或资金投入，课程涉及的培训器材折旧费用、场地费、易耗品（笔和纸等）、培训工具（白板、启示架、录音、录像场）的投入，受训人员的培训待遇，参加培训计划的人员成本，培训课程或活动的目标参数和衡量指标体系。在培训目标达到后从产生的时间、费用和培训效益方面进行成本估算。

2. 培训成本的计算

培训成本的两种计算方法是：资源需求模型计算法和会计计算法。

（1）资源需求模型计算法

此方法是对培训流程的各阶段所需的设备、设施、人员和材料的成本进行计算，得到总的培训成本。该方法有助于明确不同培训项目成本的总体差异，以及不同阶段的成本。也可以利用该法得出的数据对培训的不同阶段进行调整。

（2）会计计算法

此方法是对培训过程中的各种成本利用会计方法进行计算，以确定培训成本。计算的成本有：培训项目开发或购买成本、培训设施与设备成本、交通及食宿成本、受训员工及辅助人员工资、员工参加培训而损失的生产效益、培训材料成本。会计计算法计算培训成本是运用得比较多的计算方法。

3. 培训收益的估算

培训的收益有直接货币收益和非货币收益。具体的收益是：战略效益，即培训为企业增加了整体工作效益和质量，增强了企业的生产竞争力和核心能力；成本效益，即培训使受训员工在岗的辅导性损失减少；经济效益，即培训提高了生产率、生产量、销售量而产生的经济效益；时间效益，即培训使受训员工完成任务的单位工作时间缩短；质量效益，即受训员工完成任务的质量的提高等。培训收益的确定可以采用这种方法：企业在投入资源之前进行试验性培训，抽取一小部分受训者，评价所获得的收益，推算整个培训的收益；运用技术、科学研究及实践证实与特定培训计划有关的收益。

---

**即时案例**　　**A公司员工培训的困境**

今天，A公司进行了年度工作总结。忙碌了一年，终于可以松口气了，大家都在憧憬着会后的聚餐，可是，人力资源部负责人张君却高兴不起来，耳边不时回响着王总在会上的讲话："公司今年成绩斐然，业务拓展蓬勃开展，但是内部管理还存在严重不足，特别是公司制度建设和员工培训，与我们预先设想的目标，还有相当大的距离。"

王总并没有点名批评人力资源部，相反还批评其他相关部门负责人配合不力。张君感激王总的支持和理解，但是，培训工作没有做好，自己终归是要负责任的。几天前，财务部还明确地提出今年的培训费用太高了，耗时耗力却收效甚微，可以说，人力资源部过去一年主抓的员工培训基本上是失败的。

张君来A公司的时间并不长，两年前作为公司的招聘主管进入公司，在招聘岗位干了一年，部门负责人调离后，他以诚恳的工作态度和娴熟的专业技能赢得了王总的青睐，被提升为人力资源部的负责人。走马上任之初，王总单独找张君谈过一次：“近几年来，公司急于拓展业务，员工人数大增，但是疏忽了内部的管理，再加上前任人力资源部负责人自身能力的关系，员工整体素质大不如以前。”因此，王总希望，张君上任后能把整个人力资源管理抓起来，首先，用一年的时间把员工培训做好。

张君首先走访了各部门的同事，特别是各部门的负责人和一线基层员工，听取大家的想法和意见。与此同时，张君还组织人力资源部发放培训需求调查表，对公司全体员工进行书面调查。经过两周的访谈和调查，人力资源部分析出了全体员工的培训需求，开始着手编写公司培训管理办法。

首先是年度培训预算。张君提出，A公司的培训总预算占上一年销售总额的1.5%。在公司例会上讨论方案时，各部门负责人表示培训预算费用太高。在王总的建议下，预算费用削减一半，方案算是通过了。针对近年新员工增加比较多，对企业认同感比较低的问题，人力资源部准备请著名培训专家来公司做企业文化培训，但由于费用的原因，只好取消了相关计划。

考虑到培训预算，张君决定开发课程，编写教材，选拔一批业务熟练、表达能力强的人组成内部讲师队伍。由企业内部培训师培训，不涉及教材的版税，只要员工的工资，再加上一些设备、材料的损耗费，培训费用最低。

张君将培训分成公司培训和部门培训两个层级。人力资源部把公共类的课程和计划早早编写完，但是各个部门叫苦不迭，初次接手课程编写就一下子要编那么多。专业培训课程迟迟不能出炉，一拖就拖到了年后3月份，催了几次才陆续交来，内容和形式大部分都达不到要求。反复修改，勉强定稿已经是4月份，但却几乎没有人报名参加内部讲师，平时工作已经很累，哪还有时间和精力备课，报酬又寥寥无几。最后下了任务，每个部门必须指定一人，讲师才基本到位。

但各部门负责人似乎希望人力资源部能承担所有的培训工作，基本都没完成专业培训计划。新入职的员工自从人力资源部做完入职培训后，部门几乎就没有再专门做其他培训，一部分经验相对较少的员工在试用期就萌生了离职的念头。

折腾了一年，公司培训似乎还是原来的样子。张君沉思着，这里面到底有什么问题呢？

资料来源：吴冬梅，等．人力资源管理案例分析［M］．北京：机械工程出版社，2008：265.

## 小结

企业培训是指通过教育、训练的方式来提高员工的工作能力、知识水平，开发其潜能，最大限度地促使员工的个人素质适应工作需求，从而达到提高工作绩效的目的。培训是一项长期性的工作，要配合企业战略的落实，按需施教、学以致用，将考核与奖惩相结合，同时也要兼顾培训工作的经济性。

培训的分类方法有很多，常用的有直接讲授法、专题讨论法、现场培训法、案例讨论法、网络培训法、实践法、模拟训练法等。培训工作的过程一般包括培训需求分析、培训方法设计、培训资料开发、培训实施、培训工作评估等几个步骤。培训的组织管理主要从培训中的控制管理、培训师的选择和培训、成本分析管理、效果评估这几个方面进行。

管理人员的培训是企业员工培训中的重点内容之一。要管理人员培训主要分为基层管理人员培训、中层管理人员培训、高层管理人员培训，各个层次培训内容不同。常用的培训形式有：在职开发、职务轮换、短期理论学习、替补训练、决策训练、角色扮演、跨文化管理训练、敏感性训练等。

## 练习与思考

1. 如何理解员工培训的含义？员工培训的意义是什么？
2. 何谓培训？其目的是什么？

3. 培训应遵守哪些原则？

4. 培训有哪些方法和技术？

5. 如何建立企业人力资源培训体系？

6. 确定培训需求应注意哪些问题？

7. 如何提高培训的有效性？

## 参考文献

[1] 郭京生，张立兴，潘立．人员培训实务手册［M］．北京：机械工业出版社，2002.

[2] 肖胜萍．企业员工再培训手册［M］．北京：中国纺织出版社，2003.

[3] 安鸿章．现代人力资源管理［M］．北京：中国劳动社会保障出版社，2003.

[4] 劳动与社会保障部，中国就业培训技术指导中心．中国企业人力资源管理人员：人力资源管理师、高级人力资源管理师工作要求［M］．北京：劳动社会保障出版社，2002.

[5] 众行管理资讯研发中心．培训需求分析与培训评估［M］．广州：广东经济出版社，2003.

[6] 李长江．人力资源管理：理论、实务与艺术［M］．北京：北京大学出版社，2011：202－203.

[7] 吴冬梅，等．人力资源管理案例分析［M］．北京：机械工程出版社，2008：265.

# 第7章　员工职业生涯管理

随着技术的进步日新月异以及技术优势的差距不断缩小，企业之间的差别和竞争优势越来越体现在员工的技能、敬业精神和才能等方面。任何组织和个人都难以依靠掌握某种技术为自身带来持久的竞争优势，组织的核心竞争优势正在逐渐地由技术等“硬件”因素向非技术性的“软件”因素转变。这一趋势直接导致了组织的工作重心由“技术要素”向“人的能力”的转变。而促成这一转变的一个重要条件，就是有组织的员工职业规划。员工职业规划已成为组织人力资源管理竞争优势的基础。在本章中，我们将系统地研究和讨论有关员工职业规划方面的问题。

## 7.1　职业生涯管理的理论与方法

员工职业生涯规划是人力资源开发中非常重要的一项工作。对于组织来讲，员工职业规划的意义主要表现在两方面：一方面，它能够帮助员工在组织中找到正确的位置，充分发挥自身的优势，帮助组织实现自己的目标；另一方面，有效的员工职业规划是组织激励员工的重要方式，它不仅能够增强员工的使命感和责任感，还能够提高员工对组织的承诺。因此，大凡成功的组织，都对员工的职业规划予以高度重视。

### 7.1.1　职业生涯的基本概念

要开展有组织的员工职业生涯，首先必须了解和掌握它的基本概念。由于时代的发展和变化，职业规划的内涵也不尽相同，这种差异反映了不同时代的人们对人生目标的不同追求。

1. 职业生涯

所谓职业生涯（Career），主要是指一个人在一生中所经历的与工作有关的过程、经历和经验，包括不同的工作岗位、不同的管理职位的过程、经历和经验，如在组织中岗位的变换、职务的升迁或工作内容的变化。除此之外，与个人生活和学习有关的因素也会影响个人的职业发展。如随着生活和学习的积累，人的期望和爱好会发生一定的变化，从而影响职业的发展。但总的讲，与工作有关的要素是最重要的方面。

2. 职业生涯规划

职业生涯规划（Career Planning）是指将员工个人的职业发展目标与组织的人力资源需求相联系的一套制度安排和实践。它强调的是个人需要与组织发展需要的匹配，而且从一定程度上来讲，个人的需要应建立在符合组织需要的基础之上。从职业规划的发展历史看，早期的职业发展主要针对的是员工个人，而现代则朝着有组织的职业开发活动转变。企业人力资源管理的一个重要目的就是最大限度地利用员工的能力，并为其提供一个不断成长以及挖掘个人最大潜力和建立成功职业的机会；企业从具有创新和献身精神的员工所带来的绩效贡献中获利，员工则从内容更为丰富、更具有挑战性的职业中获利。正是基于这个原因，员工职业生涯问题已逐渐引起企业的极大关注，并成为企业重要的竞争手段。

3. 职业生涯管理

职业生涯管理（Career Management）是建立在有组织的员工职业生涯规划和发展的基础之上的。通过对员工职业生涯的管理，一方面能够正确识别员工的能力和技能，引导员工的职业发展，加强和提高企业进行人力资源管理和开发活动的准确性，增强员工在商场、职场和官场的适应能力和竞争能力；另一方面，有效的员工职业生涯开发活动又能通过员工的努力提高企业的获利能力和水平，最终达到组织和员工双赢的结果。

4. 传统职业生涯与现代职业生涯的异同

早期的或传统的职业生涯与现代职业生涯最大的不同在于对个人成功的认识差异。在传统职业生涯的概念中，个人在组织中管理层级的升迁情况往往是判断个人是否成功的唯一标准。而现代意义上的职业生涯概念在继续关注组织接班人的同时，将重点转向培养那些具有潜力的基层主管和员工的全面发展上，并在此过程中特别强调以工作满意度、挑战性的工作、融洽的人际关系、个人的心理成就、自我价值实现等要素作为判断个人职业成功的重要标准。之所以会出现这些变化，有两个主要原因：一是组织成员都了解管理岗位的稀缺性，二是随着社会经济的发展和需求层次的提高，新的职业不断出现。这些都为劳动者的工作选择提供了更多的机会，劳动者可以根据自己的兴趣爱好，选择一个最适合自己的职业和工作，并在此基础上实现和满足自我。

### 7.1.2 职业生涯理论综述

经过多年的发展和完善，职业生涯管理理论已经相对比较成熟，相关的理论和方法也很多。本节主要介绍约翰·霍兰德的人业互择理论和埃德加·施恩的职业锚理论。

1. 约翰·霍兰德的人业互择理论

约翰·霍兰德是美国霍普金斯大学心理学教授、著名的职业指导专家。他于1959年提出了具有广泛社会影响的人业互择理论。他根据自己对职业性向测试的研究，即根据劳动者的心理素质和对职业的选择倾向，提出了六种基本的人格类型或性向，并在此基础上将相应的职业也划分为六种类型，即：现实型、研究型、社会型、传统型（常规型）、事业型、艺术型。[①]

（1）实际型：这一类型的基本特征是愿意从事那些包含体力活动并需要一定技巧、力量和协调性的职业。该类型愿意使用工具从事操作性强的工作，动手能力强，做事手脚灵活，动作协调，不善言辞，不善交际。这一类的职业主要包括各类技术工人及农场主等。

（2）研究型：这种类型的基本特征是抽象思维能力和求知欲强，喜欢独立和富有创造性的工作，知识渊博，有学识才能，不善于领导他人，因此主要会从事那些包含较多的思考、理解等认知活动的职业，而不是那些主要以感觉、反应或人际沟通以及情感等感知活动为中心的职业。这一类的职业主要有自然和社会科学家、研究人员、大学教授、工程

---

① 加里·德斯勒．人力资源管理［M］.6版．北京：中国人民大学出版社，1999.

师等。

（3）社会型：具有社会性向的人的主要特点是喜欢为他人服务，喜欢参与解决人们共同关心的社会问题，重视社会义务和社会责任，因此容易被吸引从事那些包含着大量人际交往内容的职业，而不会是那些需要大量智力活动和体力要求的职业。这一类的职业包括教师、医务人员、外交人员、社会工作者等。

（4）常规型：具有这种特征的人一般喜欢结构性且规则较为固定的职业，喜欢按部就班地工作，喜欢接受他人的领导。在这类职业里个人的需要往往要服从组织的需要。这类职业主要包括银行及其他公司职员，以及档案、图书、统计、会计、出纳、审计等方面的工作。

（5）事业型：这种类型的基本特征是自信、善交际、具有领导才能；喜欢竞争和敢冒风险，容易被吸引去从事那些组织与影响他人共同完成组织目标的工作。这一类型的职业包括领导者、企业家、管理人员、律师等。

（6）艺术型：具有艺术型特征的人通常会被吸引到那些包含大量自我表现、艺术创作、情感表达以及个性化活动的职业，如艺术家、演员、音乐家等。

约翰·霍兰德的人格性向理论的意义在于提供了一个劳动者与职业的相互选择和适应的方法。劳动者如果能与职业互相结合，便能达到理想的工作和适应状态，这样就使劳动者能够充分发挥自己的主观能动性，提高工作的满意度，使他的才能与积极性得到充分的发挥。

需要注意的是，这一理论对人格性向的划分并不是绝对的。在现实中，大多数人都具有多种性向。约翰·霍兰德指出，这些性向越相似，则一个人在选择职业时所面临的内在冲突和犹豫就会越少。为了进一步说明这种情况，他建议将这六种性向分别放在一个正六角形的每一个角上，每一个角代表一个职业性向。图中的某两种性向越接近，则它们的相容性就越高。如果某人的两种性向是紧挨着的话，那么他或她将会很容易选定一种职业。如果此人的性向是相互对立的话（如图 7－1 中的研究性向和事业性向），那么他或她在选择职业时就会面临两难的境地。

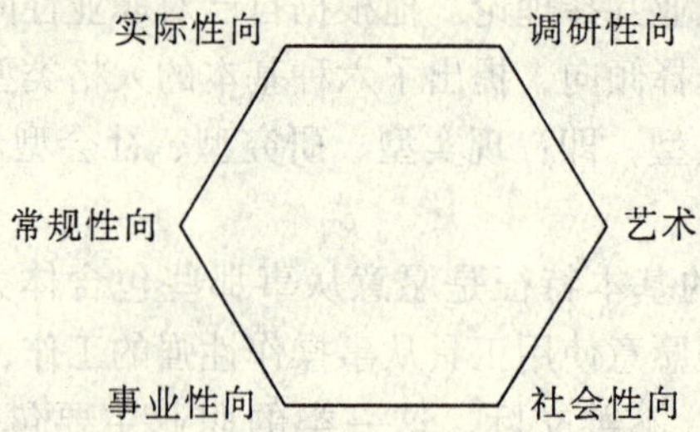


**图 7－1　约翰·霍兰德的人格类型**

2. 埃德加·施恩的职业锚理论

职业锚（Career Anchor）的概念是由美国学者埃德加·施恩提出来的。所谓职业锚，是指一个人在进行职业选择时，无论如何都不会放弃的至关重要的东西或价值观。埃德加·施恩认为，一个人的职业选择和规划实际上就是一个持续不断的探索过程。在这一过程中，每个人都在根据自己的天资、能力、动机、需要、态度和价值观等逐渐地形成较为清晰的与职业有关的概念和思路。随着一个人的阅历和工作经验的丰富，人对自己的了解就越多，在此基础上就会逐渐形成一个明确或占主导地位的职业选择倾向。因此职业锚的确立是一个较长的过程，要想预测它是非常困难的。施恩根据自己对麻省理工学院毕业生的研究，提出了以下五种职业锚：[1]

（1）管理型职业锚：具有这种职业倾向的人往往表现出很强的管理他人的动机和信心，担任较高的管理职位是他们的最终目标。施恩的研究发现，这些人之所以具有这种动机和信心，是因为他们认为自己具备了三种重要的能力：一是分析能力，即在信息不充分以及不确定的情况下发现、分析和解决问题的能力；二是人际沟通能力，即在各个层次上影响、监督、领导、操纵以及控制他人的能力；三是情感能力，即在情感和人际危机面前只会受到激励而不会受其困扰的能力，以及在较高的责任压力下不会变得无所作为的能力。

（2）技术性职业锚：具有这种职业倾向的人一般总是倾向于从事那些能够保证自己在既定的技术领域不断发展的职业，一般不太愿意从事管理他人的工作。

（3）创造型职业锚：施恩的研究发现，麻省理工学院的毕业生之所以后来能够成为成功的企业家，一个重要的原因就在于他们具有一种创新的欲望，即自己能够创造一种完全属于自己的东西——如一件署有他们名字的产品或工艺、一家他们自己的公司或一批反映他们成就的个人财富等。

（4）自主与独立型职业锚：具有这种职业倾向的人在选择职业时一般具有一种自己决定自己命运的需要，他们不愿意在一种依赖其他人管理或控制的环境中工作，这些人大多具有技术型的职业倾向，但他们的目标并不是到一个大企业去实现自己的抱负，而往往是选择独立工作的形式，如大学教授、咨询专家、或作为一个小型企业的合伙人。

（5）安全型职业锚：具有这种职业倾向的人比较看重长期的职业稳定和工作保障，比如做政府公务员等。

除了以上介绍的两种职业发展理论外，还有很多有关职业发展的理论和方法。无论哪一种理论或方法，都是告诉即将进入职场和已经身在职场的人士，为了避免职业选择的盲目性，在选择职业时，应综合考虑自己的价值观、个性特征、职业性格等要素进行决策。

## 7.2 职业生涯路径选择

所谓职业生涯发展路径，是指组织成员根据自己的专业、兴趣、爱好、职业动机以及组织能够提供的机会等因素，在管理人员的指导下，所提出或制定的对员工个人未来职业发展的策划及安排。

### 7.2.1 传统的职业生涯发展路径

传统的职业生涯发展途径主要有行政途径和专家型发展模式两个方面的内容：

1. 行政途径

这主要是指员工在工作中所经历的不同阶段和不同职务的经历或过程，如党政机关、事业单位的行政级别、企业中的管理层级等。行政途径的特点是追求职务的晋升，以及建立在职务晋升基础上的薪资的增加，并将此作为职业开发成功的标志。

2. 专家型发展模式

这是指主要依靠专业技术获得专业技术职务的晋升，如医生、律师、会计师、建筑师等，并将此作为一种专业的终身承诺和职业开发成功的标志。

### 7.2.2 现代职业发展路径

与传统的职业发展路径不同，现代职业发展路径的一个重要特点是重视员工的兴趣、爱好、专业水平，并将此与组织的发展有机地结合起来。现代职业发展路径在继续关注管理者和接班人培养的同时，更加注重员工岗位的胜任能力的培养，同时根据员工各自的工作性质和特点，为员工提供更加丰富的工作内容，在此基础上培养和提高员工的工作满意度。

1. 横向职业发展路径

横向职业发展路径的主要目的在于：通过在组织内部的工作或岗位轮换，考察员工能力、发现员工特长、培养员工胜任不同工作的能力。通过轮岗等方式，可以更进一步解决人岗匹配和员工工作满意度的问题，通过将轮换者或受训者置身于不同于自己组织的特定环境里，通过实际的工作体验，可以在感性认识的基础上进行更深层次的挖掘和反思，以总结或提炼出适合企业的人力资源发展思路或框架。

2. 双重职业路径途径

双重职业发展途径是指为员工提供管理发展和技术（专业）发展两项路径的选择机会。管理路径即指企业管理人员的晋升计划，技术（专业）发展路径主要是为那些技术出众而不愿从事管理工作、技术优秀但不具备管理背景、具备管理背景但企业暂时没有空缺职位的员工设计的。在这种职业发展模式中，员工可以根据自己的能力、兴趣、爱好以及组织所能提供的机会，选择适合自己的职业发展路径。

双重职业发展路径的意义在于打破了传统职业发展路径中的“薪酬歧视”的局限，即处在同一个层次或等级上的管理人员和专业技术人员的薪酬可以是相同的，在企业中的地位也是平等的。甚至一些优秀的技术人员或重要岗位的非管理人员的薪酬可以高于其他部门的管理人员。这样，通过构建双重职业发展路径，强调专业技术知识和管理技能同等的重要性，可以鼓励不同专业、职位的人员通过利用他们的专业知识和技术为企业的发展作出贡献，得到应有的报酬和综合发展，并以此作为其职业生涯成功的标准，而不必一定要成为管理者。

3. 组织晋升

组织晋升即指前述管理路径的内容。对于任何一个组织来讲，要获得长期稳定的发展，不同管理层级的接班人培养制度是非常重要的，它也是有组织的员工职业生涯规划的重要内容。我们经常看到的“管理者继承计划”、“接班人制度”、“第三梯队”等都是指这些内容。

4. 员工绩效能力评估及提升

根据组织发展需要对员工的能力和技能进行评估，提出改进，提升其价值创造能力，不仅是组织绩效管理的重要任务，也是有组织的员工职业规划的重要内容。做好这一工作的关键取决于两点：一是组织要有明确的战略目标，二是领导者和管理者对于人力资源管理与组织竞争优势之间的关系有清醒的认识。只有具备了这两方面的条件，才能够随时根据组织要求对员工的工作胜任能力进行跟踪和评估。

5. 岗位需求信息发布

岗位需求信息发布主要是指组织各职务、职位的空缺情况，未来需求以及内部劳动力市场的信息交流。要开展好横向的职业流动，需要企业建立一套完善的职位信息系统，定期或不定期地公开发布职位需求信息。由于这种系统兼顾了组织、管理者和员工个人的需求，可以为公司在发现人才和提供个人职业生涯机遇等方面的工作提供明确的指导，员工也能够定期或不定期地通过这套系统获得组织内部职务、职位的空缺和需求信息，并能够在符合总体原则的情况下根据个人情况选择更加适合自己的岗位。

6. 各种类型的职业发展研讨会

职业发展研讨会的主要目的是让组织的管理者或聘请的职业指导专家与组织成员共同讨论职业发展问题。研究者们发现，现在人们所从事的工作可能并不是他们擅长或喜欢的，也并不是每一个人都了解个人性格与工作、职业成功之间的关系。包括职业辅导专家、各级管理人员和员工代表参加的职业发展研讨会，就是为组织成员提供一种解决个人职业发展存在的问题、制定职业发展规划的信息交流和沟通的管道。研讨会这种形式体现了组织对成员的关爱和负责任的态度，是一种有效的职业指导和职业发展的工具。

---

**即时案例　　美国智睿咨询公司的“人才加速储备库”**

美国智睿咨询公司通过开发继任管理体系“人才加速储备库”来培养自己的高管人才。“人才加速储备库”体系的要点包括：

针对某一级别的人才，而非特定岗位。储备库不是为每一个高管职位指定一两个精选的候选人，而是从总体上为高管职位培养一群高潜质人才。其规模可以是全体员工人数的1%～2%。有了储备库的支持，企业的人才深度将得到很大提升。

“人才加速储备库”中的成员能够加速进步，通过富有挑战性的工作和特派任务，它为员工提供了最好的学习机会和曝光度。储备库成员有指定的导师，成员能接受更多的培训，同时也会得到及时的反馈和指导。

设立高管资源委员会。委员会负责储备库的运作以及各个目标层级职位的任命。其成员包括首席执行官和（或）首席运营官，以及各个职能部门、战略业务单元的领导。最高主管必须为体系设立可衡量的目标并通过定期汇报监督其有效性，通过担任储备库成员的导师尽可能与储备库成员一对一见面，在所有晋升决策方面首先考虑储备库成员的发展需求。这样就可以全面支持储备库体系的运作。

系统化地发掘高潜质人才。选拔的标准不仅要涉及员工的现有能力，还要考虑到他们的发展潜力和个人意愿。企业还应该随着业务的发展对选拔标准作动态调整，并且针对标准的含义作充分的沟通，让每个评估者都清楚地了解所有指标的定义。

定义个人成功的要素。公司认为，可以从工作历练（做了什么）、能力（能做什么）、机构知识（知道什么），以及个性特征（我是谁）等四个维度来定义个人成功的要素。对这些高管特质的恰当描述应当来自于一个严格的流程：从高管个人访谈和有最高管理层参加的小组会议开始，讨论高管们对企业愿景、当前的挑战和机遇、企业必须进行的变革，以及领导人需要具备哪些素质来迎接挑战的认识，然后对此加以总结、评估、排序和修订，直至生成最后的高管特质清单。

利用专业评鉴中心诊断发展需要。在为每个储备库成员拟订适当的培养计划之前，必须对他们进行综合评估，以确定其各自特定的待开发领域。高管评估的工具包括情境模拟、360°调查和访谈、性格测试、认知能力测试、行为面试和临床心理专家访谈等。评估数据可以帮助企业把重点放在合适的人员身上，明确他们的发展目标和优先发展事项，并确保他们被安排在能够扬长避短的岗位上。

将培养型任务与职责结合起来。"在任务中成长"应当成为培养未来领导人的主要方式。在储备库成员的任务安排上应当兼顾个人培养的需求和企业业务发展的需要，尽可能地在一项任务中实现多项培养目标。这样的任务机会可能包括横向调动、工作组任务、海外任务、拓展当前业务、设立新岗位、临时任务、工作交换等等。

督促主管参与培养计划和培训工作。储备库成员的直接主管应当就如何取得工作成功和达成培养目标向他们提供建议，并在必要时提供切实的支持。其中，人际技能方面的辅导尤为重要。但是实际上，完美的上司往往很少见，他们经常不知道自己需要做什么，或者不具备必要的技巧或信心。企业需要对其进行培训，帮助他们在培养储备库成员方面履行自己的重要职责。

利用培训和高管教练帮助储备库成员在任务中取得成功。储备库成员通常使用的三种培训方式是转型培训、指导性培训和特别培训。让人才加速成长的最好的办法是把培训和培养型任务结合起来。如果实施正确，两者会产生相得益彰的效果，因为完成任务的过程让他们有机会直接运用培训得来的知识。例如，领导一个任务工作组使一个没有任何职权的人有机会实践团队领导技能。

资料来源：岳占仁. 如何高效培养接班人［J］. IT 经理世界. 2006(19).

## 7.3 影响职业生涯变化的主要因素

个人的成长历史是一个漫长和充满曲折的过程，有很多因素会影响个人职业的发展。这里列举的五个方面的因素，可以说是影响个人职业发展最重要的方面，应当引起组织和个人的高度重视。

### 7.3.1 环境、战略和组织结构的变化

环境、战略和结构是一组相互联系、相互影响的要素，这些要素将影响个人职业生涯的变化。当组织面临的环境发生了变化，组织战略也要进行调整，为了适应组织结构的变化，人员的调整也在所难免。比如，你刚参加工作不久，公司与其他公司合并，随之而来的调整可能使你刚刚熟悉的岗位发生变动，你可能会被分配到一个新的岗位。这时，你要么离开，要么适应这种变化，从头做起。不管是哪一种选择，你都必须重新考虑和设计你的未来。

### 7.3.2 心理契约的变化

心理契约是指企业员工与企业双方对对方的一种希望。在传统体制下，员工希望通过努力工作和保持对企业的忠诚，换来企业对其工作的报酬和对未来工作保障的承诺。在现代商业竞争日益加剧的情况下，原来的心理契约和游戏规则开始发生变化。企业仍然要为员工提供成长和发展的机会，比如通过有效的培训和开发项目，提高员工的岗位胜任能力，通过绩效评定和激励措施来调动员工的工作积极性和敬业精神，但却不再承诺长期工作保障。而员工努力工作并不意味着对企业的忠诚，而是表示建立在工作满意度和职业忠诚基础上的事业心和工作责任感。

### 7.3.3 企业文化和价值观

Stephen P. Robbins（1994）认为，文化是指组织成员的共同价值观体系，它使组织独具特色，区别于其他组织。[2]他特别强调了文化的差异性，即文化是不同组织之间的分水岭和对组织进行鉴别的一个重要手段和工具。Richard L. Dafth、Raymond A. Noe(2001)认为，文化是关于公司如何行事的一套共同认识。[3]归纳上述观点，可以将组织文化定义为决定组织中人们的行为方式的价值规范，它代表了一个组织内由员工所认同及接受的信念、期望、理想、价值观、态度、行为以及思想方法和办事准则等。组织文化最基本或最核心的内容是彰示正确与错误、先进与落后、成功与失败的标准，提倡和树立在组织中应当做什么，不应当做什么，什么是对的，什么是错的，以指导员工在实现组织目标过程中的行为和行动。

由于文化和价值观包括了渗透于组织日常决策中的思想、观念、方法、制度等一系列的内容，因此，对于组织成员来讲，重要的是了解和适应而不是改变它。组织成员要获得较好的职业发展机会，最重要的工作就是准确地识别并适应组织文化的特征和要求。一般来说，员工个人的职业发展与组织文化和价值的认同之间是一种正相关的关系，也就是说，员工对组织文化和价值观的态度将决定员工的前途。要想有一个好的发展机会，首先要做的一件事就是调整自己的价值观，适应组织的文化，而不是相反。

---

**即时案例　　　　积极参与才是解决办公室政治之道**

我刚刚进入职场的时候，就有很多前辈告诫我，在工作中要灵光点，要善于察言观色，千万别站错队；否则，辛辛苦苦干多少年都没有什么前途。我知道自己不是个八面玲珑的人，为了避免陷入某个帮派，我总是很努力工作，不过多参与办公室的议论，也不跟任何一个人亲密交往，对所有的领导，我都彬彬有礼。经过几年的打拼，我的工作业绩有目共睹，得到了所有领导的认可。有一天，部门一个副总邀请我一起吃午饭，我不好意思拒绝，就接受了，很快，办公室就有传言，我跟那个副总私交很好，很快一部分人对我突然很热情，还有一部人开始疏远我，我知道自己遭遇了办公室政治，我该怎么办？

所谓办公室政治，其实质就是为利益而竞争，表现特征为拉帮结派搅小圈子，扰乱正常的人际关系。人在职场，上班除了繁忙的工作，同时还要应对复杂的办公室政治，回家后又要扮演好家庭角色，一天下来体力、心力都消耗巨大，如果不能及时得到休息和调整，时间长了自然影响身心健康，因为长期压抑的情绪得不到释放而容易患上焦虑、抑郁等心理疾病。

职场上，最不能回避的是人际关系，过分限制自己的人际交往、太多关注他人对自己的评价、个人内心体验的敏感度过高，都可能产生心理失衡。

办公室是人学习生存之道的最好地方。如何减少办公室政治中的人际冲突？良好的沟通是有效的解决办法。

分析：

原文主人公面对办公室政治采取的应对策略是独善其身，“为了避免陷入某个帮派，我总是很努力工作，不过多参与办公室的议论，也不跟任何一个人亲密交往，对所有的领导，我都彬彬有礼”，这是用回避、消极的态度处理事情。事实证明这种应对方式只可能让你自闭或更被动，并不能消除外界对你的关注。比如“部门一个副总邀请我一起吃午饭，我不好意思拒绝，就接受了，很快，办公室就有传言，我跟那个副总私交很好，很快一部分人对我突然很热情，还有一部人开始疏远我”。这说明最常见的人际交往到你身边却引来人们异常的心理反应，把平常变成不寻常。

如果我们换一种处理方式，也许有不同的效果。首先，主动建立良好的人际关系。因为人际关系是我们在社会实践中与人产生的交往关系，是从属于社会关系的，作为社会人怎能回避呢。其次，主动适应人际环境，人和环境是相互联动的，因环境改变，人际关系也会发生变化，建立良好人际关系须从个人品德修养做起，再推己及人，扩充于团体之中。再者，扮演好各种角色，因为不同角色会展示不同的功能与态度，人在环境中应认定自己的角色，构建和谐人际关系，消减办公室政治带来的负面影响。建议从以下几方面进行调整：

一、深度剖析加强自我认识，接纳自我；

二、保持诚恳开放的态度；

三、有一颗谦卑宽容的心；

四、适度自我表达；

五、尊重别人并欣赏自己；

六、寻求共同价值观；

七、排除人际障碍；

八、遵守团体规则；

九、完善人格融入人际环境。

资料来源：周红．积极参与才是解决办公室政治之道［OL］．［2009－06－02］http://www.ceconline.com/ht/ma/8800053116/01/.

### 7.3.4 人际关系

所谓人际关系，是指组织中的人们建立在非正式关系基础之上的彼此互相依赖、帮助和交往，并以此获得安全感、资源或权力的一种社会关系。在一个人的一生中，这种社会关系是非常重要的资源和事业成功的保障。因此，建立并保持一个广泛而良好的人际关系网络便成为一个人在其职业发展规划中应当做的最有风险同时也最有价值的投资。一个人一生会变换多种工作，但是一个精心维持的人际关系网络却不会变；不同的工作又接触和认识了更多的人，这意味着人际关系网络在不断扩大。一个人的社会关系越广，就意味着他的影响越大，他成功的几率也就越大。如果你能够对你建立起来的这一网络进行精心的维护，将会让你终身受益。

### 7.3.5 职业动机

每一个人在选择自己要从事的职业或工作时总是基于一定的想法或考虑，这种想法和考虑反映了人们择业的心理倾向，这种心理倾向就是职业动机。前述埃德加·施恩的五种职业锚，就可以理解为五种职业动机：管理型职业动机、技术性职业动机、创造型职业动机、自主与独立型职业动机和安全型职业动机。作为个体，应了解自己对职业选择的要求；作为组织，应尽可能根据组织成员的职业动机，在工作上作出科学合理的安排。

## 7.4 职业生涯的阶段划分

孔子讲："吾十有五而志于学，三十而立，四十而不惑，五十而知天命，六十而耳顺，七十而从心所欲，不逾矩。”（《论语·为政》）。孔子之所以能够在七十岁时说话、做事随心所欲而不会超过规矩，达到人生的最高境界，关键就在于他从十五岁开始学习，奠定基础，有了这个基础，才能够三十岁时说话做事符合礼节并有所建树，四十岁能够看清并明白世上的各种道理，五十岁懂得天命，六十岁时一听别人的话便能辨其主旨。这一段话告诉我们，在人生的不同阶段，奠定基础都是非常重要的。随着阅历和经验的不断丰富、年龄的增长和知识的积累，人们在每一阶段中职业选择的目标、任务、活动以及关系都会发生变化，人们所具有的特征和能力也有所不同。这也就是了解和掌握职业发展不同阶段特点的重要性。

总的讲，一个人的职业生涯发展大致可以分为五个阶段：职业准备阶段、职业探索阶段、立业阶段、维持阶段和离职阶段。

### 7.4.1 职业发展模式

1. 职业准备阶段

（1）年龄特征

职业准备阶段大体上可以界定为从初中到大学毕业即12~22岁这一年龄段。

（2）特征

这一阶段是个人人生观、价值观以及职业倾向形成的重要阶段。对于那些即将进入劳动力市场的年轻人来讲，在这个阶段已经开始逐步形成对自己能力和兴趣的一些基本的观点和看法。特别是那些能够接受高等教育的年轻人，对他们来讲，大学（或大专）阶段的学习和实践锻炼是进入职场前最重要的时期。

（3）目标及任务

在这一阶段中的主要任务包括两个方面。一方面是努力学习，掌握必需的工作和劳动技能，这也是这一年龄段的人们所能够拥有的最重要的资源；另一方面，在保证学业的基础上，应尽可能多地参与一些社会实践活动，在社会实践中去检验自己的能力和兴趣。此外，还可以通过担任学生会干部、兼职等方式，锻炼自己的人际交往和沟通能力，增加社会体验，以便为今后的发展作好准备。

2. 摸索阶段

（1）年龄特征

这是人们进入职场的第一个阶段，年龄大致是从开始参加工作到25岁左右，工作年限在5年以内。

（2）就业趋向及特征

初入职场的年轻人往往对自己的能力、专业知识过于自信，却往往忽略自己的弱点和不足。由于刚刚参加工作，对于什么是自己真正喜欢的事情和最适合自己的工作也还缺乏十分明确的认识和判断，因此在职业目标的选择上，会表现出盲目性的特点。根据专家的研究，在美国，18~25岁之间已工作的人已经开始评估自己对所从事工作的满意程度，并开始考虑第一份工作以外的选择。18~32岁之间的美国工作者平均换过8.6份工作。根据一项调查的统计，40%的美国人认为，只要有机会，他们就会立即更换工作，有50%的美国人到2010年将会选择自主经营的方式。[4]我国的一些调查也表明，刚刚参加工作1~3年的人的离职率是最高的，即使在外资企业也同样如此。有人对1996—2003年间外资企业在北京地区的员工离职情况进行了调查，发现本科学历的离职率最高，其次为硕士学历；在年龄结构上，26～30岁之间的离职率最高，在公司时间为一年以下的员工离职率最高。[5]

入职初期的高流动率主要有个人和组织两个方面的原因。首先，刚参加工作的职业人士虽然敢想敢干，具有较强的灵活性，但另一方面，由于年轻，因而缺乏经验，工作有盲目性，加上过高估计自己的能力以及对未来过高的预期等原因，在遇到困难或未能实现自己的预期目标时，很容易产生畏难抵触情绪，承受挫折和自我控制的能力较差。再加上组织内部错综复杂的人际关系和政治行为的影响，这种落差往往会导致新员工的离职。其次是组织的原因。从组织的角度看，缺乏规范的工作要求，会使新员工不了解自己的工作要求和工作目标。再次，新员工上岗培训工作缺失。最后，绩效指标体系和激励措施不明确。以上的因素都会造成新员工的角色模糊和工作满意度降低。

（3）目标及任务

要解决这一阶段可能发生的问题，同样需要从个人和组织两个方面着手。个人方面，首先要做的工作是检验在职业准备阶段初步形成的对自己能力和兴趣的观点和看法的准确性，以及个人的兴趣、技能、所学知识与工作岗位要求之间的适应性，以提高自己的控制能力。如在组织的安排下参加各种脱产或在职学习，掌握现有工作的知识和技能。其次，在明确了自己的目标后，初步建立起自己的资源和权力优势，以便为今后的发展奠定基础。其中，除了专业和技术方面的优势外，更重要的是适应工作环境和建立良好的人际关系，包括熟悉本职工作，在部门建立良好的个人信誉，与部门主管和同事发展关系等。这是在这一阶段最重要的一项工作。作为新人，这一阶段的主要任务是“播种”而不是“收获”，因此，一定要牢记8个字，即“多做、多听、多看、少说”，这是初入职场者必须遵守的基本处世原则。从组织的角度看，除了要建立完善规范的工作要求以及绩效指标体系和激励措施外，还要针对组织成员存在的问题，创造良好的工作氛围，提供必要的培训，帮助其尽快适应组织的环境，提高组织成员的自信心。

3. 立业阶段

（1）年龄特征

这一阶段的年龄大致是从25～45岁，工作年限在20年左右。

（2）就业趋向及特征

这一阶段是人生中最重要的一个阶段。在这个阶段中，人们开始由“播种”进入了“收获”的季节，实现或调整自己的职业目标成为这一阶段最重要的工作。在此阶段人们会不断尝试与自己最初的职业选择有所不同的各种能力和理想。Gary Dessler将这一阶段划分为三个子阶段，即尝试子阶段、稳定子阶段和职业中期危机阶段。①尝试子阶段的年龄大致在25～30岁，在这个时期，人们会进一步审视自己当初的职业或目标选择。稳定子阶段的年龄在30～40岁之间，这时人们已经有了比较清晰和坚定的职业目标选择，在为组织作出贡献的同时，开始在组织中寻求自己的位置。这时人们已形成了较明确的发展思路，开始为此作相应的准备。在职业中期危机阶段，人们会根据自己已经取得的成就重新评价原来制定的职业目标。

① 加里·德斯勒．人力资源管理［M］．6版．北京：中国人民大学出版社，1999.

尽管这一阶段已经是“不惑”的年龄，但并不意味着人们就会安分守己。至少有三种情况会影响人们的决策：一是没有实现自己原来制定的目标，或当自己的计划或想法与组织考虑提供的机会有冲突时，仍然可能作出新的选择；二是虽然实现了自己的目标，但却发现已有的成就可能并不是自己最需要或者最看重的；三是不满足现状和迎接新的挑战的欲望使其难以“安分守己”。由于这些原因，在这个年龄段仍然有较高的跳槽记录。Chell（2001）指出，对于那些具有较强的成就动机、追求自我价值实现以及希望自己创业的人，还有四个原因会影响他（她）们作出自我就业的选择。这四个原因是：不喜欢自己的老板、认为自己在其他地方会干得更好、愿意为自己工作、喜欢下达指示而不是接受命令。[6]无论是以上哪一种情况，都可能促使人们调整甚至改变自己原来的目标和职业选择。

（3）目标及任务

经过摸索阶段对自己兴趣和能力的检验，人们已经具备了比较清晰的职业发展目标并开始为之奋斗。进入立业阶段后，收获自己工作成果和实现职业目标就成为一项最重要的工作。在这个阶段主要的任务包括：①体现出自己的能力。要取得一个良好的职业发展开端，就需要在工作中要表现出较高的工作胜任能力和良好的绩效水平。如果在立业阶段的前期能够取得一些阶段性的成果，或利用自己的知识、能力以及资源条件为组织办成几件有影响的工作，对今后的发展往往具有决定性的影响，即使今后跳槽，也有一个良好的工作履历和业绩证明。②使自己的业绩得到认可。要通过适当的机会，采用恰当的方法，使组织认识到你的价值，在此基础上建立起自己的专业和技术优势，同时表现出良好的人际关系能力，提高自己的资源和权力影响。③个人的职业发展计划一定要体现组织发展战略的要求，并与组织经营管理要求的能力以及可能提供的机会相吻合。在这个基础上制定的实现职业目标的计划才具有可行性。④对自己所从事的工作进行满意度分析，如果满意度较高，则继续实施自己的职业计划，反之则需要考虑调换工作的可能性和必要性。如果有调换工作的可能性，应根据组织的主要业务特点及其发展趋势，选择到关键部门或重要的部门去工作，这样就有可能成为影响主要业务或控制事态发展的关键人物。

从组织的角度讲，对处于这个阶段的员工要保持高度的关注，由于他们在组织中有较长的工作经历，因而具有丰富的工作经验和较高的工作技能，其中的很多人也曾为组织创造过良好的效益，因此组织的一个重要任务是要从这部分人中分辨出高绩效员工以及能够成为接班人培养对象的员工，并制定有效的培养和开发方法，如轮岗、职务轮换等，保证他们能够按照组织的要求逐步成长为能够挑重任和打硬仗的管理和业务骨干。

4. 维持阶段

（1）年龄特征

处于维持阶段的年龄大约在45～60岁，工作年限在20年左右。

（2）就业趋向及特征

这一阶段是人一生中最成熟的时期，即“知天命”和“耳顺”的阶段，无论是工作经验、阅历，还是业绩或成就，都达到了个人职业生涯的高峰，此时这人要么获得了提升，要么成为某一个专业领域的专家，或者在自己的本职工作中维持着一个较高的效率和效益水平，或者由于具备良好的人际关系而受到人们的尊敬。不论从哪个角度看，他们都属于“功成名就”的一代。随着年龄的增长，他们越发老练和稳重，他们的控制能力进一步提高了，但另一方面，维持已有的成就或地位成为他们首要考虑的问题，因此创新精神和灵活性都可能会受到一定影响。

(3) 目标及任务

对于处于维持阶段的人来讲，最主要的职业目标和任务是在自己的工作岗位上继续作出应有的贡献。作为领导者和管理者，为组织挑选和培养接班人是这一阶段的一个重要工作。首先，他们要以教练、导师的身份向自己的下属传授一个合格的领导人和管理者应具备的知识、能力和技能，并对新员工进行辅导。其次，要做好本职工作，巩固、提高和运用已有的知识、技能，以维持已有的地位和荣誉，保障现有职业的稳定性，同时考虑家庭的幸福和自身的身体健康。最后，如有可能，也可以重新选择一份具有挑战性的工作。

鉴于处于维持阶段的人群即将面临退休等一系列问题，作为组织来讲，首先要考虑的就是接班人的培养和选拔，包括管理者的接替和专业技术人员的接替两个方面。而要完成这项任务，就要求组织建立一个比较完善的培训开发体系和接班人培养制度，并将这些制度落实到各级管理者的绩效考评指标体系中去，使之成为一项日常性的工作。如华为公司的《华为基本法》第六章第一百零一条就规定：进贤与尽力是领袖与模范的区别。只有进贤和不断培养接班人的人，才能成为领袖，成为公司各级职务的接班人。高中级干部任职资格的最重要一条，是能否举荐和培养出合格的接班人。不能培养接班人的领导，在下一轮任期时应该主动引退。仅仅使自己优秀是不够的，还必须使自己的接班人更优秀。

5. 离职阶段

(1) 年龄特征

60 岁以上。

(2) 职业目标

这一阶段是人生的转折点，退休或从事社会公益事业发挥余热，成为处于这一阶段中人们的主要任务和目标。首先，组织应做好工作移交的准备，部门主管和高层管理者会与退休者进行沟通和交流，以表达对其工作或贡献的感谢，他们会为有杰出贡献的员工授予荣誉称号、与退休人员就退休后的福利待遇问题进行沟通等。如果能够正确妥善地处理这些问题，就会创造一个彰显先进、鼓舞士气和提高凝聚力的大好时机。对于那些组织所需要的、具有一技之长的核心员工，在征求其同意的基础上，可以考虑推迟退休，但要有严格的制度规定。对于退休者个人来讲，首要的工作是根据退休后的意向制定个人的退休计划，包括心态的调整、工作的移交、了解自己退休后的福利待遇等问题。其中最重要的是心态的调整。

### 7.4.2 个人职业生涯规划与组织生命周期的适应性

个人职业发展规划与组织的发展要求是密切联系在一起的，组织在不同的发展阶段，对人的能力也有不同的要求。因此，从有组织的员工的职业发展的角度出发，一方面组织应明确对组织成员的要求，另一方面，组织成员应随着组织的成长而成长，因此，只有了解组织在不同发展阶段的特点和要求，并根据这些特点学习和掌握所需要的知识和技能，才能够为自己的职业发展奠定基础。

1. 企业创业阶段的人才需求特征

(1) 企业创业阶段的特征

创业阶段的企业在经营管理方面具有以下典型的特征：①由于创业期的企业面临现金

流出大于流入以及生存的压力，因此行动导向和机会驱动成为了企业一切工作的指导方针。[7]②严格的规章制度和政策往往会限制企业灵活性，成为企业抓住机会的障碍。所以此时企业缺乏明确的规章制度和正规的办事程序。③由于对自己的优势和缺陷没有明确的认识，不清楚自己的产品或服务是否真正能够为市场和消费者接受，因而缺乏长远的计划和目标，还在摸索什么才是自己企业真正应当做的事情。④由于缺乏经验和资源，必须依靠企业创业者的洞察力、想象力及直觉，如果授权，企业就会失去控制，因此权利高度集中在一个人手中。创业期的企业所有的这些"坏习惯"代价不大，但却收益不小。总的讲，这一阶段的企业正处于试验和寻求成功的过程，只有明确了什么是成功，才会通过规章制度和政策来保证今后能够取得同样的成功。在用人方面，强调以工作为重，但对人员的招聘、选拔和使用并没有明确的要求和严格的标准，也没有规范的工作分工，那种拼命工作、反应敏捷、对其他事不闻不问的人往往成为企业选择的对象。①

(2) 个人目标

创业阶段企业所具有的特征决定了它对所需人员的要求。第一，如果选择到一个处于创业期的企业工作，或自己与他人共同创业，最重要的一点就是需要具备艰苦奋斗、同甘共苦及甘于奉献精神。成为企业的创业者实在是一件很幸运的事情，并不是每个人都有这种机会和运气。因此，不要过分短视，立足未来，将自己的职业发展建立在一个长远的规划上，可能会是一个正确的选择。因为凡是能够在企业创业阶段坚持下来的人，所得到的不仅仅是创业者的地位和影响力，还有创业经验的积累，这些对创业者今后的发展将会产生重要影响。第二，在创业期的企业工作需要具备较强的综合素质、适应能力以及灵活性，因为在这一时期，往往会出现一人多岗或身兼数职的现象，专业知识的重要性有时显得并不重要，你所干的工作与你的专业或你想象的工作之间往往存在巨大的差距，有时甚至是风马牛不相及。因此，一个受过正规高等教育的毕业生在这类企业工作，首先需要的可能并不是所具有的专业知识和技能，而是一种能够迅速适应复杂环境以及处理和解决各种非专业问题的能力。第三，业绩导向是创业期企业的一个重要特点，业绩水平往往成为影响个人职业发展的非常重要的因素。如果能够在这一阶段初步完成自己能力、业绩和人际关系的"原始积累"，再充分利用身兼数职积累的工作经验和客户资源，就能够建立起自己的权力和影响力；当企业度过创业期进入成长阶段后，获得提拔、晋升或成为企业中举足轻重的人物就成为一件很正常的事情。

2. 企业成长阶段的人才需求特征

(1) 企业成长阶段的特征

企业在成长阶段面临的困难会更大。企业进入成长阶段后，一个最典型的特征就是面临着因业务和组织扩张带来的管理和人力资源瓶颈以及由市场竞争压力带来的规范要求。所谓成长，意味着企业的产品或服务逐渐得到了市场和消费者的认同，初步有了一个比较稳定的市场份额和顾客群。这时，企业在创业阶段的那些特征开始发生变化。企业由原来主要关注外部环境逐渐将注意力转向企业内部，这就导致了原来能够有效发挥作用的做法逐渐不适应形势发展的要求。第一，进入成长期的企业，目标逐渐明晰，计划性不断增强，战略制定和规范管理的重要性被提上了议事日程。第二，由于企业人员大大增加，为

① 依查克爱迪思．企业生命周期［M］．北京：中国社会科学出版社，1997.

了有效地划分权力，明确责任和义务，专业化分工的重要性日益显现出来，创业者个人作用的重要性逐渐让位于科学规范的管理。企业开始强调对成功经验的总结，并注重系统化、规范化和制度化的要求。第三，开始探索授权、组织架构设计和岗位设置安排等问题。原来一个人身兼数职、从事不同工作的情况开始被职能部门和不同的专业岗位代替，受过专业训练和有经验的职业经理人开始进入企业并发挥重要作用。企业的绩效标准也开始由主要关注业绩指标而逐渐向业绩与管理能力并重转移。但从另外一个角度看，成长期的企业也存在明显的弱点，突出表现在两个方面：一是难以控制多元化经营的冲动，特别是那些成长得比较快的企业，总认为没有什么是自己干不了的事情，因而四面出击，希望在所涉及的各个领域都能获得成功。其结果往往造成企业的资源分散使用，不仅未能达到目标，甚至还会累及核心业务，发生资金流断裂，造成企业的危机。二是成长期企业的组织机构也处于扩张状态，对各级管理人员有较大的需求，为了争取这些职位，人们会采用各种方法和手段，以获得权力和影响。此外，成长期的企业开始招聘职业经理人加盟，这样在“老人”和“新人”之间也会出现权力之争，因此勾心斗角的现象比较普遍，最终会影响企业成长的速度和质量。

（2）个人目标

机会始终青睐那些有准备的人。在这一阶段，职场人士如果对处于成长期的企业的特征有正确的认识，并作好相应的准备，就能保证自己的工作和职业目标不至于偏离方向。在这个阶段中，个人的目标也要由主要关注企业外部向关注内部转移，规制、组织、协调、沟通、领导是这一阶段中企业最需要和最重要的素质和能力。因此，做好以下几方面的工作是很重要的：第一是适应变化，调整风格。要能够敏锐地识别企业发展阶段的变化，并根据这种变化重新对自己的能力和管理风格进行评价，看看是否存在在创业期形成的不良习惯和倾向。如果发现这类问题，就应立即进行纠正。第二是展示自我，发挥人际关系影响。这一阶段正值企业用人之机，因此应充分利用已建立的人际关系，同时利用各种场合和机会展示自己的经验、资源、业绩以及管理的能力和水平，巩固自己已有的地位和影响，争取得到企业高层管理人员的重视，避免成为权力斗争的牺牲品。第三是帮助企业解决几个重要或关键的问题。如果在这一时期能够敏锐地发现企业存在的问题，抓住机会并通过创造性的工作成功地予以解决，将会对职业发展产生重要影响。第四是由技术导向管理导向转变。对于那些从技术和销售出身的管理者或从事这方面工作的人来讲，要保证自己职业的顺利发展，就必须适应企业战略调整的变化。在创业阶段，依靠自己的技术就能够有一个好的发展机会，但进入成长期后，由于企业面临的环境日益复杂，工作的重心开始发生变化，因此再仅仅依靠或保持自己的技术专业优势就远远不够了，还必须具备管理方面的专业背景。要获得这种能力，一方面是在工作中积累经验，争取成为企业领导人和管理人员的朋友，另一方面需要通过参加正式的学习和培训，以便系统地掌握现代企业管理的知识和技能。第五，对于那些接受过大学正规教育并将进入企业的新人来讲，首先需要对自己是否具备这一阶段企业所要求的管理能力进行评价。如果具备了基本的要求，这时可能正是体现其专业能力和专业水平的大好时机。与企业创业阶段人员招聘和使用的情况不同，这时企业人员的招聘、选拔和使用的目的是比较明确的：如果新人们的能力与企业的要求相匹配，并能迅速地适应企业的工作氛围，同时按照工作职责的要求高质量地完成自己的工作，就能比较快地得到企业的认同。

3. 企业成熟阶段人才需求特征

（1）企业成熟阶段的特征

与成长期的企业相比，成熟期的企业在经营管理工作中已经有了质的飞跃，其控制能力和灵活性达到了理想的均衡状态。这具体表现在：第一，企业的制度建设和组织结构日趋完善，管理和决策的科学化、程序化达到了较高的水平，分工也更加明确。对于较大型的企业来讲，随着产品和服务种类的增加和经营范围的扩大，人员也大大增加，组织结构日趋庞大，并呈现高度规范化、集权化和复杂化的特征。第二，企业的产品和服务项目逐渐形成体系，质量更加可靠，得到了市场和消费者的广泛认同，并获得了稳定的市场份额和顾客群体。这既增强了企业进一步发展的信心和基础，也带来了更大的压力和挑战，因为众多的竞争对手对市场虎视眈眈，企业要保持和巩固自己的市场份额，就必须具备胜人一筹的决策能力、领先能力和创新精神。因此在这一阶段中，企业对领导力和管理水平的关注达到了空前的程度。第三，企业的控制能力增强，知道自己能做什么和不能做什么，成长阶段所具有的那种冲动已经逐渐消失，未来的战略规划也已非常明确。此时企业特别注重核心业务的巩固和加强。这一阶段，企业存在的问题主要表现在：由于已经取得了相当的成就，因此企业的变革和创新精神开始下降，自满情绪开始滋生和蔓延。此外，由于没有了创业阶段的艰辛和成长阶段的压力，工作上的冲突开始减少，人们有了更多的时间巩固和发展自己的关系网络。

（2）个人目标

如前所述，人们在企业的成熟阶段最容易出现的问题是失去进取心，“辛苦了这么久，终于可以歇口气了”的想法在企业中蔓延。这种自满情绪如果不能够得到控制，将很容易引起惰性，进而为危机埋下伏笔。当销售人员不再关心消费者的想法、研发人员不再有新的创意、企业不再有新的产品和服务满足市场需求、管理者不再关心员工的学习与成长、企业领导人沉浸在过去的成就等情况出现时，就意味着企业离危机已经不远了。因此，当企业进入成熟阶段后，同时也就意味着企业进入了一个最危险的阶段，如果盲目自豪和以井底之蛙的眼光看世界，那么这不仅是年轻、幼稚和不成熟的表现，而且最终会导致企业冬天的提前来临。

具备创新的观念、变革的思维和可持续发展的能力，是处于成熟期的企业对人的素质和能力最重要的要求。因此，个人的职业目标就是要体现出倡导与实施变革和创新的能力。对于职场人士来讲，在这个阶段要表现出高度的冷静，体现出“众人皆醉我独醒”的气质和胸怀，并找到变革的动力和方法。如果具备了这种要求，并通过各种有效的途径帮助企业保持持续的增长，其职业生涯就能够上一个新的台阶。此外，职场人士对企业的发展战略和规划的了解和预测程度也是影响其职业发展的重要方面。由于成熟期的企业在自己主要的业务领域达到了鼎盛时期，为了保证持续的增长，往往会进行某些战略的调整。如通过外部扩张的方式进入新的领域，这就给人们提供了新的机会。如果能够事先作好充分的准备，或者具备了相应的能力和业绩水平，仍然可能进入事业的春天。

4. 企业衰退期的特征及人才需求特征

如果企业能够克服和纠正存在的问题，重新找回创业阶段那种无拘无束和敢想敢干的感觉，就能够保持持续稳定的增长，反之则可能进入衰退和老化阶段。在这一阶段中，企业存在的问题突出表现在进取心逐渐丧失，可控性和灵活性的平衡被打破，灵活性大大降低，对外界的反映越来越迟钝，处理和解决问题的能力也不断下降，产品销售一路下滑，成本居高不下，资金枯竭等。在人员方面，则表现为员工士气受到打击，企业凝聚力下降，人们更多考虑的是自己的出路而不是企业的生存和发展。

企业存在的这些问题并非就意味着不可救药，如果能够及时进行改革和重组，仍有可能获得新生。在这种情况下，职场人士有两种选择。第一种是离开企业，寻求新的发展机会和发展空间。从对个人职业发展负责的角度讲，这种选择无可厚非，特别是在企业的衰败是源于战略决策失误的情况下，作为个人更是没有理由承担实质性的责任。第二种是留下来，成为新一代的创业者。作出这样的选择对职场人士来说需要勇气和魄力，因为这意味着一次职业的冒险，当然同样也可能是一次非常值得的冒险。要使这次冒险值得，需要积极地参与企业的改革和重组，对存在的问题进行深入仔细的分析，找到问题的症结所在，通过创造性的工作，寻求解决问题的突破口。如果能够帮助企业起死回生并有所贡献，将会对个人的职业发展产生积极影响。

## 7.5 职业生涯管理与开发规划系统的设计和实施步骤

一个人的一生是一个漫长的过程，要保证自己有一个美好的未来，拥有职业成功的生涯，就必须打好基础，作好规划。一般来讲，个人职业发展规划需要做好六个方面的工作，下面就对这六个方面作一简要介绍。

### 7.5.1 确定志向和选择职业

一个人要取得职业生涯的成功，首先必须要有一个明确的目标。在职业生涯的早期，需要考虑两个最基本的问题：一是自己的志向与所要从事的工作之间的关系，二是如何确立自己的竞争优势或不可替代性。这两方面都是建立个人权力影响和资源优势的重要基础。其中，性格特征及爱好、职业动机取向、发展空间、薪酬待遇、社会资源等都是要重点考虑的因素。

在进行个人职业生涯设计时，需要具备足够的理解力。第一，要认真思考“我是谁”的问题。比如：“我具有哪些与生俱来的天赋和能力?”“我现在所从事的工作是不是我能够做得最好的工作?”等等。通过这些思考，发现自己的优势和不足，在此基础上决定做自己最擅长的和有潜力比其他人做得更好的事情。GE 前 CEO 杰克·韦尔奇在自己的自传中讲，他在自己职业发展的早期就已经可以肯定什么是他最喜欢和最想做的，什么是自己不擅长的。他对自己的评价是：既然不能够成为最出色的科学家，那么一份既涉及技术又涉及商业的工作是最适合自己的。这一定位对他的职业发展的影响无疑是相当重要的。第二，要认真思考“我工作的动力是什么”，自己所从事的工作是否能够得到相应的回报。在现代社会，这仍然还是决定和影响人们工作动机的一个重要原因。这种回报既包括物质的或经济的，如与其绩效水平相当的薪酬福利，也包括精神的和非经济的，如良好的工作氛围和人际关系。第三，要考虑自己是否喜欢所从事的工作，这主要反映的是职业认同感和工作满意度的问题。如果对这三个方面的问题有比较明确的认识和答案，就能够为职业的发展奠定一个比较扎实的基础。

在确定职业目标时，个性特征是一个必须要考虑的问题。人们可以根据对自己“胆”

（企业家精神）和“识”（专业能力或技能）的判断来确定自己的定位以及职业目标的选择，同时组织也可以据此进行人员的合理搭配。比如，那些“胆”有“识”的人，通常比较适合做领导人，或者适合通过自己创业来实现自己的职业目标。对于那些“识”多但“胆”小的人来讲，一方面比较适合做财务、保密或管理人员的工作，另一方面可以作为参谋人员辅佐那些“胆”大但“识”少的人。

### 7.5.2 自我评价

个人职业生涯规划设计的第二个步骤是进行自我评价。当人们能够对什么是自己最喜欢的和最擅长的有比较清醒的认识后，下一步就要对你现在所从事的工作与下列目标之间的关系进行更为微观和细致的评价。这些目标包括：对企业的产品和服务等方面的知识的掌握、对工作氛围和工作关系的认可度和满意度、工作履历和绩效记录、薪酬福利待遇、人际关系状况、个人在组织和团体中的信誉等。在进行自我评价时，要注意不要高估自己的能力和水平。特别是在职业生涯的初期，目标一定不能太高，因为不高的目标才容易实现，而这种成功带来的鼓励对初入职场者来讲是非常重要的。此外，要对自己在不同阶段所具备的优势和劣势进行分析评估，在此基础上制定有针对性的应对措施和培训开发计划。随着环境的变化、个人阅历和经验的增加以及不断地学习，人们在不同时期所具有的优势和存在的不足处于一个相对变化的状态当中，在前一个时期行之有效的经验和方法在下一个阶段可能就不合时宜了。因此在进行自我评价时，一定要结合具体的环境以及所在组织的具体情况和要求进行，这样才不至于脱离实际，可以有针对性地培养和加强自己的竞争优势。

### 7.5.3 组织评价

在个人职业发展规划中，个人评价只是反映个人对自己能力和水平情况的一种判断；这种判断是否能够得到组织的认可，还需要组织作出评价。组织评价反映的是组织对其成员的要求，个人的知识、能力和技能只有在为组织所需要时，这种评价才有意义。因此，对于职场人士来说，当完成了自己的某个时期的个人评价后，还要通过各种途径征求所在单位的意见。组织评价主要包括两方面的内容，即正式的评价和非正式的评价。正式的评价主要是以员工个人的绩效水平为依据的，而且绝大多数的正式评价都有可以量化的标准，包括岗位工作胜任能力、绩效和业绩水平、人际关系和协作精神、培养和发展前途等，这些构成了组织对成员进行评价的最基本和最重要的部分。如果希望在组织中得到好的发展机会或获得晋升，就必须达到和超过规定的绩效目标。非正式评价很难被准确地描述，包括对工作的兴趣、与同事合作的态度等，这些评价大多都取决于你的上级主管的判断。因此专家们建议，迎接这些挑战的最佳办法就是观察那些在你的部门或团队中最成功的人，并仿效他们的做法。为了争取得到一个比较客观和公正的组织评价，除了要表现出自己的能力和业绩水平外，与组织中的高层人物建立良好的关系并得到他们的支持是一个非常重要的因素。而组织也要为其成员的发展创造条件并提供资源支持，这具体包括各级管理者的评价、培训、开发支持、提供机会、评价结果反馈等。

**即时案例　　李开复的职业生涯和成长经历**

李开复于1988年获卡内基梅隆大学计算机学博士学位。他的博士论文“非特定人连续语音识别系统”是世界上第一个研究此问题的论文。1988年，《商业周刊》授予该系统“最重要科学创新奖”。1990—1996年，他为苹果公司服务，在此期间，他带领团队奠定了苹果在多媒体方面的领先优势，并开发出一系列走在科技前沿的产品。

1996—1998年，李开复在SGI公司担任互联网部门副总裁兼总经理，负责多个产品系列的发展方向和公司互联网策略的制订。1998年创办微软中国研究院。2000—2005年任微软公司全球副总裁，在服务器软件、Windows、Office方面都提供了重要的核心技术和产品。2005—2009年担任谷歌全球副总裁兼大中华区总裁。在谷歌中国的四年，李开复带领700人的精英团队，让谷歌的市场份额翻了一倍。2009年9月他创立创新工场。到目前为止，已经投资孵化了40多个项目，其中十多个项目进入A轮，融资规模500万～1000万美元。

学生时代，李开复一直把学习法律当成自己的目标，并且把学习数学当成自己的“后备”，甚至他照着之前的很多版本规划了自己的前途：法官、律师、参议员。但是大学里，李开复发现自己对法律毫无兴趣，每天都打不起精神来上课，十分苦恼。同时李开复遗憾地发现，自己既不是一个数学天才，也不会为了它的“美”而痴迷，他不希望他一生的意义就是为了理解数学之美。失去了法律、数学，李开复对他的未来之路有些迷茫。但一个偶然的机会，李开复发现自己在计算机方面有极高的天赋，事实上，他在高中时就对计算机有很浓厚的兴趣。至此，他彻底放下数学和法律，投身到计算机行业来。

李开复的成功在于他准确地找到了自己的职业定位。他认为“自己是个能一直保持好奇心的人，有勇气去发掘符合自己兴趣跟能力的事情，目观四方，学很多东西，然后把很多东西结合起来”。“其实我是个很普通的人，我对我的事业很满意，主要的因素是因为我积极选择，这可能是最重要的因素。”

整理自：柯恩．怎样领导聪明人——专访创新工场董事长兼CEO李开复［J］．商业评论，2012（9）．

### 7.5.4　职业生涯路径选择及目标设定

在完成自我评价和组织评价后，下一步要做的工作就是在此基础上选择职业生涯路径和设定目标。路径选择主要是指确定自己的专业志向，它需要考虑以下三个方面的问题：第一，自己希望向哪一个领域或方向发展。比如：是希望做一个成功的管理者或经理人，还是专注于成为一个在自己的专业技术领域的带头人。这强调的是对自己志向的评价和判断。第二，自己能够向哪一个方向发展。要成为一个成功的经理人或技术带头人，自己具有哪些优势和不足？这是在上一步的基础上对自己能力的评价和判断。第三，自己可以向哪个方向发展。仅仅有个人的意愿是不够的，还必须考虑个人目标与组织目标的适应性，以及组织是否有足够的位置和是否能够提供相应的资源支持。以上三个方面的内容反映了有组织的员工职业生涯规划的基本要求，即强调组织的要求和员工的条件相互吻合，以及相互之间需要的彼此满足。

在进行职业路径选择后，还需要进行目标设定。设定目标时要注意两个问题：一是目标的高低，二是实现目标所需时间的长短。首先，在确定目标的高低时，需要考虑实现目标的可能性。在职业生涯的初期，目标与实现目标的可能性之间往往存在反比的关系，即目标设定越高，实现目标的可能性越低。反之，设定的目标越低，实现目标的可能性越大。考虑到在职业生涯初期建立个人影响力的重要性和所取得成就的激励作用，制定一个不那么太高的目标是比较合适的。其次，在确定实现目标的时间时要考虑环境的变化和影响。随着竞争的加剧，企业的生命周期越来越短，企业适应环境变化进行调整的频率也越来越快，这些都大大增加了实现目标的难度，因此，制定一个适度的短期目标可能是比较明智的。

### 7.5.5 制定行动规划及时间表

在路径和目标确定后，就需要制定一个具体的行动规划和时间表。行动规划是指在综合个人评价和组织评价结果的基础上，为提高个人竞争能力和达到职业目标所要采取的措施，它包括工作体验、培训、轮岗、申请空缺职位等。通过这些方式，可以弥补个人的能力缺陷，同时增进对不同工作岗位的体验。行动规划制定以后，还需要有一个实现职业目标的时间表，比如用两年的时间取得相应的技术职称，在三至五年的时间成为某项技术开发项目的带头人等。

### 7.5.6 评估与回馈

任何一个人的职业发展都不可能是一帆风顺的，即使为自己制定了一个非常完善的规划，也会受到环境和组织条件等因素的影响而不得不随时进行调整。在现代社会，这种调整的频率会随着组织间竞争的加剧而越来越快。因此，要注重对自己的评价和反馈：第一，在实施规划的过程中，要随时注意对各种影响要素进行评估，并在此基础上有针对性地调整自己职业规划的目标。第二，要随时把握组织业务调整的动向，对能够得到的职位、职务信息及选择机会进行评估，看看是否符合自己的职业目标，是否符合个人发展需要，自己是否有能力做好。第三，如果明显感觉在组织中难以获得上升空间或发展的机会，在时机成熟时可以考虑变换工作单位。在这种情况下，就需要重新考虑职业的选择和目标的确定，并制定相应的实施措施与计划。

## 小结

有组织的员工职业生涯规划是组织人力资源管理与开发的一项重要内容。本章对有组织的员工职业生涯规划的理论与实践进行了较为系统和全面的阐述。第一节对职业生涯管理的基本概念以及有关的理论和方法作了介绍，重点强调了传统职业生涯与现代职业生涯的异同。第二节的主要内容是职业发展路径的选择问题，在六种职业开发的模式和方法中，重点介绍了双（多）重职业路径的内容和特点。第三节论述了影响职业生涯变化的主要因素，其中特别强调了人际关系对职业发展的影响。在第四节中，根据企业生命周期理论，提出了职业生涯的四种发展模式，指出了组织和个人在四个阶段中的目标和任务，特别强调了个人职业发展与组织要求相适应的问题。第五节主要介绍了职业生涯管理与开发规划系统的设计和实施步骤。

## 练习与思考

1. 什么是职业生涯规划？
2. 传统和现代意义的职业生涯的异同是什么？
3. 影响职业生涯规划的因素有哪些？

4. 个人的职业规划如何与组织发展不同阶段的要求相适应？
5. 如何设计自己的职业规划？

## 参考文献


[1] 加里·德斯勒．人力资源管理［M］．6版．北京：中国人民大学出版社，1999.

[2] 史蒂芬P罗宾斯．管理学［M］．4版．北京：中国人民大学出版社，1997.

[3] 理查德L达夫特，雷蒙德A诺依．组织行为学［M］．北京：机械工业出版社，2004.

[4] 斯蒂芬·库姆博，斯图加特克·雷纳，德斯第尔·腊夫．成功人士职业生涯完全手册——职场冒险家生存指南［M］．广州：广东经济出版社，2003.

[5] 王艾华，陈景秋．外资企业员工离职调查［J］．人力资源开发与管理，2005（4）.

[6] 伊丽莎白·切尔．企业家精神：全球化、创新与发展［M］．北京：中信出版社，2004.

[7] 依查克爱迪思．企业生命周期［M］．北京：中国社会科学出版社，1997.

# 第 8 章 绩效管理

绩效管理是现代人力资源管理的核心内容，它关系到员工和企业的整体绩效状况，同时也是薪酬管理的重要基础，是企业制定员工培训和开发的依据。但是，有些人力资源管理者和员工把绩效考核和绩效管理混为一谈，有些人力资源管理者没有充分发挥绩效管理的作用，不能正常开展绩效管理工作。因此，如何更为有效地开展绩效管理工作已成为企业的重要管理工作。

## 8.1 绩效管理概述

绩效管理是管理者与员工通过沟通确定绩效计划，并根据该计划实现绩效目标促使员工成功地达到目标的管理方法以及促进员工取得优异绩效的管理过程。绩效管理能够促进企业战略目标的实现。绩效管理工作与人力资源管理的各个环节密切相关，影响着其他环节工作的正常开展。

### 8.1.1 绩效（Performance）

从不同的分类角度来看，绩效有不同的种类，而且具有多因性、多维性、动态性等性质。

1. 绩效的含义

绩效指组织的员工通过努力所达到的工作目标或完成的工作任务，它包括工作效率、工作行为和工作结果。

从绩效层次上，绩效包括员工绩效、部门绩效和组织绩效。员工绩效是员工行为和产出的综合。企业通过一定的管理措施，管理员工的工作行为，实现员工的绩效目标，从而完成绩效产出。员工的绩效是员工完成的同组织目标相关的、可测量的、具有可评价要素的行为。部门绩效是指为了达成组织目标，通过持续开放的沟通，将组织目标分解到各个部门，形成的各个部门有利于组织目标达成的预期利益和产出。部门绩效的目标是指各部门由企业整体目标分解所得到的任务，它是该部门全体员工奋斗的共同目标。要实现部门绩效，必须使部门员工认真履行自己的职责，在完成个人绩效的同时，互相协调、相互配合，共同完成。组织绩效是指组织在某一段时期内，其任务完成的数量、质量、效率及赢利状况。① 组织绩效可以从多方面采用多重指标来衡量，如利用财务、顾客、企业内部业务流程、学习与成长能力、企业的社会责任感、员工忠诚度等指标全面地评价组织绩效。

从具体考核指标上，绩效又可以分为任务绩效、管理绩效和周边绩效。

---

① 陈凌芹．绩效管理［M］．北京：中国纺织出版社，2004.

任务绩效（Task Performance）是指按照工作职责去完成工作任务的那些有助于核心流程和目标的实现的活动指标，如生产产品数量、产品销售数量、新产品开发品种、顾客开发等。它是与工作任务密切相关的内容，也和个体的能力、完成任务的熟练程度和工作知识密切相关，在任务绩效中，有很多是可以量化的指标。

管理绩效（Managerial Performance）主要是针对管理人员，体现管理人员对部门工作管理的结果。其考核内容有：沟通效果、工作分配、下属发展、管理力度等。

周边绩效（Interaction Performance）是指那些支持组织、社会和心理环境的活动指标。周边绩效是工作情景中的绩效，它能够促进部门与组织的绩效，是一种过程导向与行为导向的绩效。周边绩效的内容主要包括：主动地执行不属于本职工作的任务，在工作时表现出超常的工作热情，在工作时帮助别人并与别人合作，坚持严格执行组织的规章制度，履行、支持和维护组织目标等。

2. 绩效的性质和特点

员工的绩效的性质是：多因性、多维性、动态性。[1]

（1）绩效的多因性

绩效的优劣受主、客观多种因素影响，而不是取决于某个单一因素。绩效主要取决于员工的技能、机会、激励和环境四个方面，其中技能和激励属于员工自身的、主观性的影响要素，而机会和环境属于外界的、客观的要素。绩效与这四个要素的关系可以用下面的函数式表达：

绩效 = $f$(技能，激励，环境，机会)

技能指员工的工作技巧与工作能力。影响员工技能的因素有天赋、智力水平、个人经历、教育水平、培训状况。

激励是指激发员工的工作积极性和创造性。激励与员工的个人需求结构、个性、感知、教育、价值观有关。

环境指影响员工绩效的组织外部客观环境和组织内部客观环境。组织外部客观环境包括：社会政治、经济状况、市场竞争强度等。组织内部客观环境包括：工作设计质量、工作任务性质、组织内部结构、薪酬福利制度、培训机会、企业文化、劳动场所的布局与物理条件等。

机会指的是机遇。对员工而言，被分配到什么样的工作岗位在客观必然性外还带有一定的偶然性。在特定的情况下，员工如果能够得到机会去完成特定的工作任务，则可能达到在原有岗位上无法实现的工作绩效。

（2）绩效的多维性

绩效需要从多个角度或多个方面去分析与考核，如工作业绩、工作能力、工作态度等。各个企业的绩效考核维度不同，而且在绩效考核时，不同岗位各个考核维度的权重不同。

（3）绩效的动态性

员工绩效是随着时间的推移发生变化的，绩效差的可以改进提高，绩效好的也可能退步变差。因此，需要权变地、发展地看待员工绩效，在确定绩效考核和绩效管理周期时，要考虑绩效的动态性，恰当地确定绩效周期。

### 8.1.2 绩效管理（Performance Management）

绩效管理是一个管理过程，高效的绩效管理有助于企业战略目标的实现。

1. 绩效管理的含义

绩效管理是企业管理者采用科学的方法，通过对员工个人和群体的行为表现、劳动态度和工作业绩以及综合素质的全面观测、分析、考核，充分调动员工的积极性、主动性、创造性，不断改善员工和组织的行为，提高员工和组织的整体素质，以确保企业及其子系统（部门、流程、工作团队和员工个人）的绩效成果能够与企业的战略目标保持一致，并促进企业战略目标实现的管理过程。

绩效管理是管理者与员工之间在“什么是目标”与“如何实现目标”上达成共识，促进员工成功达到目标，促进员工取得优异绩效的管理过程和方法。它贯穿于企业的整个生产、经营过程，运用科学的绩效考核方法，从事前策划到过程监控，从事后考核到绩效改进，将组织与部门目标、员工个人的目标紧密地联系在一起，是一个动态的过程。

2. 绩效管理的特点

（1）绩效管理是防止员工绩效不佳，提高员工绩效、部门绩效和组织绩效的有力工具。绩效管理的各个环节都是围绕着提高这三个层次的绩效而设立的。因此，绩效管理不仅要针对工作中存在问题的员工，更要重视如何提高现有绩效水平，并且要确保这三个层面的绩效管理方向和步调一致，从而使组织的目标得以实现。

（2）绩效管理强调绩效沟通和员工能力的提高。绩效管理目标的实现必须依赖绩效沟通：通过沟通使各级管理人员认同绩效管理系统；通过沟通达成员工的绩效合约；通过沟通及时发现绩效实施过程中员工的问题和需要得到直接主管帮助的地方；通过沟通开展绩效考核，并对绩效考核结果进行沟通，达成绩效改进。

（3）绩效管理是一个过程，它由多个相互依存又相互独立的环节构成。绩效管理不仅强调绩效的结果，更重视绩效目标实现的过程。

### 8.1.3 绩效考核与绩效管理

很多员工和部分管理人员将绩效考核等同于绩效管理，实际上绩效管理与绩效考核有本质上的区别，但也存在一定的联系，应该清楚认识两者的关系。

1. 绩效管理与绩效考核的区别

（1）本质上的区别。绩效考核是一套正式的结构化的考核制度，它采用与员工工作行为和产出密切相关的多种指标来衡量、考核并影响与员工工作有关的特性、行为和结果，了解员工发展潜力，以获得员工与组织的共同发展。绩效管理是指为了实现组织的发展战略和目标，采用科学的方法，通过对员工个人和群体的行为表现、劳动态度、工作业绩，以及综合素质的全面监测、分析、考核，以充分调动员工的积极性、主动性、创造性，不断改善员工和组织的行为，提高员工和组织的整体素质，挖掘其潜力的管理活动。

（2）绩效管理与绩效考核出现的阶段和侧重点不同。两者具体区别见表8－1。

表 8－1　　绩效管理与绩效考核的差异比较

| 区别点<br>比较对象 | 过程的完整性 | 侧重点 | 具体内容 | 出现的阶段 |
|---|---|---|---|---|
| 绩效管理 | 一个完整的管理过程 | 侧重于信息沟通与绩效提高，强调事先沟通、考核后的绩效改进和提高 | 绩效计划的制订、绩效实施与管理、绩效考核、绩效反馈、绩效考核结果的运用 | 伴随着管理活动的全过程 |
| 绩效考核 | 管理过程中的局部和手段 | 侧重于绩效水平的判断和考核 | 考核原则、方法、步骤，考核主体、考核维度和周期、考核实施 | 只出现在特定的考核周期 |

资料来源：付亚和，许玉林．绩效考核与绩效管理［M］．北京：电子工业出版社，2004.

2. 绩效管理与绩效考核的联系

绩效管理包括绩效计划的制订、实施和管理，绩效考核，绩效考核结果的反馈，绩效改进和绩效考核结果的运用等环节；而绩效考核只是绩效管理的核心环节。绩效考核的成功与否不仅与考核本身有关，而且在很大程度上与整个绩效管理过程有关。绩效考核也是绩效管理的重要支撑点，它从制度上确定了企业员工和部门绩效考核的具体程序、步骤、考核主体、考核周期和方法，为绩效管理的运行与实施提供了前提和基础。绩效管理作用的全面实现还需要正确地制订绩效计划，科学地实施与管理绩效计划，及时地反馈绩效和充分、正确地运用绩效考核结果。因此，不能把绩效考核与绩效管理混淆。

**即时案例**　　**绩效管理与绩效考核的区别**

王君最近情绪糟糕透了，他坐在办公室，冲着墙上那张《××公司年度销售统计表》生气。因为全公司23个办事处，除自己负责的A办事处外，其他办事处的业绩销售绩效全面看涨，唯独自己办事处的作犬牙状，不但没升，反而有所下降。

在××公司，王君是公认的销售状元，进入公司仅五年，除前两年打基础外，后三年荣获“三连冠”，可谓“攻无不克、战无不胜”。也正因为如此，王君从一般的销售工程师发展到客户经理、三级客户经理、办事处副主任，最后到了办事处最高长官——办事处主任这个宝座。王君的发展同他的销售绩效一样，成了该公司的神话。

王君担任A办事处主任后，深感责任重大，上任伊始，身先士卒，亲率20名弟兄摸爬滚打，决心再创佳绩。他把最困难的片区留给自己，经常给下属传授经验。但事与愿违，一年下来，绩效令自己非常失望！

烦心的事还真没完。临近年末，除了要做好销售总冲刺外，还要做公司年中才开始推行的“绩效管理”。

王君叹了一口气，自言自语道：“天天讲管理，天天谈管理，市场还做不做？管理是为市场服务的，若不以市场为主，这管理还有什么意义！又是规范化，又是考核，办事处哪有精力去抓市场！公司大了，花招也多了，人力资源部的人员多了，总得找点事来做。考来考去，考得主管精疲力竭，考得员工垂头丧气，销售怎么可能不下滑？不过，还得要应付；否则，公司一个大帽子扣过来，我吃不了还得兜着走。”

好在绩效管理也是轻车熟路了，通过内部电子流系统，王君给每位员工发送了一份考核表，要求他们尽快完成自评工作。同时自己根据员工一年来的总体表现，利用排队法将所有员工进行了排序。排序是件非常伤脑筋的工作，时间过去那么久了，下属又那么多，自己不可能一一都那么了解，谁好谁坏确实有些难以的区分。不过，好在公司没有什么特别的比例控制，特别好与特别差的，自己还是可以把握的。排完队，员工的自评差不多也结束了，王君随机选取六名下属进行了5～10分钟考核沟通。OK！问题总算解决了，考核又是遥远的下个年度的事情了，每个人又可以回到“现实工作”中去了。

资料来源：伴你成功网．http://www.bxcg.com/glal/html/jxkh/jxkh_12010.html.

### 8.1.4 绩效管理与企业文化的关系

企业文化是一种以全体员工为中心，以培养具有管理功能的系统的、完善的、适应性强的精神文化为内容，以形成企业具有高度凝聚力的经营理念为目标，使企业增强对外的竞争力和适应力，增强对内的向心力和活力的管理思想、制度和方法。[2] 企业文化是企业在经营活动中形成的经营理念、经营方针、价值观念、经营形象等的总和，是企业生存、发展的灵魂。企业文化塑造与绩效管理是相辅相成、相互促进的关系。一方面，在良好的企业文化氛围中能顺利地实施绩效管理，另一方面，通过绩效管理的实施可以塑造言行一致的企业文化。

首先，企业文化对绩效管理具有决定性的作用，是影响员工绩效的关键性的外部环境。企业文化是决定企业可持续发展的精神力量，塑造基于能力和绩效的企业文化将更有利于企业在激烈的市场竞争中获得生存和可持续发展。实施绩效管理的前提是企业具有与之相适应的企业文化和员工素质，沟通顺畅、积极向上的企业文化有助于组织和个人实现优秀的业绩。企业绩效管理体系的建立需要企业文化这一“软环境”的支持，企业文化必须重视员工个人能力的发挥及部门绩效的达成。加强部门主管和员工之间的沟通，营造有导向、激励、凝聚、规范作用的积极向上的企业文化氛围，是实施绩效管理的基础。

其次，绩效管理有助于塑造企业文化。有效的绩效管理体系能促进管理者与员工的沟通和交流，形成观念开放、积极参与、主动沟通的企业文化，增强企业的向心力和活力。实施绩效管理，可以将企业价值观和经营理念更具体、更直观地为企业的员工所理解和接纳，并通过绩效计划、绩效实施、绩效考核、绩效反馈等诸多环节予以强化。精心设计、严格实施符合本企业生产经营实际的绩效管理体系，将使员工最大限度地发挥个人的潜力、创造优异的绩效，并逐渐在企业广大员工中形成一种比能力、比绩效、比贡献的良性竞争的价值观，有利于塑造基于能力和绩效的企业文化。

### 8.1.5 绩效管理在人力资源管理中的地位和作用

人力资源管理体系是由人力资源战略与规划、员工招聘与配置、员工培训与开发、绩效管理、薪酬设计与管理、劳动关系管理、员工职业生涯规划与管理等一系列环节形成的有机整体。绩效管理是人力资源管理的重要内容，是现代人力资源管理的核心之一，在整个体系中占据核心地位，起着重要作用。

人力资源管理是企业获得竞争优势的重要工具，是一项落实企业战略的重要管理活动。在人力资源管理过程中，绩效管理负责具体落实企业的战略目标。绩效管理将企业的战略目标分解到各部门，各部门再根据员工的能力和工作分工将目标分解到员工个人。因此，对每个员工的绩效进行管理、改进和提高会提高企业整体的绩效，实现企业的经营目标和发展。绩效管理应该结合人力资源管理的其他方面的工作，才能取得良好的效果。绩效管理与人力资源管理的其他环节的关系如图8-1所示。

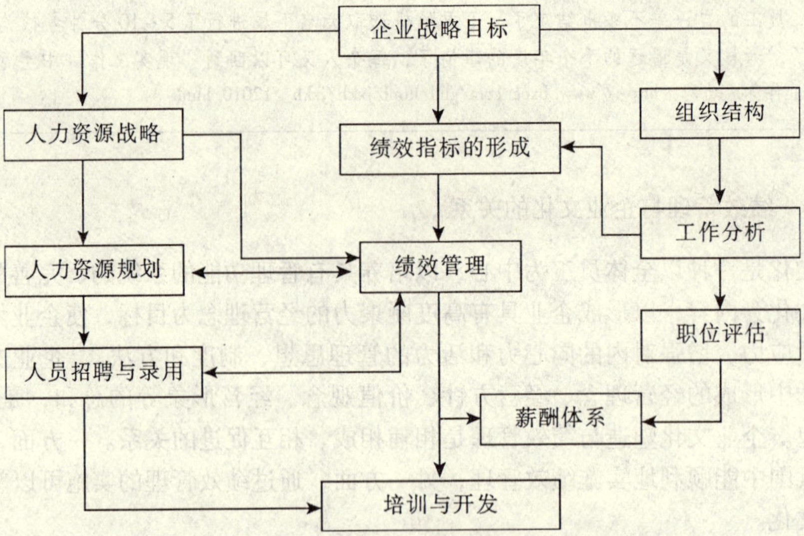


**图 8－1　绩效管理在人力资源管理中的地位**

资料来源：武欣．绩效管理实务手册［M］．北京：机械工业出版社，2001.

1. 绩效管理与人力资源规划的关系

企业在作人力资源规划时，必须考虑员工和企业绩效管理的现状，考虑员工绩效提升的空间。如果员工绩效提升的空间大，人力资源内部供给充足，人力资源的空缺就相对较小；反之，人力资源空缺就较大。

2. 绩效管理与工作分析的关系

工作分析是绩效管理的重要基础，它为绩效管理提供了基本依据。工作分析明确了一个岗位的工作职责及工作产出，据此制定出对该岗位进行绩效考核的关键指标，并按照这些关键绩效指标确定对该岗位任职者考核的绩效标准。工作分析所产生的工作说明书是绩效考核指标的重要来源，绩效考核是工作分析的一个重要应用。

3. 绩效管理与员工招聘、录用的关系

企业在进行员工招聘和录用的过程中，采用各种测评手段对员工的“潜质”部分进行测评，侧重考察员工的一些潜在能力或性格与行为风格特征，从而推断员工在未来的工作中可能表现出来的行为特征。而绩效管理中的绩效考核是对员工“显质”的考核，侧重考察员工表现出来的业绩和行为，是对员工过去的业绩、能力和态度的考核。绩效管理的考核结果是对员工招聘、录用的有效性的一种检验，而员工招聘、录用的准确测评也是对员工未来的良好绩效表现的一种预测。

4. 绩效管理与薪酬管理的关系

目前在企业流行的 3P 薪酬模型，是以职位价值决定薪酬、以绩效决定薪酬、以任职者胜任力决定薪酬三者的有机组合①。绩效是决定员工薪酬的重要因素。一般地，职位价值决定了薪酬中的固定工资部分，而绩效考核结果决定薪酬中的浮动工资部分，如绩效工资等。

① 陈凌芹．绩效管理［M］．北京：中国纺织出版社，2004.

5. 绩效管理与员工岗位调整的关系

绩效管理是员工职位升降的重要依据。通过绩效管理活动，可以掌握员工各种相关的工作信息，如工作态度、工作成就、知识和技能的运用情况，为人力资源部的人事决策（如员工提升、降职、降级、培训等）提供依据。如果员工绩效长时间地下降，员工的职位也应该下调。

6. 绩效管理与培训开发、员工职业生涯规划与管理的关系

绩效考核的结果是培训开发和人力资源规划的依据。绩效管理信息的重要用途是为员工提供反馈，让员工了解自己的工作情况，从而改进工作中因个人原因产生的缺陷和不足，同时为员工的培训提供可靠的依据。因此，培训开发是在绩效考核后的重要工作——绩效考核只是手段，绩效改进才是目的。同时，绩效管理可以促进员工职业生涯规划的设计和实现。主管人员将结合员工的绩效现状和员工的发展愿望、兴趣爱好、教育背景，与被考核者共同制定职业生涯规划，并随时调整职业生涯规划，从而实现企业和员工的共同发展。

## 8.2 绩效管理的主要内容

绩效管理是一个由几个阶段组成的封闭环，每个阶段工作的质量影响着整个绩效管理的效果。

### 8.2.1 绩效管理的内容与流程

绩效管理是一个动态的控制体系，通过建立绩效标准、加强对绩效实施的管理、进行绩效考核和绩效反馈等活动的循环，不断提高员工绩效，进而提高整个组织的绩效。绩效管理是由绩效计划、绩效实施、绩效考核、绩效反馈、绩效考核结果的运用等不断循环的几个阶段组成的绩效管理环（Performance Management Ring），如图 8-2 所示。

1. 绩效计划阶段（Performance Planning）

绩效计划是一个确定组织对员工的绩效期望并得到员工认同、确定员工绩效指标和标准的过程。绩效计划必须表达清楚期望员工达到的结果、行为和技能要求，它是关于工作目标和标准的契约。绩效计划的制定是由人力资源部门、直接主管、员工共同完成的，这个过程是一个自下而上的目标确定过程，是一个双向沟通的过程，通过此过程可以将组织目标、部门目标与员工的个人目标有机地结合起来。

（1）制订绩效计划的原则

在制订绩效计划时，必须明确员工绩效的工作标准。制定工作标准的原则主要有两条：战略相关性和可衡量性。

战略相关性。绩效管理不仅是一个衡量体系，还可以用来实施企业的战略。企业通过绩效管理可以提供一种手段和途径，使企业的战略决策不断由设想变为现实，绩效管理可以保障人员和部门高效地把事情做对、做好。因此，绩效计划中的工作标准必须是由对企业战略的层层分解得到的指标，它与企业战略紧密相关。

可衡量性。工作标准必须有利于以后的绩效考核。如果不能进行测量，该标准则不具有可操作性。

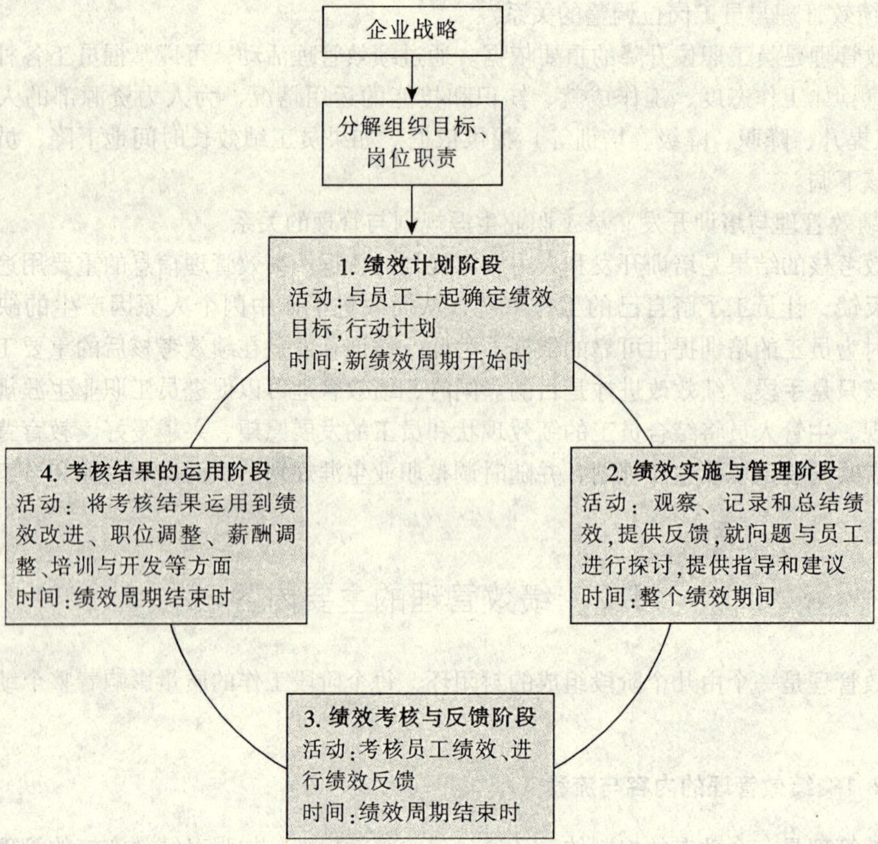


图 8－2　绩效管理环

（2）绩效计划的内容

员工绩效计划一般应包括以下内容：

员工在绩效周期内需要达到的工作目标是什么（包括量化的和定性的）？

各项工作目标的权重如何？

完成工作目标的结果是什么？这些结果可以从哪些方面去衡量，其评判的标准是什么？

绩效周期的起止日期是何时？各项绩效目标完成时间要多久？

员工完成绩效目标可能遇到哪些困难和障碍？主管能够提供哪些支持和帮助？

员工在完成绩效目标时有哪些权利？可以获得哪些资源？

员工在绩效周期内，需要接受哪些技术方面和技能方面的培训？

在绩效周期内，主管应如何与员工进行沟通，沟通的频率是多久一次？

在什么情况下，需要对绩效目标进行变更？变更的程序是什么？

获得员工工作结果信息的渠道是什么？谁来收集相关信息，信息收集的要求是什么？

（3）绩效计划制订步骤

主管与员工一般按以下步骤制订绩效考核计划：

①准备制订绩效计划

在制订绩效计划前，需要完成的准备工作有：

回顾企业的战略目标和发展规划。绩效计划是对企业战略目标和发展规划的具体落实，在制订绩效计划时要紧密结合企业的战略目标和发展规划。

熟悉公司年度经营计划。主管和员工要熟悉公司年度经营计划，部门、个人的绩效计划是公司年度经营计划的分解。

熟悉部门年度经营目标。

回顾个人工作职责。个人工作职责描述规定了员工应该完成的工作任务，而绩效计划则是进一步明确这些任务应该达到的标准。

回顾员工上一个绩效考核期间的绩效考核结果。主管需要根据员工上一个绩效考核周期的绩效完成情况，确定员工绩效目标的标准。如果员工上一个绩效周期的绩效目标完成得比较好，新的绩效周期的目标就需要进行相对提高；如果员工在上一个绩效周期通过很大的努力绩效目标都没有完成或全部完成，则需要把上次未完成的任务加入新的绩效目标中，相应减少新的绩效任务。

②沟通绩效考核计划

绩效考核双方在相对平等、轻松的环境中，就员工绩效考核计划进行充分沟通。在沟通中主管应更多地引导员工发挥主动性，多听取员工的意见，与员工一起决定绩效考核计划。沟通的方式主要有：定期员工情况通报会；定期召开小组会议，由员工汇报任务和工作的完成情况、遇到的困难和希望主管提供帮助的地方；员工定期的工作书面汇报等。

良好的沟通应遵循以下主要原则：

平等原则。主管与员工在绩效沟通中是一种平等的关系，他们都是为了完成部门、公司的战略目标而共同制定绩效计划。

发挥员工主动性的原则。由于员工最清楚自己的工作，因此在制定绩效计划时，应该发挥员工的主动性，多听取员工的意见，充分考虑完成绩效目标过程中的各种情况。

共同决定的原则。绩效计划是以后绩效考核的标准，以此为基础的绩效考核结果将影响员工的薪酬、职位升降、培训、职业生涯规划等各个方面，所以绩效计划需要由员工和主管共同决定，主管不能越俎代庖。

③审定和确认绩效计划

在沟通后，绩效考核双方就讨论中提出的绩效目标进行审定和确认。审定和确认的标准包括：

员工的工作目标是否与公司、部门的目标紧密相连；

员工的工作职责和描述是否体现在绩效考核目标中；

双方是否就员工的主要工作任务、各项工作任务的权重、完成标准、员工的权限达成一致；是否明确主管在绩效实施过程中能提供的帮助。

在每个绩效考核周期开始时，部门主管与员工在充分沟通后，签订一份绩效合约。合约内容包括：员工的工作目标、实现目标的主要工作成果、衡量工作结果的指标和标准、各项目标的权重、双方在合约上的签字。

2. 绩效实施与管理阶段（Performance Implementation and Management）

绩效实施是落实绩效目标的具体过程。此过程的成功与否将决定公司、部门、员工的绩效目标的完成情况。绩效实施主要包括两方面内容：持续的绩效沟通和绩效信息的记录与分析。

（1）持续的绩效沟通

持续的绩效沟通就是管理者和员工相互沟通以分享有关信息的过程。绩效沟通是连接绩效计划和绩效考核的中间环节，是实现绩效改进和绩效目标的重要手段。

主管和员工在绩效实施过程中作持续的绩效沟通是为了共同找到与达成目标有关的一些问题的答案。这些问题主要有：

目前工作进展情况如何？

员工和部门是否在正确的达成目标和绩效标准的轨道上前进？

如果发生了偏离，应该采取什么措施？

哪些方面工作做得较好？在工作中碰到了什么困难和障碍，打算如何克服？

针对目前的情况，需要对工作目标和达成工作目标的行动计划进行怎样的调整？

员工需要主管提供什么帮助和支持？

在绩效沟通过程中，员工如果由于外界环境的变化不能够完成预定的绩效目标，可以与主管协商，经主管同意变更绩效指标。

绩效沟通方式主要分为正式沟通和非正式沟通两种，选择何种方式主要取决于绩效沟通的内容和沟通双方的时间等因素。

① 正式的绩效沟通

正式的绩效沟通是指根据企业管理规章制度进行的各种定期的沟通。正式的绩效沟通内容比较全面，但容易使气氛过于呆板，而且不够及时，容易影响沟通效果。正式绩效沟通包括书面报告、主管与员工之间一对一的正式会谈、主管组织的员工团队会谈等形式。

书面报告。主要有工作日志、工作周报、工作月报、工作季报、工作年报等形式。

主管与员工之间的一对一的正式会谈。主管与员工就员工的绩效状况进行一对一的面谈。该方式能够直接地得到员工绩效状况的信息，但是该信息不能在员工之间共享，主管在员工会谈上需要花大量的时间。

主管组织的员工团队会谈。由主管组织召开关于员工绩效的团队会议，每个员工就自己的绩效状况、遇到的困难、需要的帮助进行发言。

正式绩效沟通方式比较见表 8－2。

表 8-2　正式沟通方式的比较

| 沟通方式 | 特点 | |
|---|---|---|
| | 优　点 | 缺　点 |
| 书面报告 | 1. 节约了主管的时间；<br>2. 可以使员工理性、系统地考虑问题，提高工作的逻辑性；<br>3. 能够在很短时间内收集到大量的关于员工工作状况的信息；<br>4. 解决了主管与员工不在同一个地点的问题；<br>5. 能够培养员工的表达能力。 | 1. 信息是从员工到主管的单向流动，缺乏信息交流；<br>2. 容易使绩效沟通流于形式；<br>3. 不适用于以团队为工作基础的企业的绩效沟通，员工之间的信息不能共享；<br>4. 撰写书面报告要占用员工的时间，容易引起员工的反感；<br>5. 管理成本较高，信息交流速度较慢。 |
| 一对一正式会谈 | 1. 缩短了信息中间传递的时间、环节；<br>2. 能够更清楚地了解员工绩效状况，增进主管与员工的感情；<br>3. 会谈内容的保密性好。 | 1. 主管需要花费大量的时间和精力。 |
| 团队会议 | 1. 缩短了信息中间传递的时间、环节；<br>2. 有利于团队内部信息的沟通和共享。 | 1. 会议的组织要花费一定的时间和精力；<br>2. 有些个体的问题不适合在会议上讨论；<br>3. 对主管的沟通技巧要求高，对主管的会谈组织能力和沟通技巧要求高；<br>4. 员工和主管都离开岗位，成本比较高，容易流于形式。 |

②非正式绩效沟通

非正式绩效沟通是指主管与员工在工作过程中进行的非定期的、形式灵活的沟通。非正式的绩效沟通没有固定的模式，可以在工作间歇、在小会议室里或在员工的工作岗位旁进行，也可以以联欢会形式进行。主管要提高非正式绩效沟通的效果，要注意学习沟通方面的技巧，认真听取员工在工作方面的意见，平等地与员工进行讨论，并对沟通过程中作出的承诺做好书面记录，以防忘记。另外，随着企业信息化的普及，电子邮件、企业内部局域网、QQ 聊天室也成为员工和主管进行沟通的非正式渠道。目前，手机短信日益成为非正式沟通的重要渠道。非正式绩效沟通的特点见表 8-3。

表 8-3　非正式绩效沟通的特点

| 优　点 | 缺　点 |
|---|---|
| 1. 形式多样、时间和地点比较灵活；<br>2. 能够及时解决员工绩效实施过程中的问题，促进绩效目标的按时完成；<br>3. 员工容易接受，沟通效果比较理想；<br>4. 形成管理人员与员工之间融洽的关系，提高绩效管理的效果。 | 1. 适用范围受限，不是所有绩效沟通都适合非正式沟通；<br>2. 沟通内容不易保留。 |

（2）绩效信息的记录和收集

通过绩效信息的记录和收集可以为绩效考核提供事实依据，也可以为晋升、加薪等人事决策提供依据。同时，记录和收集的事实是主管向员工说明其目前的差距和需要改进、提高的方面的依据，也可以通过这些事实依据发现绩效问题和优秀绩效的原因，以便对症下药，改进绩效。

记录和收集的内容主要是与绩效有关的信息，结合绩效考核对绩效指标进行记录和收集。如：目标和标准达成（或未达成）的情况、证明工作绩效突出或低下的具体证据、有利于员工找出问题（或成绩）原因的数据、绩效沟通时的谈话记录等。记录和收集事实有主管人员直接观察员工在工作中的表现所做的记录，也包含员工对工作目标完成过程的记录和员工提供服务的对象或产生关系的对象反馈的信息。绩效信息的记录和收集要充分发挥员工的积极性，让员工参与绩效数据收集的过程，但要非常明确地告诉员工收集哪些信息，并尽量采用结构化的方式进行。

企业在绩效实施过程中收集信息主要采用的方法是观察法、工作记录法和他人反馈法。观察法是主管直接观察员工在工作中的表现并将之记录下来的收集方法。该方法主要适用于一些操作性的、体力型的简单工作，但在脑力劳动和复杂的工作应用比较困难，而且花时间比较多。工作记录法是员工和主管通过工作记录的方式将员工工作表现和结果记录下来的收集方法。该方法收集的信息比较全面，但需要员工花费大量的时间记录与工作有关的内容，也容易打断员工工作的连续性，容易引起员工的反感。他人反馈法是主管通过其他与员工工作关系密切的员工的汇报、反映来获得员工工作绩效的信息的收集方法。该方法要求企业有相互信任的企业文化，主管能够辨别他人反馈信息的真伪。信息收集时需要多种方法的综合使用，才能获得比较全面的信息。

3. 绩效考核与反馈阶段（Performance Rating and Feedback）

在绩效考核周期结束时，依据绩效计划，考核主体按企业绩效考核程序和考核方法对被考核者绩效目标完成情况进行考核。考核的依据是在绩效管理开始时双方达成一致意见的绩效合约，以及在绩效实施与管理过程中所收集到的能够说明被考核者绩效表现的数据和事实。

绩效管理的目的是通过绩效考核提高员工、部门、公司的整体绩效水平，因此绩效反馈是绩效考核后非常重要的一环。通过绩效反馈面谈，使员工明确自己的绩效现状，了解主管对自己的期望，找到自己有待改进的方面，提出在完成绩效目标中遇到的困难，寻求上级帮助，并借此形式与员工协商下一个绩效周期的绩效目标，制定新的绩效计划。

（1）绩效反馈的时间、地点、方式、主体

①绩效反馈时间

大多数企业要求绩效反馈在绩效考核结束后的一定时间内完成。绩效反馈要求选在双方都有空闲的时间进行，避免接近下班时间，因为这样影响绩效反馈的效果。同时，主管要计划好绩效反馈需要的时间长度，以便使双方把握好绩效反馈的进度和安排好自己的工作。

②绩效反馈地点

建议反馈地点选择在氛围比较轻松的地方，如公司的小型会议室或员工的工作台附近（或公司咖啡厅）。绩效反馈时应尽量不在人力资源部，因为在人力资源部经常会因为接听电话、人员来访等原因，影响绩效反馈效果。

③绩效反馈方式

绩效反馈多数采用面谈的形式，也可以采用书面的形式。绩效反馈时，双方可以采用圆桌会议或双方呈一定的角度而坐的方桌会议形式，避免双方目光过于直射，缓和心理紧张，避免心理冲突。

④绩效反馈主体

绩效反馈分三种情况：一般员工绩效考核结果由直接主管进行反馈，中层管理人员由直接主管和人力资源部负责人一起反馈绩效，高层管理人员由董事会进行反馈。

(2) 绩效反馈面谈原则

为了提高绩效反馈面谈的效果，主管在与员工进行绩效反馈时必须遵循如下原则：

建立和维护双方信任；

清楚地向员工说明绩效面谈的目的；

集中在绩效，而不是员工个体性格特征上；

集中于未来而非过去，重点放在解决问题上；

鼓励下属说话，多问少讲、认真倾听员工意见；

赞扬肯定员工的有效业绩，优点和缺点并重；

反馈要具体，要制定具体的绩效改善目标，确定绩效改进检查的日期和方法；

绩效反馈经常化，而不要只在年底绩效考核后进行。

(3) 绩效反馈的主要内容

绩效反馈时双方主要就以下内容进行沟通：本次绩效考核的目的和考核标准；员工的工作表现及考核结果；主管对员工的每一项工作目标达成情况的意见及对员工绩效的期望；员工的看法；员工在绩效期间内工作表现的优点和有待进一步改进的地方；员工绩效的改进措施；新一轮绩效考核周期内企业和主管对员工绩效的期望；新的绩效考核标准；员工希望主管提供的帮助。

(4) 绩效反馈的程序

由于绩效反馈的时间有限，要达到较好的绩效反馈效果，主管要根据员工的性格特征和绩效状况，对绩效反馈程序作好计划。绩效反馈可以参照下面的程序进行。

开场白。采用什么绩效反馈方式要根据具体的谈话内容、对象和情境来定。如果员工对绩效反馈面谈比较紧张，可以从轻松的话题开始，如天气、运动等。如果员工比较理解绩效反馈的目的，而且能够冷静正确地对待绩效考核结果，主管可以直截了当地进入主题。

具体面谈。在绩效反馈面谈过程中先谈什么、后谈什么，也有多种形式，主管可以灵活掌握。具体面谈方法有：

①员工自己先谈对绩效考核目的和考核指标标准的认识，主管对此进行相应的补充和说明。

②员工先谈自己的工作表现及评价，主管再说明自己相同和不同的看法。

③先与员工就本次考核的目的和考核标准进行沟通，达成一致后再讨论员工的具体考核分数和考核结果。

④直接就考核表格中的各项内容逐一与员工沟通。如果认识一致就进入下一项讨论，如果认识有分歧就通过讨论力争达成一致。对于不能达成一致的地方，事后再沟通或者请

主管的直接上级进行仲裁。

⑤先讨论员工工作中的优点和成绩，再讨论不足和有待改进的地方。

⑥主管先谈对员工绩效考核的看法，然后请员工谈意见。

⑦反馈结束。在双方对绩效考核中的各项意见达成一致后，就可以结束面谈。如果对某些意见不能达成一致，双方可以回去思考，在下一次沟通时进一步讨论。

4. 绩效考核结果运用阶段（Performance Rating Results' Application）

绩效考核结果的应用直接关系到绩效考核、绩效管理的成功与否。传统的绩效考核结果主要用于奖金的分配和工资的晋级。而现代管理中，员工绩效考核结果主要应用于薪资调整、职位等级调整、制定绩效改进计划、制定培训计划、制定员工发展规划、检验员工选拔和培训的有效性等方面。只有充分运用绩效考核结果，才能发挥绩效考核的作用、提高绩效管理的效果。

（1）员工绩效改进

绩效管理的最直接的目的是提高员工、部门、组织整体的绩效。所以绩效考核结果最直接的运用是绩效改进，绩效考核的结果是绩效改进计划制定、实施、衡量的依据。主管在绩效反馈时要与员工及时针对考核中未达到绩效标准的项目分析原因，制定相应的改进措施。绩效改进计划的主要内容有：

员工的基本情况、主管的基本情况、绩效改进计划的制订和实施时间、绩效计划的考核时间。

根据绩效考核结果和绩效反馈结果，确定员工在工作中的问题。这些问题包括：需要改进的工作方法、需要提高的工作能力和技巧、需要改善的工作态度等。

针对绩效考核中存在的问题提出针对性的改进意见。这包括：工作方法改进措施、工作能力和技巧提高的措施（如需要参加的培训类型、时间等）、工作态度方面的培训等。

确定绩效改进后要达到的目标和检查方法、检查时间。

员工绩效考核结果记入员工的职业发展档案，主管和员工根据目前的绩效水平和过去绩效的提高过程，协商制订员工的长远工作绩效和工作能力改进提高的体系计划，以及员工在企业中的未来发展规划。在多种绩效改进措施中，最常用的方法是主管指导员工制订个人发展计划。个人发展计划指根据员工有待发展提高的方面而制定的一定时期内完成的有关工作绩效和工作能力改进和提高的体系计划。[①] 员工在主管的帮助下，根据绩效考核结果和员工的兴趣爱好、教育状况制定个人发展计划，从而改善绩效现状。员工职业生涯发展规划是促进员工绩效不断提高的内在动力，也是激励员工的重要手段。

个人发展计划包括的内容有：有待发展的项目及发展原因；有待发展的项目的现有水平和期望达到的水平；发展这些项目的现有条件以及发展的方式、方法；达到个人发展目标的期限；实现该个人发展计划的检查措施。

（2）员工薪酬调整

薪酬调整是绩效考核结果最直接的运用之一。它主要是在两个方面得到运用：一是运用到薪酬的计算中。很多企业为了激励员工改善自己的绩效状况、努力工作，将薪酬与绩效考核结果挂钩。不同岗位的挂钩比例不同，销售人员、生产人员的薪酬的较大比重是由

① 伴你成功网. http://www.bxcg.com/glal/html/jxkh/jxkh_11405.html.

绩效决定的，而行政、后勤人员薪酬中的一小部分由绩效决定。二是运用到员工岗位薪酬等级调整。如绩效考核连续两年内考核结果累计一“优”一“良”或以上者，或连续三年考核结果为“良”者，绩效考核结果为“优”的员工晋升一级工资，但一年内晋升工资次数不能超过一次。

(3) 员工职位调整

根据绩效考核的结果，可以对员工的职位进行调整。员工在某方面的绩效突出，就让其在此方面承担更多的责任；如果绩效不理想，对其岗位作出相应的调整。如有些企业规定：将连续两次绩效考核结果为“优”的员工纳入公司人才库，并作为重点人才培养，在内部职位空缺时，优先考虑其职位晋升；而对于绩效考核结果为“不合格”的员工，由主管与其进行重点面谈，其年内职务不予晋升；如果连续两次“不合格”，则该员工被视为不能胜任本职位工作，由公司进行待岗培训；如果连续三次“不合格”，公司将辞退该员工。

(4) 制订员工培训计划

培训是提高员工绩效的最直接的手段。企业应该根据员工考核结果在绩效上表现比较差的方面，结合员工的知识结构、专长和专业、个性为其提供相应的培训。培训后，企业需要收集员工的绩效信息，比较培训前后绩效的变化情况。如果绩效提高而且提高显著，说明培训有效；反之，则需要进一步对培训作调整。此外，公司也应根据员工的个人发展计划提供有关方面的培训。员工培训应该纳入企业的日常工作内容。

(5) 检验员工选拔和培训的有效性

绩效考核的结果可以用来衡量招聘选拔和培训的有效性。如果选拔出来的优秀员工实际的绩效考核结果确实优秀，说明员工选拔是有效的；反之，则说明选拔不够有效，或者绩效考核的方法、结果有问题。培训的效果可以通过培训之后一段时期内的绩效表现反映出来。如果员工绩效提高了或变化很显著，说明培训确实有效果；反之，则说明培训没有达到应有的效果。

(6) 员工劳动关系管理

绩效考核结果是解决员工与企业之间因绩效考核引发的劳动争议的重要依据。如果因员工绩效目标未完成，对员工的薪酬、岗位作出调整，或者在员工经培训、调岗后，仍然不能达到绩效考核目标，当企业与员工终止劳动合同关系引起劳动争议时，绩效考核结果就是解决劳动争议的事实依据。

### 8.2.2 绩效管理应注意的问题

解决问题首先需要很好地分析问题，找到问题的症结所在，才能对症下药，有效解决。目前，在企业的绩效管理中主要有以下问题应该注意：

1. 绩效指标和标准方面

(1) 从完成工作的结果出发制定绩效指标和标准

对于很多企业而言，对员工绩效行为的监控需要耗费大量的时间和精力，管理成本高，并且对于到底什么行为是企业希望的行为和好的绩效行为存在分歧；而对于绩效结果的判断则比较容易，且分歧小。所以绩效指标和标准的制定尽量从完成工作的结果来判定更容易一些。

（2）利用客户关系图的方法确定工作产出

确定工作产出是绩效管理中的基础工作。使用客户关系图可以有效地确定工作产出。客户关系图法有利于全面、准确地得出被考核者的工作产出，以确定绩效考核指标和标准。

（3）使用一些以客户为中心或强调团队精神的绩效指标

如果企业在绩效考核中，只强调员工个体的绩效指标而忽略团队的绩效指标，会导致企业缺乏合作、协作的精神，不利于企业整体绩效目标的完成。使用一些以客户为中心或强调团队精神的绩效指标，可以促进员工之间的合作，使他们共同关心部门、企业整体目标的完成。

（4）设定“可验证”的绩效标准

人们在绩效管理中总是追求将所有的绩效指标“量化”，这是不可能的，也没有必要。有些指标可以定性描述，但是这些描述必须能够通过某种途径验证。

（5）尽量不使用完美无缺的绩效标准

对于大多数工作而言，“零缺陷”几乎是不可能的，而且“零缺陷”无法区分好绩效者和优异绩效者，所以制定绩效标准时应尽量不使用完美无缺的绩效标准。只有要求不出任何差错的少数工作才使用“零缺陷”标准，如：船舶驾驶、飞机驾驶等。

2. 绩效管理技术方面

（1）大力争取高层管理层的支持

在绩效管理上，很多高层领导只是给予了一般的关注和支持，只是听听汇报和作一下指示，没有真正地把绩效管理当作一件重要的工作来抓，绩效管理缺乏高层领导的大力支持。其实，绩效管理是企业管理改革的大事，是企业全体员工的事情，因此企业的高层领导应该积极站到前台、参与其中，给 HR 经理充分的领导和支持，领导员工和管理人员积极参与绩效管理，以提高绩效管理的效果。

（2）加强绩效管理知识培训，转变观念，强调全员绩效管理意识

国内大部分企业管理观念比较落后，管理层对管理重要性的认识比较肤浅，不愿接受新的管理理念和管理方法，视绩效管理为负担。因此，绩效管理要得到有效实施，必须强调全员绩效意识，改变管理层思维。此外，企业还需要加强绩效管理方面的基础知识培训，使管理人员和员工树立绩效意识，真正理解绩效管理的真实含义。现在很多企业没有正确区分绩效考核和绩效管理，把绩效考核等同于绩效管理，甚至认为绩效管理只是人力资源部的事，与我无关；还有的人认为绩效管理就是年底填写几张绩效考核表，是一种烦人的事情，不愿意参加到绩效管理过程中去。这些错误的认识需要通过相关的培训来纠正。

（3）实施现场绩效管理技术指导，提高绩效管理效果

当引入新的绩效管理系统时，特别是以前没有实施全面绩效管理的企业，需要熟悉该技术的技术专家到各个部门中对主管和员工进行帮助和指导，解决绩效管理实施过程中出现的问题，帮助他们正确地完成绩效管理工作。这类人一般是人力资源部的专业人士和外聘的技术顾问。

（4）进行阶段性的绩效回顾和沟通

绩效管理的目的是提高员工、部门和企业的整体绩效。在绩效实施过程中，主管应该

进行阶段性的绩效回顾和沟通，及时了解员工绩效实施过程中出现的问题，协商解决办法，并及时地向员工提供完成绩效目标所必需的帮助。如果只在绩效考核周期结束后进行绩效回顾和沟通，将给企业带来很大的损失，不仅无助于绩效目标的实现，还会受到员工的抵触。

（5）让员工自行收集绩效信息

在绩效实施过程中，需要收集员工的绩效信息。主管要充分发挥员工的积极性，让员工收集自己的绩效信息。这样做可以节约管理人员的时间和精力，也使员工信任绩效信息的真实性，还可以提高绩效反馈的效果。

（6）绩效管理系统与员工的职业生涯要紧密相连

绩效管理系统中的绩效考核结果为员工和主管对员工的职业生涯规划提供了依据。当一个员工不能达到期望的绩效标准时，需要知道自己下一步该怎样做，如何提高自己的绩效。如果经常出现通过自己的努力不能完成目标的现象，员工可能要考虑自己目前的工作是否适合自己的职业发展道路。绩效好的员工，也需要了解自己继续努力的方向。

3. 绩效管理系统方面

（1）公开绩效管理信息，促进绩效管理系统的实施

透明、公开、相互信任的企业文化有助于绩效管理的实施。通过公开绩效管理信息，可以让员工充分了解企业绩效管理的流程、绩效管理进行的现状、企业对员工绩效的期望以及员工努力的方向。

（2）保证绩效管理系统可靠

在进行绩效管理时，在薪酬体系中应用绩效考核结果是企业管理的一个很重要的方面。因此需要保证绩效管理系统的有效性和可靠性，以免引起矛盾和冲突，从而影响绩效管理效果。

（3）绩效管理系统效益的滞后性

绩效管理是一个复杂的工程，在建立初期需要做大量的准备工作，如建立指标体系和指标标准。这些工作枯燥、乏味，而绩效管理的效果需要一个绩效周期后才能体现出来。如果企业管理基础较差，则效果可能不是那么明显，更需要一个较长的时间才反映出来。

（4）绩效管理系统应该与时俱进

绩效管理系统不是一成不变的静止、僵化的体系，建立了绩效管理体系不等于绩效管理工作一劳永逸。随着企业战略发展任务的变化、企业经营目标的调整以及员工工作岗位的变化，绩效指标和标准也需要相应地调整。除了管理体系，绩效管理工具自身的缺点，外部变化的经济、政治、技术、社会环境对企业的绩效管理不断提出新的要求，也给绩效管理带来了新的机遇和挑战。同时，绩效管理的理论不断创新，绩效管理的实践不断演化。从泰勒的科学管理理论、霍桑试验，一直到管理大师德鲁克提出的目标管理、关键业绩指标和近年来风靡全球的经济增加值和平衡计分卡，西方的管理学者和企业管理的实践家们从来没有停止过对绩效管理的探索和改进。因此，一种绩效管理实践是否适合本企业，在管理实践中需要针对本企业特殊的文化作出何种修订、如何博采各种绩效管理工具之长为本企业所用，都是企业管理人员特别是高层管理者们必须思考并不断解决的问题。

## 即时案例

某洗衣机厂1996—2000年一直位居洗衣机市场全国销量第五位。但2001年，其洗衣机市场占有率下降20%，跌落到全国前七位之后，其问题集中表现在消费者对产品售后服务的不满意上。起因是1998年公司采取了绩效管理体系，重新用考评办法刺激销量增长，对销售公司的高额奖励使得营销人员全力实现当年目标，但与此同时的“重量轻质”也导致了对渠道的管理与控制疏漏。短期的突击使得2000年底销售额增长较快，由此公司也提高了指标设置的基数。2001年，由于洗衣机市场的竞争变化及渠道基础管理工作不扎实，各地销售额大幅度滑坡，销售公司内部对企业绩效考核标准不满，置疑标准的合理性，而制造部门也埋怨营销部门根本没有预测到市场变化，导致了制成品大量积压、资金周转困难、设备闲置率较高。

公司高层管理人员研究认为，企业出现这种局面，与前几年片面追求增长、忽视企业的战略规划与制定均衡发展的绩效管理机制有直接关系。于是公司接受咨询公司的建议在内部实行全面绩效管理制度改革，在强调业绩增长的前提下，更重视企业战略规划的贯彻与均衡发展的实现。其方法如下：

第一步，企业内部由总部高层牵头，协调采购、生产、营销、人力资源、财务等部门负责人成立绩效管理专门部门，独立负责制定与落实全厂绩效管理方案，并报送集团公司备案。

第二步，由总经理与各主要部门负责人规划本企业三年内进入全国市场占有率三强的战略目标的具体规划与各年度的推进步骤，逐层分解企业战略目标与实施手段，将企业各层级控制指标分为两大类：利润绩效管理类、均衡发展考评类。

第三步，将所有考核指标分解到各个部门或利润中心，由其负责人按时（月度）报送绩效报告，包括完成两类绩效目标的具体推进手段和目标完成进度图，并及时反馈上期未达到基础目标的原因与超越优秀目标的经验总结，确定纠偏措施。

第四步，各部门、利润中心根据各自特色制定流程改进方案，衔接整个作业链上下环节，在报送计划中要明确对内部小组与个人给予明确扶持的方案。

第五步，作业链的下一环节即上一环节的“客户”，对上一环节部门的评价由下一环节给出。

第六步，根据市场变化情况，及时调整企业的战略推进步骤，如在2002年底，厂部在高端洗衣机市场采用新型材料，走低价位差异化产品的战略后，绩效管理部门要及时进行市场价格倒算的成本核算，并将成本控制指标放到采购、制造、营销各部门的日常考评中。

最后，由于特殊市场以及行业原因导致的指标异常变动，由相关部门与绩效管理部门协商，确定当期修正评价指标。

资料来源：白万纲．全面绩效管理［OL］．［2006-07］．http://txt.cggoo.com/html/lunwenzhongxin/gsgl/rlzy/200607.

### 8.2.3 绩效管理系统有效运作的条件

绩效管理内容与流程形成了企业的绩效管理系统，它的有效运作需要其他与其密切相关的企业管理体系的支持，见图8-3。

1. 激励性强、有凝聚力的企业文化体系

企业文化是企业在经营活动中形成的经营理念、经营方针、价值观念、经营形象等的总和，是企业生存、竞争、发展的灵魂。在良好的企业文化氛围中才能顺利地实施绩效管理。企业文化对绩效管理具有决定性的作用，是影响员工绩效的关键性环境因素，它为绩

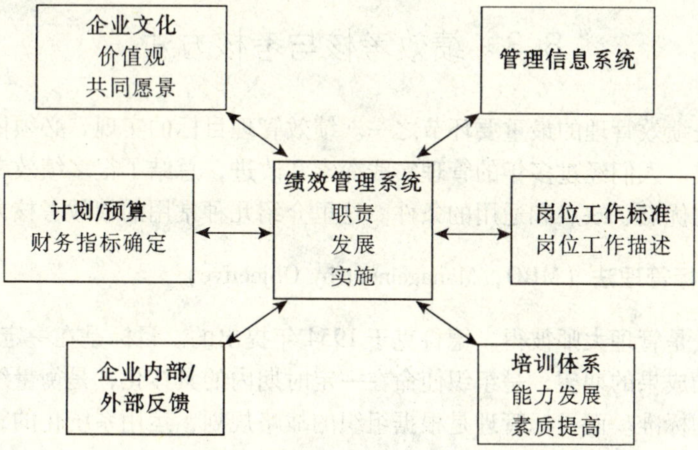


图 8－3 绩效管理配套体系图

效管理提供了支持。企业文化是决定企业可持续发展的精神力量，塑造基于能力和绩效的企业文化将更有利于企业在激烈的市场竞争中生存和可持续发展。实施绩效管理的前提是企业具有与之相适应的企业文化和员工素质，沟通顺畅、积极向上的企业文化有助于组织和个人实现优秀的业绩。企业绩效管理体系的建立需要企业文化这一“软环境”的支持，企业文化必须体现这样一种精神，即重视员工个人能力的发挥及部门绩效的达成。加强部门主管和员工之间的沟通，营造有导向、激励、凝聚、规范作用的积极向上的企业文化氛围，是实施绩效管理的基础。

2. 高效管理信息系统

绩效管理系统涉及了大量的数据统计、记录、汇总和对比分析工作，如个人绩效指标中的财务指标部分就需要借助于财务管理信息系统的支持。因此，如果能够在绩效管理系统方面引入适当的计算机信息管理系统，将有助于个人绩效完成情况的记录、跟踪、反馈和评估工作。这既可以提高工作效率，也可以确保数据计算的准确性和可追踪性。

3. 科学合理的岗位工作标准体系

工作标准是保证绩效目标顺利实现的基础，没有工作标准，就难以对员工绩效进行衡量。制定工作标准的前提是进行准确的工作岗位描述。

4. 完整、畅通的企业内外部反馈体系

在部门/个人绩效指标中，一些指标需要根据内外部的反馈意见进行考核。为了使绩效评估工作更为客观、公平、公正、透明，需要建立必要的内外部信息反馈和收集机制。这些工作可以借助于外部机构进行，如通过市场调查公司对客户进行满意度调查，通过人力资源咨询公司对内部员工进行满意度调查，或者通过企业内部有关职能部门完成。

5. 完整配套的培训体系

培训体系是企业绩效管理系统的支撑。在员工绩效目标确定后，为了完成绩效目标，需要确定员工是否参加相应的培训；如果需要，企业应该给员工提供相应的培训活动。在绩效周期结束后，应对员工进行绩效考核。对于由于工作能力、技巧方面的原因未完成绩效目标的员工，需要对其进行相应的培训。同时，为了员工职业生涯发展的需要，企业的培训体系要提供大力的支持。如果没有企业的培训体系支持，绩效管理的目的很难达到。

## 8.3 绩效考核与考核方法

绩效考核是绩效管理的最重要环节之一。绩效管理目标的实现，必须依靠一定的绩效考核方法来完成。人们经过多年的管理实践探索和改进，总结了很多绩效考核的方法。这些方法有各自的优点、缺点和适用的条件。这里介绍几种常用的绩效考核方法。

### 8.3.1 目标管理法（MBO，Management by Objective）

目标管理法是管理大师彼得·德鲁克于1954年提出的。目标是在一定时期内对组织、部门及个体活动成果的期望，是组织使命在一定时期内的具体化，是衡量组织、部门及个体活动有效性的标准。而目标管理是根据组织的战略规划，运用系统化的管理方式，把各项管理事务展开为有主次的、可控的、高效的管理活动，同时，激励员工共同参与，努力工作，以实现组织和个人目标的过程。

1. 目标管理法的考核步骤

（1）确定组织目标

组织目标由组织高层领导根据组织的使命，在制订整个组织下一个绩效考核周期的工作计划的基础上确定。

（2）确定部门目标

各部门管理者与部门的主管领导分解组织目标，共同制定本部门的绩效目标。部门目标常以年度目标任务责任书的形式体现。

（3）确定员工个人绩效目标

部门主管组织员工讨论部门目标，结合员工个体的工作岗位和工作职责，制订个人的绩效计划，明确个人的绩效目标。个人目标经常以绩效合约的形式体现。员工的绩效目标制订必须符合SMART原则：

目标必须是具体的（Specific）和富有挑战性的。目标具体明确有利于员工的实施，目标的挑战性对员工有很大的激励作用，因为在此原则下制定的目标只有当员工付出较大的努力才能实现。

目标必须是可衡量的（Measurable）。目标必须有质量和数量的要求，有具体的绩效标准，能够很好地进行测量。如果目标不能进行衡量，对员工的考核就难以开展。

目标必须是可以达到的（Attainable）。绩效目标在付出努力的情况下可以实现，要避免设立过高或过低的目标水平。

目标之间必须是相关的（Relevant）。目标之间必须是相关的，必须是组织目标和部门目标的具体分解。

目标必须是有时效的（Time-based）。在绩效目标中要使用一定的时间单位，即设定完成这些绩效指标的期限。

（4）绩效考核

在绩效周期结束后，部门主管通过对员工的实际绩效与绩效目标的比较，得出绩效结果。

（5）绩效反馈

考核结束后，考核主体或考核主体与人力资源部门的有关人员一起，与被考核主体就考核的结果进行充分的沟通，指出目标完成的好的方面，找到员工的不足之处，并就绩效改善达成一致。

2. 目标管理法的要求

确立目标的程序必须准确、严格，以成功推行和完成目标管理项目；目标管理应该与战略规划、人力资源规划、绩效考核、薪酬等结合起来；要弄清绩效管理与薪酬管理的关系，找出这种关系之间的动力因素；要把明确的管理方式和程序与频繁的反馈相联系；绩效考核的效果大小取决于上层管理者在这方面的努力程度，以及他对下层管理者的人际沟通的技巧水平；新的目标管理计划准备工作要在目前目标管理实施的末期之前完成，年度的绩效考评要作为最后参数输入预算之中。

3. 目标管理法的优点

（1）有助于理清组织结构中的责、权、利关系。目标确定要求将组织目标的成果和职责清楚地划分到具体的部门和岗位，因此在完成目标的同时可以进一步分清组织结构中的责、权、利关系，理顺组织内部的关系。

（2）有助于充分实现绩效考核中的公平、公正。目标管理中的目标的确定是由主管与员工（或部门负责人）通过充分的讨论制定的；而且绩效考核是通过把员工的实际工作业绩与目标合约进行比较来完成的，由于以事实为依据，考核结果比较公平、公正。

（3）有较高的有效性。由于目标管理法中员工对自己的工作目标非常明确，工作有的放矢，员工可以把时间和精力完全投入到能最大程度实现目标的行为中去，绩效的效果比较理想。目标管理能够充分调动员工的积极性、主动性和创造性，员工完成目标的动力比较大，所以绩效目标完成比较好。

（4）费用低，操作简单。实行目标管理法时，只需对组织、部门目标进行分解，制定相应的考核指标，必要的信息可以由员工填写，不需要开发专门的考核工具。

（5）容易促进员工与主管之间的沟通和交流，改善组织内部的人际关系。目标管理法强调员工的参与，在员工的参与过程中，主管与员工要对绩效考核中的有关事项进行充分的沟通，从而改善了组织内部员工之间的关系，形成了比较好的工作氛围。

4. 目标管理法的局限

（1）管理成本可能比较高。由于进行目标商定需要上下沟通、统一思想，因此这些工作的完成需要较多的时间。在确定具体目标时，每个部门、员工都很容易只关注自身目标的完成，而忽略相互之间的协作，滋生本位主义、急功近利的倾向，提高了管理成本。这需要组织建立一种倡导协作的企业文化加以避免。

（2）缺乏必要的“行为指导”。目标管理法确定了员工奋斗的目标，但没有明确要实现绩效目标的具体行为，这对一些不很熟悉工作的员工如新招聘的员工而言完成目标的难度较大。

（3）容易产生忽略组织长远发展目标的现象。由于目标管理法倾向于注重短期目标、年度目标的实现和考核，员工可能为了达到短期目标，牺牲组织发展的长远目标。所以在制定绩效考核的具体目标指标时要将短期目标和长期目标结合起来。

（4）没有提供员工之间绩效比较的基础。由于员工的绩效标准不同，绩效考核结果难以用于员工之间的比较。

### 8.3.2 360 度考核（360-degree Feedback）

360 度考核又称全视角反馈，是被考核人的上级、同级、下级、自我和服务的客户等对其进行考核，通过考核得到绩效结果，弄清楚被考核人的长处和短处。360 度考核常和 KPI、平衡计分卡等方法结合进行。表 8-4 是某公司采用 360 度考核思想考核时各考核主体的权重。

表 8-4　　360 度考核法各岗位考核主体权重关系表

| 被考核对象＼考核主体 | | 上级 | 同级 | 下级 | 自我 |
|---|---|---|---|---|---|
| 管理人员 | 高层管理人员 | 75% | 10% | 10% | 5% |
| | 中层管理人员 | 60% | 15% | 20% | 5% |
| | 一般管理人员 | 80% | 15% | 0 | 5% |
| 生产技术人员 | 班组长 | 80% | 10% | 5% | 5% |
| | 组员 | 90% | 5% | 0 | 5% |
| 销售人员 | 主管 | 80% | 10% | 5% | 5% |
| | 组员 | 90% | 5% | 0 | 5% |

360 度考核的优点突出。一方面，它比较公平、公正。360 度考核思想中的考核主体有被考核人的上级、同级、下级、自我和服务的客户等，考核比较全面，而且还要根据各考核主体与被考核者的工作联系紧密程度赋予各考核主体评分结果一定的权重，这比较能够真实地反映被考核者的业绩水平，所以考核结果比较公平、公正，考核结果能够得到员工的认同，人力资源部门根据考核结果作出的相关人事决策也容易得到支持和实施。360 度考核方法打破了由上级考核下属的传统考核制度，可以避免传统考核中极容易发生的"光环效应"、"居中趋势"、"偏紧或偏松"、"个人偏见"和"考核盲点"等现象。另一方面，它加强了部门之间的沟通和协调。由于该考核方法的考核程序包含了员工直接主管介绍员工岗位职责和部门工作的内容、特点、业绩和困难，以及员工为克服工作中的困难所付出的努力，这些介绍增进了部门之间的彼此了解，加强了部门之间的协调和沟通。同时，较为全面的反馈信息有助于提升被考核者多方面的能力。

360 度考核也有缺点。首先，它的成本高。当一个人要对多个同事进行考核时，时间耗费多，由多人来共同考核所导致的成本上升可能会超过考核所带来的价值，而考核结果统计工作量也很大。其次，如果员工不能正确认识绩效考核工作，360 度绩效考核容易成为某些员工发泄私愤的途径。再者，考核培训工作难度大，组织要对所有的员工进行考核制度的培训，培训工作量将加大。

### 8.3.3 关键绩效指标（KPI，Key Performance Indicator）考核法

KPI 考核是通过对工作绩效特征的分析提炼出的最能代表绩效的若干关键指标体系，

并以此为基础进行绩效考核的方法。KPI 必须是衡量企业战略实施效果的关键指标，其目的是建立一种机制，将企业战略转化为企业的内部过程和活动，以不断增强企业的核心竞争力和持续地取得高效益。

关键绩效指标主要有四种类型：数量、质量、成本和时限。关键绩效指标首先来源于员工岗位的工作岗位责任，它是对其中少数关键职责的确认和描述；其次，它来源于组织或部门总目标，体现出了该工作岗位的人对公司战略目标的价值；最后，它来源于业务流程最终目标，要反映出该工作岗位的人对流程终点的支持或服务价值。

关键绩效指标考核法的考核程序如下：

1. 设计绩效指标

绩效指标设计的基本步骤是：

（1）确定影响公司战略目标的关键因素。

（2）确定关键的成功因素与业务流程之间的关系。通过将关键成功因素与内部流程联系起来，可以清晰地看到各流程在对关键成功因素和关键利益等相关方的影响，以及在实现整体公司策略中所扮演的角色。

（3）确定各流程的关键控制点和控制内容。流程由三部分组成：投入、过程和结果。流程本身主要可以控制的部分包括过程和结果。因此要想让流程合理、高效并达到目的，除了对其结果进行控制之外，还需要对其过程经历的时间、花费的成本、可能产生的风险进行控制，才能保证流程最终促成企业实现关键成功因素。因此，在对各主要业务流程进行分析时，主要从时间、成本、风险、结果四方面考虑是否需要对这些因素进行控制。

（4）根据对每个流程关键控制点的分析和相关的控制点，设定初步的绩效指标。

（5）测试、修正和筛选各项指标。对初步选定的绩效指标按指标筛选决策模型中八项原则进行测试，对不完全符合原则的指标进行修改或淘汰，筛选出最合适的指标。

（6）确定关键绩效指标。将指标和流程分配给具体的部门或岗位以后，就形成了每个岗位的绩效指标。

2. 确定绩效指标权重

岗位的多重目标决定了必须根据目标之间重要性的差别对指标赋予不同的权重，这样才能对员工的工作作出明确的评价。一般而言，对公司战略重要性高的指标权重高，对被考核人影响直接且显著的指标权重高，权重的分配在同级别、同类型岗位之间应具有一致性，又要兼顾每个岗位的独特性。常通过专家法或层次法（AHP）确定员工各绩效指标的权重。

3. 设定绩效标准

对于关键绩效指标，在员工进行绩效计划时都需要设定目标值即绩效标准，以此作为衡量员工工作好坏的标准。设定绩效标准的方法有：定量分析法、预测法、标杆法、分解法。员工的绩效考核指标及其权重常通过绩效合约予以确认。

4. 绩效考核

在绩效周期结束后，直接上级可以通过对员工的实际绩效与绩效合约的比较得到绩效结果。

5. 绩效反馈和绩效考核结果的运用

考核结束后，考核者或考核者与人力资源部门有关人员一起，与被考核者就考核的结果进行充分的沟通，指出目标完成的好的方面，找到被考核者不足之处，就绩效改善达成一致。人力资源部可以将绩效考核结果运用到有关人事决策中。

---

**即时案例　　　　　平安保险的关键绩效指标（KPI）管理模式**

关键绩效指标（KPI）成了平安公司内使用频率最高的一个词。不仅公司高层讨论问题、制定决策少不了关键绩效指标，总公司、专业公司及各分支机构的月度经营检讨会更是专门围绕关键绩效指标来展开话题，关键绩效指标已经深入平安经营管理的各个方面。

关键绩效指标的设计决定绩效考核的科学合理性。平安鲜明的赏罚制度得以长期贯彻执行，很大程度上缘于关键绩效指标指标的设计是根据客观情况和经营管理的不同需要来调整，随着条件的变化不断地更新。例如，由于市场竞争不规范、企业经营状况不理想、代理人市场管理不严等因素的作用，使得近年来保费应收率居高不下，给公司造成了较大的损失，而且还隐含了极大风险，因此，“保费应收率”就要列入目前产险的关键绩效指标指标体系，而在国外，这一矛盾并不突出，“保费应收率”就不列为关键绩效指标指标了。

强调关键绩效指标的设计应对工作有指导性，即不但要知道关键绩效指标的状况，还要弄清形成这种状况的原因，从而对症下药去改善它。例如，某一段时间产险的赔付率上升了，接下来就分析是哪几家机构的赔付率高、哪几个险种的赔付率高、哪几类风险使赔付率升高等，从而提出有针对性的控制办法和改善策略。

注重关键绩效指标监测管理的时效性，发现问题之后能及时提出办法加以解决，减少损失。平安的关键绩效指标分析基本是根据财务、统计报表数据、人工计算，往往在月后15天左右才可拿出关键绩效指标分析报告。这种时效性和分析手段显然是不足的，平安着力建立管理信息系统（MIS），逐步变滞后信息为即时信息；变完全依赖人工分析为主要指标电脑自动计算显示；变完全由报告人讲解分析为听报告人与有关人员随时查询相结合；同时扩大关键绩效指标分析结果的享用范围，使关键绩效指标管理更有成效。

关键绩效指标考核结果与奖罚紧密挂钩。通过对关键绩效指标的监测、分析、把形成关键绩效指标的各种责任与有关人员的考核奖惩紧密挂钩，更有效地促进各级、各类人员真正关心关键绩效指标状态，并想办法加以改善。关键绩效指标管理的基础是“专业化分工”经营管理，建立以效益为主，运用业务创新、技术创新、服务制胜为主的战略机制。其最核心的是财务核算与监管制度的建立和巩固，不但建立起突出保险业务的总收入、人均保费、百元保费利润率、业务费用率、资金运用收益率和承保理赔管理的量化考核体系，同时健全财务综合分析制度，突出财务对业务发展的引导与约束作用。

资料来源：董克用. 人力资源管理概论［M］. 北京：中国人民大学出版社，2011：342－345.（引用时有所改编）

---

### 8.3.4　平衡计分卡法（BSC，Balanced Score Card）

平衡计分卡法是从财务、顾客、内部业务过程、学习与成长四个方面来衡量绩效的方法。平衡计分卡是由卡普兰（Robert S. Kaplan）和诺顿（David P. Norton）通过对在绩效测评方面领先的12家公司进行了一年的研究开发出来的。平衡计分法一方面考核企业的产出（上期的结果），另一方面考核企业未来成长的潜力（下期的预测）；再从顾客角度和从内部业务角度两方面考核企业的运营状况参数，把公司的长期战略与公司的短期行动充分地联系起来，把远景目标转化为一套系统的绩效考核指标。

1. 平衡计分卡法的核心思想

平衡计分卡法的核心思想是通过财务、内部业务流程、顾客、学习与成长四个方面指标之间相互驱动的因果关系，实现企业的目标（见图8－4）。

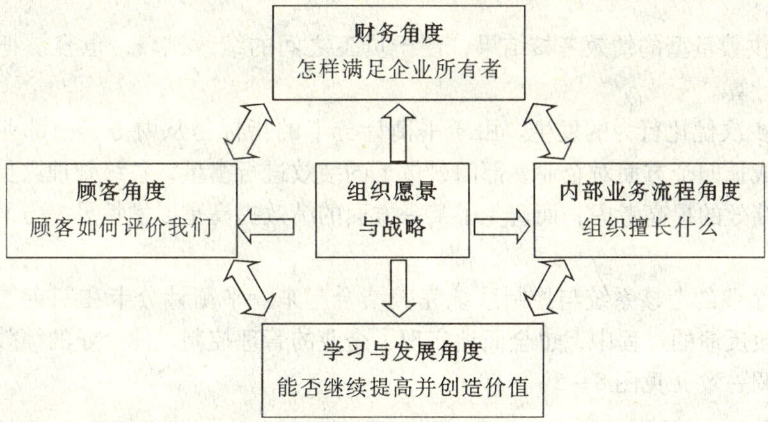


图8－4　平衡计分卡的基本框架

（1）财务角度

财务指标是传统绩效考核的唯一指标，也是平衡计分卡的重要指标。企业必须以赢利为生存和发展的基础，而且必须使企业所有者的投资得到回报。财务指标角度主要从财务收益状况、资产营运状况、债务偿还能力、发展能力等几个方面进行衡量。

（2）内部业务流程角度

内部业务流程角度指确定组织的专长，这是平衡计分卡区别于传统绩效考核方法的特征之一。平衡计分卡从满足企业投资人和客户需要的角度出发，并从价值链上针对内部业务流程进行分析，提出了四种绩效性质的考核指标：质量导向的考核、基于时间的考核、柔性导向考核、成本指标考核。

（3）学习与成长角度

学习与成长角度关注企业能否继续提高并创造价值，平衡计分卡强调未来投资的重要性，注重企业内部员工系统和业务流程的投资，强调通过员工的学习提高自身素质，提高企业的创新能力和发展核心力，持续创造价值。考核指标有：新产品开发循环周期、新产品销售比率、流程改进效率等。

（4）顾客角度

顾客角度关注企业的顾客如何评价企业，顾客对企业提供的产品品牌、质量、价格、服务、产品的更新等方面是否满足他们需要的心理期望。考核指标有：市场份额、客户保有率、客户获得率、客户满意度等。

2. 平衡计分卡的优点

（1）员工绩效考核更加公正、公平。平衡计分卡改变了传统绩效考核方法中以财务指标为唯一的考核指标的状况，采用财务、内部业务流程、顾客、学习与成长四个方面的指标，考核得更全面，绩效考核的结果更能够反映员工的真实绩效水平。

（2）能够反映企业的战略，发展和强化了战略管理系统。平衡计分卡是一个基于战略的绩效考核系统，在设立绩效指标、制定各级平衡计分卡的过程中，员工与管理人员一起充分理解企业的战略，把企业的战略分解到部门的指标，然后再细分为员工个体的指标，所以企业的战略被逐层分解，得到了具体的落实，使企业的发展与员工的绩效提高形成一股合力。

(3) 提供数量型的绩效考核结果，便于员工之间的绩效比较，也容易把绩效考核结果用于薪酬计算。

(4) 减少次优化行为的发生。由于平衡计分卡的指标是从财务、内部业务流程、顾客、学习与成长四个方面对企业、部门、员工的绩效进行衡量，各级管理人员在进行管理时会从整个绩效的提高考虑，而避免了某一方面的绩效提高是以牺牲另一方面的绩效为代价的情况。

(5) 将企业的考核系统与控制系统完美结合起来。平衡计分卡在制定绩效目标、实施绩效、绩效反馈的过程中，也全面地实现了企业的管理控制，使企业的绩效考核系统与控制系统协调一致（见图8－5）。

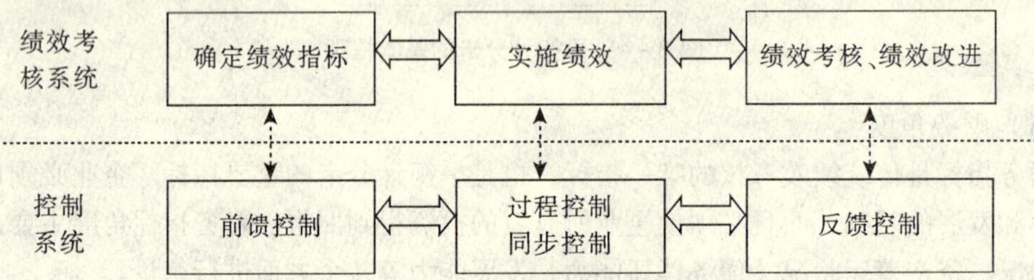


图8－5　绩效考核系统与控制系统的结合

3. 平衡计分卡的局限

(1) 平衡计分卡的开发难度比较大。很多企业很难开发出适合于企业自身情况的各类指标，需要专业人力资源管理专家的大力支持。

(2) 平衡计分卡的部分绩效指标采集比较困难，如员工的学习与成长类指标较难采集，管理成本较高。

(3) 对企业的管理水平要求高，要求日常工作中对各类数据进行记录、整理。

4. 平衡计分卡操作步骤

平衡计分卡实施一般分为八个步骤，见图8－6。

(1) 确定企业战略。企业高层领导通过分析企业内外环境、企业的资金资源、人力资源、技术优势和劣势确定企业的战略。

(2) 建立公司级的财务、顾客、内部业务流程、学习与成长四类绩效指标，并确定四类指标中的有意义的绩效考核指标。

(3) 开发各部门的平衡计分卡。部门主管与分管领导通过对企业战略的深入讨论，结合企业的四类绩效指标，确定部门对应的绩效指标。

(4) 部门主管与员工根据部门的平衡计分卡内容，一起制定员工个人的年度、季度等指标的具体数字或标准。

(5) 实施平衡计分卡。部门主管在实施过程中，根据员工平衡计分卡的内容进行月度、季度、年度的监测和反馈。

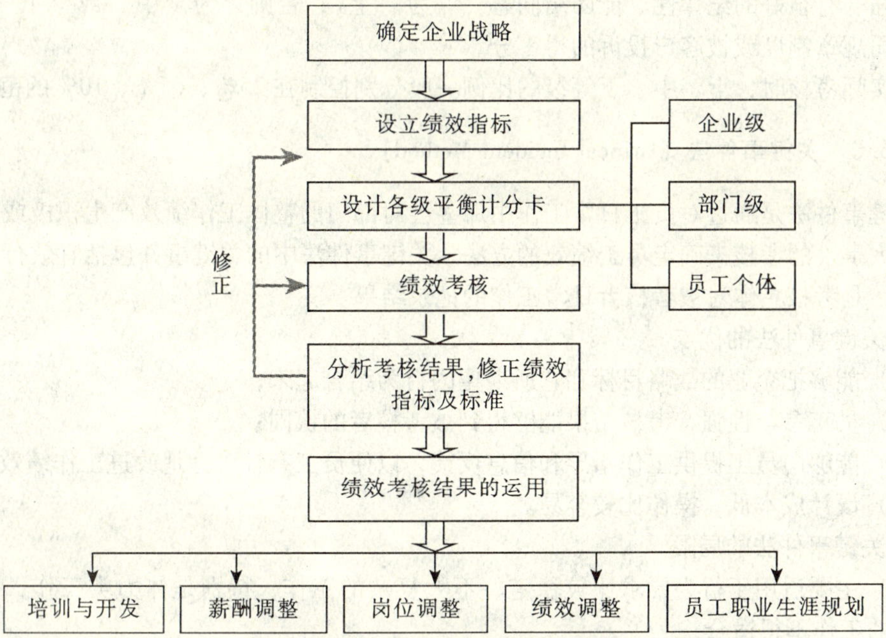


**图 8－6　平衡计分卡实施步骤**

（6）绩效考核。

（7）进行绩效反馈，分析绩效考核结果，修正绩效考核指标和标准。

（8）运用绩效考核结果。

### 8.3.5　要素评定法（Weighted Checklists Method）

要素评定法是先确定绩效考核的要素，并按各要素的在员工工作中的重要性确定权重，然后将一定的分数分配到各个考核要素，根据被考核者的实际表现对各考核要素评分，最后汇总得到员工考核成绩。

要素评定法得到的是数量型考核结果，这便于员工之间绩效状况的比较，它也可以与薪酬计算、发放挂钩，操作比较简单。该方法的难点是对各要素的权重的确定。如对人力资源部主管设定三个方面的考核指标，利用要素考核法划分权重并制定如下标准，并以此为基础进行考核，具体如下：

（1）绩效维度，占总分的 60%，分为上、中、下三个等级。积极主动工作、安全生产、完成了任务目标的评价为“上”；任务完成不好的评为“中”；再差的评为“下”。在工作、生产中出现重大错误，给企业造成较大损失或出现安全、质量事故的，扣 40%；情况特别严重的，不得分；有 1 个月未完成任务的扣 30%。

（2）能力维度，占总分的 30%，分为上、中、下三个等级。技术高、能独立工作、完成任务好、胜任本职工作的评为“上”；技术中等、大多数时间能独立完成工作、基本上胜任本职工作、偶尔出现工作失误的评为“中”；技术水平差、不能独立完成工作、经常完成不了工作任务的评为“下”。

（3）态度维度，占总分的 10%，分为上、中、下三个等级。工作积极、协作性强、责任心强、有很好的纪律性、能团结同志，评为“上”；否则评为“中”或“下”。严重违反公司规章制度或被客户投诉的得零分。

在实际考核时，上、中、下等级的比例一般分别控制在25%、65%、10%的范围内。

### 8.3.6 关键事件法（Critical Incident Method）

关键事件法是通过对员工日常工作中那些会对部门的整体工作绩效产生积极或消极影响的重大事件的考核来确定员工绩效的方法。关键事件法中的关键事件包括有效行为和无效行为，是考核主体对被考核者日常工作的记录结果。

1. 关键事件法的优点

（1）能够把企业的战略目标和它所期望的行为结合起来；

（2）员工参与性强，考核结果能够得到被考核者的认同；

（3）能够向员工提供工作指导和信息反馈，以便员工有针对性地改进工作绩效；

（4）设计成本低，操作比较容易。

2. 关键事件法的局限

（1）主要适用于行为要求比较稳定、不太复杂的工作，特别是体力类工作，对脑力劳动类的工作不很适合；

（2）对关键事件的判断受员工个体差异性的影响，而且对关键事件的记录比较费时间，有时影响工作的顺利开展；

（3）考核结果无法在员工之间进行比较，不能对部门整体员工的绩效考核进行排序，考核结果也不能直接用在薪酬的计算和调整上。

3. 关键事件法的分类

（1）年度报告法

年度报告法是由考核主体对被考核者在考核期内的工作行为进行连续记录，然后在考核期结束后选择特别好或特别差的事件报告每个员工的绩效表现。在考核期没有或很少记录的员工的绩效是平均或标准绩效水平。

（2）关键事件清单法

关键事件清单法是通过开发一个与员工绩效相联系的关键行为的清单，由考核者对员工在这些关键行为的表现进行评估，以得到员工的绩效考核结果的方法。其操作方法是：给每个员工的工作设计一份关键事件清单（20~30个事件），考核者根据员工在工作中是否表现出色，在清单上做上记号，最后汇总每个员工所得的记号并据此计分，就得到这些员工的数量型的考核结果。在设计清单时，要经常给不同的项目以不同的权重。

（3）行为定位评级量表法

行为定位评级量表法将行为考核与评级量表结合起来，用量表对绩效进行评级，然后利用量表值对关键行为事件进行定位。行为定位评级量表法能够提供数量型的考核结果，能够进行员工之间的绩效比较，其考核与员工工作行为联系紧密，有利于促进员工绩效的改善。

### 8.3.7 行为锚定等级法（BARs，Behaviorally Anchored Rating Methods）

行为锚定等级法是根据关键事件法中记录的关键行为设计考核的量表，它实际上是将量表评价法与关键事件法结合起来，使其兼具两者之长。

1. 行为锚定评价量表的建立步骤

建立行为锚定评价量表要经历以下几个步骤：

（1）获取关键事件。利用工作分析的关键事件技术来得到员工工作行为中的一系列有效和无效的关键事件。

（2）关键事件归类、定义。将关键事件分类为员工个体行为能达到的表征工作纬度或工作绩效的考核指标，并给出指标的定义。在确定关键事件和工作绩效考核指标时，可能要反复寻找，直到找到真正的关键事件和考核指标为止。

（3）建立绩效考核等级。根据各关键事件本身的复杂程度和等级划分的难易状况，确定各关键事件的等级（一般是七点或九点的尺度，尺度可能是连续的，也可能是非连续的），即确定了每个考核要素的“锚定物”。

（4）建立最终的工作绩效考核体系。给每个考核要素构建一个考核量表，在量表中列出考核要素的名称、等级及其定义。

图 8－7 是一个行为锚定等级法的应用例子。

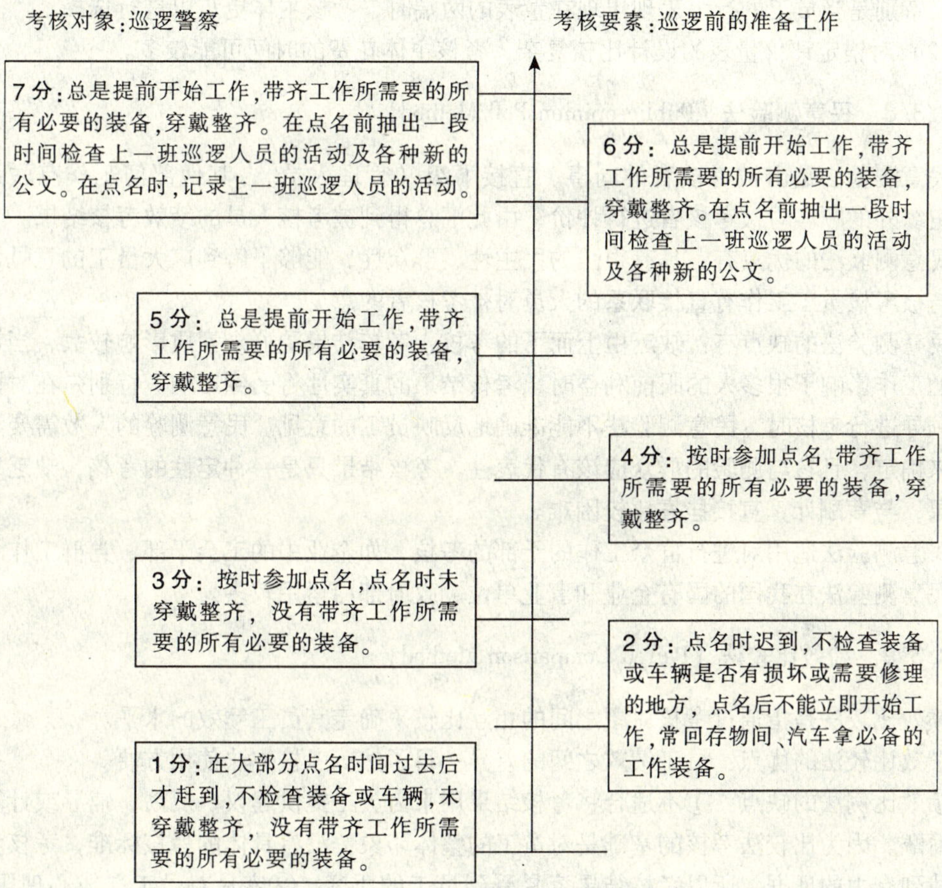


**图 8－7　行为锚定等级法举例**

2. 行为锚定等级法的优点

（1）工作绩效的计量比较精确。

（2）工作绩效的考核标准更为明确。锚定评价量表中对各种锚定物的确定使考核主体更容易理解“非常好”和“一般”等各种等级上的工作绩效的差异，使考核结果更加公正。

（3）具有良好的反馈功能。绩效考核主体在绩效实施过程中对关键事件的记录，能够为员工提供比较详细的信息反馈，指导员工改进绩效，并将员工的绩效行为与企业战略紧密联系起来。

（4）各种绩效指标之间的独立性较高。行为锚定等级法将众多的关键事件归类为5~6种绩效要素，各种绩效要素之间的相对独立性很强。

（5）考核结果具有较好的效度和信度。因为锚定评价量表中对各种绩效指标的各种等级进行了描述，不同考核主体进行绩效考核时的结果基本上一致，可信度比较高。

（6）考核结果容易被接受。因为该方法需要大量的员工参与，所以考核结果容易得到员工和部门主管的接受。

3. 行为锚定等级法的缺点

（1）考核主体在考核时从锚定评价量表中选择一种代表某员工绩效水平的行为会有困难，特别是当员工的行为表现出现在量表的两端时，考核主体更难以进行选择。

（2）对锚定评价量表的设计比较复杂，考核主体花费的时间可能较多。

### 8.3.8 民意测验法（Public-opinion Poll Method）

民意测验法是由被考核者的同事、直接下级（管理人员）、其他部门工作有联系的人、组织外的顾客对被考核者进行评价，由此汇总得到被考核人员的绩效考核结果。

民意测验法的优点有：具有很强的民主性、群众性，能够了解到广大员工的意见，特别是与被考核员工工作有直接联系的人员对被考核者的意见。

民意测验法的缺点有：缺乏由上而下的考核，考核结果受群众素质影响较大，当被考核者的工作影响了很多人的眼前利益时，考核结果的真实性将受到影响。特别是在对同部门的领导进行考核时，民意测验法不能准确地反映员工的意见。民意测验的人数需要科学方法来确定，且参与测验的群众应该有代表性。考核结果只是一种定性的考核，缺乏定量的结果，与薪酬计算直接挂靠比较困难。

民意测验法适用对进行群众工作的干部的考核，如企业中的工会干部、党群工作干部等。民意测验法在我国的国有企业和事业单位、政府部门运用较多。

### 8.3.9 绩效比较法（Paired Comparison Method）

绩效比较法是指通过考核对象之间的相互比较来确定其员工绩效的水平。

绩效比较法的优点：员工绩效之间的差异一目了然，考核方法使用方便。

绩效比例法的缺点：①不适合将考核结果用来为员工提供建议、反馈、辅导或计算和发放薪酬。因为比较法考核的基础是对员工的整体印象，没有具体的考核标准，考核者就很难找到有力的证据，所以考核结果容易受到员工的质疑。②容易对员工造成心理压力，他们在感情上比较难于接受。③接受考核员工的数量不能太大。

绩效比较法主要包括排序法和强制分布法两种。

1. 排序法（Ranking Method）

排序法是指考核主体将被考核对象进行相互比较，按工作绩效从好到坏的顺序进行排序，得到他们工作绩效的相对水平的考核方法。排序法又有三种：直接排序法、交替排序法、成对排序法。

(1) 直接排序法（Simple Ranking Method）

考核主体根据平时对被考核对象的工作能力、工作态度等方面的总体印象，把对被考核对象的工作绩效从高到低进行排序。表 8－5 是直接排序法绩效考核的例子。

表 8－5　　直接排序法员工绩效考核表

| 考核人姓名 | | 考核人职务 | | 考核人所在部门 | |
|---|---|---|---|---|---|
| 被考核部门 | | | 考核日期 | | 年　月　日 |
| 排序结果 | 等级 | | 员工姓名 | | |
| 1 | 最好 | | 赵×× | | |
| 2 | 较好 | | 钱×× | | |
| 3 | 一般 | | 孙×× | | |
| 4 | 较差 | | 李×× | | |
| 5 | 最差 | | 王×× | | |
| 考核人签名： | | | | 日期：　年　月　日 | |

(2) 交替排序法（Alternation Ranking Method）

列出被考核对象的名单，利用类似表 8－6 的表格来评价在某个考核要素上哪个员工的表现最好，哪个员工最差，然后在剩下的员工中再评价最好、最差的。按该步骤多次进行员工绩效评价，直到所有的员工都被排序为止。

表 8－6　　交替法员工绩效考核表

| 考核人姓名 | | 考核人职务 | | 考核人所在部门 | |
|---|---|---|---|---|---|
| 被考核部门 | | | 考核日期 | | 年　月　日 |

考核要素：________

列出被考核员工的名单，根据考核要素，将工作绩效最好的员工姓名填在第 1 行，将工作绩效最差的员工姓名填在第 20 行，然后将次最好的员工姓名填在第 2 行，将工作绩效次最差的员工姓名填在第 19 行，直到所有的员工都被排序列出。

等级评价结果：

| | |
|---|---|
| 1. ________ | 11. ________ |
| 2. ________ | 12. ________ |
| 3. ________ | 13. ________ |
| 4. ________ | 14. ________ |
| 5. ________ | 15. ________ |
| 6. ________ | 16. ________ |
| 7. ________ | 17. ________ |
| 8. ________ | 18. ________ |
| 9. ________ | 19. ________ |
| 10. ________ | 20. ________ |

考核人签名：　　　　日期：　年　月　日

(3) 成对比较法 (Paired Ranking Method)

考核主体根据考核要素（工作质量、工作能力、工作态度、创造性等），将所有的被考核对象一一配对进行比较，根据比较结果排列出他们的名次。表 8-7 是利用成对比较法对员工进行的考核结果。表 8-7 中的“0”表明差一些，“1”表明要好一些。最后将每位员工的“1”相加后再出得分排序，得到考核结果。

表 8-7　　成对比较法

<table>
<tr><td colspan="2">考核人姓名</td><td></td><td colspan="2">职务</td><td></td><td colspan="2">所在部门</td><td colspan="2"></td></tr>
<tr><td colspan="2">被考核人部门</td><td></td><td colspan="2">考核日期</td><td></td><td colspan="2">考核要素</td><td colspan="2">工作态度</td></tr>
<tr><td>被考核对象</td><td>甲</td><td>乙</td><td>丙</td><td>丁</td><td>戊</td><td>己</td><td>庚</td><td>合计</td><td>排序结果</td></tr>
<tr><td>甲</td><td>/</td><td>1</td><td>1</td><td>1</td><td>1</td><td>1</td><td>1</td><td>6</td><td>1</td></tr>
<tr><td>乙</td><td>0</td><td>/</td><td>1</td><td>1</td><td>1</td><td>1</td><td>1</td><td>5</td><td>2</td></tr>
<tr><td>丙</td><td>0</td><td>0</td><td>/</td><td>1</td><td>1</td><td>1</td><td>1</td><td>4</td><td>3</td></tr>
<tr><td>丁</td><td>0</td><td>0</td><td>0</td><td>/</td><td>1</td><td>1</td><td>1</td><td>3</td><td>4</td></tr>
<tr><td>戊</td><td>0</td><td>0</td><td>0</td><td>0</td><td>/</td><td>1</td><td>1</td><td>2</td><td>5</td></tr>
<tr><td>己</td><td>0</td><td>0</td><td>0</td><td>0</td><td>0</td><td>/</td><td>1</td><td>1</td><td>6</td></tr>
<tr><td>庚</td><td>0</td><td>0</td><td>0</td><td>0</td><td>0</td><td>0</td><td>/</td><td>0</td><td>7</td></tr>
<tr><td colspan="7">考核人签名：</td><td colspan="3">日期：　　年　月　日</td></tr>
</table>

从表 8-7 可以看出考核的结果，考核得分从低到高依次是：庚、己、戊、丁、丙、乙、甲。

2. 强制分布法 (Forced Distribution Method)

考核主体将被考核对象分成几类（优、良、中、较差、不合格），将每一类确定一个百分比，然后根据员工的绩效情况将他们归入到某一类。表 8-8 是利用强制分布法对被考核对象进行考核的结果。

表 8-8　　强制分布法绩效考核

<table>
<tr><td>等级</td><td>优</td><td>良</td><td>中</td><td>较差</td><td>不合格</td></tr>
<tr><td>比例</td><td>10%</td><td>20%</td><td>40%</td><td>20%</td><td>10%</td></tr>
<tr><td rowspan="4">被考核对象</td><td>李××</td><td>赵××</td><td>孙××</td><td>张××</td><td>胡××</td></tr>
<tr><td></td><td>王××</td><td>曾××</td><td>伍××</td><td></td></tr>
<tr><td></td><td></td><td>孔××</td><td></td><td></td></tr>
<tr><td></td><td></td><td>刘××</td><td></td><td></td></tr>
<tr><td colspan="4">考核人签名：</td><td colspan="2">日期：　　年　月　日</td></tr>
</table>

强制分布法的优点：能够有效地避免考核主体出现的宽大化倾向、趋中效应、严格化倾向等心理弊病；考核方法简单，使用方便。

强制分布法的缺点：主观性强；无法与组织战略目标联系；当考核对象太少时就不适用；当部门的绩效都优秀时，该方法不利于考核的公正性。

所以，在使用强制分布法时，应根据部门绩效状况决定部门员工的绩效等级分配比例，而不能分配给每个部门相同的比例，这样可以保证绩效考核的公正性、公平性。

### 8.3.10 图表评价尺度法（Graphic Rating Scale Method）

表8-9是某公司利用图表评价尺度法进行绩效考核的结果。其中所列举的每一要素都要根据一个评价尺度来进行等级评价。考核者一次只考核一位员工，然后从中选出一个与员工实际特性程度最相符的分数，然后将各种要素所得分数求和，得到该员工的绩效结果。图表评价尺度法既可以为考核提供大量的不同点数，也可以给考核者提供一种具有连续性的点数，考核者只要在这个连续段上做出一个复选标记即可。

表8-9　　图表评价尺度法考核

考核日期：　年　月　日

| 考核者姓名： | 职务： | | 任职部门： | | |
|---|---|---|---|---|---|
| 被考核员工姓名： | 岗位： | | 任职部门： | | |
| 考核要素 | | | 评价尺度 | | |
| 绩效维度 | 优异 | 优秀 | 值得赞扬 | 合理 | 较差 |
| 知识 | 5 | 4 | 3 | 2 | 1 |
| 沟通能力 | 5 | 4 | 3 | 2 | 1 |
| 判断力 | 5 | 4 | 3 | 2 | 1 |
| 管理技能 | 5 | 4 | 3 | 2 | 1 |
| 质量绩效 | 5 | 4 | 3 | 2 | 1 |
| 团队合作 | 5 | 4 | 3 | 2 | 1 |
| 人际关系能力 | 5 | 4 | 3 | 2 | 1 |
| 主动性 | 5 | 4 | 3 | 2 | 1 |
| 创造性 | 5 | 4 | 3 | 2 | 1 |
| 解决问题能力 | 5 | 4 | 3 | 2 | 1 |
| | | | 总分 | | |

图评价尺度法除了上面的形式外，还有以下形式：

形式1，沟通能力考核：　低 | | | | | | 高

形式2，沟通能力考核：　1　2　3　4　5　6　7高

形式3，沟通能力考核：

| 分数 | 1　2　3　4 | 5　6　7　8 | 9　10　11　12 | 13　14　15　16 | 17　18　19　20 |
|---|---|---|---|---|---|
| 等级 | 差 | 较差 | 中等 | 良 | 优 |
| 考核结果 | | | | | |
| 考核人签名： | | | 日期：年　月　日 | | |

### 8.3.11 绩效考核方法的选择

不同绩效考核方法有自己的特征和适用对象，不同绩效考核方法强调的重点也不同：

目标管理将企业目标通过层层分解下达到部门和个人，强化了企业监控与可执行性；360度绩效反馈法克服了单一考核主体的局限，充分调动了员工参与绩效考核的积极性，但需要有一种开放、公平公正、彼此信任的企业文化的支持；关键绩效指标考核法强调利用企业运营中能够有效量化的指标进行考核，提高了绩效考核的可操作性与客观性；平衡计分卡法是从企业战略出发，不仅考核现在，还考核未来，不仅考核结果，还考核过程，适应了企业战略与长远发展的要求，将企业的发展战略与部门、员工的绩效考核紧密联系起来，但不适应公司初创时期和小企业的绩效考核。

每一种绩效考核方法都反映了一种具体的管理思想和原理，都具有一定的科学性和合理性，但不同的方法又都有自己的局限性与适用条件、范围。各种绩效考核方法的比较如下：

1. 在绩效考核的文化背景方面

绩效考核的精神是客观、公正、公平。对以中国文化为背景的大企业而言，人际关系复杂、老好人现象特别突出，这样会造成绩效考核流于形式，使企业失去活力。KPI讲求量化的管理，一切用数字说话，能够有效抑制这种文化的影响。360度考核在中国实施得不理想，也是因为受中国文化的影响。而中小企业的人际关系则相对简单，在考核模式与方法的选择上比较灵活。

2. 在绩效考核方法的特性方面

KPI与平衡计分卡都强调绩效考核的战略导向，并以此将企业战略发展内化为企业及员工的具体行动，适应了大企业更重视管理的策略需要。中小企业一般更重视市场的开发，而目标管理通过目标的层层传递，重在实现目标所期望的结果，因此比较适应中小企业追求成长的策略要求。大企业对主管的要求是要具备更高的管理能力，而360度反馈是一种有效的能力开发手段，可以同平衡计分卡、KPI结合起来使用，比较适合大企业使用。

对中小企业而言，更重要的是推动创新的能力，因此360度反馈不一定十分有效。在绩效考核方法的应用上，许多大企业由于组织与人员庞大需要保持活力，因此可选择强制等级分布或排名法，以激活组织。一些大企业则采用5%淘汰和末位淘汰制，但末位淘汰制还要考虑淘汰岗位人员的及时补充问题，这对于本身就具有创新动力的中小企业而言这种方法的意义不是很大。中小企业可以选择目标或标准评价来进行绩效考核。

3. 在绩效考核体系运作的成本方面

绩效考核体系的价值在于绩效考核所产生的经济收益高于投入的成本。一般而言，绩效考核的成本包括管理运作成本、组织成本以及考核信息收集与管理的成本。企业规模的大小，直接影响绩效考核的成本。例如一般而言，量化评价的考核方法收集信息的成本要高于定性评价的考核方法，但定性评价又会因为信息传递过程中的失真较大而增加成本。一般情况下，企业规模越大，绩效考核信息传递的失真会越大，甚至会超过量化的成本，因此，大企业倾向于采用量化的考核形式。量化考核可以结合KPI与平衡计分卡的方法来发展，采用等级评定和排名的绩效考核方法来实施。当然，为了提高绩效考核的效率和有效性，在企业内部建立有效的信息系统作为支持也是必要的。中小企业的组织扁平化，管理层次少，信息传递失真小，在绩效考核中可以考核更多的信息，因此可以采用目标管理的方式。

总之，根据管理的艺术性原则，绩效考核方法的选择是一个权变且灵活的过程，适合的就是最好的。企业应该根据自己的企业规模、管理水平、员工素质状况、资金状况等选择适合企业本身的绩效考核方法。对一般企业而言，可以以平衡记分卡思想为基础，分解开发 KPI 体系，通过目标管理方法加以有效落实贯彻，而绩效考核则以直线主管考核为主，借鉴 360 度反馈方法，增强全体员工对绩效考核的参与。

## 小结

绩效管理已日益受到企业的关注，本章对绩效管理相关的基本知识进行了介绍。第一节介绍了绩效、绩效管理的定义以及二者的关系，绩效管理与企业文化的关系和绩效管理在人力资源管理中的地位。第二节具体地介绍了绩效管理环节以及绩效管理中常碰到的问题。第三节介绍了主要的绩效考核方法及绩效考核方法的确定。

## 练习与思考

1. 员工的绩效和绩效管理的定义是什么？绩效的性质有哪些？
2. 简述绩效考核与绩效管理的关系。
3. 绩效考核的常用方法有哪些，它们各自有什么优点和缺点？
4. 绩效管理由哪些环节组成？
5. 企业在绩效管理过程中要注意哪些方面的问题？

## 参考文献

[1] 陈维政，余凯成，程文文．人力资源管理与开发高级教程［M］．北京：高等教育出版社，2003.

[2] 黎永泰，黎伟．企业管理的文化阶梯［M］．成都：四川人民出版社，2002.

[3] 中国人力资源网．www. hr. com. cn.

[4] 管理网．http://www. manaren. com/data/1090827077. html.

[5] 董克用．人力资源管理概论［M］．北京：中国人民大学出版社，2011：242 - 345.

# 第9章 薪酬管理

杰克·韦尔奇说过："如果你希望自己的员工能实现和拥抱公司的梦想，那么在他们采取行动之后，就要拿出真金白银来，可以是薪水、奖金或者其他某种有意义的认同。"可见，薪酬管理在企业人力资源管理中的重要性。薪酬首先表示的是劳动力的价值，企业通过薪酬这一特定形式获得劳动力使用权，并把劳动力投入到生产过程中创造生产经营效益。

从组织的角度看，员工薪酬是推动企业战略目标实现的一个强有力的工具。首先，薪酬对于员工的态度和行为有着重要的影响。它不仅会影响到哪些种类的员工会被企业吸引进来并被企业留住，还能够成为一种使员工当前的个人利益与更为广泛的企业利益一致起来的有力工具。其次，员工薪酬还是一个企业的重要成本项目，因此需要对其给予特别的关注。从员工的角度看，与薪酬有关的政策对于他们的总收入乃至生活水平都有着极大的影响。无论是绝对的薪酬水平还是与他人相比的公平性，薪酬对于员工来说都十分重要。薪酬往往还被看作是地位和成功的标志。因此，如何更为有效地实施薪酬管理已成为越来越多的企业所关注的重要内容。

## 9.1 薪酬概述

研究企业的薪酬管理，首先要理解薪酬的概念和组成要素。在人力资源管理活动中，薪酬是一个界定比较宽泛、内容非常丰富的领域，人们最为关切和议论最多的话题大概就是薪酬了。但是，人们对薪酬的看法和认识往往存在较大的差异，在实践中也存在不少的问题，因此，把握薪酬概念的内涵与外延具有十分重要的现实意义。

### 9.1.1 薪酬的概念

根据美国著名薪酬管理专家米尔科维奇的观点，不同国家对薪酬概念的认识往往不同。社会、股东、管理者和员工等不同利益群体对薪酬概念的界定也往往存在着较大的差异。但如果要给薪酬从薪酬管理的角度下一个定义的话，可以将薪酬界定为：雇员作为雇佣关系中的一方所得到的各种货币收入，以及各种具体的服务和福利之和①。从这个定义可以看出，米尔科维奇更多地把薪酬看作是雇主和雇员之间的一种价值交换。

而美国的薪酬管理专家约瑟夫·J. 马尔托奇奥在其所著的《战略薪酬》一书中将薪酬界定为：雇员因完成工作而得到的内在和外在的奖励②。并将薪酬划分为外在薪酬和内

① 乔治T米尔科维奇，杰里M纽曼. 薪酬管理［M］. 6版. 董克用，等，译. 北京：中国人民大学出版社，2002.

② 约瑟夫J马尔托奇奥. 战略薪酬［M］. 2版. 周眉，译. 北京：社会科学文献出版社，2002.

在薪酬。内在薪酬是雇员由于完成工作而形成的心理形式，外在薪酬则包括货币奖励和非货币奖励。这种对薪酬的定义更多地是将薪酬作为企业奖励员工从而提高对员工的吸引力的一种手段和工具来看待。

在本书中，我们将薪酬定义为：薪酬是组织对它的员工为组织所担任的工作或作出的贡献，包括他们实现的绩效、付出的努力、时间、学识、技能、经验与创造所付出的相应的回报，其实质是一种公平的交易或交换关系，是员工在向所在组织让渡其劳动或劳务使用权后获得的报偿。

薪酬的表现形式是多种多样的。在日常生活中，我们经常会听到人们议论“某某人工资涨了”、“某某人拿了多少奖金”等。这些言论所涉及的内容可能并不一致，有时甚至差距很大，但它们都是对于薪酬不同形式的表述。具体来讲，薪酬主要包括工资、奖金、津贴、福利和股权等多种形式。

### 9.1.2 薪酬的分类及构成

薪酬是相当复杂的社会经济现象，理论界对薪酬的分类也是众说纷纭。依照薪酬是否取得直接的货币形式，可将薪酬分为货币性薪酬和非货币性薪酬两类；以薪酬量界定为基本依据，可将薪酬分为计时薪酬、计件薪酬和业绩薪酬；依据薪酬的发生机制，可将薪酬分为外在薪酬和内在薪酬；依据薪酬的外在表现形式，可将薪酬分为经济性薪酬与非经济性薪酬。下面我们着重阐述经济性薪酬和非经济性薪酬的有关内容。

从图 9－1 中可以看出，企业向员工提供的薪酬，包括经济性薪酬和非经济性薪酬两部分。

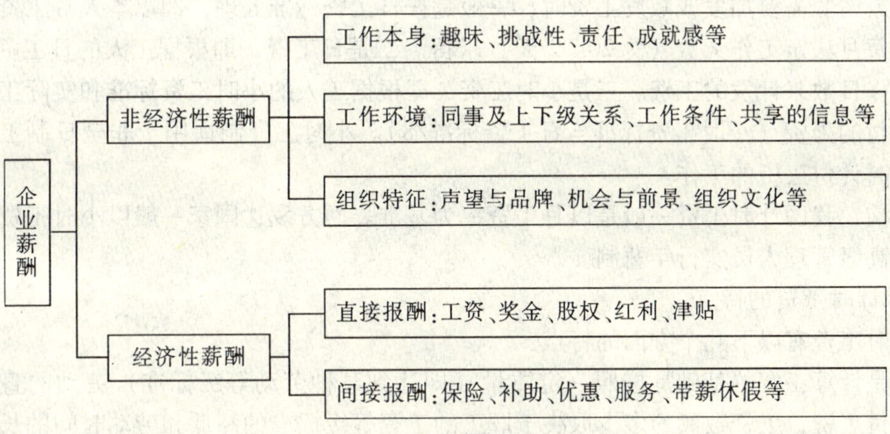


**图 9－1 企业薪酬的构成**

1. 非经济性薪酬

非经济性薪酬指企业为员工创造的良好的工作环境以及由工作本身的内在特征、组织的特征等所带来的非经济性的心理效用，包括工作本身、工作环境和组织特征带来的效用三部分。工作本身带来的心理效用包括：工作的趣味、工作的挑战性、工作的责任、工作的成就感等；工作环境带来的心理效用则包括：友好和睦的同事关系、领导者的个人品质与风格、舒适的工作条件、组织中共享的知识与信息、团队精神等；组织特征带来的心理效用则包括：组织在业界的声望与品牌、组织在产业中的领先地位、组织高速成长带来的机会与前景、被组织成员共同认可的独特的组织文化等。[1]

2. 经济性薪酬

经济性薪酬指企业向员工提供的经济性的报酬与福利，它又可分为直接报酬与间接报酬。直接报酬主要包括工资、奖金、股权、红利、各种津贴等，间接报酬指企业向员工提供的各种福利，如保险、补助、优惠、服务、带薪休假等。

(1) 工资

工资有狭义和广义之分，狭义的工资是指支付给从事体力劳动的员工的货币形式的报酬。该定义包括两个方面的含义：一是接受报酬的主体是体力劳动者，二是报酬的客观表现形式是货币。如果接受报酬的主体是脑力劳动者，则人们常把报酬称之为薪水；如果报酬的客观表现形式是实物而非货币，人们则常称之为福利。广义的工资从内涵上讲包括货币形式和非货币形式的报酬，从外延上讲包括支付给体力劳动者和脑力劳动者的报酬。

目前在企业中被广泛运用的主要工资形式包括计时工资、计件工资、浮动工资、提成工资，其中计时工资和计件工资是基本工资形式。

①计时工资

a. 计时工资的含义

计时工资是根据员工的计时工资标准和工作时间来计算工资并支付给员工劳动报酬的形式，职工的工资收入是用职工的工作时间乘以他的工资标准得出来的。其计算公式为：计时工资 = 工资标准 × 实际工作时间。①

按照计算的时间单位不同，我国常用的计时工资有三种具体形式：一是月工资，即按月计发的工资。它不论大月、小月，一律按工资标准计发工资。实行月工资标准的职工遇有加班或请假需要加发或减发工资时，一般是按日工资标准处理，即以本人月工资标准除以平均每月法定工作天数（为20.92天）求得。二是日工资，即根据工人的日工资标准和实际工作日数来计发的工资。三是小时工资，即根据工人的小时工资标准和实际工作小时数来计付的工资（小时工资标准 = 日工资标准/8）。小时工资制适用于非全日制工作或需要按小时计付工资的工作。

目前，我国计时工资一般是以月工资率为基准。西方发达国家一般以小时工资率为基准，对高级管理人员实行年薪制。

b. 计时工资的特点

计时工资有以下几个方面的特点：

一是计算工资的基础是按照一定质量（即达到某种劳动等级标准）劳动的直接持续时间支付工资，工资数额的多少取决于职工的工资等级标准的高低和劳动时间的长短。因此，这一特点决定了计时工资在实行中表现出的两点鼓励作用：一是能够鼓励和促进劳动者从物质上关心自己业务技术水平，二是能够鼓励和促使职工提高出勤率。

二是由于时间是劳动的天然尺度，各种劳动都可以直接用时间来计算，并且计算简便，所以计时工资简单易行、适应性强、适用范围广。

三是计时工资并不鼓励职工把注意力仅仅集中在提高产品的数量上，它更重视产品的质量。

---

① 王学力．企业薪酬设计与管理［M］．广东：广东经济出版社，2002.

四是职工的收入较为稳定，容易被广大职工所接受。而且职工不会因追求产量而过于紧张地工作，有益于职工的身心健康。

正因为计时工资有以上优点，因此目前计时工资是我国企业中普遍采用的一种工资形式，比如实习员工的实习工资、管理人员的职务工资、生产操作人员的岗位技能工资、专业技术人员的专业技术职务工资、艺术专业职务工资等都是计时工资。

但是计时工资也有明显的局限性：一是计时工资侧重以劳动的外延量计算工资，至于劳动的内涵量即劳动强度则不能准确反映；二是就劳动者本人来说，计时工资难以准确反映其实际提供的劳动数量与质量，工资与劳动量之间往往存在着不相当的矛盾；三是就同等级的各个劳动者来说，付出的劳动量有多有少，劳动质量也有高低之别，而计时工资不能反映这种差别，容易出现干多干少一个样、干好干坏一个样的现象。因此，实行计时工资对激励劳动者的积极性不利。还有，计算单位产品的直接人工成本也不如计件工资容易。

c. 计时工资的类型

计时工资按单位时间内应得工资额的确定方法不同，主要分为日薪和月薪两种类型。日薪是指按日计算的应付工资，月薪是指按月计算的应付工资，它们都是根据职工的劳动时间作为劳动报酬的计算标准。

②计件工资

a. 计件工资的含义

计件工资是根据劳动者生产的合格产品的数量或完成的作业量，按预先规定的计件单价支付给劳动者劳动报酬的一种工资形式。它包括三种形式：一是实行超额累进计件、直接无限计件、限额计件、超定额计件等，按劳动部门或主管部门批准的定额和计件单价支付给个人的工资；二是按工作任务包干方法支付给个人的工资；三是按营业额提成或利润提成办法支付给个人的工资。①

计件工资的计算公式是：工资数额 = 计件单价 × 合格产品数量

与计时工资相比，计件工资的特点在于它与计时工资计量劳动的方式不同。在实行计时工资的情况下，劳动由直接的持续时间来计量；在实行计件工资的情况下，则由在一定时间内劳动所凝结成的产品的数量来计量。因此，从这个意义上说，计时工资是计件工资的一种转化形式。

b. 计件工资的特点

计件工资的特点表现在以下几个方面：

一是能够从劳动成果上准确反映出劳动者实际付出的劳动量，并按体现劳动量的劳动成果计酬，不但激励性强，而且使人们感到公平。

二是同计时工资相比，它不仅能反映不同等级的工人之间的劳动差别，而且能够反映同等级工人之间的劳动差别。即使同等级的工人，由于所生产合格产品的数量、质量不同，所得到的工资收入也就有所不同，因此可以促使劳动者关心自己的劳动成果，激发劳动积极性，促进劳动生产率的提高。

三是由于产量与工资直接相连，所以能够促进工人经常改进工作方法，提高技术水平

① 王学力. 企业薪酬设计与管理［M］. 广东：广东经济出版社，2002.

和劳动熟练程度，提高工时利用率，增加产品数量。

四是易于计算单位产品直接人工成本，并可减少管理人员及其工资支出。

五是促进企业改善管理制度，提高管理水平。

但是计件工资也有其不可克服的局限性：一是实行计件工资容易出现片面追求产品数量，而忽视产品质量、消耗定额、安全和机器设备保养维护的问题，如只求质量保持在合格品的下限，在消耗定额内还有节约的潜力不去挖掘，超出负荷进行掠夺性的生产等。二是当因管理或技术改造而使生产效率增加时，提高定额会遇到困难。如不提高定额，会增加产品成本，如提高定额，则会引起不满。三是因追求收入使工人工作过度紧张，有损工人健康。四是当企业以利润最大化为目标时，容易导致对计件制的滥用，使计时工资成了延长劳动时间和降低工资的手段。五是计件工资本身不能反映物价的变化。在物价上涨时期，如没有其他措施对物价进行补偿，尽管劳动生产率没有提高，也必须调整计件单价。

（2）奖金

①奖金的含义

奖金是单位对员工超额劳动部分或劳动绩效突出部分所支付的奖励性报酬，是单位为了鼓励员工提高劳动效率和工作质量而付给员工的货币奖励。按照国家统计局 1990 年颁布《关于工资总额组成的规定》，奖金是指支付给员工的超额劳动报酬和增收节支的劳动报酬。不管哪个定义，都表明奖金是对员工超额劳动部分的一种补偿，它是贯彻按劳分配原则的一种劳动报酬形式，是基本工资制度的一种辅助形式。奖金的支付客体是正常劳动以外的超额劳动，它随劳动绩效而变动，被支付给那些符合奖励条件的单位员工。奖金的表现形式包括红利、利润分享及通常所说的奖金等。

②奖金的特点

奖金具有多种多样的特点，能够较为灵活地反映员工的实际劳动差别，可以弥补计时、计件工资的不足。特别是当员工在生产过程中为提高质量，节约材料、经费，革新技术等方面作出贡献时，用奖金作为工资的补充显得尤为重要。奖金的特点具体表现在以下几个方面：

a. 单一性。工资反映的是员工在企业中的综合性表现，包括年资、技能、业绩等。奖金在报酬上则只反映员工某方面的实际劳动效果的差别，比如员工在收旧利废中为企业节约资金 5 万元，企业立即给予 1000 元的奖金。

b. 灵活性。奖金的形式灵活多样，奖励的对象、数额、获奖人数均可随生产的变化而变化。工资一般以规范的形式制定出来，每一个提供了正常劳动的员工都可以按公司章程的规定获取报酬。奖金则不一样，它只针对提供了超额劳动和有突出业绩的员工。

c. 及时性。奖金的使用不受工资发放的限制，能及时反映劳动者向社会提供劳动量的变化情况。奖金一般在员工提供了超额劳动或者取得突出业绩以后立即予以兑现，它体现的是即时激励的作用。

d. 荣誉性。奖金不仅是对员工的物质奖励，它还有精神鼓励的作用。员工获得奖金是企业对员工超额劳动的承认或认可，这本身就是一种奖赏。另外，获得奖金的员工会得到周围员工的称赞，使其获得一种精神上的满足。

③奖金的类型

奖金的形式多种多样，根据不同的标准，奖金可分为不同的类别，其中有的相互交叉。

a. 根据奖金的周期划分，可划分为月度奖、季度奖和年度奖。

b. 根据在一定时期内（一般指一个经济核算年度）发奖次数划分，有经常性奖金和一次性奖金。

c. 根据奖金的来源划分，可分为由工资基金支付的奖金和非工资基金支付的奖金。

d. 根据奖励范围来划分，有个人奖和集体奖。

e. 从奖励的条件区分，有综合奖和单项奖。[2]

（3）津贴

①津贴的含义

津贴是指为了补偿职工特殊或额外的劳动消耗和因其他特殊原因支付给职工劳动报酬的一种工资形式，它包括补偿职工特殊或额外劳动消耗的津贴、保健性津贴、技术性津贴、年功性津贴及其他津贴。

习惯上人们一般把属于生产性质的津贴称作津贴，属于生活性质的津贴称作补贴。津贴、补贴的种类、发放范围和标准等，一般由国家统一规定。对国家没有统一规定的，用人单位也可以根据生产工作需要，在政策允许的范围内，自行设立一些津贴、补贴项目。

津贴在统计上又分为工资性津贴和非工资性津贴。工资性津贴是指列入工资总额的津贴项目。非工资性津贴是指不计入工资总额支付的津贴项目。工资性津贴的划分不是看开支来源如何，而是看它是不是属于工资总额的统计范围。

②津贴的特点

津贴是职工工资的一种补充形式，它具有以下几个特点：

a. 是一种补偿性的劳动报酬。多数津贴所体现的不是劳动本身，即劳动数量和质量的差别，而是劳动所处的环境和条件的差别，因此津贴能够调节地区、行业、工种之间在这方面的差别。如夜班津贴是给予那些值夜班的员工，与他们的绩效关联不大，只是为了补偿令人不快的工作时间所带来的额外痛苦。

b. 具有单一性。多数津贴是根据某一特定条件，为某一特定目的而制定的，往往一事一贴。

c. 有较大的灵活性，可以随工作环境、劳动条件的变化而变化，可增可减，可减可免。

③津贴的类型

我国的津贴制度项目繁多，按其补偿性质和目的不同，主要可分为以下几种类型：

a. 具有补偿职工在特殊劳动条件下的劳动消耗性质的津贴。

b. 兼具补偿职工的特殊劳动消耗和额外生活支出双重性质的津贴。

c. 具有维护职工在有毒有害作业中的身体健康的保健性津贴。

d. 补偿职工在本职工作以外承担较多任务所付出的劳动消耗的津贴。

e. 具有补偿职工因物价的差异或变动而增加生活费支出性质的津贴。

f. 鼓励职工提高科学技术水平和奖励优秀工作者的津贴。

g. 具有生活福利性质的津贴。

（4）福利

在企业薪酬体系中，工资、奖金和福利是三个不可或缺的组成部分，它们分别发挥着不同的作用。工资具有基本的保障功能，奖金具有明显而直接的激励作用，福利的作用则是间接而深远的。

①福利的含义

一般说来，福利有三个层次：第一是由政府主管、以全体国民为对象的社会福利；第二是由企业主管、以企业全体员工为对象的企业福利；第三是由工会等劳动组织主管、以会员为对象的部分劳动者福利。因而，广义的员工福利包括国家、地方政府和企业、劳动组织提供的文化、教育、卫生、各种社会保障、集体公益服务事业和福利待遇等，狭义的员工福利仅指企业为满足员工的生活需要，在工资收入之外，向员工本人及其家属提供的货币、实物及一些服务形式。

②福利的功能

从管理者的角度看，福利具有如下一些功能：改善和优化劳动及生活条件从而协助吸引员工、留住员工；能提高企业在员工和其他企业心目中的形象；能协调人际关系和劳资关系，使员工之间以及员工与管理层之间的关系融洽，使员工对企业有安全感和归属感；能提高员工对职务的满意度。

与员工的工资收入不同，福利一般不需要纳税。由于这一原因，相对于等量的现金支付，福利在某种意义上对员工就具有更大的价值。因此，福利管理同工资管理等人力资源管理项目有着密切的关系，它可以起到补充其不足、提高人力资源管理综合效果的作用。

③福利的主要内容

企业员工福利可以分为集体福利和个人福利两种基本形式。

集体福利是企业举办或通过社会服务机构举办的、供员工集体享用的福利性设施和服务。它包括：住宅，集体生活设施，服务如托儿所、幼儿园、浴室、食堂，卫生及医疗保健设施，文娱体育设施，集体交通工具，休假，旅游待遇等。

个人福利是以货币形式直接支付给员工个人的福利补贴，其目的是为了减轻员工因特殊需要而增加的额外经济负担，如员工探亲假期、工资补贴和旅费补贴、上下班交通补贴、防寒补贴、防暑降温补贴、生活困难补贴、婚丧假等。

集体福利和个人福利的内容丰富，各企业对此的规定不尽相同。一般说来，大型的效益比较好的企业比较重视员工的福利待遇，费用支出比较高；小型的或效益比较差的企业，员工福利待遇相对较差。[3]

（5）股权

①股权的含义

股权即股东的权利。以企业的股权作为对员工的薪酬，即让员工持有企业的股票，成为企业股东，将员工的个人利益与企业利益联系在一起，以激发员工通过提升企业长期价值来增加自己的财富的动力。

②股权薪酬的作用

作为一种长期激励的手段，在企业中采用股权这种薪酬形式，能够让员工为企业实现长期利润最大化而努力。股权的作用主要表现为以下方面：

a. 有利于减少代理成本。股权薪酬使员工成为企业股东，这样使所有权和经营权在一定程度上得到融合，从而在一定程度上缓解了代理问题，有利于减少委托人的监督支出和剩余损失，从而减少代理成本。

b. 有利于减少企业中的短期行为，提高长期效益。股权薪酬使员工获得企业业绩不断增长的长期收益，从而促使员工兼顾企业的短期和长期目标。由于股权收益可能远大于年薪，也会促使员工更注重长期目标，从而有效减少员工的短期化行为和虚增短期利润的行为。

c. 有利于吸引和留住人才。一方面，在企业效益不断增长的情况下，股权薪酬能给员工带来丰厚收益，是一种吸引人才的激励方式。另一方面，由于股权薪酬往往同时伴有股票持有期的约束条件，如果提前离去，员工可能会失去全部股权收益，因而大大增加了员工的退出成本，留住了优秀的人才。

### 9.1.3 薪酬的功能

从总体上看，薪酬的功能是使一个组织能够吸引、激励和保留组织所需的人力资源，从而保证组织的正常运行，实现组织的预定目标。在理论界与实践工作中，人们通常认为，薪酬具有保障、调节、激励三大功能。

1. 经济保障功能

劳动是员工脑力和体力的支出。员工作为企业劳动力要素的提供者，企业只有对其给予足够的补偿，才能使其不断投入新的劳动力。从经济学的角度来说，薪酬实际上就是劳动力的价格，其作用就在于通过市场将劳动力配置到各种不同的用途上。在市场经济条件下，薪酬收入是绝大部分劳动者的主要收入来源，它对于劳动者及其家庭的保障作用是其他任何保障手段无法替代的。薪酬对于员工的保障不仅体现在它要满足员工的吃、穿、用等方面的基本生存需要上，同时还体现在它要满足员工的娱乐、教育、培训等方面的发展需要上。总之，员工薪酬水平的高低对于员工及其家庭的生存状态和生活方式所产生的影响是非常大的。

2. 调节与社会信号功能

调节功能主要是从宏观角度解释薪酬在调节社会人力资源方面发挥的作用。在现代社会中，由于人员在企业之间甚至在地区之间频繁流动，因此在相对稳定的传统社会中用来确定一个人的社会地位的那些信号如年龄、家族势力等逐渐淡化了，而薪酬作为流动社会中的一种市场信号则很好地说明了一个人在社会上所处的位置。换言之，员工所获得的薪酬水平高低除了经济功能以外，实际上还在向其他人传递着一种信号，人们可以根据这种信号来判定员工的家庭、朋友、职业、受教育程度、生活状况甚至宗教信仰以及价值取向等。不仅如此，在一个企业内部，员工的相对薪酬水平高低往往也代表了员工在企业内部的地位和层次，从而成为对员工的个人价值和成功进行识别的一种信号。因此，员工对这种信号的关注实际上反映了员工对于自身在社会上以及企业内部的价值的关注。从这方面说，薪酬的社会信号功能也是不可忽视的。实际上，习惯和传统的力量之所以能在薪酬决策中占据一席之地，其主要原因也是由于地位问题。

3. 心理激励功能

美国著名心理学家威廉·詹姆士研究发现，人在没有科学激励的情况下，只能发挥其能力的 80% ~90%，所以，激励应该成为企业薪酬管理的重要组成部分。所谓激励功能，是指企业用来激励员工按照其旨意行事而又能加以控制的功能。在市场经济条件下，对员工的激励除了精神激励（员工自我价值的实现）外，主要是物质利益的激励。在现实生活中，员工一方面要追求自身的价值、主人翁感和认同感，另一方面也重视追求实在的利益，而劳动则是员工获取收入以提高自己生活水平的基本手段。在这种情况下，企业通过各种具体工资（包括奖金）形式，把收入与员工对企业提供的劳动贡献联系起来，劳动收入（包括工资收入）就能发挥激励功能。正如美国著名比较经济学家埃冈纽伯格所指出的："不管采用什么样的激励结构，这种结构要发挥效用，就必须同所要影响的当事人的目标函数相一致。"[4]

**即时案例　　雷尼尔效应**

位于美国西雅图的华盛顿大学曾经选择了一处地点，打算修建一座体育馆，消息一传出，立即引起教授们的反对，而校方更是从谏如流，不久就取消了该项计划。

教授们抵制该项计划的原因主要是：这个拟建的体育馆所选定的位置是在校园内的华盛顿湖畔，一旦建成，恰好挡住了从教职工餐厅可以欣赏到的窗外美丽的湖光山色。而校方对教授们意见的重视，与薪酬水平有直接的关系。

与美国平均水平相比，华盛顿大学教授的工资水平要低20%左右。在美国，地区间是不存在劳动力流动障碍的，而且教授这种职业又恰恰是最具流动性的。既然如此，为什么华盛顿大学的教授们自愿接受较低的工资，而不到其他大学去寻找更高报酬的职位呢？

原来，很多教授之所以接受华盛顿大学较低的工资，完全是由于留恋西雅图的湖光山色：西雅图位于北太平洋，华盛顿湖等大大小小的水域星罗棋布；天气晴朗时可以看到美洲最高的雪山之一——雷尼尔山峰；此外还有一座一息尚存的火山——圣海伦火山。为了美好的景色而牺牲更高的收入机会，被华盛顿大学经济系的教授们戏称为"雷尼尔效应"。

换句话说，华盛顿大学教授的工资，80%是以货币形式支付的，20%是由美好的自然环境来弥补的。如果因为修建体育馆而破坏了这种景观，就意味着教授们的工资降低了。于是他们就可能流向其他大学。对华盛顿大学来说，想要继续留住这些教授们，办法无非是：在原定的位置上建体育馆，同时将教授工资提高20%；放弃修建体育馆的计划，或另选地点修建体育馆。最后经过权衡，校方选择了后者。

资料来源：刘敏．薪酬与激励［M］．北京：企业管理出版社．2010.

## 9.2　薪酬管理理论

薪酬管理事关组织中每一个员工的切身利益，是一个复杂的社会问题。自从人类出现雇佣劳动以来，人们就一直关注薪酬问题的研究。对薪酬的研究，不同的学者往往从不同的角度展开，从而产生了对薪酬的不同认识。典型的薪酬理论有传统薪酬理论和现代薪酬理论两种。

### 9.2.1　传统薪酬理论

最早的薪酬理论是由西方古典经济学派创立的，其主要代表人物有威廉·配第、亚当·斯密、大卫·李嘉图等。这些早期的经济学家们大多是从经济学的视角来研究薪酬问题，其基本思想虽然不全面、不系统，但仍然为现代薪酬管理奠定了重要的理论基础。

1. 最低工资理论

最低工资理论的代表人物是威廉·配第和魁奈。他们认为，工资作为劳动力的价格，与其他商品一样，有一个自然的价值水平，即工人的最低工资等于工人维持最低生活水平所需的生活资料的价值。最低工资不仅是工人维持生存的基本保证，也是雇主生产经营的必要条件。如果工资低于这一水平，劳动力的再生产就无法进行，社会的稳定和发展就无法维持。因此，政府要立法规定最低工资水平，协调员工与雇主之间的利益冲突。

2. 工资基金理论

约翰·斯图亚特·穆勒创立的工资基金理论认为，一个社会在一定时期用于支付工资的资本总额是一定的，这就是该社会的工资基金。工资基金取决于工资成本与其他生产成本的比例。在工资基金确定的情况下，一些工人的工资变动必然会导致另一些工人工资的反向变动。同时，如果工资基金非正常增加，会使企业的其他生产资本减少，最终影响生产的发展。所以，通过工会斗争和政府干预来提高工资，都是无济于事的。

1850年，英国经济学家西尼尔对工资基金理论进行了修改。他把货币工资与实际工资区分开，认为工资是从现行产品中分给工人的份额，而非从总资本中支付给工人的份额。他还认为，工资基金的数量取决于两个因素：一是工人的生产效率，二是工人的数量。因此，从长期来看，工人工资的增长是以劳动率的增长为前提的。[5]

3. 工资差别理论

工资差别理论是由英国古典经济学家亚当·斯密创立的。该理论认为，造成不同职业和雇员之间工资差别的主要原因是职业性质和工资政策。职业性质对工资差别的影响主要表现在五个方面：一是不同职业使劳动者的心理感受不同，二是不同职业工作难易程度不同，三是不同职业安全程度不同，四是不同职业承担的责任不同，五是不同职业成功的可能性不同。亚当·斯密承认，现实中企业内部和企业外部的工资差别客观存在。对那些给劳动者带来厌烦情绪、技术含量高、不安全、责任重大、容易失败的职业，应付给高工资；反之，则应支付低工资。工资差别理论所指出的职业性质与工资差别之间的联系，实际上是现代企业中职务工资制的基础。

4. 边际生产率工资理论

边际生产率工资理论的代表人物是英国经济学家马歇尔和克拉克。该理论是近代工资研究的基础理论，主要解释工资的短期波动和长期变动趋势。边际生产率工资理论以“经济人”假说为前提，认为在一个完全自由竞争的市场中，企业为获得最大利润，必然要实现生产要素的最佳配置。就劳动力要素来说，它表现为雇佣工人的边际产出等于付给工人的工资。因此，工资水平取决于员工提供的边际生产率：如果边际生产率大于工资，雇主就会增加雇佣人数；如果边际生产率小于工资，雇主就会裁减员工；只有当两者相等时，工资的支付才最有效、最经济。但由于现实中的市场竞争是不完全的，劳动力不能完全自由流动，而且劳动力转移需要成本，因此，在短期内，一个企业的工资可能高于、低于或等于劳动力的边际生产率水平。边际生产率工资理论是一种比较流行和有影响力的工资理论，它揭示了工资水平与企业劳动生产率之间的关系。[6]

5. 集体谈判工资理论

集体谈判工资理论又称集体交涉工资理论，其主要代表人物有英国的经济学家莫里斯·多布等。这一理论认为，工资水平反映了雇主与雇员之间的利益关系，由两者之间的力量对比决定。雇主和雇员双方经过集体谈判，进行公平合理的交涉，这在一定程度上能消除垄断，有助于减少混乱竞争给双方带来的无谓损失。集体谈判就是协调双方利益、决定工资水平的主要方式。

第二次世界大战以后，工会组织在一些工业化国家得到了广泛发展，集体谈判工资理论也日渐成熟，它强调劳资双方各自的组织程度对双方的力量对比具有重要意义，并直接决定工资水平。因此，大多数学者认为集体谈判工资理论不是基于经济视角而是基于社会政治视角研究工资问题的理论，在一定程度上讲，它是集体谈判制度和工会作用的理论基石和实践总结。

### 9.2.2 现代薪酬理论

由于社会经济的不断发展和劳动力市场的不断完善，人们对企业管理问题越来越关注。尤其是随着经济学、心理学及行为学对企业管理工作的深入影响，使得学者们对薪酬理论的研究可以从多方面、多视角来进行，并在此基础上形成了比较系统的现代薪酬理论。但由于人们所持的立场和分析的角度不同，在研究中也形成了一些不同的观点。

1. 人力资本理论

人力资本理论是对工资差别内在原因的一种经济学解释，其代表人物是诺贝尔经济学奖获得者舒尔茨。该理论认为，工资水平主要取决于每个员工自身所拥有的人力资本的存量。人力资本是指通过人力投资形成的资本，体现在劳动者身上，表现为劳动者的知识、技能、资历、经验和健康状况等。体现在劳动者身上的、以其数量和质量形式表示的资本即人力资本。在劳动力市场上，一个人的人力资本含量越高，其劳动生产率也越高，边际产出的价值越大，因而得到的报酬也越高。

人力资本理论对企业内员工工资差异问题的解释有很强的说服力，可以较好地解释工业化国家中白领工人和蓝领工人的工资差别。在新经济时代，知识型员工的价值主要就体现为其人力资本的价值，因此知识型员工之间工资水平的差异也主要取决于其人力资本存量的差异。

该理论虽然解释了由于劳动者内在因素所导致的工资差距，但仍然将劳动者的差异归结为劳动者所拥有的人力资本的数量差异，而忽视了劳动者之间知识、技能和经验在质量上的差异，因此对这种质量差异所导致的工资差距难以作出准确的解释。这是该理论的局限性。

2. 效率工资理论

效率工资理论的基本观点是：劳动力市场上成交的劳动力与生产过程中实际发挥出来的劳动力不完全一致。这是因为工人在劳动中总是会尽可能地少出力。这样劳动效率的发挥就需要有效的监督，工人在生产过程中付出的努力是实际工资的函数。劳动监督是需要成本的，而且在信息不完全的情况下，对劳动进行外在监督的成本相当高。为了使利润最大化，雇主可以选择把工资定在一个较高的水平上。因为，在一定程度上，工资越高劳动效率就越高，产出就越大。从这个意义来讲，由高劳动效率产生出来的高水平工资，就称为“效率工资”。

效率工资理论在西方比较流行，它可以用来解释高工资与高失业率之间的关系。较高的工资水平和较高的失业率，都会增加雇员失业的机会成本，因而他们在工作中会自动地提高生产力水平，以防止失业带来的损失。

3. 利润分享理论

威茨曼·马丁的利润分享理论的基本观点是：让作为雇员工资来源的“分享基金”与雇主的利润或收入建立直接联系，使工人工资与组织利润挂钩。这种分享制度既包括“单纯”模式（工资完全取决于组织业绩），也包括“混合”模式（用工资加上利润分享基金或加上收入分享基金）。利润分享理论的目的是从微观经济着眼寻求稳定宏观经济的方法，使工资分配形式、工资报酬与组织利润挂钩，使雇主乐于雇佣更多的劳动力，以对付滞胀的困扰。在经济萧条、组织利润下降的情况下，让工人的工资随利润的下降而下降，这样雇主就不必解雇工人以降低人工成本了。待到经济复苏、组织利润上升时，工人的工资又会自动回升，而企业则随时都保留了一支稳定的员工队伍。

利润分享理论认为：使员工个人收入与组织利润直接挂钩，必然会使员工关心组织的盈利状况。员工会要求组织建立一套公开、完善的财务制度以便对其进行监督，因而这种制度比“员工持股计划”更能激发劳动者的工作热情。在实际生活中，组织销售人员的薪酬多采用这种方式。

4. 博弈工资理论

该理论认为员工与雇主之间的关系是一种矛盾对立的关系，员工工资的确定是一个双方相互讨价还价和较量的过程。在这个博弈的过程中，劳动者就其薪酬与雇主进行谈判，这样雇主就需要在较高的工资、较少的雇员和较低的工资、较多的雇员中进行选择，也即选择博弈的效率工资（较高的工资）还是非效率工资（较低的工资）。这种理论主要适合于组织中的高层技术人员和管理人员的薪酬确定。

5. 知识资本理论

随着知识经济的发展，“知识决定工资”的理论应运而生。近年来，美国已经出现了有限责任合伙企业。这种组织由出资人承担有限责任，而出“知”人承担无限责任。有关法律明文规定它的存在时间前后不能超过十年，其目的当然是为了降低风险。从理论上看，这种组织的制度基础是劳动雇佣资本的委托权安排，即主要由劳动者来承担风险、享受利润，资本家对组织只拥有债权收益。

知识资本理论的分配特点是：①个人知识决定其就业的起点、方向和收入；②知识水平差异是报酬差异的直接原因；③用能力工资取代职务工资；④知识工人对组织盈余有充分的分享权；⑤按“知”分配的制度使劳动力资本化，使劳动者从组织的员工变为独立的人；⑥劳动力资本能创造剩余价值；⑦劳动力不再被当作商品来让渡，而被当作资本来让渡；⑧能提高劳动者素质的投入都应该视作投资，而不是浪费。[①]

### 9.2.3 薪酬理论的新发展

1. 战略薪酬管理

战略性薪酬是指与企业发展战略相匹配并能帮助企业赢得、保持竞争优势的一系列相关的薪酬决策或薪酬选择。

战略性薪酬与传统性薪酬的比较：

① 张建国，陈晶瑛. 现代人力资源管理［M］. 成都：西南财经大学出版社，2005.

(1) 薪酬理念差异

传统性薪酬视人力为成本，战略性薪酬视人力为资源。

传统的薪酬以“薪酬”为中心，认为人是一种工具性资源，强调“薪酬”单方面的静态控制和管理，其管理的形式和目的是“控制人”。战略性薪酬认为薪酬是企业对人力资源的投资行为，更多的是考虑如何有效利用这种投资，即如何把企业有限的资源投放在最有效的领域，发挥最有效的作用。

(2) 薪酬功能差异

传统性薪酬强调补偿，战略性薪酬重视激励效应、分选效应和战略导向效应。

古典经济学家威廉·配第、大卫·李嘉图等认为，工资是维持工人本人及其家属最低生活的收入，具有补偿功能。如果工人的工资不能补偿其劳动力的基本生存水平，资本家也就失去了继续生产的基本条件——劳动力，则生产终止，财富也就不会被创造出来。后期的研究者们也开始关注薪酬的激励效应。战略性薪酬在继续重视薪酬的激励效应的同时，更强调薪酬的分选效应和战略导向效应。薪酬的分选效应是指薪酬通过吸引、选择和淘汰过程而对企业的人力资源结构和质量状况（如员工的能力、人格）产生影响，进而影响企业的持久绩效和长远竞争优势。如薪酬与福利的不同组合策略、薪酬与个人绩效的联系程度会影响着何种个性的求职者更愿意进入企业。薪酬系统的重要性并不仅仅意味着对个人出众的工作表现进行奖励，它同时也是作为一种有效的政策沟通工具用来传递企业的战略要求和鼓励恰当行为的信息，进而支持各种变革。“工资是价值和方向的强有力的沟通媒介。工资必须联系并结合企业需要传达的最重要信息”①。

(3) 薪酬激励时效差异

传统性薪酬激励的短期化，战略性薪酬激励的长期化。

传统性激励机制的特征是：一是奖金与员工短期工作绩效挂钩，而与企业战略和组织远期发展目标相脱节；二是员工的经济利益与组织经济效益变动状况之间的相关性和敏感度较低，且薪酬又具有能上不能下的刚性特质，因而传统薪酬形式的短期行为导向明显，不利于组织的长远发展。而战略性薪酬强调，企业的薪酬体系和相关的薪酬管理活动必须要与企业的发展战略目标相一致，即通过战略性薪酬政策的制定向员工传递一种信号，哪种技能是企业关注的、哪种绩效是跟企业战略密切相关的，使员工的行为朝着有利于企业战略实现的方向努力，实现员工的个人目标与企业战略目标的有机结合。因而，战略性薪酬的激励效应必须保持长期性和动态性，确保企业的持续性增长。20 世纪 90 年代以来期权制、现股激励、员工持股计划等长期股权激励的薪酬形式得到普遍应用。

(4) 员工参与薪酬决策程度差异

传统性薪酬中员工是被动接受者，战略性薪酬中员工是主动参与者。

传统的薪酬将员工视为被管理者，员工被排斥于薪酬的设计过程之外，被动地接受组织的薪酬安排；管理人员不会就薪酬决策与员工进行平等、双向沟通。战略性薪酬中员工的主动参与性体现在：一是薪酬设计上的民主性。企业在对员工进行薪酬满意度调查的基础上，对薪酬方案进行再设计，让员工充分反映现行薪酬体系中存在的问题；员工参与了薪酬决策和管理的全部流程，对薪酬方案设计的环节提供了建设性的意见，能够使薪酬决

① 李双新．薪酬管理中的六双行动鞋［J］．人口与经济．2004.

策的结果真实地反映员工的贡献和需要，同时又贯彻组织的战略目标。二是薪酬信息沟通顺畅。实行战略性薪酬的企业要注意建立一个良好的薪酬信息沟通渠道，如，企业可以设立一个员工信箱，随时解答员工在薪酬方面的疑问，处理员工投诉；或者在企业的网站上建立一个有关薪酬分配的论坛区，使领导者能够及时得到反馈信息，甚至建立薪酬系统的评估小组，定期对薪酬系统的运行予以监控，使薪酬系统处于一种动态的最优状态中。

2. 全面薪酬管理

21 世纪初，全面薪酬的概念渐渐地流行并开始被广泛地加以使用。全面薪酬相对于传统的薪酬而言，薪酬概念的内涵得到了扩展，薪酬并不再仅仅指纯粹的货币形式的报酬，还包含非货币形式的薪酬，如对员工的尊重、对劳动的认可、员工培训与职业生涯发展、工作环境与同事关系等，这些方面也应该很好地融入到薪酬体系中去。内在薪酬和外在薪酬应该结合，物质薪酬和精神薪酬应该并重，这就是目前提倡的全面薪酬制度。

3. 宽带薪酬管理

20 世纪 90 年代以后，在国际企业界兴起了一股改造传统薪酬模式的浪潮，传统的以官僚等级为特征的垂直型薪酬体系被水平型的宽带薪酬体系所取代。

宽带薪酬实际上是一种新型的薪酬结构设计方式，它是对传统的具有大量等级层次的垂直型薪酬结构的一种改进。根据美国薪酬管理学会的定义，宽带薪酬结构就是对薪酬等级和薪酬变动范围进行重新组合，从而建立的一种具有较少薪酬等级和较宽薪酬变动范围的薪酬结构体系。即将原来报酬各不相同的多个薪酬等级压缩成几个级别，同时将每一个薪酬级别所对应的薪酬浮动范围拉大，从而形成一种新的薪酬管理系统及操作流程。

宽带薪酬与传统职务工资都是包含各种级别，允许一定波动幅度的薪酬制度，级别的多少和波动幅度的大小并没有明显的分界线，但却传达了薪酬思想的重大变化：应针对个人而不是针对其所处职位提供薪酬。在这种薪酬体系设计中，员工不是沿着公司中唯一的薪酬等级层次垂直往上走，相反，他们在自己职业生涯的大部分或者所有时间里可能都只是处于同一个薪酬宽带之中，但是随着他们获得新的技能、能力，承担新的责任，或者是在原有的岗位上不断提高自己的绩效，他们就能够获得更高的薪酬。因此，宽带薪酬是一种真正的鼓励员工注重个人发展的薪酬体系，它不鼓励员工拼命向垂直晋升这条狭窄的道路上去挤。

作为一种新型的薪酬方式，宽带薪酬的优点：

（1）支持扁平型组织结构。宽带薪酬结构是为配合扁平型组织结构而设计的，它的最大特点就是打破了传统薪酬结构所维护的等级观念，有利于企业引导员工将注意力从职位晋升或薪酬等级的晋升转移到个人发展和能力的提高方面，给予了优秀员工比较大的薪酬上升空间。

（2）宽带薪酬可以引导员工重视个人能力的提升。传统薪酬制度下，员工的薪酬增长往往取决于本人在组织中的身份（地位）的变化而不是能力的提升，而在宽带薪酬制度下，即使是在同一个薪酬宽带内，组织为员工所提供的薪酬变动范围也会增加很多。这样，员工就不需要为了薪酬的增长而去斤斤计较职位晋升等问题，而只要去关注组织发展所需要的技术和能力以及公司着重强调的有价值的事（如满足客户需求、以市场为导向等）。

（3）宽带薪酬有利于职位轮换与培育组织的跨职能成长和开发。在传统薪酬制度下，员工的薪酬水平是与所任职位挂钩的。由于同一职位级别的变动并不能带来薪酬水平的变化，但这种变化却要求员工不得不学习新的东西，从而使工作的难度和辛苦程度都增加了，这样，员工不太乐意接受职位的统计轮换。而在宽带薪酬制度下，由于薪酬的高低不是由职位来决定的，员工乐意通过相关职能领域的职务轮换来提升自身能力，以此来获得更大的回报。

西门子传输系统公司在2009年开始实行宽带薪酬体系，他们的体会是："这种体系更加灵活，更加能够和管理结合在一起，不再那么僵化。现在给各部门的直线经理在薪酬上带来更大的空间，使得他们能够根据员工的业绩在更大的范围内调整。"

（4）使薪酬制度更为灵活，能够快速适应劳动力市场上的变化。由于宽带薪酬体系中不同级别薪酬水平部分重叠，低级别的员工只要工作业绩出色，所对应的薪酬就有可能超过高级别的员工。比方说：一位出色的专业技术人员的薪酬可以与研发部经理的薪酬平起平坐；一位最优秀的技术工人甚至可以拿到副总级的高薪。这种灵活的薪酬体系使人力资源部在制定薪酬政策时可及时与人才市场接轨，使公司的薪酬水平不至于因偏离市场价格而招不到或留不住所需人才。

尽管宽带薪酬具有很多优点，但是也存在一些缺陷：

（1）宽带薪酬对于传统的岗位层级制度和企业文化有较大的冲击。宽带薪酬的引入需要企业从整体战略上以及企业文化、管理队伍的素质、人力资源的专业化等方面加以考虑和配套，否则，不仅很难真正发挥宽带薪酬制度的优势，还会给企业管理带来较大的负面影响。

（2）宽带薪酬的推广，会使得晋升成为一件比较困难的事情。传统薪酬制度中，由于岗位级别较多，所以员工要上升一个职级就会比较容易，而在宽带薪酬制度中，员工可能会很长一段时间都只在一个职级里移动，而不会晋升到另外一个职级。由于职级上升对员工来说也是一个非常强的激励，但采用宽带薪酬后，可能会出现只有薪酬的变化而没有晋升了，这对员工来说也是很令人失望的事情。

（3）宽带薪酬并不适合所有的企业。采用宽带薪酬模式的企业应该具备一些基本的条件：一是技术、创新、管理等智力因素对于企业的发展具有优势支撑作用，员工的主动性和创造性与企业绩效之间有明显的正相关关系；二是人力资源管理体系健全，用工制度和薪酬制度市场化程度较高；三是企业管理基础工作比较扎实，具备推行宽带薪酬模式的技术条件和数据基础。可见，技术型、创新型的高科技企业和外贸企业更适合于宽带薪酬管理模式，而劳动密集型企业则并不一定适合。

因此，需要注意的是，宽带薪酬管理是现代企业管理中一种比较新颖的薪酬管理理念，但并不是所有企业都需要引进这种管理方法，也不是所有企业的当前现状都适合引进这种管理方法。这需要我们在企业管理过程中不断总结和实践。

---

**即时案例　　总报酬模型：薪酬管理的最新理论与实践**

2000年，在总结多位薪酬专家研究成果的基础上，美国薪酬协会提出了第一个总报酬模型，并将工作体验作为模型框架的重要组成部分。在这一模型中，薪酬和福利是用以吸引、保留和激励员工的基础，而从企业中所获得的工作体验则发挥着重要的杠杆作用。工作体验具体包括赞誉和认可、工作与生活的平衡、组织文化、职业生涯发展以及工作环境等五大要素。

2006 年，美国薪酬协会提出了一个新的、更为全面的总报酬模型，并给总报酬概念下了明确的定义，即总报酬是用以吸引、激励和保留员工的各种手段的整合，任何员工认为有价值的东西都有可能成为总报酬的组成部分。在新的总报酬模型中，薪酬、福利同样发挥着重要的、基础性的作用，而工作体验则被进一步细化为平衡工作与生活、绩效与认可、个人发展与职业机会三个部分。

薪酬。薪酬作为总报酬的重要内容，包括固定薪酬和浮动薪酬两部分。固定薪酬就是我们常说的基本工资，通常是固定发放，不会随工作结果的变化而改变。浮动薪酬则通常随绩效水平的变化而变化，一般包括短期激励（如一次性奖金）和长期激励（如股票期权）两类。

福利。福利是雇主为员工现金报酬所提供的补充，大致可分为社会保险、集体保险以及非工作时间报酬等。

工作与生活平衡。工作与生活平衡可帮助员工在事业和家庭方面同时获得成功，主要包括弹性工作时间、安全的工作环境、重视员工的身体健康、支持员工融入社区等。

绩效与认可。认可是指承认员工的绩效贡献并对员工的努力工作给予特别关注。被认可并承认自己对组织的贡献，是员工的一种内在心理需求。如果企业能够创造一种尊重员工贡献，认可员工价值的氛围，企业将很快看到员工的工作状态朝着积极的方向改变，无论这种认可是正式的还是非正式的。

个人发展与职业机会。个人发展是指企业为员工提供有价值的培训和学习机会以提升他们的能力。职业机会指企业重视人才的培养发展，并在企业内部提供工作轮换的机会和职位晋升的空间，确保优秀员工能够在企业内部获得充分的发展。

相对于传统的付酬方式，总报酬模型具有明显的优势，具体体现在：

第一，总报酬模型是真正以员工需要为导向的付酬系统。总报酬模型强调，将那些对员工最具价值的要素作为企业的付酬基础。相对于传统的付酬系统，更能够针对员工需求制定不同的薪酬组合，进而将有限的激励资源最大限度地作用于员工价值。

第二，总报酬模型更加强调薪酬战略、人力资源战略和组织战略的一致性。总报酬模型在系统分析组织内、外部环境的基础上，将多种激励方式有机地整合在一起，使之成为支持组织战略实现的有力工具。

第三，总报酬模型更加强调沟通和员工参与。相对于“暗箱操作”的薪酬决策方式，强调员工参与、员工选择和充分沟通的总报酬计划，能够更容易地促进员工对组织薪酬公平性的认同，进而提升薪酬系统的有效性。

第四，总报酬模型更加具有弹性。总报酬模型以员工需要为导向，将多种激励方式有机地整合在一起，一旦面临变革的需要，可以及时调整薪酬的构成要素和各要素之间的比例关系，进而引导员工行为以应对外部环境的变化。

第五，总报酬模型有助于更好地控制人工成本。总报酬模型在关注财务报酬的同时，也强调非财务报酬（如发展机会、工作环境、组织文化等）为员工带来的价值。总报酬模型中，员工不再只是关注薪酬水平的高低，组织也可以通过设计双赢的薪酬项目来节约成本，比如提供健康的工作环境和健康福利保险，就可以通过企业与员工的共同合作而达到节约成本的目的。

表面看起来，总报酬模型的五个要素并不是新东西，在原来的人力资源管理实践中多少有所涉及，但是总报酬模型的贡献就在于将这五大要素有机地结合起来，这对于薪酬管理而言完全是一个新的视角，而对于总报酬模型的完整应用，做成一揽子计划，则更加有利于员工满意度和积极性的提高。

资料来源：熊通成，曾湘泉，谢奇志．总报酬模型：薪酬管理的最新理论与实践［J］．中国劳动，2008.

## 9.3 薪酬管理策略

### 9.3.1 薪酬管理的目标

企业的薪酬管理就是企业管理者对本企业员工报酬的支付标准、发放水平、要素结构进行确定、分配和调整的过程。

从上一节对薪酬管理理论的介绍中我们可以了解到，传统薪酬管理仅具有物质报酬分配的性质，而对被管理者的行为特征考虑较少，其着眼点是物质报酬。随着人们对企业管理的深入研究，薪酬在调动劳动者工作积极性、提高工作效率和工作质量方面的功能已越来越受到理论研究者和实际工作者的关注。在此基础上，现代企业薪酬管理理念发生了根本性的变化，薪酬管理的着眼点转移到了人。现代薪酬管理将物质报酬的管理过程与员工激励过程紧密结合起来，使它们成为一个有机的整体。

人才是企业竞争力的源泉，能够经营好人才的企业将是最大的赢家。企业薪酬管理的价值就在于它能够帮助企业经营好人才。在企业中，薪酬管理策略通常被用来作为激发、指引或控制员工行为的手段。因此，薪酬管理的目标应该与企业的目标、战略和文化相匹配，根据企业的人力资源战略来确定。一个企业的薪酬管理目标应包括三个方面：

1. 建立稳定的员工队伍，吸引高素质的人才

由于薪酬是用来维持劳动力生产和再生产的主要来源，员工通过劳动取得报酬，既可以满足自身及家人的基本生活需要，也可以满足子女受教育和提高自身技术及文化知识水平的需要，所以，薪酬已成为确保劳动力生产和再生产顺利进行的基本条件。不仅如此，薪酬还可以成为地位、权力、荣誉的象征。企业可以通过有效和合理的薪酬管理制度，吸引和挽留高素质的员工，激励员工，使他们工作的效率更高，由此为企业带来更多的效益。

2. 激发员工的工作热情，创造高绩效

薪酬是员工满足多种需要的经济基础，作为一种积极的强化物直接影响员工的工作积极性。企业可以通过制定科学合理的薪酬管理策略，在组织内营造一种平等、和谐的人际氛围，尽量满足员工的高层次需要，从而激发员工工作热情，使其始终保持高昂的士气、创造较高的组织绩效。

3. 努力实现组织目标和员工个人发展目标的协调

组织内成员众多，他们并不是单纯对组织目标感兴趣，而是也有着自己的目标和需要。合理的薪酬管理制度能使员工普遍感到公平，认为自己的价值得到了组织的认可，因而能够减少组织内员工之间的矛盾和冲突，降低内耗，使员工心情舒畅，增强员工对组织的满意感和认同感，把组织目标和员工个人的发展目标自觉统一起来，为实现组织目标而努力工作。

以上三个方面都与员工对薪酬的满意度有密切联系。具体来讲，在制定和实施薪酬系统的过程中，为了保证有效实现薪酬管理的目标，管理者应及时和员工进行及时沟通，进行必要的宣传或培训。从本质上讲，劳动报酬是在人力资源成本与员工需求之间进行权衡的结果。世界上不存在绝对公平的薪酬方式，只存在员工是否满意的薪酬制度。企业的人

力资源部门可以利用薪酬制度问答、员工座谈会、满意度调查、内部刊物等形式充分介绍企业的薪酬价值观和薪酬制度。因为员工对薪酬的满意要求包括薪酬水平、薪酬结构、薪酬公平性、薪酬管理、薪酬支付手段、薪酬价值观等多个方面，而员工对薪酬满意正是企业薪酬管理的最高境界，也是人力资源激励机制和分配机制成功的根本，所以，企业管理者应高度重视薪酬满意度问题。[7]

### 9.3.2 健全合理的薪酬制度的要求

薪酬制度是企业人力资源管理的重要政策文件，是由人力资源管理部门根据国家法律和政策制定的与薪酬分配相关的一系列准则、标准、规定和方法的总称，是企业薪酬管理规范化和流程化的表现。

合理的薪酬制度所鼓励的必须是有利于企业短期利润的行为以及为实现企业长期成功而提高客户满意度的行为。制定合理的工资制度，可以确保和维持员工的基本生活水平，激发员工的工资积极性，提高其素质，维持组织的正常秩序，创造一个良好的合作环境，圆满地处理人际关系，求得管理者和被管理者之间的相互信任。从这一意义上讲，制定科学合理的薪酬制度是企业人力资源管理的难点所在，为此，很多企业不惜重金聘请薪酬设计专家或机构来帮助企业制定合理的薪酬制度。那么，什么样的薪酬制度才是合理的呢?具体来讲，合理的薪酬制度应遵循以下原则：

1. 公平性原则

公平性原则是合理的薪酬制度的首要原则，也是设计薪酬方案和实施薪酬管理的首要原则。薪酬制度的公平性即薪酬制度付诸实施后所体现出来的薪酬水平与工作性质、工作数量和质量以及人们的主观判断标准等因素结合起来的客观公正性和主观公平感。薪酬制度的公平性可分为三个层次：

（1）内部公平性。这是指同一组织中不同职务所获薪酬应正比于各自的贡献，有一个匀称的比例关系，其比值一致。内部公平性实际上是企业内部员工的一种心理感受。企业的薪酬制度制定以后，首先要能让企业内部员工对其表示认可，能让他们觉得与企业内部其他员工相比，其所得薪酬是公平的。为了做到这一点，薪酬管理者必须经常了解员工对公司薪酬体系的意见，采用一种透明、竞争、公平的薪酬体系，这对于激发员工的积极性具有重要的作用。

在我国企业中，强调薪酬的内部公平其实就是坚持按劳分配原则。而这一原则的贯彻，主要是通过工资差异制度实现的。员工的工资差异要根据劳动的复杂程度、技能水平、责任大小、贡献多少来定，通过这种差异体现多劳多得的原则。

（2）外部公平性。外部公平性是指企业的薪酬水平与劳动力市场中的薪酬水平相当。即同一行业或同一地区或同等规模的不同组织中类似工作与职务的薪酬应当基本持平，因为这些工作和职务的要求的知识、技能与经验的要求相似，这些工作各自作出的贡献也基本相似。

在自由竞争的劳动力市场中，员工薪酬水平的高低主要取决于劳动力市场上供求双方的均衡，而市场正是通过薪酬的上下浮动，把人力资源合理地配置于各行各业中。这可以用图9－2来表示。[8]

从图9－2中我们可以看出，劳动力需求和供给是工资的函数，并且劳动力需求与工资呈反向函数关系，劳动力供给则与工资呈正向函数关系。在劳动力需求曲线和供给曲线

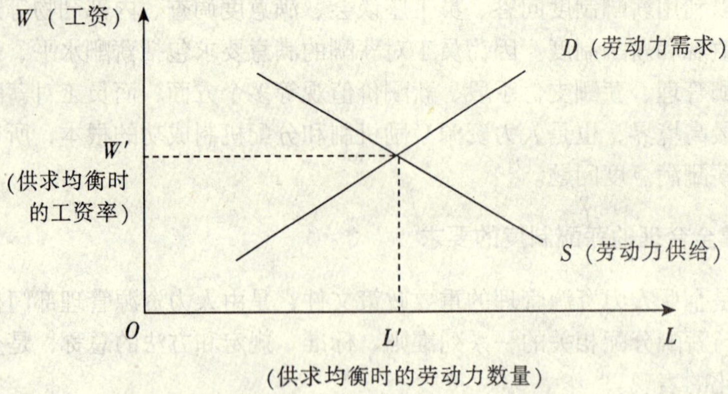


图9-2 劳动力市场决定工资

相交的点上，劳动力供求就达到了均衡，得到了一个均衡的工资率，这种均衡的工资率就是该类人员的薪酬水平。从需求方面来看，工资取决于劳动的边际生产率或劳动的边际收益产量，即企业愿意支付的工资水平是由劳动的边际生产率决定的。从供给的方面来看，工资取决于两个因素：一是劳动力的生产成本，即劳动力养活自己和家庭所需的费用，以及劳动者所需要的教育、培训费用；二是劳动的负效用，即闲暇的效用。供给和需求的均衡产生了劳动者应该得到的工资水平。[①] 在这种情况下，企业如不根据劳动力市场的薪酬水平进行薪酬管理，就很难吸引和留住自己所需要的人才。

外部公平性是企业在人才市场加强竞争力的需要。为了达到外部公平，管理者往往要进行各种形式的薪酬调查。国外的管理者比较注重正式的薪酬调查，国内管理者则比较习惯通过与同行业内其他企业管理者的交流，或者通过公共就业机构获取薪酬资料。这种非正式的薪酬调查方式虽然成本低廉，但信息准确度较低，往往会影响企业的薪酬决策。

（3）个人公平性。这是指同一组织中居于相同职位或岗位的员工的所获薪酬间的比较。在这一问题上，基本工资同工同酬可以理解为公平，而存在任何歧视性政策就是不公平。[②] 另外，薪酬的个人公平性还表现为同一组织中从事相同工作的员工的薪酬应与他们的绩效保持一致。因此，薪酬方案应根据工作分析和绩效考评结果来制定，让员工感到薪酬分配是公平的。

总之，为了保证个人公平性，薪酬管理者在制定薪酬制度时要有明确一致的原则作指导，薪酬制度要有民主性和透明性，让员工有机会了解和监督薪酬政策的制定与管理，同时为员工创造机会均等、公平竞争的条件，引导员工把注意力从结果均等转到机会均等上来。

2. 竞争性原则

竞争性是指在社会上和人才市场上，企业的薪酬水平对于劳动力市场的其他人员来讲是具有吸引力的。当今市场竞争的焦点是人才竞争，要想吸引人才，薪酬标准就要具备足够的吸引力。竞争性主要是通过外部相关劳动力市场界定、市场工资调查、建立薪酬政策线，并在此基础上调整薪酬结构来实现的。根据调查，高薪对优秀人才具有不可替代的吸

① 彭剑锋．人力资源管理概论［M］．上海：复旦大学出版社，2003.

② 卿涛．人力资源管理概论［M］．北京：清华大学出版社，北京交通大学出版社，2006.

引力，因此企业在市场上提出较高的薪酬水平，无疑会增加企业对人才的吸引力。但是企业的薪酬标准在市场上应处于一个什么位置，要视该企业的财力、所需人才的可获得性等具体条件而定。竞争力是一个综合指标，有的企业凭借企业良好的声誉和社会形象，在薪酬方面只要满足外部公平性的要求也能吸引一部分优秀人才。

3. 激励性原则

激励性是指要在内部各类、各级岗位、职务的薪酬水准上适当拉开差距，真正体现按贡献分配的原则。激励性主要强调将员工的报酬与业绩挂钩，根据绩效水平的高低来对薪酬进行调整。如此一来，从事相同工作具有相同能力的不同员工可能就会由于绩效考核结果的差异，导致其所获报酬出现较大的差异。

激励性原则是制定薪酬制度的一个重要目的。在竞争日趋激烈的今天，企业薪酬管理的目的已不再局限于通过合理的劳动交易维持组织的正常工作，它更重要的目的是调动员工的工作积极性，提高劳动生产率，促进组织的发展。对一般企业来讲，通过薪酬制度来激励员工的责任心和工作积极性是最常见的方法。一个人的能力是有差别的，因而贡献也是不一样的；如果贡献大者与贡献小者得到的报酬一样，表面上看是平等的，但实质上是不公平的。因此要真正解决内在公平问题，就要根据员工的能力和贡献大小适当拉开收入差距，让贡献大者获得较高的薪酬，以充分调动他们的积极性。

4. 经济性原则

从某种程度上讲，提高企业的薪酬水平虽然能提高其竞争性和激励性，但同时也会导致人力成本上升。经济性原则表面上与竞争性原则和激励性原则是相互对立和矛盾的——竞争原则和激励原则提倡较高的薪酬水平，而经济原则提倡较低的薪资水平，但实际上三者是统一的。当三个原则同时作用于企业的薪酬体系时，竞争性原则和激励性原则会受制于经济性原则。企业的薪酬制度的主要目的是吸引和留住人才，为此一些企业不惜一切代价提高企业的薪酬标准。实际上这种做法是不可取的：一方面，除了高薪以外，吸引优秀人才的条件还有很多。另一方面（也是最主要的方面），还需要计算人力成本的投入产出比率。如果用高薪吸引了优秀人才，但发挥不了作用，创造不出同等级的绩效，对企业也就失去了意义。因此，在设计薪酬制度时，企业管理者所考虑的因素不应该仅仅是薪酬的吸引力和激励力，还应考虑企业承受能力的大小、利润的合理积累等问题。要遵循经济性原则，进行人力成本核算，把人力成本控制在一个合理的范围内。

5. 合法性原则

为了维持社会经济持续稳定发展，为了保护员工的利益，各国政府都制定了一系列法规，直接或间接地控制员工的薪资状况。在我国，有关薪资福利的法律法规是劳动法体系的重要组成部分。如果养老保险、医疗保险、工伤保险、失业保险、生育保险、住房公积金（即统称的“五险一金”），以及法定休假、婚假、产假等，都是政府明文规定的福利制度。企业人力资源管理的一个重要职能就是运用法律法规协调企业运作过程中的薪资关系，保护企业和员工的合法利益。因此，企业的薪酬制度必须符合国家法律、法规和政策的要求，这是最起码的要求。特别是国家有关的强制性规定，在薪酬制度设计中企业是不能违反的。比如国家有关最低工资的规定、有关职工加班加点的工资支付的规定等，企业都必须遵守。如果企业的薪酬制度与现行的国家政策和法律规则、企业管理制度不相符合，则企业应该迅速改进使其具有合法性。[9]

6. 战略性原则

这是一条非常重要的原则。近几年来，战略性原则在薪酬制度诸原则中的地位和作用逐步加强。这一原则要求我们一方面在设计薪酬制度过程中，要时刻关注企业的战略需求，要通过薪酬制度反映企业的战略，反映企业提倡什么，鼓励什么，肯定什么，支持什么；另一方面要把实现企业战略转化为对员工的期望和要求，然后把对员工的期望和要求转化为对员工的薪酬激励，体现在企业的薪酬制度中。[10]

### 9.3.3 薪酬管理策略

虽然薪酬不是激励员工的唯一手段，但却是一个非常重要的、最常用的方法。薪酬总额相同，但薪酬结构不同，管理机制不同，支付方式不同，往往会取得不同的效果。所以如何实现薪酬激励效能的最大化，使薪酬既具有最佳的激励效果，又有利于员工队伍的稳定，是一个值得管理者高度关注的问题。在制定企业的薪酬管理策略时，管理人员应重点考虑以下几方面：

1. 增加薪酬构成中的激励性因素，加大对员工的激励

从对员工的激励角度上讲，可将薪酬分为两类：一类是保健性因素，如工资、固定津贴、社会强制性福利、公司内部统一的福利项目等；另一类是激励性因素，如奖金、物质奖励、股份、培训等。根据赫茨伯格的双因素理论，如果保健性因素达不到员工期望，会使员工感到不安全，会出现士气下降、人员流失等现象。另一方面，尽管高额工资和多种福利项目能够留住员工，但这些常常被员工视为应得的待遇，难以起到激励作用。真正能调动员工工作热情的，是激励性因素。如上海贝尔公司的薪酬政策就真正起到了激励员工努力工作的效果。该公司员工平均年龄28岁，成家立业、购房置业是他们生活中考虑的首要问题，公司便适时推出了无息购房贷款，而且员工工作满规定年限，此项贷款还可以减半偿还。

从图9－3的薪酬四象限图显示的激励效果来看，第二象限绩效薪酬的激励作用最强，第四象限保险福利的激励作用最弱甚至为零。[11]

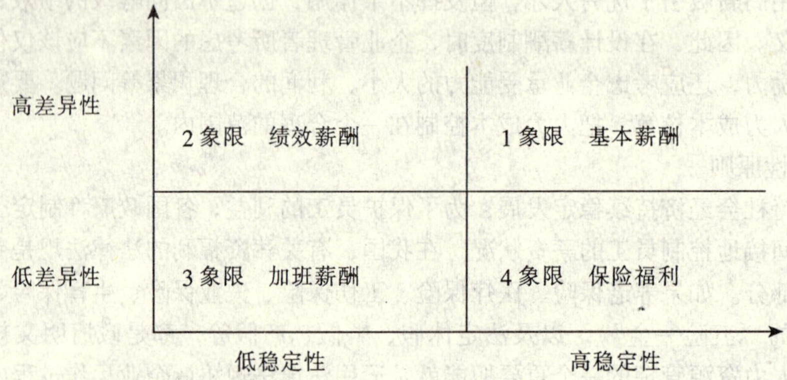


**图9－3　薪酬四象限图**

资料来源：杨剑，白云，朱晓红，等．激励导向的薪酬设计［M］．北京：中国纺织出版社，2002.

对一些薪酬水平较高而员工工作热情低、懒散、责任心差的企业来说，要想加大激励力度，可以采用高弹性的薪酬模式，即加大第二象限绩效薪酬的构成比例，缩小第一象限的基本薪酬和第四象限保险福利的构成比例。相反，对一些薪酬水平较低的企业来说，要

想保持员工的稳定性，可以采用高稳定的薪酬模式，即增加第一象限基本薪酬和第四象限保险福利的构成比例，缩小第二象限绩效薪酬的构成比例，让员工有安全感。

2. 提供适合员工需要的福利项目，增加员工的满意度

完善的保险福利系统对保持员工队伍的稳定性非常重要，它也是企业人力资源系统是否健全的一个重要标志。保险福利项目设计得好，不仅能减低员工的个人所得税，更能给员工带来方便和实惠。良好的保险福利系统一方面能解除员工的后顾之忧，另一方面也能增加员工对企业的满意度和忠诚度。

员工个人的保险福利项目按国家规定可以分成两类。一类是强制性福利，是企业必须按相关法律法规的要求执行的福利，如养老保险、失业保险、医疗保险、工伤保险等。另一类是企业自行设计的福利项目，常见的如人身意外保险、家庭财产保险、旅游、劳保、误餐补助或免费工作餐、健康检查、俱乐部会费、提供住房或购房支持计划、提供公车或报销一定的交通费、特殊津贴、带薪假期等。

对企业而言，福利是一笔庞大的开支，但对员工而言，其激励性却不大，有的员工甚至还不领情。最好的办法是采用菜单式福利，即根据员工的特点和具体需求，列出一些福利项目，并规定一定的福利总值，让员工自由选择，各取所需。如美国 TRW 公司把每个员工的福利数额告诉他们，允许员工在公司列出的一系列福利项目中自由选择，直到员工花完其个人福利额度为止。这种方式区别于传统的整齐划一的福利计划，具有很强的灵活性，很受员工的欢迎。[12]

3. 采取巧妙的薪酬支付方法，满足员工不同的需要

对不同的人员要用不同的激励措施。马斯洛需求层次理论说明，人的需求是分层次的，只有满足了低层次的需求之后，才能考虑高层次的需求。工资作为满足低层次需求的保障条件，对绝大多数人来说，仍是个硬道理。工资低的公司，即使企业文化搞得再好，也很难留住人才。对高层次人才，工资较高但如果缺少培训和发展机会，仍然缺乏吸引力。

将经济性薪酬和非经济性薪酬结合起来运用，有时能取得意想不到的效果。前者包括工资、津贴、奖金、“红包”等，后者则包括企业为员工提供的所有保险福利项目、实物、旅游、文体娱乐等。有些公司专门为员工的家属提供特别的福利，如在节日之际邀请家属参加联欢活动，赠送公司特制的礼品，让员工和家属一起旅游，给孩子们提供礼物等，让员工特别感动。

按照强化理论，适当缩短常规奖励的时间间隔，保持激励的及时性，有助于取得最佳激励效果。频繁的小规模的奖励会比大规模的奖励更为有效。减少常规定期的奖励，增加不定期的奖励，让员工有更多意外的惊喜，也能增强激励效果。

4. 应用多种计酬方式，激励不同层次员工

薪酬的计算方式一般包括按时计酬、按件计酬、按绩效计酬三种方式。

按时计酬是按单位时间工资标准和员工实际劳动时间计算和支付报酬，它可分为小时工资、周工资、月工资和年工资等。这种薪酬的计算方式比较重视职务价值、任职资格和员工技能，工资水平的决定因素是员工所在职位和个人技能的评价结果。这是最缺乏激励效果的一种计酬方式，其激励作用只体现在调薪前后一段很短的时间里，激励周期短且难于持久。但它也有明显的优点，就是员工收入稳定，能给员工安全感，有利于保持员工队

伍的稳定，还有实施简单方便、便于预测劳动力成本的优点。

按件计酬是根据员工完成的产品的数量与质量计发薪酬。计件薪酬对员工的激励作用十分明显，员工薪酬的高低和生产的数量和质量直接关联，这就较大程度地刺激了员工的生产积极性，但计件薪酬仅适用于产出数量容易计量、质量标准明晰的工作。计件薪酬的这一特点决定了它适用范围的狭窄性，一般计件薪酬只在生产岗位进行应用，对非生产人员的大多数岗位来说，计件薪酬则基本不适用。

按绩效计酬也是以工作量为依据计算薪酬，但它与计件薪酬不同，它不是简单意义上的工资与工作量挂钩，而是一种建立在系统的业绩考核与管理程序基础上的计酬方式。采用按绩效计酬的方式需要事先设定具体的工作目标，待工作完成后根据实际工作业绩进行评估。按绩效计酬有两种形式：一是根据绩效考核结果，一次性支付员工一定数量的报酬；二是根据绩效考核结果，定期或不定期地调整员工的工资档次。由于绩效薪酬与可量化的业绩挂钩，更具激励性和公平性，所以这种方法在很多企业得以广泛地应用，是目前一种比较流行的计酬方式。但是，这种计酬方式也有它的弊端，主要是考核标准难以合理确定，考核制度难以有效实施。

由于大多数企业的岗位数量都在几十个以上，所以在设计薪酬系统时通常都会采用上述三种方法的结合。对一般从事简单事务性工作的人员来讲，采用计时薪酬，对生产一线人员采用计件薪酬，而对大多数承担着一定管理职责的人员来讲，则采用按时计酬基础上的按绩效计酬。[13]

5. 重视对团队的奖励，消除基层员工的不平衡心理

国外一项研究表明，对某个生产排气系统零部件的企业用以供应价格为核心的薪酬制度代替以个人绩效为基础的计件工资制后，顾客投诉减少了，产品质量提高了，员工对团队精神的理解以及对工作绩效的关注都明显改进了。可见，以个人绩效为基础的薪酬制度与当今企业越来越强调的团队精神、群体共享等理念并不完全吻合。因此，有必要建立团体奖励计划。

有些成功企业用在奖励团队方面的资金往往占到员工收入的很大比重。对优秀团队的考核标准和奖励标准，要预先定义清楚并保证团队成员都能理解。具体的奖励分配形式为三类：一类是以节约成本为基础的奖励，比如斯坎伦计划是将员工节约的成本乘以一定的百分比，奖励给员工所在团队；另一类是以分享利润为基础的奖励，它也可以被看成是一种分红的方式；第三类是在工资总额中拿出一部分设定为奖励基金，根据团队目标的完成情况、企业文化的倡导方向设定考核和评选标准进行奖励。

6. 善用股票奖励形式，强调企业的长期绩效

股票期权是个非常诱人的字眼，很多员工特别是高职位的员工认为工资的高低倒不是主要的吸引力，最重要的是有没有实行员工持股制度。大多数的上市公司纷纷实行了股票期权制，即使非上市公司，也在探索不同形式的员工持股办法。

随着国内市场经济规则的日益完善，股票期权制的分配办法将越来越多地运用到实践中。

7. 进行薪资调查，了解薪资市场价格

公司应定期进行薪酬调查，了解企业所需人才在薪资福利方面的市场价格，了解清楚后应以此基本数据作为人才招聘的参考。除了常规一年一度的薪酬福利调查之外，公司还应根

据需要为某一特殊职位专门聘请专业的管理咨询公司作相关数据的调查，以做到知己知彼。

一位资深的外企人力资源经理说："要招聘到最优秀的人才，用公司内部的薪资水准去衡量往往是片面的，用市场价格去吸引他们才是唯一的出路。外面的人才并不在乎您所开出的薪酬在企业内是不是最高，他们在乎的是你所开出的薪酬是不是市场的最高价格。"[14]

8. 阐述企业的薪酬文化，吸引和留住人才

管理者必须认识到，薪酬既具有实质性意义，又具有象征性意义。由于薪酬表明了企业所重视的人和事，因而在进行人员招聘时，应向他们阐述清楚公司的薪酬文化和薪酬价值观。一些企业强调团队与协作精神，在薪酬收入之外会有很多集体性的奖励计划；一些企业强调技术研发工作，付给技术人员的薪资会是一般员工薪资的8倍；还有一些企业强调个人业绩，业绩好的员工所得到的薪资远远超过了经理。

良好的薪酬文化是成功薪酬制度的基础。良好的薪酬文化对大多数人来说是极具诱惑力的。因此，向外部人才及求职者大力宣扬公司优秀的薪酬文化，也是吸引人才的一种重要方法。

此外，企业在进行薪酬管理时，还要注意薪酬的外部均衡和内部均衡问题。外部均衡指企业员工的薪酬水平与同地域同行业的薪酬水平保持一致，或略高于平均水平；内部均衡主要是指企业内部员工之间的薪酬水平应该与他们的工作成比例，即满足薪酬的公平性。为了保证薪酬的外部均衡和内部均衡，管理人员需要做好两个方面工作：一是进行薪酬调查。薪酬调查是维持外部均衡的基础，即通过各种正常的手段，来获取相关企业各职务的薪酬水平及相关信息。对薪酬调查的结果进行统计和分析是企业的薪酬管理决策的有效依据。二是实施岗位评估。岗位评估是维持内部均衡的基础，即通过一些方法来确定企业内部工作与工作之间的相对价值。岗位评估的结果为企业薪酬的内部均衡提供了调节的依据。[15]

---

**即时案例　　企业薪酬管理的创新——自助式薪酬管理模式**

传统的薪酬管理模式只是为员工提供基于职位、资历等因素的薪酬方案，忽视了员工的个人需求。随着企业员工队伍组成越来越多样化，他们的需求也发生了很多变化，他们需要一种灵活多样的薪酬制度，需要一种以员工的个人需求为中心，由员工根据个人需求选择自己薪酬组合的薪酬管理方式——自助式薪酬管理模式。

一、自助式薪酬管理理念的来源

约翰·特鲁普曼在吸收前人研究成果的基础上，在其著作《薪酬方案——如何制定员工激励机制》中提出了强调员工参与性的自助式薪酬管理理念。

所谓自助式薪酬就是员工可以根据自己的需求、兴趣以及家庭情况来选择个人的薪酬模式，自助式薪酬是一个交互式薪酬管理模式，由企业和员工共同决定自己的薪酬组合方式，企业根据员工的需求制定一揽子薪酬支付计划，由员工来选择自己的薪酬组合方式，就像超市购物一样，超市为顾客提供多样的货品，由顾客自己选购，超市也根据顾客的需求来适时调整货品种类，以便更好地满足顾客需求。

自助式薪酬不仅仅是指薪水，而是一种投资和回报体系，它由多种不同的薪酬成分组成，结合了当今员工所期望的不同类型的薪酬意向。除金钱奖励外，现今员工对奖励的多样化和可选择性的呼声越来越高，员工在企业中有多方面的要求，有的员工甚至愿意拿一部分基本工资换取另外一些他们想到的东西，比如说工作的认可与成就感。由于员工在年龄、知识、兴趣、家庭情况等方面的差异，每个人的薪

酬组合也有不同，员工期望在一定的合理范围内有效选择自己的薪酬组合。

二、自助式薪酬管理的内容

约翰·特鲁普曼提出了整体薪酬方案的参考模型，将薪酬划分为10种类别，然后再将这10种类别划分为5组。

整体薪酬＝（基本工资＋附加工资＋福利工资）＋（工作用品补贴＋额外津贴）＋（晋升机会＋发展机会）＋（心理收入＋生活质量）＋私人因素

基本工资包括员工能够取得的最低限额的工资和奖励；附加工资是企业一次性支付的薪酬，包括加班费、股票期权和盈利分享等；这种薪酬发放可以是定期的，但是加班费是不固定的，要视不同员工的加班时间来确定；福利工资，也称间接工资，主要是指企业支付给员工的福利，这三项被划为第一组，是要通过现金支付的。工作用品补贴是指员工不必在外购买工作用品，由企业提供的诸如制服和工具等；额外津贴，最常见的是给予本企业员工购买自己企业产品的价格优惠，它和工作用品补贴一样能够给员工带来价值利益，两者划为一组。晋升机会和发展机会是指在企业内部，员工向高层发展的机遇和深造培训机会，一些员工喜欢工作中晋升的机会多一些，另一些热衷于岗位培训或由企业资助的培训及学位申请，两者都反映了员工对个人事业的关注。心理收入和生活质量是指在工作中的情感回报及协调工作和家庭生活之间矛盾的问题。最后是私人因素，从“吸引、留住和奖励”的角度来看，这个因素将会对某个特定的员工产生巨大的影响。

从上面的等式可以看出，自助式薪酬方案具有很强的弹性，员工完全可以在企业给定的框架内根据个人需求相应地调整与组合以建立起自己的薪酬系统，同时随着自己兴趣爱好和需求的变化做出相应的变更。它适用于企业的全体员工，扩大了传统观念上的薪酬范围，并把它们组合在一起，让员工享受到了前所未有的个性化薪酬制度所带来的愉悦。

例如，对于一位刚有小孩的年轻员工来说，他可能希望薪酬组合中现金收入的比重大一些，养老保险等远期收入的比重相对小一些。而对于一个孩子已经成家或没有小孩，且收入颇丰的年老员工来说，他不会太在乎现金收入，但希望退休金多储蓄一点，以备后患。

三、自助式薪酬管理的特点

自助式薪酬管理理念是对传统薪酬管理理念的挑战，也是对传统薪酬管理理念的创新。自助式薪酬理念具有如下特点：

1. 强调员工的参与性

员工按照自己的需求，调整各自的薪酬方案，参与范围可以超出工资以外的范畴，如晋升机会和发展机会。自助式薪酬管理扩大了薪酬范围，员工在企业提供的合理范围内选择薪酬时做出权衡交换，员工有多种选择余地。

2. 自助式薪酬方案适用于整个企业的全体员工，不仅仅是对特定员工

这种薪酬管理方式是一个投资和奖励组合，员工可以在企业规定的范围内调整出不同类型的薪酬组合，比如说，某个员工对额外津贴不感兴趣，那么他就可以放弃额外津贴，选择其他让他感兴趣的部分。例如，生活质量（能够减少每周的工作时间或可以家庭办公）；某个员工如不需要医疗保险（他已从其他途径获得了），就可以把这一部分转移到其他方面去，如增加发展机会（参加培训）等。

3. 注重非现金薪酬

自助式薪酬管理不仅仅局限于现金薪酬，员工对企业的薪酬满意程度评价中非现金因素占有很大的比重，依据马斯洛的需求层次理论，人的需求可以划分为五个部分：生理需求、安全需求、感情需求、尊重需求和自我实现需求。由于整个社会生产的发展，物质资料日趋丰富，人们越来越注重感情需求、尊重需求和自我实现需求，而这些需求一般情况下是不能够直接用现金来衡量的。

资料来源：凌艳平，杨晓艳．企业薪酬管理的创新——自助式薪酬模式［J］．经济与管理．2004.

## 9.4 薪酬体系设计

在人力资源管理领域中，薪酬管理是最困难的管理任务。它的困难性在于：第一，员工对薪酬的特别关注和挑剔；第二，薪酬管理理论与实践的脱节。对多数员工而言，他们会非常关心自己的薪酬水平，因为这直接关系到他们的生存质量。

企业对薪酬管理也是非常重视的。企业为了让薪酬更加合理，更加能反映员工的工作业绩，不惜将薪酬结构和薪酬体系制定得非常复杂和繁琐。实际上，过于复杂的薪酬管理与过于简单的薪酬管理一样会降低薪酬的激励作用。因此，企业必须树立正确的薪酬管理观念，学习和掌握薪酬管理的理论及技术，制定合理的薪酬制度和薪酬计划，以便有效地开发人力资源，为企业提高经营效益提供支持。

一套科学合理的薪酬体系可以让企业在不增加成本的情况下提高员工对薪酬的满意度。一般来讲，要设计一套科学合理的薪酬体系，应遵循一定的规则和程序，并经历以下几个过程（见图9-4）。

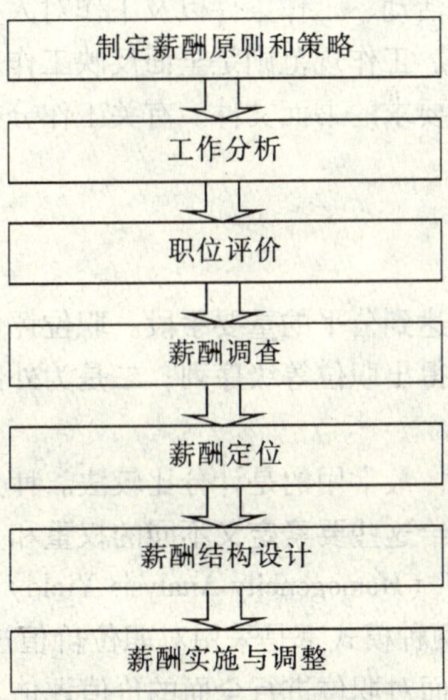


**图9-4 薪酬体系设计程序**

### 9.4.1 制定薪酬原则和策略

企业薪酬策略是企业人力资源策略的重要组成部分，而企业人力资源策略是企业人力资源战略的落实，说到底是企业基本经营战略、发展战略和文化战略的落实。因此，制定企业的薪酬原则和策略要在企业的各项战略的指导下进行，要集中反映各项战略的需求。薪酬策略作为薪酬设计的纲领性文件要对以下内容作明确规定：对员工本性的认识，对员工总体价值的认识，对管理骨干即高级管理人才、专业技术人才和营销人才的价值估计等核心价值观；企业基本工资制度和分配原则；企业工资分配政策与策略，如工资拉开差距的分寸标准，工资、奖金、福利的分配依据及比例标准等。

### 9.4.2 工作分析

工作分析是确定完成各项工作所需技能、责任和知识的系统过程。它是一种重要的人力资源管理技术，是薪酬设计的基础。

进行工作分析时，应当按照以下六个步骤来进行：

（1）确定工作分析信息的用途。

（2）收集与工作有关的背景信息，设计组织图和工作流程图。

组织图不仅确定了每一职位的名称，而且用相互联结的直线明确表明了谁应当向谁汇报工作，工作的承担者将同谁进行信息交流等。工作流程图则提供了与工作有关的更为详细的信息。

（3）选择有代表性的工作进行分析。

（4）收集工作分析的信息。

（5）同承担工作的人共同审查所收集到的工作信息。

（6）编写工作说明书和工作规范。

在大多数情况下，在完成了工作分析之后都要编写工作说明书和工作规范。工作说明书就是对有关工作职责、工作活动、工作条件以及工作对人身安全的危害程度等工作特性方面的信息所进行的书面描述。工作规范则是全面反映工作对从业人员的品质、特点、技能以及工作背景或经历等方面要求的书面文件。有关工作分析的介绍，在第四章有详细阐述，这里就不再赘述。

### 9.4.3 职位评价

职位评价是确保薪酬系统达到公平的重要手段。职位评价有两个目的：一是比较企业内部各个职位的相对重要性，得出职位等级序列；二是为外部薪酬调查建立统一的职位评估标准。

职位评价的方法有许多种，最常用的是计分比较法。计分比较法首先需要确定与薪酬分配有关的评价要素，然后再给这些要素定义不同的权重和分数。大多数企业在进行职位评价的过程中都习惯采用 HAY（Homogeneity Analysis Yield）模式或 CRG（Criterion Reference Group）模式评价法。这两种模式都是采用对职位价值进行量化评估的办法，从几个主要要素、若干个子因素等方面对职位进行全面的价值评估。

完成职位评价后，企业可以根据需要设计职位等级序列（即层级关系图），一些人数多、规模大、组织结构复杂的企业，职位等级可能会达 20～30 级之多，一般中小型企业也有 15～20 级。

### 9.4.4 薪酬调查

所谓薪酬调查是指企业通过内外薪酬分配的有关状况找出差距和问题，为改进薪酬管理提供信息支持，通过各种合法的手段获取相关企业各职务的薪资水平及相关信息。对薪资调查的结果进行统计和分析会成为企业薪资管理决策的有效依据。薪酬调查重在解决薪酬的对外竞争力问题，因此，企业在确定薪资水平时，一般需要参考劳动力市场的平均薪资水平。

1. 薪酬调查的对象

薪酬调查的对象最好是选择与本企业有竞争关系的公司或同行业的类似公司，重点考虑员工的流失去向和招聘来源。薪酬调查的数据要有上年度的薪资增长状况、不同薪酬结构的对比、不同职位和不同级别的职位薪酬数据、奖金和福利状况、长期激励措施以及未来薪酬走势分析等。只有采用相同的标准进行职位评估，并保证薪酬数据的真实性，才能保证薪酬调查的准确性。

2. 薪酬调查的方式

薪酬调查可以采用不同的方式，其中最为典型的方式包括：问卷调查、访谈调查、电话调查和网络调查。目前网络调查作为一种新兴的调查方式，具有保密和快捷的特点，由于其不受地域和时间的限制，可靠性也大幅提高，因此受到了越来越多企业的青睐。

3. 薪酬调查的渠道

一般来说，企业管理者可以利用两种渠道获取薪酬信息。一种是依靠商业机构、专业协会或政府部门的调查报告。如在美国，就有劳工统计局、美国管理协会以及一些咨询公司定期进行薪酬调查并为社会提供调查报告。另一种是企业人力资源部门直接进行的正式或非正式调查，这是许多中小企业主要的薪酬调查方式。根据英国的一项研究，为了了解其他企业类似职位的薪酬水平，在被调查的企业中，约71%的雇主依赖于同其他雇主进行非正式交流，约20%～25%的雇主通过正式问卷调查收集信息。表9－1是一份比较简单的薪酬调查问卷。①

表9－1　　薪酬调查表

年　月

<table>
<tr><td>姓名</td><td>年龄</td><td>学历</td></tr>
<tr><td>所属行业</td><td>所属企业</td><td>部门</td></tr>
<tr><td>职务名称</td><td>职位代码</td><td>相关职位工作年限</td></tr>
<tr><td colspan="3">工作职责</td></tr>
<tr><td colspan="3">每月工作时间（天）<br>每天工作时间（小时）</td></tr>
<tr><td>每月总收入<br>基础工资/月<br>住房津贴/月<br>每年总收入</td><td><br>奖金/年<br>其他津贴/月</td><td><br>加班费<br>股份收入/年</td></tr>
</table>

4. 薪酬调查结果的运用

薪酬调查的结果表现为薪酬调查报告，不同的薪酬调查方式和渠道所得到的调查信息存在较大差异，因此，薪酬调查结果的表现形式往往也不尽相同。薪酬调查的结果会直接

① 秦志华．人力资源管理［M］．北京：中国人民大学出版社，2002.

影响企业薪酬管理工作。它在企业中的运用和影响方式大致有三种：一是根据调查收集的有关保障、休假等员工福利信息，制定基本的员工福利方案；二是根据调查结果，对本企业中类似或相同职位的薪酬进行比较分析和调整，以使其符合市场价格，例如，美国劳工部定期发布的分行业人力资源成本估计报告——《雇佣成本指数报告》就非常受关注，这份报告专门衡量每一季度中，员工的薪酬开支相对于组织成本的变化情况，它使得组织可以与本行业或特定行业的情况进行对比；三是参考调查得出的基准职务工资水平，并根据不同职务在企业中的相对价值，建立本企业的薪酬标准体系。① 但要注意，薪酬调查数据只是对过去的反映，是一个静态数据，企业在应用这些数据时应该对薪酬市场的发展趋势和自身薪酬策略有一个自主判断，应该理性使用薪酬调查数据。

5. 薪酬调查的原则

薪酬调查应掌握的原则通常包括：

（1）在被调查企业不知情的情况下获取薪资信息。由于薪资管理政策及数据在许多企业属于商业机密，它们不愿意让其他企业了解，所以在进行薪资调查时，要由企业人力资源部门与对方对应部门或总经理联系或利用其他方式获取信息。

（2）调查的资料要准确。由于很多企业对本企业的薪资情况守口如瓶，所以有些信息很可能是道听途说得来的，不全面，准确率低。另外，在取得某岗位的薪资水平的同时，要比较其岗位的职责是否与本企业一致，否则其参考价值就不高。

（3）调查的资料要随时更新。随着市场经济的发展和人力资源市场的完善，企业的薪资情况在经常变化，调查的资料要及时更新才有参考价值。

### 9.4.5 薪酬定位

在分析同行业的薪酬数据后，需要做的是根据企业状况确定不同的薪资水平。

影响公司薪资水平的因素有多种。从公司外部看，国家的宏观经济、通货膨胀、行业特点和行业竞争、人才供应状况等都对薪酬定位和工资增长水平有不同程度的影响。在公司内部，盈利能力、支付能力、对人员素质的要求是决定薪资水平的关键因素；企业发展阶段、人才稀缺度、招聘难度、公司的市场品牌和综合实力也是重要的影响因素。

在薪资水平的定位上，企业可以选择薪资领先策略或跟随策略。采用薪酬领先策略的组织通常具有规模较大，投资回报率较高，薪酬成本在经营总成本中所占比重较低等特征。实践中，像惠普、摩托罗拉这样的大型跨国公司争占薪酬领袖的做法已经人所共知。世界著名的思科公司（CISCO）的薪酬策略是整体薪酬水平就像思科成长速度一样处于业界领先地位，为保持这种领先地位，思科一年至少做两次薪酬调查，并不断更新。薪酬跟随策略是一种最为通用的薪酬决策类型，大多数组织都采用这种策略：如果市场薪酬水平年底将上涨5%，那么组织也考虑将薪酬水平上调5%。

在薪酬系统设计中有专用术语叫25P、50P、75P，意思是说，假如有100家公司参与薪酬调查的话，薪酬水平按照由低到高排名，它们分别代表着第25位排名（低位值）、第50位排名（中位值）、第75位排名（高位值）。一个采用75P策略的公司，需要雄厚的财力、完善的管理、过硬的产品作支撑，因为薪酬是刚性的，降薪几乎不可能，一旦企

① 秦志华．人力资源管理［M］．北京：中国人民大学出版社，2002.

业的市场前景不妙，将会使企业的留人措施变得困难。

### 9.4.6 薪酬结构设计

薪酬价值观和薪酬思想反映了企业的分配哲学，即依据什么原则确定员工的薪酬。不同的企业有不同的薪酬价值观，不同的价值观决定了不同的薪酬结构。企业在设计薪酬结构时，往往要综合考虑五个方面的因素：一是其职位等级，二是个人的技能和资历，三是工作时间，四是个人绩效，五是福利待遇。这五方面的因素在工资结构上分别设计为基本工资、绩效工资、加班工资和薪酬福利。

基本工资由职位等级决定，它是一个人工资高低的主要决定因素。基本工资是一个区间，而不是一个点。相同职位的不同员工由于在技能、经验、资源占有、工作效率、历史贡献等方面存在差异，导致他们对公司的贡献并不相同，因此在基本工资的设置上应保持差异，即职位相同，基本工资未必相同。这就增加了工资变动的灵活性，使员工在不变动职位的情况下，随着技能的提升、经验的增加而在同一职位等级内逐步提升工资等级。

绩效工资是对员工完成业务目标而进行的奖励，即薪酬必须与员工为企业创造的经济价值相联系。绩效工资可以是短期性的，如销售奖金、项目浮动奖金、年度奖励；也可以是长期性的，如股份期权等。此部分薪酬的确定与公司的绩效评估制度密切相关。

总的来讲，确定基本工资需要对职位进行分析和评估；确定绩效工资，需要对工作表现作评估；确定公司的整体薪酬水平，需要对公司盈利能力、支付能力作评估。每一种评估都需要一套程序和办法。所以说，薪酬结构设计是一个系统工程。[①]

### 9.4.7 薪酬实施与调整

薪酬方案一经建立，就应严格执行，发挥其保障、激励功能。在实施过程中，薪酬设计者还有一项重要的职责，就是要对制定出来的薪酬制度进行修正和调整，这是薪酬设计的最终环节。在这个环节要完成以下任务：

（1）在薪酬设计过程中，设计者是抛开具体的人而针对工作进行设计的，但在实施过程中，则是针对具体的人的，因此难免要出现很多在设计过程中没有考虑到的因素。要考虑到所有的因素几乎是不可能的，特别是当设计者是外聘专家时更是如此，因此在正式公布实施前要进行一个预演式的实施，并根据预演情况进行一些修正，以减少公布后出现的风波。

（2）薪酬设计时效很强，方案一旦成型就要立即实施，因为时间一长，方案中涉及的薪酬数据已经发生了变化，市场价格也已经进行了调整，那么方案的数据也要进行相应调整，否则会使员工对方案的科学性和可行性产生怀疑。

（3）要及时地作好员工的沟通和必要的宣传与培训。从本质上讲，劳动报酬是对人工成本与员工需求进行平衡的结果。公平是必要的，但绝对的公平是不可能的，因此实施者要做好宣传解释工作，如利用薪酬满意度问卷、员工座谈会、内部刊物甚至 BBS 论坛等形式，向员工阐明薪酬设计的依据，以尽可能地消除误解，让尽可能多的员工满意。

---

① 杨剑，白云，朱晓红，等. 激励导向的薪酬设计［M］. 北京：中国纺织出版社，2002.

（4）在保证薪酬方案相对稳定的前提下，还应随着企业经营状况和市场薪酬水平的变化作相应的调整。在确定薪酬调整比例时，要对总体薪酬水平做出准确的预算，目前，大多数企业是财务部门做预算。但为了准确起见，由人力资源部门做此预算更合适一些，因为财务部门并不十分清楚员工具体薪酬和人员变动情况，更不清楚企业的人力资源规划及实施情况。因此人力资源部门要做好薪酬台账，设计一套比较好的人力成本测算方法。①

---

**即时案例　　美世咨询薪资调查报告**

薪资调查的战略意义：

首先，薪资调查可以帮助企业了解同行业的薪资水平，从而检视自己的薪资制度是否具有挑战性和吸引力；其次，薪资调查可以帮助企业在年底时确定企业下一个年度的薪资提升幅度；再次，薪资调查可以帮助企业人力资源部门对企业的人力资源成本进行预算；最后，薪资调查的结果可以帮助企业决定企业薪资分配的方案，在一个限定的水平内重新调整薪资的分配，使得薪资的效益最大化。

普遍的观点认为企业的薪资是吸引和保留员工的最重要因素之一，美世咨询据此做了一份调查，所得结果如表一所示。

表一　　美世咨询薪资调查报告

| 名次 | 吸引和保留员工的项目 | 调查结果 |
|---|---|---|
| 1 | 职位晋升和职业生涯的完善 | 87% |
| 2 | 具有挑战性的薪资福利 | 86% |
| 3 | 和上级的关系 | 58% |
| 4 | 工作与生活的平衡关系 | 33% |
| 5 | 丰富的工作内容 | 32% |
| 6 | 同事之间的信任 | 30% |
| 7 | 良好的工作环境 | 25% |
| 8 | 优越的企业文化 | 23% |

从表一中我们可以看出，职位的晋升、职业生涯的完善以及具有挑战性的薪资福利已经成为了吸引和保留优秀员工的最重要的因素。但是我们在解读这一数据时，并不能简单地认为薪资福利的影响力已经在职位晋升和职业生涯的完善之下，其实，所谓的职位晋升与职业生涯的完善对员工去留的影响力是建立在有吸引力薪资水平的基础之上的。

从美世咨询提供的数据中，我们可以看出薪资对于员工去留的影响力，正因为如此，制定合理有效的薪资制度就显得尤为重要，而要制定出合适合理的薪资制度，就必须要进行薪资调查。

劳动力市场的薪资状况：

根据美世咨询的调查，国内劳动力市场的薪资现状大致可以从国有企业、外资企业以及民营企业三大类来描述。

---

① 杨剑，白云，朱晓红，等．激励导向的薪酬设计［M］．北京：中国纺织出版社，2002.

1. 国有企业

国营企业的薪资总体表现出高职位薪资偏低、低职位薪资偏高，高低职位薪资变化较小的态势，如图一：

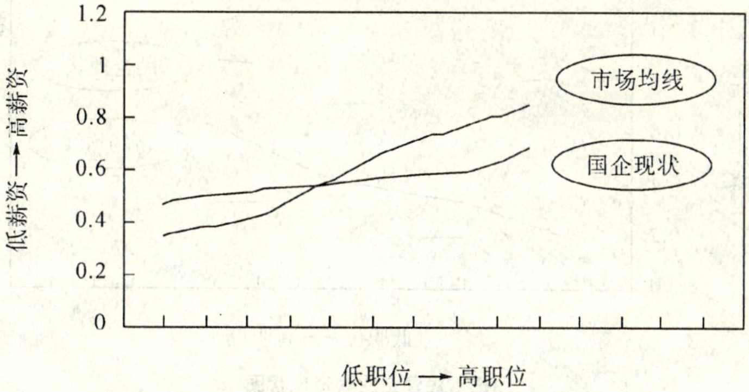


**图一　国有企业薪资现状图**

从图一中，我们能够清晰地看出：国有企业薪资分配的基本思想是高福利、低现金和倾向于平均主义，不患寡而患不均，与市场正常水平比较起来往往是低职位薪资不低，高职位薪资不高。这一点充分显示出国有企业的薪资策略主要是考虑到资质以及工作年限。据美世咨询的高级顾问王祝永先生透露，在美世做过的咨询项目中，国有企业员工心理上可以接受的最高层与最低层的薪资差距是4~5倍。在这一薪资模式下，势必导致国有企业在保有高素质的高层时缺乏必备的竞争力。

2. 外资企业

外资企业相对于国内其他企业来说，在薪资上还是具备一定的优势，基本上都在市场平均线之上，而且决定薪资水平在很大的程度上是由员工个人能力和绩效来决定。如图二：

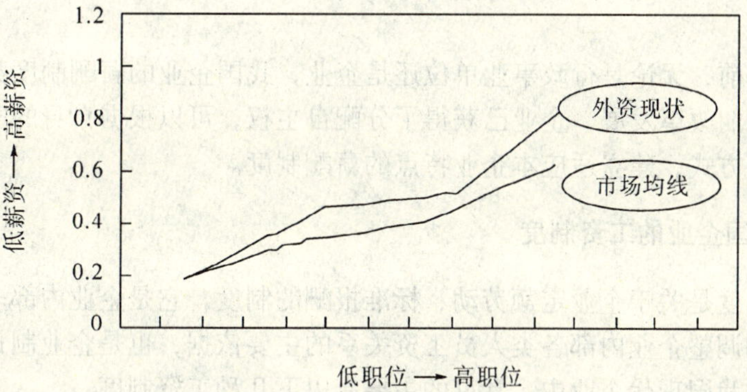


**图二　外资企业薪资现状图**

由于外资企业主要讲求的是绩效薪资占据主要位置，管理策略上缺乏人情味。所以外资企业员工普遍感觉到工作压力过大。在同等的薪资水平条件上，外资企业的员工流动意愿会加强。通常情况下，外资企业比较忽视自身员工的培养，倾向于高薪挖脚的形式来获取优势的人力资源。但是随着中国总体人力资源成本的增加，外资企业越来越倾向于高层用人本地化。

3. 民营企业

民营企业一般采用的是家族式的管理，没有必备的规章制度以及相应具备挑战性和吸引力的薪资制度。民营企业在用人方面的特点主要是高层基本上都是亲属或者亲信，普通员工很难通过自身的努力进入企业的高层管理或者决策机构。在薪资的支付上，民营企业的主要理念是看人给薪，缺乏科学的依据和客观的公平因素，在这一机制下，员工普遍难以对企业形成认同感，所以其薪资曲线呈现出一种奇怪的跳跃状。如图三：

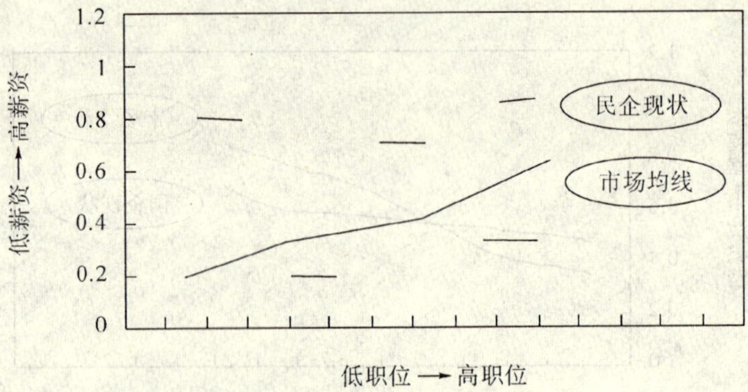


图三　民营企业薪资现状图

民营企业由于其规模的限制以及最高管理层的管理理念及用人机制等多方面的原因，导致民营企业薪资制度随意性过大，这一弊端直接体现出民营企业在招人以及留人等两方面都存在较大问题。

企业要想制定出一个具有竞争力、公平性和激励性的薪资制度以及在薪资份额内对薪资的结构进行调整，则必须事先经过详细的薪资调查才能够在兼顾公平、不增加企业人力资源成本负担的基础上，管理现有的薪资制度以及提出适合企业长期发展的薪资策略。

资料来源：胡晓琼．从薪酬调研透析薪酬策略和管理——美世咨询薪资调查报告［J］．新资本，2006.

## 9.5　我国企业的薪酬制度

在改革开放前，无论是行政事业单位还是企业，我国企业的薪酬制度都由国家统一规定。经过几十年的改革发展，企业已获得了分配自主权，可以根据自身的实际情况，选择合适的薪酬管理方式，建立适应本企业特点的薪酬制度。

### 9.5.1　我国企业的工资制度

企业工资制度是关于企业定额劳动、标准报酬的制度，它是企业内部多种分配制度的基础，是确定和调整企业内部各类人员工资关系的主要依据，也是企业制订内部工资计划的重要参考。在我国现代企业中，常见的主要有以下几种工资制度：

1. 结构工资制

结构工资制是指基于工资的不同功能划分为若干个相对独立的工资单元，各单元又规定不同的结构系数，由此组成的有质的区分和量的比例关系的工资结构。结构工资制的构成一般包括六个部分：一是基础工资，二是岗位工资，三是技能工资，四是效益工资，五是浮动工资，六是年功工资。图9-5为某企业员工的结构工资体系。

结构工资制有四大优点：一是工资结构反映劳动差别的诸要素，即与劳动结构相对应，并紧密联系成因果关系。劳动结构有几个部分，工资结构就有几个相对应的部分，并随前者变动而变动。二是结构工资制的各个组成部分各有各的职能并分别计酬，可从劳动的不同侧面和角度反映劳动者的贡献大小，发挥工资的各种职能作用，具有比较灵活的调

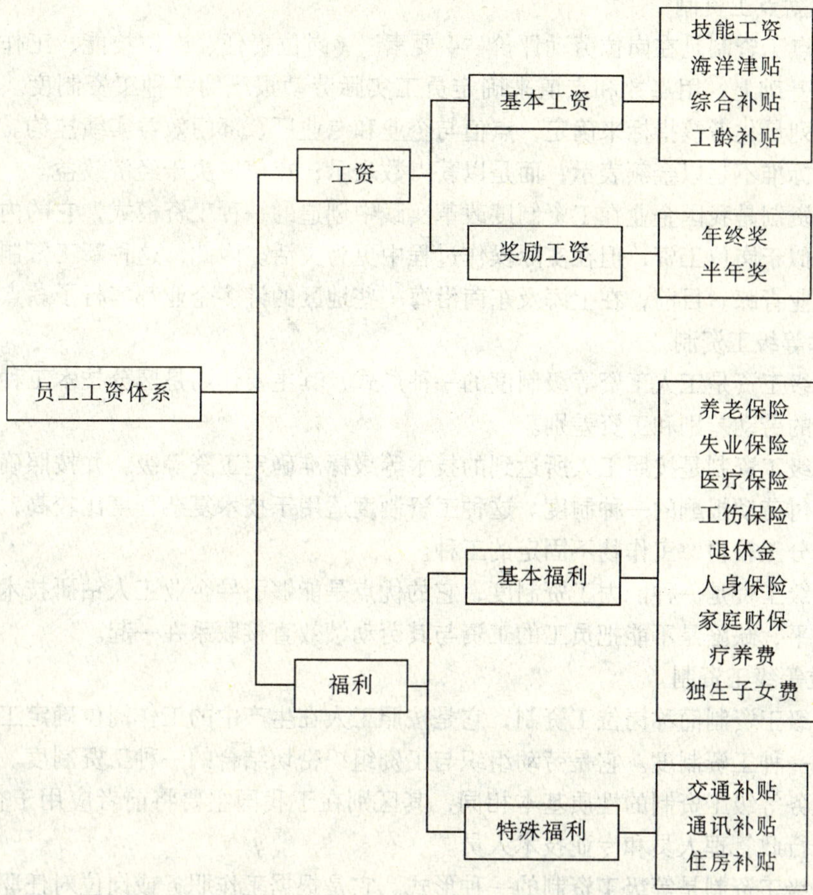


**图 9－5　某企业员工结构工资体系**

资料来源：刘军胜．薪酬管理实务手册．北京：机械工业出版社，2002

节功能。三是有利于实行工资的分级管理，从而克服“一刀切”的弊病，为改革工资分配制度开辟了道路。四是能够适应各行各业的特点。

但是，结构工资制也有缺点：一是合理确定和保持各工资单元比重的难度较大，二是由于工资单元多且各自独立运行，工资管理工作较复杂。

2. 岗位技能工资制

岗位技能工资制是以按劳分配为原则，以劳动技能、劳动责任、劳动强度和劳动条件等基本劳动要素评价为基础，以岗位和技能工资为主要内容的企业基本工资制度。从本质上说，岗位技能工资制也是结构工资制中更为规范化的一种具体形式。与其他结构工资制形式不同的是，岗位技能工资制是建立在岗位评价的基础上，充分突出了工资中岗位与技能这两个结构单元的特点。它更有利于贯彻按劳分配的原则，更能够调动员工提高技术业务水平的积极性。

岗位技能工资制的适用范围的特点是：具有极强的适用性，各种企业，不论大小，均可采用岗位技能工资制，特别是生产性企业和技术含量较高的企业，采用岗位技能工资制更能显示其优越性。

3. 岗位薪点工资制

岗位薪点工资制是在岗位劳动评价“4 要素”（岗位责任、岗位技能、工作强度、工作条件）的基础上，用点数和点值来确定员工实际劳动报酬的一种工资制度。员工的点数通过一系列量化考核指标来确定，点值与企业和专业厂、部门效益实绩挂钩。其主要特点是：工资标准不是以金额表示，而是以薪点数表示；点值取决于经济效益。

薪点工资制是我国企业在工资制度改革实践中创造的一种工资模式，它的内涵和基本操作过程类似于岗位工资，但在实际操作过程中更为灵活。因此，这种新工资制度刚一出现就广受企业青睐。目前，在上海及东南沿海一些地区的许多企业都实行了薪点工资制。

4. 技术等级工资制

技术等级工资是工人工资等级制度的一种形式，其主要作用是区分技术工种之间和技术工种内部的劳动差别和工资差别。

技术等级工资制是按照工人所达到的技术等级标准确定工资等级，并按照确定的等级工资标准计付劳动报酬的一种制度。这种工资制度适用于技术复杂程度比较高，工人劳动差别较大，分工较粗，工作物不固定的工种。

技术等级工资是一种能力工资制度，它的优点是能够引导企业工人钻研技术、提高个人的技术水平，缺陷是不能把员工的工资与其劳动绩效直接联系在一起。

5. 岗位等级工资制

岗位等级工资制简称岗位工资制，它是按照工人在生产中的工作岗位确定工资等级和工资标准的一种工资制度。它是劳动组织与工资组织密切结合的一种工资制度。岗位等级工资制与职务等级工资制的性质基本相同，其区别在于我国主要将前者应用于企业工人、后者应用于行政管理人员和专业技术人员。

岗位等级工资制是等级工资制的一种形式，它是根据工作职务或岗位对任职人员在知识、技能和体力等方面的要求及劳动环境因素来确定的员工工作报酬。员工工资与岗位和职务要求挂钩，不考虑超出岗位要求之外的个人能力。其特点表现在以下几个方面：

（1）按照员工的工作岗位等级规定工资等级和工资标准岗位工资，按照各工作岗位的技术复杂程度、劳动强度、劳动条件、责任大小等规定工资标准，而不是按照员工的技术能力规定工资标准。员工在哪个岗位工作，就执行哪个岗位的工资标准。在这种情况下，同一岗位上的员工，尽管能力与资历可能有所差别，执行的都是同一工资标准，即所谓的“以岗定薪”。

（2）员工要提高工资等级，只能到高一级岗位工作。岗位工资制不存在升级问题，员工只有变动工作岗位，即只有到高一等级的岗位上，才能提高工资等级。但这并不等于说，一个员工不变动岗位，就不能提高工资标准。在企业经济效益提高，或社会整体经济水平增长以及物价上涨过快而工资等级数目不变的情况下，对于不能上升到高一级岗位上工作的员工，就必须通过提高岗位工资标准的手段来提高工资。

（3）员工要上岗工作必须达到该岗位既定的要求。虽然岗位工资制不制定技术标准，但各工作岗位度规定有明确的职责范围、技术要求和操作规程，员工只有达到岗位的要求时才能上岗工作。如果在未达到岗位的要求时就上岗工作，只能视为该员工处于熟练期间，他只能领取熟练期的工资。

6. 职能等级工资制

职能等级工资制是根据职工所具备的与完成某一特定职位等级工作所要求的工作能力等级确定工资等级的一种工资制度。其特点表现在以下几个方面：

（1）决定个人工资等级的最主要因素是个人相关技能和工作能力，即使员工不从事某一职位等级的工作，但经考核评定其具备担任某一职位等级工作的能力，仍可执行与其能力等级相应的工资等级，即职位与工资并不直接挂钩。

（2）职能等级及与其相应的工资等级数目较少。其原因是对上下相邻不同的职位等级来说，各职位等级所要求的知识和技能的差别不是很明显。所以，可以把相邻职位等级按照职位对工作能力的要求列为同一职能等级。这样制定出来的职能等级数一般只有职位等级的一半甚至更少。

（3）要有严格的考核制度配套。由于决定工资等级的是个人能力等级，所以要确定一个员工的工资等级，首先要确定其职能等级。这就需要制定一套客观、科学而完整的职位等级标准和职能等级标准，并按照标准对个人进行客观、准确的考核与评定。否则，职能等级就很容易只按照资历确定。另一方面，由于员工的能力是不断提升的，但速度是不一致的，所以需建立长期的考核制度，定期对员工的职能等级进行考核。

（4）人员调整灵活，有很强的适应性。这是由第一个特点决定的。由于职能工资等级不随员工职位等级的变动而变动，因而有利于人员变换工作和调整，能够适应企业内部组织机构随市场变化而相应调整的要求。

7. 提成工资制

提成工资制是企业实际销售收入减去成本开支和应缴纳的各种税费以后，剩余部分在企业和职工之间按不同比例分成的制度。它有创值提成，除本分成，“保本开支、见利分成”等形式，在饮食服务业采用较多。

实行此制度的三要素是：①确定适当的提成指标。②确定恰当的提成方式。提成方式主要有全额提成和超额提成两种形式。全额提成即职工全部工资都随营业额浮动，而不再有基本工资；超额提成即保留基本工资并相应规定需完成的营业额，超额完成的部分再按一定的比例提取工资。从实行提成工资的层次上划分，有个人提成和集体提成。③确定合理的提成比例。有固定提成比例和分档累进或累退的提成率两种比例方式。

8. 年薪工资制

年薪工资制又称年工资收入制度，是指以企业会计年度为时间单位，根据经营者的业绩好坏计发工资的一种薪酬制度。年薪制一般适用于组织中的高层领导或独立业务单元的有关负责人，所以又称为经营者年薪制。实行年薪制后，经营者的收入主要由基薪和风险收入两部分构成，其实际收入主要根据其经营成果以年度为单位考核浮动发放。

年薪制具有几个重要特点：一是以组织的一个生产经营周期为单位，一般为一年；二是年薪制是一种高风险的薪酬制度，它依靠的是约束和激励相互制衡的机制；三是年薪制将企业经营管理者的业绩与其薪酬直接联系起来。

实施年薪制的组织必须具备以下条件：一是要建立现代企业制度；二是要有科学、完善的组织外在评估机制；三是要有完善的经理人人才市场；四是要有健全的股市和股权制度。

在我国，对经营者年薪收入实行分级管理体制，由企业主管部门根据有关规定负责组织对经营者的实绩进行考核，并提出对经营者年薪收入水平的明确建议，报同级劳动部门审核同意后，按照经营者任免管理权限审批。其中，国务院所属的总公司、计划单列企业集团经营者的年薪收入在劳动部、财政部或有关中介机构对各项经济指标完成情况进行审核的基础上，由劳动部提出建议并审核，再按照经营者任免管理权限审批。国家控股的股份制企业的经营者年薪收入由董事会确定。

虽然年薪制在我国推行较晚，但目前已有相当多的企业开始实行年薪制。在我国推行年薪制不仅仅是分配机制的改革，更是责任机制的改革。实行年薪制能更加有效地激励经营者，也能通过较长时间周期获得对经营业绩客观公正的评价。①

9. 谈判工资制

谈判工资制是一种灵活反映企业经营状况和劳务市场供求状况并对员工的工资收入实行保密的一种工资制度。

职工的工资额由企业根据操作的技术复杂程度与员工当面谈判协商确定，其工资额的高低取决于劳务市场的供求状况和企业经营状况。当某一工种人员紧缺或企业经营状况较好时，工资额就上升，反之就下降。企业对生产需要的专业技术水平高的员工愿意支付较高的报酬。如果企业不需要该等级的专业技术员工，就可能降级使用或支付较低的报酬。只有当企业和职工双方就工资额达成一致，工资关系才能建立。企业和员工都必须对工资收入严格保密，不得向他人泄露。

谈判工资制的优点是有利于减少员工之间工资上的攀比现象，减少矛盾。工资是由企业和员工共同谈判确定，双方都可以接受，一般都比较满意，有利于调动职工的积极性。

谈判工资制的弊端在于这种工资制度与劳资双方的谈判能力、人际关系等有关，弹性较大，容易出现同工不同酬的现象。在国有企业实行这种制度，由于制度、仲裁机构和监督机构不健全，容易使以权谋私者从中舞弊，产生亲者工资高、疏者工资低等不合理现象。②

10. 能力工资制

决定薪酬的三种基础：职位、能力和绩效，亦即所谓的“3P”理论，传统的职位薪酬由于单一化和不灵活的缺陷已经无法适应企业发展竞争的需要。随着知识和能力在企业竞争中的地位提升，企业对知识和能力的关注度日益增加。能力薪酬由于其灵活性和其对能力提升的有效激励已经成为国外多数企业的“新宠”，也必将受到越来越多国内企业的青睐。

能力薪酬，是指企业将员工拥有的相关能力和技术作为支付基础，简单地说，就是不论员工在哪个职位工作，不论他实际做了哪些工作，只要他具备了一定的知识、技能和经验，企业就支付给他相应的薪酬。

与能力有关的薪酬机制在发达国家正受到越来越多的关注。在美国和欧洲进行的一项调查显示，在参加调查的700多家美国公司中，有16%的公司已经采用了这种报酬体系，78%的公司表示他们将考虑采用该机制。在欧洲，大约有20%的公司采用了这个方法，并且有一半以上的企业将其作为薪酬机制改革的首选方案。在规模较大的公司中，能力薪

① 杨剑，白云，朱晓红，等. 激励导向的薪酬设计［M］. 北京：中国纺织出版社，2002.

② 秦志华. 人力资源管理［M］. 北京：中国人民大学出版社，2002.

酬的运用似乎更为广泛。《财富》杂志上的500家大型企业中有50%以上的公司至少对一部分员工采用了能力薪酬。在中国，随着企业管理的不断革新，很多企业也正在尝试使用能力薪酬。

微软公司的薪酬体系就是比较典型的能力薪酬。作为一个高科技企业，卓越的科研能力、管理能力等是其获得竞争优势的关键。为此，微软为技术人员和管理人员提供了两条平行的工资晋升路径。在每个专业里设立了“技术级别”，反映员工的基本技能和经验阅历，并根据技术级别确定员工的工资水平。在开发部门，每年开发经理对全体人员进行一次考核并确定技术级别，这使得所有的员工都可以相互比较以充分认识到公司对自己技能的认可程度。微软只是一个例子，在众多知识型企业中，有很多也采用了能力薪酬方案，能力薪酬存在很广阔的生存空间和很强劲的发展势头。

能力薪酬的意义不仅在于吸引和留住知识型员工，更重要的是，以能力来衡量薪酬鼓励了能力的获取，而能力的获取对于企业来说又恰恰是至关重要的。具有良好学习能力的组织才能在知识快速更新的时代保持强有力的竞争优势，而能力薪酬就是企业能力获取的催化剂，这正是众多企业采用能力薪酬的主要动力。

从工作形式和组织结构变化的角度来看，能力薪酬的推广有其必然性。在企业中，团队化的工作形式越来越普遍。团队中，工作的界限并不明确，很难界定职责，因此，基于职位的薪酬不适合；另外，团队讲求知识共享和知识互补，知识和能力的重要性再次被突出。源于团队工作形式的这些特点，在薪酬设计上，能力薪酬更为科学合理。再从组织结构来看，组织正在向逐渐扁平化的方向发展。层级越来越少，权利逐渐下放，员工有了更多的参与权和决策权，当然，这是需要以员工具备较强的综合能力为前提的，这时采取能力薪酬，无疑为鼓励员工追求自身的学习和成长、增强自身各方面能力提供了动力。

### 9.5.2 我国员工的福利制度

福利作为一种间接的经济报酬，其作用已得到广泛的承认。根据我国劳动法的有关规定，员工福利可分为社会保险福利和用人单位集体福利两大类。社会保险福利是指为了保障员工的合法权利，而由政府统一管理的福利和措施。它主要包括社会养老保险、社会失业保险、社会医疗保险、工伤保险等。用人单位集体福利是指用人单位为了吸引人才或稳定员工而自行为员工采取的福利措施。如工作餐、工作服等。“用人单位集体福利”根据员工享受的范围不同，可分为全员性福利和特殊群体福利两类。全员性福利是全体员工可以享受的福利，而特殊群体福利只能由某些对企业作出过特殊贡献的技术专家、管理专家等特殊群体享受。

1. 我国员工的福利形式

福利的构成有不同的分类，就目前我国企业对员工提供的福利项目来看，大致可分为如下几种：

（1）常规福利

①非工作时间报酬。包括假日、节日、带薪休假、事假以及探亲假等。

②津贴。包括交通津贴、洗理津贴、服装津贴、节日津贴或实物、住房津贴、购物补助以及子女入托补助等。

③服务。包括班车、工作服、免费食品供应、体育锻炼设施、娱乐设施、集体旅游、

礼物馈赠、食堂与卫生设施以及节日慰问等。

（2）保险福利制度

①安全与健康保险。包括人寿保险、意外死亡、伤残保险、医疗保险、职业病疗养以及保健计划和组织。

②失业保险和遣资。

③家庭财产保险。

在保险福利制度的设计上，许多企业采取了以下方式：

由公司与个人共同出资，进行员工医疗自我保险；

通过制定灵活的福利计划，鼓励员工自愿选择紧缩的医疗保险，如对自愿放弃某种投保计划的员工发放特别补贴等；

与员工明确约定，公司只承担部分费用；

变动承担比例，视员工业绩情况而采取不同的比例，每年评定一次，同时调整一次。

（3）退休制度

退休制度是广义的福利制度的一环。退休制度是为了吸引青年员工留在企业中安心工作和促使老年员工顺利退出企业。退休制度具体包括：

职务年龄限制和任职年龄调整制度；

晋升年龄限制和晋升年龄调整制度；

提薪年龄调整制度；

弹性退休制度。

在我国企业中，目前常见的就是返聘制度，即根据本人的能力、健康等情况，有条件地将退休后的员工作为临时工或合同工予以雇佣。

（4）养老金计划

养老金是定期支付给已从公司退休并有资格享受这种待遇的员工的款项。养老金有两种基本形式：一是参加国家或地方保险公司的养老保险；二是由公司为支付员工养老金而逐年积蓄起来的钱。由公司积蓄起来的养老保险金，一般存入银行专用账户或进行无风险的政府债券投资，这样即使公司倒闭，退休员工仍然能享受养老保险。

养老金确定的基本方法是用退休前五年平均工资额的1.5%乘以员工受聘年限。如果这项保险金与社会保险金合并在一起的话，可达到最终平均工资的50%以上。还有一种被称为“固定计划”的养老金计划，目前许多公司在开展此种发展。该计划包括股票奖金计划、储蓄计划、利润分成计划及各种类型的员工股票所有制计划。这样，养老金与员工的贡献就联系起来了。由于这项基金的投资性质，员工无法精确知道他们的实际退休金是多少。根据这种趋势来看，员工将对自己所能领取的养老金负更多的责任。

（5）弹性福利制度

弹性福利制又称为“自助餐式的福利”，即员工可以从企业所提供的一份列有各种福利项目的菜单中自由选择其所需要的福利。它是一种有别于传统固定式福利的新员工福利制度。弹性福利制强调让员工依照自己的需求从企业所提供的福利项目中选择属于自己的一套福利“套餐”组合。每一个员工都有自己“专属”的福利组合。另外，弹性福利制非常强调员工参与的过程。

实施弹性福利制的企业并不会让员工毫无限制地挑选福利措施，通常都会根据员工的薪水、年资或家眷等因素来设定每一个员工所拥有的福利限额。而在福利清单上所列出的福利项目都会附一个金额，员工只能在自己的限额内认购喜欢的福利。

目前，在我国的少数企业中，这种新型的弹性福利制度正处于试运行阶段。

（6）福利基金

福利基金是企业依法筹集的、专门用于员工福利支出的资金，是员工福利事业的财力基础。在不同的国家和地区，员工福利基金的来源不一，基本上有三个渠道：一是按法律规定从企业财产和收入中提取；二是企业自筹；三是向员工个人征收。

员工福利基金不同于一般企业财产，它与全体员工的基本利益密切相关，受到法律的特别保护。我国法律中就有如下特别保护措施：任何部门不得没收员工福利基金；员工福利基金有优先受偿权，在企业宣告破产时，尚未依法提取的福利基金，应尽先依法足额提取；不提取或少提取员工福利基金的企业将受到行政和经济处罚，侵占和贪污员工福利基金的，从重追究其刑事责任。①

2. 我国企业的福利管理及其创新

企业为员工提供的各种福利设施和福利待遇形成了员工间接薪酬，福利管理作为员工薪酬管理的有机组成部分，对实现企业目标和企业人力资源的开发具有重要意义。但是，随着福利类型的增多和福利支出的增加，在员工福利管理中也普遍存在一些令人担忧的问题。例如：福利开支加大了企业的成本，许多经营状况不佳的企业已经实施成本抑制计划，其中一项重要措施就是削减福利开支；一些企业因为没有对福利进行科学的管理，造成福利成本上升、效率低下的现象。为此，现代企业在福利管理上正在进行不断的改革和创新，其主要的做法包括：

（1）创建一揽子薪酬福利计划。许多企业不再将薪酬与福利管理分成互不搭界的两项管理工作，而是视它们为一个有机的组成部分，两种手段互相配合，共同围绕企业的目标运转。有的企业实行完全工资制度，即将各类补贴、津贴和福利都计入工资之内，根据每个员工的责任大小、工作繁简、技能高低、贡献大小以及劳动力市场供求状况确定工资标准。这种工资制度一方面避免了不同企业之间福利的模糊性和差异性，另一方面改变了福利的均等性质，将福利与员工的业绩结合起来，有利于更好地发挥福利的激励功能。

（2）灵活的福利提供方式。灵活的福利提供方式也即弹性福利制度。在法定福利之外，员工可以在企业自愿提供的多种福利项目中根据自身的需要进行选择。例如：单身员工可以不选择儿童保健而选择附加养老金福利项目；夫妻双方可以一方选择子女保健，另一方选择住房或休假等。

（3）降低福利成本，提高效率。为了提高福利服务效率、减少浪费，许多企业也进行了一些改革。为了严格控制保健福利开支，可以采取这样一些措施：兴办员工合作医疗，弥补健康保险的不足；通过其他福利计划引导员工降低对健康保险的兴趣；通过增大门诊治疗费用的支付比重，降低员工的住院比例等。

① 杨剑，白云，朱晓红，等．激励导向的薪酬设计［M］．北京：中国纺织出版社，2002.

## 即时案例　　日本企业的员工福利计划

日本企业非常重视建立健全员工福利计划。完善的员工福利计划不仅是为了吸引优秀的人才及提高他们的工作热情，更是为了维护员工的健康和保证员工的生活品质，同时对国家的社会保障制度也提供了补充。日本的员工福利计划分为法定福利和补充福利。日本企业的员工福利种类较多，具有以下特点：

覆盖范围广。日本的福利计划涉及员工生产生活的方方面面，惠及住宅、医疗保健、生活补助、喜庆丧事互助、文化体育娱乐、资金贷款等。

福利水平高。日本的贫富差距较小，主要原因在于企业的补充福利为员工尤其是低收入员工提供偶尔较高水平的生活保障。

为福利计划供款时，企业和员工的责任简单清晰。由企业提供的住宅、文体娱乐设施、饮食服务等福利项目，通常由企业出资，员工以很便宜的价格就可以使用；而另外一些带有储蓄积累性质的福利项目，则主要由员工承担缴费义务。在日本，很少有企业和员工共同缴费形成的补充福利计划，这与法定福利不同（法定福利中，企业和员工按一定比例分担，例如，健康保险费和厚生年金保险费就由双方各承担一半），也与其他国家差别明显。

福利计划享受税收优惠。由企业提供的各种福利项目中，法定部分都能够税前列支。补充福利中，由企业供款的福利计划享有较大的税收优惠，即使是由员工独立缴费形成的福利计划，也能够减免赋税；如果员工通过自我储蓄购买相应福利，则无税收优惠，这是员工愿意参与企业福利计划的主要原因。

根据企业的保险需求，日本的保险公司通常在养老保险、疾病或工伤保险、医疗保险、死亡后家属保险、家庭财产形成等方面有针对性地推出保险产品，为企业建立员工福利计划服务。

养老保险。企业必须建立法定的退职金制度，以保障员工退休后正常的老年生活。除此之外，大多数企业也依据自身经营情况和管理特点举办各种补充福利制度，一般由企业负责缴费。由员工缴费的补充福利制度也称为“协助员工自我积累制度”，员工参加自我积累制度，能够享受税收优惠。

疾病或工伤保险。疾病或工伤保险是法定强制保险，通常情况下，保险责任中覆盖的疾病责任是职业病，或与所从事的职业密切相关的疾病；工伤责任则必须为企业利益工作负伤，由企业负担医疗费用的责任。

医疗保险。医疗保险的保障范围是非因公所致的疾病或伤害，是补充福利的重要内容。实际运作中，保险公司提供了多种团体保险产品支持此项福利计划的开展，主要为：医疗保障保险（团体型）、医疗附加特约（定期团体）保险、团体型三大疾病定期保险、快乐生活附加医疗保障计划。

死亡后家属保险。死亡后家属保险由五个福利项目和一项作为补充的“员工自我积累的促成制度”组成。在日本，很多女性结婚后成为专职家庭主妇，一旦丈夫亡故，如果缺少相应的福利保障，遗孀和子女将很难维持生计，子女的学业也很难为继。因此，员工死亡后的家属保险在日本员工福利计划中占有很重要的地位，其保费可在一定限额内税前列支。

家庭财产形成。家庭财产形成是富有日本特色的一种企业补充福利，旨在为员工购买住房等提供资金支持。这种好福利主要包括两类，第一类是为员工提供住房资金的住宅储蓄公积金保险。该保险主要由员工承担缴费义务，企业不负担保费，而是从员工工资中直接扣除，积累的资金享有较高的结算利率和一定的税收优惠，员工可以提取来购置自有住宅，其用途也仅限于此（如用于其他方面，将补缴税款）。第二类是为员工的家属提供财产保护，当员工意外亡故，无力偿付按揭的住房贷款时，其遗属可以求助于“团体贷款定期寿险”，保险公司通过提供贷款和其他款项，帮助遗属继续获取生活所需的住房和其他财产。

资料来源：http://doc.mbalib.com/view/68d768d3cc564527a7cbfee957062d13.html.

## 小结

在知识经济时代，决定组织兴衰成败的关键因素是组织的员工。员工的工作绩效不仅取决于员工的工作能力，还取决于员工的工作积极性。为了提高员工的工作绩效，可以从提高员工的技能着手，也可以从调动员工积极性入手。从某种意义上讲，调动员工积极性比提高员工技能更重要。员工激励的核心就是调动员工积极性。员工薪酬是员工从事劳动的报酬，也是对员工激励的主要体现。员工薪酬与员工的物质利益和工作绩效密切相关，也与劳动力市场关系和市场价格密切相关。一个多世纪以来，企业薪酬问题一直是经济学界和管理学界关注的热点问题，也是员工十分关注的问题，企业管理层对此也非常重视。本章从薪酬的基本概念入手，详尽介绍了薪酬的构成要素、薪酬的表现形式与功能，深入剖析了薪酬管理理论，指出科学合理的薪酬制度应遵循的基本原则和薪酬管理策略包含的基本内容，并就如何进行薪酬体系的设计作了较全面的阐述，对企业薪酬管理实践具有重要的意义。

## 练习与思考

1. 什么是薪酬？它有哪些具体形式？
2. 举例说明各种薪酬形式的特点和效用。在薪酬管理工作中，管理者应如何搭配使用薪酬形式？
3. 在企业管理中，薪酬有哪些方面的功能？
4. 传统的薪酬管理和现代薪酬管理各有哪些理论，它们的具体内容是什么？
5. 薪酬管理的目标是什么？
6. 合理的薪酬制度要遵循什么原则？
7. 在制定企业薪酬管理策略时，管理人员应重点考虑哪些问题？
8. 薪酬体系设计流程包括哪些步骤？为什么过于简单和过于复杂的薪酬管理都会降低薪酬的激励作用？
9. 在我国企业中，有哪些形式的工资制度和福利制度？请分别说明它们的特点和适用范围。

## 参考文献

[1] 彭剑锋．人力资源管理概论［M］．上海：复旦大学出版社，2003.

[2] 刘军胜．薪酬管理实务手册［M］．北京：机械工业出版社，2002.

[3] 王新驰，马建敏．现代企业人力资源管理［M］．北京：中国商业出版社，2002.

[4] 约瑟夫 J 马尔托奇奥．战略薪酬［M］．2 版．周眉，译．北京：社会科学文献出版社，2002.

[5] 张建国，陈晶瑛．现代人力资源管理［M］．成都：西南财经大学出版社，2005.

[6] 秦志华．人力资源管理［M］．北京：中国人民大学出版社，2002.

[7] 威尔逊．薪酬框架：美国 39 家一流企业的薪酬驱动战略和秘密体系［M］．陈红斌，刘震，尹宏，译．北京：华夏出版社，2001.

[8] 卿涛．人力资源管理概论［M］．北京：清华大学出版社，北京交通大学出版社，2006.

[9] 郃启扬，张卫峰．人力资源管理教程［M］．北京：社会科学文献出版社，2003.

[10] 杨剑，白云，朱晓红，等．激励导向的薪酬设计［M］．北京：中国纺织出版社，2002.

[11] MBA 核心课程编译组．人力资源管理［M］．北京：九州出版社，2002.

[12] R 布雷顿·鲍恩．激励员工［M］．范国艳，译．北京：企业管理出版社，2001.

[13] JOHN E TROPMAN. 薪酬方案［M］．上海：上海交通大学出版社，2002.

[14] 武欣．绩效管理实务手册［M］．北京：机械工业出版社，2001.

[15] 马克斯·迈斯玛．激励雇员［M］．刘国平，等，译．北京：企业管理出版社，2002.

[16] 卿涛．人力资源管理案例集［M］．成都：西南财经大学出版社，2006.

[17] 雷蒙德A诺伊，等．人力资源管理：赢得竞争优势［M］．刘昕，译．北京：中国人民大学出版社，2001.

[18] 孙剑平．薪酬管理［M］．长春：吉林人民出版社，2000.

[19] 冉斌．薪酬设计与管理［M］．深圳：海天出版社，2002.

[20] 李军．现代企业战略性薪酬及其绩效研究［D］．中南大学博士论文，2009.

[20] 李光．企业战略性薪酬管理的策略研究［D］．山西大学博士论文，2011.

[20] 范敏．浅析宽带薪酬体系在我国企业中的应用［J］．北方经济，2011.

[20] 刘银花．薪酬管理［M］．2版．大连：东北财经大学出版社，2011.

[20] 刘敏．薪酬与激励［M］．北京：企业管理出版社，2010.

[20] 苏钧，曹希波．人力资源前沿热点问题实战解答［M］．北京：经济科学出版社，2007.

# 第10章　股权激励

股权激励是随着发达国家公司制度的发展而产生和不断完善的一种比较有效的长期激励方式。随着我国企业公司化改制的深入，股权激励的独特作用也逐渐被包括上市公司在内的许多公司所认同，不少上市公司已经或即将实施股权激励计划，因此，如何正确认识股权激励的作用，如何制定合理的股权激励方案等问题就需要厘清。

## 10.1　股权激励概述

要正确认识股权激励的作用，首先需要明确什么是股权激励、股权激励有哪些特点、股权激励的起源是怎样的以及有哪些不同类型的股权激励方式等问题，本节的目的就是对股权激励相关的基本问题进行介绍。

### 10.1.1　股权激励的含义与特点

股权激励是指公司以本公司股票为标的，对其董事、监事、高级管理人员及其他员工进行的一种长期性激励。股权激励是为了解决经营者或员工由于不具有股权，不参与利润的分配，因此更关心自己的报酬、在职消费和偷懒而必然偏离股东权益的问题，将经营者或员工的利益（主要体现为报酬）和股东利益（主要表现为公司业绩）有机地联系起来，形成共同利益取向的一种激励机制。由于经营者或员工持有公司股票，随着公司业绩的增长，股票的价格通常也会上涨，使经营者或员工可以获得股票增值带来的额外利益。反之，如果公司业绩下降，股票就会贬值，经营者或员工利益相应受损。所以，经营者或员工为了增加股票收益就必然会努力工作以提高公司业绩。因此，股权激励通常被作为一种激励经营者或员工努力工作的有效工具。股权激励根据激励的标的可分为股票激励和股票期权激励两种形式，根据激励对象可分为管理层股权激励和员工持股两种形式。公司实施股权激励所需要的股票通常有三种来源渠道：公开发行时预留股份、向高管人员或员工定向发行股份和回购本公司已发行股份。

从国外企业的经验来看，虽然不同国家、不同行业、不同企业间的经营者薪酬方式各异，但大多数经营者的薪酬都由三个部分组成：基本工资（Base Salary）、与会计业绩联系的年度奖金（Annual Bonus）、股票期权（Stock Option）和其他形式的长期激励（包括限制性股票计划和以多年度会计业绩为基础的激励计划等）。表10-1反映了几个典型发达国家经营者薪酬的结构。[1] 从表10-1中可以看出，美国公司的股权激励最具有代表性。

表 10－1　　1997 年度典型发达国家经营者的薪酬结构比较

单位：千美元

| 国家 | 工资 | 奖金 | 期权及长期激励 | 其他 | 总计 |
|---|---|---|---|---|---|
| 美国 | 395 | 195 | 230 | 81 | 901 |
| 英国 | 300 | 40 | 90 | 60 | 490 |
| 法国 | 280 | 40 | 75 | 129 | 524 |
| 加拿大 | 240 | 60 | 80 | 61 | 441 |
| 日本 | 230 | 70 | 0 | 98 | 398 |
| 德国 | 290 | 65 | 0 | 69 | 424 |

与一般的工资和奖金等激励方式相比，股权激励具有以下三大主要特点：

1. 未来性

一般来讲，基本工资是对员工先前的教育投入以及从业经验的补偿，岗位补贴以及福利等是对员工当前所从事工作的劳动补偿，奖金则是对员工已实现业绩的补偿。而股权激励，不管是员工持股还是股票期权，都是着眼于对经营者或员工未来的激励，通过股权纽带，将经营者或员工的收入与企业未来的业绩联系起来，从而使得经营者或员工与企业未来的利益趋于一致。

2. 长期性

工资、年薪、职务消费等均属于短期激励方式，如果缺乏长期激励机制与之配合，将导致经营者行为的短期化倾向。例如，经营者为了获得短期的业绩改善，可能采取削减企业研发费用、削减员工培训费用、压缩甚至撤销必要的设备维修支出等方式提高企业短期利润，从而获得较高的经营报酬。这些增加当期利润的行为实际上将负担后摊，风险后转，损害了企业的长远利益。而股权激励使经营者获得企业业绩不断增长的长期收益，促使经营者兼顾企业短期和长期目标。由于股权收益可能远大于年薪，也促使经营者更注重长远目标，从而有效减少经营者的短期化行为和虚增短期利润的行为，因此，股权激励是一种长期激励的形式。

3. 不确定性

对享有股权激励的管理层和员工来说，究竟能从股权激励中获得多大的利益，取决于公司的业绩及其增长情况，随着业绩的波动，股权激励所带来的利益也会相应波动，因此，如果业绩增长快，股权激励可以使管理层或员工获得远远高于现金奖励的利益，但若业绩增长慢或没有增长、甚至下降，则股权激励可能会使管理层或员工一无所获，因此，股权激励增加了未来经营者或员工收入的不确定性，这对那些厌恶风险的管理者或员工来说可能是不利的。

### 10.1.2　股权激励的起源与历史

如果把公司的管理层和普通员工统称为公司职工，那么股权激励也就表现为职工持股计划。职工持股计划是由美国的律师路易斯·凯尔索于 20 世纪五六十年代提出来的，他的基本观点是：只有让职工成为企业的主人或所有者，才能真正协调劳资关系，提高劳动生产率，使经济持续平稳地发展。在 20 世纪 60 年代初，凯尔索根据自己的理论，成功地完成了将一家公司72%的股权向职工转移的改革①。随后在美国参议院财经委员会主席拉赛尔·朗的帮助下，职工持股计划逐渐得到了美国企业界的广泛认同，并得到了广泛的推行。

20世纪70年代，就有3000多家大公司实行职工持股计划，如美孚石油公司、美国电报电话公司、大西洋瑞契福公司等。几年的职工持股计划实践取得了意想不到的成绩，据1978、1980年的调查结果表明，实行职工持股计划企业的职工工作热情高，利润比一般公司高50%，倒闭率低10%，提供的就业机会也比一般公司多2～3倍。政府当局看到职工持股计划在稳定劳资关系、激励职工、提高劳动生产率、扩大投资规模、创造就业机会、增加国民收入等方面存在着巨大的潜能时，就开始制定并颁布一系列法令，为职工持股计划提供税收和信贷的优惠，引导企业积极参与。从1974年起，美国国会每年都通过相关的法令草案，特别是1986年的税法改革法令为职工持股计划大开方便之门。此后，大量的中小企业也开始推行职工持股计划②。

20世纪80年代后，职工持股计划更多地被作为对公司高层管理者的一种激励制度施行，管理层持有的标的也由以股票为主转变为以股票期权为主（也称为经理股票期权计划，Executive Stock Options Plans)，由此带来的股权激励收入在高层管理者收入体系中的比重越来越大，越来越多的公司对管理层实行了股票期权激励计划。有关调查表明：截至1997年底，美国45%的上市公司使用了股票期权计划，而在1994年，这个比例仅为10%；在标准普尔500家公司中，83%的公司总裁获得了股票期权奖励。这一比例在大公司更高：市值超过100亿美元的公司中给予总裁股票期权奖励的比例达89%。在小公司中，奖励股票期权也比奖金更普遍：在市值小于2.5亿美元的公司中，选择进行经理股票期权奖励的公司比例为69%，高于选择以奖金方式进行奖励的公司比例59%③。

从我国的股权激励发展情况看，在20世纪90年代初，随着大量国有企业改制为股份有限公司并在上海或深圳证券交易所上市，部分国有企业在改制时引入了职工持股计划。但当时的主要目的并不是把持有股票作为一种激励机制，而是把持有股票作为一种福利，作为对国有企业员工历史贡献的嘉奖。因此，当时公司高层管理者持有的股票很少，股权激励带来的收入在管理者总收入中所占的比例也就很低。2000年，我国上市公司中管理层总体持股比例最高的行业是纺织业，但持股比例仅为0.85%；2002年，在上市公司董事中有近40%零持股，总经理中有20%左右零持股④。直到2005年11月，随着我国上市公司股权分置改革的进行，中国证券监督管理委员会才开始对《上市公司股权激励规范意见》（试行）公开征集意见。由此可见，虽然股权激励在我国引起了理论界的广泛关注，但在实际运作中因缺乏相关法律法规而受到限制。不过，在2006年12月，国资委和财政部联合颁布了《国有控股上市公司（境内）实施股权激励试行办法》和《国有控股上市公司（境外）实施股权激励试行办法》。这两部“试行办法”的颁布为国有控股上市公司实施股权激励扫清了障碍，相信随着股权分置改革的完成和相关法律法规的完善，将会有越来越多的上市公司采取股权激励计划来激励公司管理层和员工。

---

① 张昕海，于东科．股权激励［M]．北京：机械工业出版社，2000.

② 张昕海，于东科．股权激励［M]．北京：机械工业出版社，2000.

③ 曹凤岐．上市公司高管人员股权激励研究［J]．北京大学学报：哲学社会科学版，2005(6).

④ 曹凤岐．上市公司高管人员股权激励研究［J]．北京大学学报：哲学社会科学版，2005(6).

### 10.1.3 股权激励的主要形式

根据股权激励对象的不同，可把股权激励计划分为管理层股权激励计划和员工持股计划。管理层股权激励计划针对的对象主要为公司的高级管理层，包括董事、监事、经理等，员工持股计划针对的对象则是公司的全部符合一定条件的员工。

根据职工（包括管理层和普通员工）持有标的的不同，可把股权激励计划分为股票激励计划和股票期权激励计划。

1. 股票激励计划

股票激励计划一般以业绩或时间为条件，公司授予职工（被激励对象）一定数量的股票，这些股票只有在职工达到业绩目标或服务达到一定期限时才能出售。股票激励又可分为股票赠与计划、股票购买计划、股票增值权计划和期股激励计划。股票赠与计划指公司为了吸引并留住高层管理者和核心技术人员而向他们免费赠送股票的激励措施，由于被激励对象不需要为获得股票付钱，因此这种股票也被称为“干股”。股票购买计划指公司的管理者或员工在工作期间按照一定的标准购买一定数量的股票，通常被激励对象所支付的股票价格根据被激励对象在公司中的职位、对公司的贡献大小等而享受不同的折扣比例。股票增值权计划指公司按照一定标准授予管理层或员工一定数量的虚拟股票，该股票没有投票权，也不会改变公司的股本规模，但当管理层或员工工作到一定期限后则可获得这些虚拟股票所对应的实际股票价格上涨带来的股票增值。期股激励则是指在一定条件下，公司管理者或员工可以获得一定数量股票的收益权，当管理者或员工的业绩达到一定目标或分期支付完购股款后这部分股票就转变为管理者或员工实际持有的股票。

2. 股票期权激励计划

股票期权激励计划是指公司授予职工（被激励对象）在未来一定期限内（行权期）以预先确定的价格（行权价）和条件购买本公司一定数量股份的权利。股票期权制度起源于20世纪70年代的美国。股票期权的持有人可以在规定的时间内以预先确定的价格和条件购买上市公司一定数量的股份，也可以放弃该种权利。事实上，在行权期如果股票的行权价低于市场价格，股票期权持有人则可赚取两者的差价，获得收入；反之，如果股票行权价高于市场价格，股票期权持有人如果行权则并不划算。因此，股票期权持有人就会选择放弃行权。

---

**即时案例　　　　科用公司激励员工出新招**

要是贝斯特持有科学应用国际公司100%的股权的话，他今天拥有将近20亿美元的财产。然而，他却只拥有1.5%的股权，相当于2700万美元现金。其余资产大多属于各级职员。贝斯特对此感觉如何呢？相当不错。这位核物理学家反问：“不论以什么方式，你花得了多少钱？”科用公司是一家高技术研究和工程公司，是美国第55大私营公司，收购贝尔科公司之后，在排名表上跃居第41位。它在激励员工方面也一马当先。

贝斯特说：“我们把职员变成股东。我确实认为，这是起作用的，而且是公平的。”贝斯特言行一致。公司职员拥有公司90%的股权，其余10%在那些早期便离开公司的顾问或职员手中，科用公司还从未制定过一条持股者在离开时必须把他们的股份卖回给公司的规定。

几年前，贝斯特进行了一次调查发现，在科用公司工作至少3年的职员中，那些从未购买公司股票的职员流动率为12%，而那些购买了股票——不管其数目何等之小——的人流动率为5%。

职员持股计划

只要你为公司揽得一份新合同，你就有机会额外购买与合同金融成一定比例的股票。这只是科用公司精心设计的退休、股票购买和股票奖励计划制度的一部分；科用公司的四种不同职员所有权计划属于全国最复杂的。

退休计划成为普遍的职员所有权的基础。公司的401（k）计划允许职员选择购买各种“先锋”基金和科用公司股票；公司的配合赠款是以公司股票提供的。此外还有一个适用于每个人的《职员股票所有权计划》。

另外，为了奖励和留住极其出色的员工，还制订了一些股票奖励计划。科用公司每年都留出一部分股份，根据个人表现把它们作为可选择购买的股票或作为奖金提供给职员——对赢得新合同的奖励就属此列。到年终时，约有一半的职员得到股票。选择购买的股票和奖励的股票在4年后归个人所有。

最后，每年有200名职员——他们被认为是未来的领导人——能每人得到价值2.5万美元的科用公司股票，这些股票暂由公司代管，7年后归个人。归属有待落实的股票提供了贝斯特所谓的“胶水”：他们如果离开公司就将丧失这一切。

与规定职员必须把他们的股份卖回给公司的其他私营公司不同，科用公司的人可以通过科用公司登记注册的经纪交易公司布尔公司彼此进行交易。简而言之，公司保持一个内部股票市场，职员可以在那里买卖股票；唯一的限制是，该市场只对科用公司的员工开放。股票收益不用担心。

科用公司董事会每年制定公司股票价格四次，使用一个公式，这个公式以净收益、流通股票量和由一家投资银行监测的一个“市场因数”为基础，市场因数按照与公开交易的同类公司相一致的一个倍数对股票定价。

不管这种所有权是有利还是不利，科用公司的股票一直是成长性极棒的股票。在截至1997年1月31日的财政年度，科用公司股票的收益率达34%。过去5年和10年，科用公司股票年收益率分别为18.4%和14.3%。科用公司的2.5万名职员中有好几百人是百万富翁。毫无疑问，还有许多人也将富裕起来。

## 10.2 管理层股权激励计划

股权激励实践针对的对象主要是企业的管理层，因为只有提高了管理层的积极性，才能发挥管理层的能力以提高企业整体的绩效水平。本节将主要分析管理层实施股权激励的必要性、特殊性、操作要点以及实施股权激励需要注意的问题。

### 10.2.1 管理层股权激励的必要性和特殊性

在现代公司管理中，董事长、董事、总经理、副总经理及其他高管人员起着举足轻重乃至决定性作用。然而，与业主制企业不同的是，在公司制企业中，由于所有权与经营权的分离，以及股东持股的分散化，导致股东必然需要聘请以职业经理人员为核心的管理层对企业进行具体的管理，而股东与经理人员具有并不完全一致的目标追求，经理人员有可能利用自已经营管理企业之便，一方面不努力工作，另一方面增加在职消费，侵害公司利益，这些都会降低公司的价值，这就是股东聘请经理人员的“代理成本”。

因此，如何调动管理人员积极性，约束他们的行为，也即如何降低代理成本对公司制企业来说就显得特别重要。所有者为了在公司制度条件下维护自身的利益，便着手研究消除和解决这个问题，由此设计了一套完整的公司治理机制。一般来说公司治理机制由激励机制和监督机制组成，而对经理人员的激励与约束机制又是其主要内容。

传统的对企业经理人员的激励以比较固定的工资、有一定浮动的奖金、在职消费、特殊福利以及精神激励等形式为主。这些激励形式的一个重要缺陷就是经理人员收入的多少与企业业绩之间的关联度并不是很大，即使经理人员努力工作获得了好的业绩，但经理人员因此而增加的收入却比较有限。

此外，传统激励方式往往会促使经理人员只注重短期的业绩增加，却忽视企业的长期行为。因此，传统的激励方式对以经理人员为核心的管理层的激励作用就显得比较有限。

而对管理层的股权激励正好能够在很大程度上避免传统激励方式的弊端。股权激励使管理层的利益与股东的利益更加紧密地联系起来，有利于促进管理层行为的长期化，满足了对管理层激励的特别要求。

### 10.2.2 管理层股权激励的操作要点

与对普通员工实施股权激励不同的是，管理层股权激励在形式上以股票期权激励为主，同时，MBO（管理层收购）对管理层也具有特殊的激励作用。然而，不管哪种形式的股权激励，其作用都不能无限夸大，对股权激励存在的问题需要有清楚的认识。

1. 管理层股权激励以股票期权激励为主[2]

管理层股权激励既可以采取管理者有偿或无偿实际持有一定数量股票的形式即股票激励计划，也可以采取赋予管理者在未来某个特定时间按照一定价格获得股票的权利即股票期权激励计划。从国外实践来看，大部分公司都偏好于股票期权激励计划。目前全球排名前500名的大公司中有89.4%实施股票期权制度①。进入20世纪90年代后，美国公司中来自股票期权的收入成为了经理人员的总收入中增长最快和比重最大的部分。之所以如此，是因为与管理者实际持有股票相比，管理者持有股票期权具有更小的风险，因为股票期权赋予了管理者在未来股票行情不好时可以不行权的选择权，而如果实际持有股票则可能因为行情不好带来巨大损失，所以股票期权是一种更好的风险分担合约。

图10-1表示了管理者持有股票期权的风险和收益。股票期权在行权之前，持有者没有收益。行权时，只有当股价增加到行权价（执行价格）之上时，股票期权才有利可图，而且随着股票价格的增加收益也相应增加。此时管理者必然会选择行权，按执行价格获得一定数量的股票。

与管理者持有现股相比，股票期权具有更强的激励效果：①管理者可以通过放弃行权来规避风险，因此管理者可持有的股票期权数量可以不受管理者风险承担能力的限制；②通过增加股票期权的数量，可以产生较大的杠杆激励作用。管理者持有现股的多少会受到

① 期权属于一种规避风险和套利的金融衍生工具。在期权合约中，立权人或卖方授予期权的购买者在规定时间内从立权人手中按照事先约定的价格（称为执行价格）买进或卖出一定数量资产或证券的权利。对于期权持有者来说，在约定的期限内，可以行权也可以放弃行权。当立权人授予期权买方买进指定资产的权利时，该期权称为买权或看涨期权；当立权人授予期权买方卖出指定资产的权利时，该期权称为卖权或看跌期权。如果按照期权持有者执行期权的时间来划分，在到期日前任意时点（包括到期日）都可执行的期权称为美式期权，只能在到期日当日执行的期权称为欧式期权。

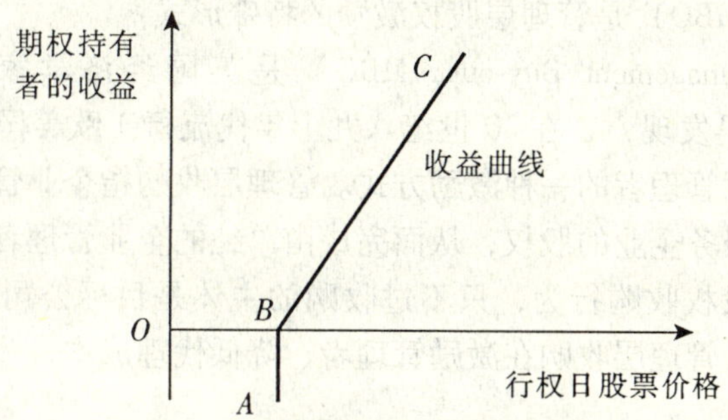


**图 10－1　股票期权收益示意图**

注：图中 B 点表示股票期权的行权价，AB 表示管理者放弃行权时的损失，BC 表示管理者执行期权时可能获得的收益，该收益随着股票市场价格的提高而增加。

管理者资金实力的限制，从而导致管理者实际上持有的现股在总股份中只占有很小的比例，难以对管理者产生很强的激励作用。而股票期权的杠杆放大作用使得管理者不需要付出较大的代价就可以获得大量的期权：如果管理者努力工作使公司股票价格上涨超过期权的执行价格，那么管理者就能获得极为可观的收益，这对管理者具有很强的激励作用。

一个完整的股票期权激励计划包括下列基本要素：受益人、有效期、股票期权的数量、行权价、授予时机、行权期和行权日等。

（1）受益人。这指的是股票期权的激励对象，主要是公司的高层管理人员和核心技术人员。为了达到较好的激励效果，每位激励对象必须持有足够数量的股票期权，因此股票期权激励对象不宜过于宽泛。

（2）有效期。这是指一个期权计划从被赠与之日起到失效为止的整个时间跨度。因为是一种长期激励机制，国外股票期权的有效期一般为 5～10 年。

（3）数量（或规模），即股票期权在公司总股本中所占的比例。

（4）行权价。这是指由股票期权确定的持有人购买股票的价格，该价格通常由公司薪酬委员会拟定。行权价的高低既受到股票当前市场价格的影响，也受到公司未来发展前景的影响。

（5）行权期和窗口期。股票期权在授予后要等待一定时间方可行权，股票期权授予后至认股权终止日的时间为行权期。尚未行权部分可继续行权，但不得超过方案有效期。持有人行权的日期（行权日）为窗口期。在该时间内，持有人以书面文件通知公司或代理该业务的证券公司，并交纳认股款项。办完股票登记手续后，公司将对股票的变动情况进行公告。

（6）期权转让。通常股票期权不可以转让（美国的法律就作了这种规定），除非是某人在其遗嘱里注明某人对股票期权有继承权。除非出现受益人个人死亡、丧失行为能力等情况，其他人员包括家属、朋友都无权代替受益人行权。

（7）结束条件。一般情况下，一旦某股票期权的有效期满，则该计划下的股票期权的选择权自动结束。但在受益人离职、退休、丧失行为能力及死亡或公司股权变动的情况下，股票期权可以提前结束。其具体情况在股票期权协议中签订。

2. 管理层收购（MBO）是管理层股权激励的特殊形式

管理层收购（Management Buy-out，MBO）是英国经济学家麦克·莱特（Mike Wright）于1980年最早发现[3]，在20世纪八九十年代流行于欧美国家的一种企业收购方式，它同时也被作为对管理者的一种激励方式。管理层收购指企业管理人员通过外部融资机构的帮助收购其所服务企业的股权，从而完成由单纯的企业管理者到股东的转变。管理层收购本质上是一种股权收购行为，只不过收购的主体是目标公司自己的管理者或经理层。从国外实践来看，管理层收购在激励管理者、降低代理成本、改善公司治理结构等方面具有积极作用。

要注意的是，管理层持有公司股票并不等于就是管理层收购，因为要实现管理层收购，管理层就必须持有足够数量的股票。在管理层收购的具体操作上，管理层既可以直接持有自己所管理公司（目标公司）的股票，也可以通过成立一个收购主体来代表管理层持有目标公司股票，还可以通过持有目标公司控股股东的股票达到间接持有目标公司股票的目的，间接实现MBO。

管理层收购之所以对管理者有激励作用，其原因主要在于：

（1）管理层通过大量持股而使企业成为自己的企业，这样企业经营的好坏与管理层自身的利益就更加紧密地结合起来，从而促使管理层致力于创新，挖掘企业潜力，进行具有长期效益的改革。管理层收购使企业管理者成为企业所有者，从而激发了管理者的积极性和潜能。

（2）管理层收购可以在一定程度上降低其他外部投资者敌意接管的威胁，使管理层的经营地位比较稳定，有利于激励管理层进行人力资本投资，提高管理层人力资本的价值。

（3）管理层收购使股权适度集中到以管理层为代表的少数股东手中，提高了管理层对企业的控制权，有利于解决在股权分散情况下的“搭便车”行为①，也有利于提高管理层的决策效率。

由于管理层收购需要大量资金购买股票，而管理层本身通常并没有足够的资金，所以管理层收购通常属于一种杠杆收购②，在管理层收购中，融资安排就是非常重要的工作。虽然国外管理层收购很普遍，但在我国，由于管理层收购过程中涉及国有资产收购行为，管理层可能会通过低估资产、降低收购价等行为导致国有资产流失，因此管理层收购一度被有关部门禁止或限制。相信随着国有企业改革的深化、资本市场的发展，管理层收购的成功案例会越来越多。

管理层收购的过程大致可以分为三个阶段：

第一阶段是可行性分析和筹集收购资金。根据国家的法律法规以及公司本身发展状况，确定管理层收购是否可行。如果可行则需要确定筹资的渠道和方式是否能满足管理层收购的资金需求。

第二阶段是实施管理层收购计划。管理层可以通过收购股票或资产完成对目标公司的收购。对于涉及国有企业、国有控股企业、上市公司等特殊形式的企业，还需要履行一系

---

① “搭便车”指获得利益但又不支付成本的行为。
② 杠杆收购指收购方以发行债券或银行贷款融得的资金为主要收购资金进行的收购行为。

列的相关审批程序。如果目标公司属于上市公司，管理层收购的股权比例超过目标公司总股份的30%，还需要履行要约收购义务或申请豁免要约收购义务①。

第三阶段是整合与后收购阶段。管理层在完成预定股权或资产收购和过户后，就应根据实际情况解决目标公司是否需要退市、是否需要变更登记等后续法律问题，同时根据新的发展战略进行重组和整合。

3. 管理层股权激励要注意的问题

虽然管理层股权激励应用非常广泛，从国内外企业实践看也取得了不小的成效，但是，没有十全十美的制度，管理层股权激励也存在一些值得注意的问题。如果不能设计比较完善的制度来解决这些问题，股权激励就难以达到预期的效果。

（1）管理层股权激励可能会诱发管理层弄虚作假

如果授予管理层股票期权，管理层要实现收益最大化，就必须在未来某个时期行权时股票的市场价格高于行权价格，而且股票市场价格越高管理者的收益越大。影响股票价格的因素虽然比较多，但最根本的还是取决于企业本身的绩效。对于那些经营不善、竞争失败的企业来说，由于经营绩效低下，必然造成股票市场价格下降，管理层就无法从股票期权中获得额外收益，因此，管理层为了自身的最大利益就可能利用内幕信息操纵股价，虚增利润，弄虚作假。美国的“安然事件”就是一个典型例子。

在企业实行管理层收购时，由于管理层本身就是企业的管理者和实际控制者，尤其是我国企业由于治理机制不完善，内部人控制现象比较严重，这就容易造成在资产评估、方案制定时管理层弄虚作假，损害包括国家在内的其他投资者、员工和债权人的利益。

（2）对管理层股权激励还存在错误的认识

从理论上讲，管理者无论是持有股票、股票期权，还是实施管理层收购，从投资者角度来看都是为了解决股东与经理之间委托代理关系带来的代理成本，激励管理者努力工作。但在实际执行中，不少投资者、政府有关人员却把管理层股权激励仅仅或主要当作增加管理者收入的措施，把股权激励看成一种福利和奖金，而忽视了股权作为一种长期激励手段的作用。

（3）不合理的管理层股权激励可能会引起管理层与员工之间的矛盾

由于股票期权计划或管理层收购都可能使管理者持有大量股票，一旦股票市场价格较高，管理者就会获得远远高于普通工资收入的超额收益，这可能会使员工感到与管理层之间的收入差距在急剧扩大，产生强烈的不公平感，进而增加管理层与员工的矛盾，导致企业整体效率下降，反而无法达到实施股权激励的初衷。

（4）我国目前配套制度不完善，难以达到预期效果

股票期权和管理层收购需要一系列的审批程序，涉及法律法规的许多方面，如信息披露、税收处理、监督管制、内幕交易、国有资产等，而目前我国这方面的法律法规还有待进一步完善。因此在实际执行过程中不时会出现企业或管理者打“擦边球”的违规现象，这加大了股权激励的成本，也难以达到它的预期的效果。

① 要约收购属于一种特殊的收购行为，指收购方向目标公司全体股东公开发出收购要约，该要约规定在一定时期内其他股东有权按照要约价格向收购方出售自己所持有的股票。

**即时案例　　　　　　　　　　美的电器的MBO**

美的电器（000527）的管理层收购（MBO）被人们称为我国上市公司的第一例MBO。

广东美的电器股份有限公司（简称“美的电器”）于1993年在深圳证券交易所上市。2000年初，美的电器的管理层和工会共同出资组建了顺德市美托投资管理公司（简称“美托投资”），其中美的电器的法定代表人何享健为美托投资第一大股东，当时持股25%，后来经过股权变更，工会退出了美托投资，何享健股权持有数上升到55%。

2000年5月，美托投资与代表政府的原第一大股东美的控股有限公司签订股权转让协议，美托投资以每股2.95元的价格受让后者所持的部分美的电器法人股3518.4万股，占美的电器总股本的7.26%。2001年1月，美托投资再次从美的控股有限公司受让了美的电器法人股7243.0331万股，占美的电器总股本的14.94%，受让价格为每股人民币3元。股份受让后，美托投资共持有美的电器10 761.4321万股，占其股本总额的22.19%，成为美的电器第一大股东。通过这两次股权转让，美的电器的管理层顺利完成了MBO，随后，美托投资变更为美的集团有限公司。到2006年6月30日，经过股权分置改革以及美的集团有限公司增持流通股股份，美的集团有限公司持有上市公司美的电器的股份已经占到美的电器总股本的46.4%，进一步保证了以何享健为首的管理层对美的电器的控股权。

资料来源：根据搜狐网等网站上的相关资料编写而成。

## 10.3　员工持股计划

虽然实践中管理层股权激励更普遍，但它却是在员工持股计划基础上逐渐发展起来的。本节将对员工持股计划的意义、操作要点和存在的问题进行分析。

### 10.3.1　员工持股计划的意义

员工持股计划（Employee Stock Ownership Plans，简称ESOPs）最早起源于1956年的美国，其后在各国得到了大力推广。管理层股权激励计划也是在员工持股计划基础上演变发展起来的。

与对管理层激励以股票期权为主不同的是，对员工的股权激励以现股为主。按照美国员工持股协会（The ESOP Association）的定义，员工持股计划是一种使员工投资于雇主企业从而获得长远收益的员工受益计划，或者说，它是一种使员工成为本企业的股票拥有者的员工受益机制。事实上，员工持股计划更多地与员工福利计划相结合，成为众多福利计划中的一种。但与其他福利计划不同的是，员工持股计划不保证向员工提供某种固定的收益或福利，而是将员工的收益同其对所在公司的股票投资相联系，使员工的收益同企业的效益、员工个人的努力等因素挂起钩来，以增强企业对员工的凝聚力，将员工的切身利益和企业连在一起。在我国，随着国有企业的改革和资本市场的发展与完善，越来越多的企业选择了实行员工持股计划，员工持股计划也具有了特殊的重要意义[4]。

第一，员工持股计划是一种有效的激励方式。一方面，员工通过持有所在企业的股票，实现了劳动联合与资本联合的统一。员工除开获得正常的工资收入外，还可以作为投资按所持股份比例以股利形式获得企业的税后利润分配，使得员工的利益与企业发展状况紧密相关，这有效地调动了员工工作的积极性。另一方面，在员工退休或正常退出之后，员工仍然可以享有所持股份的收益，分享企业成长带来的增值，这增强了员工的稳定感和对企业的认同感，有利于增强整个企业的凝聚力。

第二，实行员工持股，建立职工持股会，可以完善企业法人治理结构，体现现代企业法人治理结构从“单一治理”向“共同治理”的转变。“单一治理”指企业在治理中只关心资本所有者利益，企业管理者只对资本所有者负责，追求股东利益最大化。“共同治理”指企业在治理中不仅要对资本所有者负责，而且还要对企业的其他利益相关者（包括职工、经理、债权人、供应商、客户以及所在社区等）负责，企业的目标是追求包括股东在内的各利益相关者利益最大化。员工持股计划把员工也纳入了企业的治理体系中，在一定程度上体现了“共同治理”，员工可以通过职工持股会行使监督职能。

第三，实行员工持股有利于促进企业改革。自上世纪九十年代以来，我国国有企业确定了以股份制改造为主的改革方向，大量的国有企业被改制为有限责任公司、股份有限公司、股份合作制企业。在改制过程中，不少企业都引入了员工持股计划，这既能够通过员工出资购买股份帮助企业获得发展所需资金，以弥补企业资本金的不足，降低企业负债率，又能够调动员工参与企业改革的积极性，避免企业破产，加快了国有企业改革的步伐。

### 10.3.2 员工持股计划的操作要点

实行员工持股计划是一个系统工程，不仅仅是制定方案，更重要的是需要通过尽职调查、宣传等多种方式让员工充分理解其重要性。同时，国有企业、上市公司等企业还需要经过一定的审批程序才能取得员工持股计划的“准生证”。

1. 对企业进行尽职调查

在企业准备实行员工持股计划或改制之前，由企业聘请中介机构或成立的专门机构对企业基本情况进行调查了解，为员工持股方案的策划提供意见和参考。

尽职调查的内容主要有两方面：一是对相关利益各方就员工持股意见的调查。通过此调查可以了解股东、管理层和普通员工对企业预备实行员工持股计划的基本态度，获得他们必要的支持。二是对企业资产负债以及赢利的调查。通过此调查可以获得制定员工持股方案所必需的股本、财务等信息。

2. 制定员工持股方案

中介机构或企业的专业机构根据有关法律法规，结合企业实际情况，对企业如何进行员工持股以及员工持股改制后公司新的运行架构如何设立等方面进行策划设计。

员工持股方案的主要内容包括：①总股本规模；②股本结构及员工持股比例；③员工所持股份的来源及数量分配；④员工持股的出资形式及认购程序；⑤员工持股的管理、转让和股利分配；⑥员工持股的权利义务等与公司治理相关的制度安排；⑦相关资产、业务、人员重组方案；⑧其他需要说明的情况。

一般而言，员工持股的出资形式主要有：①个人以自有资金（现金）出资购股。②由公司非员工股东（或公司）担保，向银行或资产经营公司贷（借）款购股，同时将所购股权作为质押[①]。③将公司公益金划为专项资金借给员工购股，借款利率由公司股东会或产权单位参照银行贷款利率自行决定。④由企业以奖金股票化的形式给予员工，形成员工持股。

3. 员工宣传及文件准备

员工持股方案制定好后，需要加强对员工的进一步宣传工作，以消除员工的误解或不满，使员工持股计划能达到预期目标。宣传的内容包括员工持股的意义、员工持股应享有的权利和义务、投资风险教育等。

为此需要准备的文件可能有 20 多个，如改制申请文件、资产评估立项申请书、资产评估结果确认申请书、国有股权管理报批方案、企业员工持股改制方案、公司章程、员工持股会章程及管理办法、发起人协议书、改制公司与集团公司业务划分及服务协议书等。

4. 报批

企业在实行员工持股计划的同时，通常伴随着相应的企业改制，需要一系列的向政府有关部门报批的程序。这大致上包括：改制申请报批、资产评估立项申请、公司设立申请、工商设立（变更）登记等。

5. 关于上市公司实施员工持股的程序

上市公司作为一种股票在证券交易所公开交易的企业，在实施员工持股计划时除了要满足《中华人民共和国公司法》《中华人民共和国证券法》等法律法规外，还必须满足证监会等相关部门制定的规章制度。因此程序更加复杂，可以分为以下几个阶段[②]：

（1）申请阶段：符合资格的上市公司在设计好员工持股的实施方案并经股东大会批准（含国有股的上市公司的员工持股方案还应得到国有资产管理部门的批准）之后，就可以向中国证监会提出实施员工持股计划的申请。此时，需要向证监会提供董事会决议、股东大会决议、员工持股计划、法律意见书、国有资产管理部门批复文件等资料。

（2）审批阶段：证监会对上市公司提交的实施员工持股计划的申请材料进行审核，对符合政策法规要求的申请在规定的时间内给予批准。

（3）实施阶段：证监会批准上市公司实施员工持股计划方案后，上市公司应及时履行相关的信息披露义务，并按方案收取员工购股款、到证券登记结算机构办理有关登记结算事宜。

### 10.3.3 员工持股计划要注意的问题

员工持股计划虽然在我国企业的改革和发展中发挥了一定的作用，但由于我国法律法规体系不健全，人们的认识还具有局限性，在实践过程中员工持股计划往往产生了不少的问题：

第一，员工持股形式不够规范，致使增强企业凝聚力的目的无法很好地实现。在实践中，不少企业员工所持有的股份占总股本的比例都比较低，员工难以获得控股（包括相对控股）地位，因此对大部分上市公司来说，员工持有的股份与一般的普通股并没有太

① 根据《中华人民共和国商业银行法》的有关规定，不允许商业银行贷款给有限责任公司、股份有限公司或自然人用于股权投资，但对于转贷没有限定。

② 王强，黄河愿．ESOP 对企业全员激励作用：员工持股计划（ESOP）实现企业完善的股权激励［M］．海口：南海出版公司，2004.

大的区别，其区别仅在于认购成本的低廉和上市时间（公司上市后六个月至三年）的推迟，这导致了预期的员工劳动积极性和对企业的关切度没有转化为现实。员工持股更多地是作为一种福利而非激励，它只是按照员工在企业中的身份、职位级别平均分配认购股份，而不是根据员工的劳动贡献度来分配股份，从而使员工股份配售过程类似于新的“大锅饭”。

第二，员工股权过于分散，缺乏参与公司经营管理的现实可行性。在一定程度上，员工持股流于形式，丧失了必要的约束机制。

第三，员工持股存在平均化和福利化倾向。一方面，企业在制定员工股份分配方案时，往往使每个员工之间的持股数量相差不大，平均化持股通常会导致每个员工所持有股份的比例都不高，这容易在公司治理时产生“搭便车”现象。另一方面，如果企业股票上市，那么股票的市场价格与员工持股的成本价之间通常相差很大，为了获得这个差价，不少员工在所持股份能够上市之后就很快将手中的股票抛出变现，从而失去了通过员工持股把员工利益与公司利益一体化的本意。

第四，在实行员工持股过程中违规或违法行为比较常见，这表现为：非本企业员工或不符合条件的员工违规获得企业的员工股份，如企业管理者用“干股”贿赂个别政府官员，从而把员工持股变成管理者攫取个人资本、买通权力或以权谋私的工具，强化了企业的“内部人控制”。个别企业把员工持股制度作为集资的手段，对于不购买企业股票的员工甚至以“辞退”相威胁，使员工持股变味。

第五，实施员工持股后，员工具有了雇员和股东的双重身份，当两种身份存在利益冲突时，员工通常可能因为害怕失去工作而放弃行使股东权利，或者利用所持股权与管理层结成利益共同体侵害其他非员工股东的利益。

---

**即时案例**　　**华远公司职工持股方案**

华远公司创立于1987年，是一家自负盈亏的企业。由于国家没有投资一分钱，决定了华远公司只有努力经营才能够生存、扩张，否则就只有倒闭。正是这种与生俱来的生存风险，造就了华远公司市场化的经营机制：公司内部建立了高效率的决策和执行体系；公司员工、干部实行聘任制，能上能下，能进能出，报酬与职务由其业绩决定。这样的竞争机制使得公司充满生机。公司从1987年负债1500万元起步，到1992年发展成总资产4亿元、净资产1700万元的中型房地产公司。1993年，公司在国内完成扩股的基础上吸收外资入股，使公司注册资本扩大到78 125万元。1996年，公司外方股东（其唯一资产就是所持有的华远公司股份）在香港上市，为公司打开了在海外资本市场融资的大门。1996年、1997年公司两次扩股，现在公司注册资本13亿元，净资产32亿元，总资产62亿元。公司股份制后，6年平均每年税后利润2.5亿元，累计竣工住宅140多万平方米，上缴国家税费近10亿元。

公司在公司发行股份时，为了使职工与公司成为利益的共同体，按照《股份有限公司规范意见》设立了职工个人股。考虑到公司管理人员由于任职岗位不同而对公司的经营影响大小不同，公司规定副总经理以上至少要购买10万股并且不能转让，部门经理至少要购买7万股，员工每人4万股。由于职工所持的股票只能转让不能退股，其自身长期经济利益与公司利益成为一体。此外，由于公司股票溢价发行，每股2元，职工因此所受到的激励就更大了。由于公司几年来经营良好，充满生机，大家对公司非常有信心，认股资金很快到位。设立职工个人股的另一个目的是为职工创造一个投资致富的机会，在1995年外贸部规定合资后取消职工个人股后，华远职工所持有的个人股在1997年由外方股东收购，职工个人股投资在5年内收益达154%。

但对于华远公司来说，真正意义上的股票期权推出应该是在公司外方股东（华润北京置地）1996年在香港上市以后。1997年，按照国际惯例公司设立了认股计划，本来按照外方股东的要求，认股权只授予高层管理人员。但公司管理层认为，任何管理手段都要考虑我国的具体情况，并且房地产是一个特殊的行业，它的成功是全公司共同努力的结果，管理层的决策固然重要，全公司上下协同，共同努力也很重要。因此认股权还应该分配给下属员工。

由于职工和管理人员的任职岗位不同，承担的责任不同，对公司的贡献不同，所以应分配的认股权数额不同。基于这一思路，华远在全公司范围内进行了认股权分配，具体分配方法是：员工（包括经理人员）按其在公司服务年限和职务记分，员工每年1分，部门经理每年4分，副总经理每年11. 5分，总经理每年15分。按照每个职工的积分分配每个人的认股权数额，总经理到员工的差距是15倍。考虑到高级管理人员对公司经营的影响较大，公司规定副总经理以上的经营管理者在任职期间不得行使认股权。

## 小结

股权激励是一种比较有效的长期激励机制。本章对股权激励相关的基本知识进行了介绍。第一节是本章的概论，介绍了股权激励的含义、起源、历史、特点和形式。第二节重点分析了管理层股权激励的作用、操作要点以及需要注意的问题。第三节介绍了员工持股计划的意义、操作要点和在运作中出现的问题。

## 练习与思考

1. 股权激励的含义是什么？与其他激励方式相比，股权激励有何特点？
2. 股权激励有哪些形式？不同形式的含义是什么？
3. 管理层股权激励计划和员工持股计划有何区别？
4. 管理层股权激励计划和员工持股计划要注意哪些问题？

## 参考文献

[1] 陈工孟. 公司治理概论 [M]. 北京：清华大学出版社，2003.

[2] 李维安. 公司治理学 [M]. 北京：高等教育出版社，2005.

[3] 支晓强，等. 企业激励制度 [M]. 北京：中国人民大学出版社，2004.

[4] 王强，黄河愿. ESOP对企业全员激励作用：员工持股计划（ESOP）实现企业完善的股权激励 [M]. 海口：南海出版公司，2004.

# 第 11 章 劳动关系管理

劳动权是每一个社会成员最基本的生存和发展权；劳动关系是每一个社会最基本的社会生产关系。在社会主义市场经济条件下，建立劳动者和用人单位双方平等互利的关系，保护处于弱势地位的劳动者的基本权利，对于促进社会劳动生产力的发展，构建社会主义和谐社会至关重要。“最能烛照和谐社会景象的，当属劳资关系，劳资关系是社会是否和谐的晴雨表。”通过本章的学习，将有助于我们树立“以人为本”的科学发展观，改善并建立平等合作的新型劳资关系，捍卫广大劳动者的合法权益，构建社会主义和谐社会。

## 11.1 劳动关系概述

劳动关系是人们社会经济生活中最基本和最重要的关系，劳动关系的和谐是社会和谐的基础和根本。认识劳动关系的基本特征和历史进程，对于构建和谐劳动关系以及和谐社会是十分重要的。

### 11.1.1 劳动关系的概念和特征

劳动关系有广义和狭义之分。广义劳动关系是指社会分工协作关系。人类社会经济发展的历史表明，只要有商品生产就会有劳资关系的存在。广义劳动关系既包括劳动中人与人的关系，也包括人与自然的关系。狭义劳动关系是现代社会中产生的劳动关系，是指劳动者与用人单位，包括各类企业、个体工商户、事业单位等，在实现劳动过程中建立的社会经济关系。任何劳动者与任何性质的用人单位之间因从事劳动而结成的社会关系都属于劳动关系的范围。当劳动者一方加入某一个用人单位，成为该单位的一员，并参加单位的生产劳动时，劳动者与用人单位的劳动关系便形成了，双方所涉及的工作任务、劳动条件、工作时间、工作年限、劳动报酬、劳动保护、社会保障和生活福利、劳动纪律等就是劳动关系所涉及的主要内容。我们研究的正是这种在现代市场经济中产生的狭义劳动关系。

现代市场经济条件下的劳动关系主要包括三个方面的特征：

第一，劳动关系是在现实劳动过程中以及与劳动有关的过程中发生的社会关系，没有社会分工和商品交换的社会劳动，便没有社会劳动关系。

第二，劳动关系是劳动供给方和需求方，即劳动者和用人单位之间发生的特殊关系，因而具有人身关系与财产关系相结合的特点。劳动者是劳动力的所有者，而用人单位是资本所有者的代表，由此决定了劳动关系具有对立统一性。一方面，劳动力和资本是生产不可缺少的基本要素，无论是社会财富的创造，还是双方各自利益的实现，都必须以对方的存在和结合为前提。另一方面，由于各自的目标函数不同，在利益分配格局中存在着你多我少的“零和”关系，因此，劳资双方“天然”又是矛盾和对立的。

第三，劳动关系必须受到相关法律法规的规范和调整，双方均要在相关法律法规的保护和约束下履行各自的义务和享有自身的权利。一方的权利是另一方的义务，一方的义务是另一方的权利。劳动关系的核心是劳动力所有者与劳动力使用者的权利、义务关系。

### 11.1.2 劳动关系发展的历史

现代劳动关系产生于早期工厂制度下的资本主义国家。自产生之日起，这种劳动关系就处于尖锐的矛盾和对立之中，劳资斗争一直没有停止过。因此，劳动关系也称为“劳资关系”。基于不同经济利益的这种矛盾斗争贯穿于西方市场经济国家发展的各个历史阶段。在不同的历史阶段，其表现方式和内容具有不同的特征。

1. 发达资本主义国家劳资关系的演变和调整

从产业革命开始至19世纪下半叶，资本主义的发展处于自由竞争时期。为了实现利润最大化的目的，资本家采用最残酷、最原始的剥削方式榨取工人的剩余价值，使工人成为资本的奴隶和机器的附属品。面对资本的残酷压榨，工人阶级逐步认识到了联合起来的必要性，于是，在一些行业中开始出现了工人组织，这便是早期的工会。早期的工会为捍卫劳工们最起码的工资、生存和劳动条件而进行结社、罢工和示威等活动，对此，资本家进行了强烈的抵制。而代表资产阶级利益的政府则充当资本家的保护伞，用法律手段甚至武力来禁止和压制工人阶级运动。劳资矛盾处于尖锐对抗之中。

19世纪下半期至20世纪初，资本主义经济开始从自由竞争向垄断过渡。在马克思主义思想指导下，工人运动捍卫自己权利的斗争没有因为资本家和政府的镇压而停止。工人运动的强大压力迫使资产阶级政府相继废除了禁止结社的法律，各国的工会组织获得了空前的发展，劳资关系中的力量对比也发生了变化。同时，随着社会经济的发展和政治制度民主化的推进，劳资关系的严重对立有所缓和，劳资斗争的方式出现了一些变化，工会代表与资本家谈判的和平方式开始出现。面对这种形势，欧美各国政府逐渐改变了资本主义发展初期放任或纵容资方的劳资关系政策，转而采取建设性的干预政策。工厂法、劳动保护法、劳动保险法、工会法、劳动争议处理法等法律相继出台，相应的劳动行政管理机构也开始出现。

第二次世界大战以后，在第三次科技革命和社会改革浪潮的推动下，随着社会保障制度的完善和福利水平的提高，劳资关系时而紧张，时而缓和，总的趋势是向缓和、合作的方向发展。劳资之间大规模的激烈对抗和冲突相对减少，取而代之的是日常的、规范化的、有组织的行为，如劳资协议制度、集体谈判制度，劳动者、资方和政府三方协商等。三方格局的形成为劳资关系的稳定创造了有利条件，劳资关系的运行方式逐渐发展成一种有序的组织行为，解决劳资矛盾、劳资争端的途径逐渐趋于制度化、法律化。

2. 我国劳动关系的变化及其主要特点

两次世界大战前后，无产阶级革命先后在前苏联、东欧以及古巴、中国等国家取得成功，工人阶级成为国家和企业的主人，劳动关系在社会主义国家发生了根本性的变化。新中国成立以来，在劳动关系的类型上，我国经历了由“利益一体型”劳动关系向“利益协调型”劳动关系的转变。改革开放以前，与传统的计划经济体制相适应，我国劳动关系呈现出利益一体型的特征：国家是资本的所有者而工人阶级是国家的主人，就业、工资等均由于国家统一规定，因而劳资矛盾并不突出。但是，随着社会主义市场化改革的推进和现代企业制度的建立，特别是非公有制经济的迅速发展，我国的劳动关系发生了深刻的变化，呈现出多元化的新特征。这主要表现在：

（1）劳动关系利益主体多元化、明晰化、平等化。现代劳动关系的形成和确立主要表现为职工与企业的关系，即劳动者与用人单位的关系，而不是职工与国家的关系；劳动主体双方平等，就业不再是上级分配，而是双向选择、自由择业。

（2）劳动关系的内容经济化和利益复杂化。改革本身就是一场利益格局的调整，社会政治经济的变化，体制改革所倡导的政企分开，以及由此带来的行为方式、思维方式的转变，均使劳动关系双方的利益追求趋向复杂化并突出了经济利益含量，其中主要涉及职工就业、工资、保障等切身利益问题。

（3）劳动关系动态多变性。企业自主经营权的扩大和劳动用工制度的改革，以及劳动者在城乡之间、区域之间的自由流动和劳动权、择业权的确定，必然导致劳动关系的动态多变性。

（4）劳动关系的利益协调机制趋向法制化。社会主义市场经济的发展，推动了法律制约下的契约自由原则的实施，政府仍使用行政干预手段单方面决定企业劳动关系双方的事务已不再适宜，规范和调整劳动关系的手段日趋法制化、契约化，而不再是行政化、随意化。

同时，由于我国的工业化、城镇化步伐加快，城乡统筹就业和产业结构调整的力度加大，大中专毕业生就业、下岗职工的再就业人员以及大量农村富余劳动力转移就业，使就业的选择性和流动性大大增强，从而使劳动关系更加复杂多变，劳资矛盾日益突出，个别行业和企业甚至发生各种形式的冲突。因此，不断规范和调整我国的劳动关系，是进一步深化和完善社会主义市场经济体制，建立中国特色的社会主义的一项重要任务。

## 11.2 劳动合同

在市场经济条件下，企业与员工之间的劳动关系必须依据劳动法律和法规来规范、确定和保护，劳动关系双方当事人依据法定标准建立的劳动关系必须以劳动合同来反映。企业人力资源管理工作中的员工招收、录用、企业内人力资源的配置等项事务，在劳动关系管理中表现为劳动合同的订立、履行、变更、解除和终止，这些都属于劳动法律行为。劳动合同制度为规范企业劳动关系双方的行为、保障双方的正当权益、维护稳定和谐的劳动关系奠定了基础，是劳动关系制度的核心。

### 11.2.1 劳动合同的订立

劳动关系确立的标志是劳动合同的签订。劳动合同直接调整劳动关系，是劳动者与用人单位之间确立劳动关系、明确双方权利和义务的一种法律形式和书面协议。劳动合同和集体合同是劳动法的核心内容，是劳动保障工作的源头。签订劳动合同和集体合同是企业内部减少劳动争议、防止劳动关系恶化、促进企业健康稳定发展的有效措施，也是防止劳动者跳槽、建立稳定和谐劳动关系的重要手段。

2007年6月29日，在十届全国人大常委会第二十八次会议上，历经四次审议，与每位劳动者切身利益息息相关的《中华人民共和国劳动合同法》（以下简称《劳动合同法》）终获通过。该法自2008年1月1日起正式实施。我国终于有了劳动者合法权益的法律依据和锐利武器。紧接着，2008年9月3日国务院第25次常务会议通过了《中华人民共和国劳动合同法实施条例》（以下简称《劳动合同法实施条例》），并于当年9月18日公布之日起施行。

1. 签订劳动合同的前提条件

（1）劳动合同的主体资格认定

劳动合同的当事人，一方是劳动者，即雇工、职员等，另一方是用人单位，即雇主、企事业单位、国家机关等。前者是自然人，后者主要是法人，也包括自然人和家庭。签订劳动合同的主体双方的最基本的条件是：一方是具有劳动招工权的用人单位，另一方是年满16周岁以上的劳动者。

从劳动需求主体来看，新的《劳动合同法》的适用范围进一步扩大。不仅包括企业，而且包括了民办非企业单位等组织及其劳动者，同时明确规定事业单位与实行聘用制的工作人员之间也应订立劳动合同，但考虑到事业单位实行的聘用制度与一般劳动合同制度存在一定差别，允许其优先适用特别规定。此外，国家机关、事业单位、社会团体与其他劳动者均应建立劳动合同关系。

根据我国相关法规，劳动合同必须由具备用工主体资格的用人单位与劳动者本人直接签订，不得由他人代签。如果劳动合同表现为一方或双方当事人主体不合格所签订的劳动合同，属无效劳动合同。

新的《劳动合同法实施条例》第二章第四条规定，劳动合同法规定的用人单位设立的分支机构，依法取得营业执照或者登记证书的，可以作为用人单位与劳动者订立劳动合同；未依法取得营业执照或者登记证书的，受用人单位委托可以与劳动者订立劳动合同。

从劳动者供给主体来看，不满16周岁的未成年人不得允许其被用人单位非法招用。国务院《禁止使用童工规定》规定，国家机关、社会团体、企业事业单位、民办非企业单位或者个体工商户等各种用人单位均不得招用不满16周岁的未成年人（招用不满16周岁的未成年人，统称使用童工）；禁止任何单位或者个人为不满16周岁的未成年人介绍就业；禁止不满16周岁的未成年人开业从事个体经营活动。

（2）必须遵循平等自愿、协调一致的原则

劳动合同的订立是劳动者与用人单位经过双向选择，在有意建立劳动关系的前提下，就劳动合同的条款进行协调并达成一致意见的法律行为。订立和变更劳动合同应遵循“平等自愿、协商一致”的原则，这是建立劳动合同最根本的原则和前提条件。如果违背了这一原则，所签订的劳动合同便是无效劳动合同。在现实中，无效劳动合同主要有两类：

第一类是违反法律、行政法规的劳动合同。其不合法表现为违反国家的强制性的规范或低于国家最低劳动标准的规定。如雇主与雇工订立的“工伤概不负责”之类的条款违反了宪法和有关劳动保护法的规定。《中华人民共和国安全生产法》规定，生产经营单位与从业人员订立的劳动合同，应当载明有关保障从业人员劳动安全、防止职业危害的事项和依法为从业人员办理工伤社会保险的事项。生产经营单位不得以任何形式与从业人员订立协议，免除或者减轻其对从业人员因生产安全事故伤亡依法应承担的责任。违法订立这类协议的，该协议无效。并对生产经营单位的主要负责人、个人经营的投资人处以2万元以上、10万元以下的罚款。

第二类是采取欺诈、威胁等手段订立的劳动合同。“欺诈”是指当事人故意告知对方虚假的情况或故意隐瞒真实情况，诱使对方作出错误意思表示的行为；“威胁”是指对当事人及其亲友的生命健康、荣誉、财产等造成损害的要挟，迫使对方作出违背真实意愿的行为。根据有关法律法规规定，用人单位与劳动者订立劳动合同时，应当将工作过程中可能产生的职业病（包括职业中毒）的危害及其后果、防护措施和待遇等如实告知劳动者，并在劳动合同中写明，不得隐瞒或者欺骗。

2. 用人单位不得向劳动者收取定金、保证金或扣留居民身份证

根据劳动保障部《劳动力市场管理规定》，禁止用人单位在招用人员时向求职者收取招聘费用，向被录用人员收取保证金或抵押金，扣押被录用人员的身份证等证件。用人单位违反规定的，由劳动保障行政部门责令改正，并可处以1000元以下罚款；对当事人造成损害的，应承担赔偿责任。

3. 为保障劳动者择业自由，在合同里可约定违约金

《劳动合同法》规定了两种可约定违约金的情况。一是在培训服务约定期中，劳动者违反服务期约定的，应向用人单位支付违约金。二是在竞业限制约定期中，“用人单位与劳动者可以在劳动合同中约定保守用人单位的商业秘密和与知识产权相关的保密事项。”对负有保密义务的劳动者，用人单位可约定在解除或者终止劳动合同后，在竞业限制期限内按月给予劳动者经济补偿。劳动者违反竞业限制约定的，应当按照约定向用人单位支付违约金。竞业限制的人员只是限于用人单位的高级管理人员、高级技术人员和其他负有保密义务的人员。在解除或者终止劳动合同后，前款规定的人员经营同类产品、从事同类业务的竞业限制期限不得超过2年。

### 11.2.2 劳动合同订立的形式

劳动合同属于法定要式合同。所谓法定要式合同是指由法律直接规定的，必须具备特定的形式或履行一定手续方能具有法律效力的合同。根据相关法律的规定，劳动合同应当以书面形式订立，劳动合同必须具备法定条款。上述规定使劳动合同成为了法定要式合同。

我国《劳动合同法》规定，用人单位自用工之日起即与劳动者建立劳动关系。也就是说，即使用人单位没有与劳动者订立书面劳动合同，只要存在用工行为，这个用人单位与劳动者之间的劳动关系就建立了，与用人单位存在事实劳动关系的劳动者也同样享有劳动法律规定的权利。

《劳动合同法》放宽了订立劳动合同的时间要求：已建立劳动关系、未同时订立书面劳动合同的，只要在用工之日起一个月内订立了书面劳动合同，其行为即不违法。这同时加重了用人单位违法不订立书面劳动合同的法律责任：用人单位自用工之日起超过1个月不满1年未与劳动者订立书面劳动合同的，应当向劳动者每月支付两倍的工资；用人单位自用工之日起满一年仍然未与劳动者订立书面劳动合同的，除按照以上规定支付两倍的工资外，还应当视为用人单位与劳动者已订立无固定期限劳动合同。

### 11.2.3 劳动合同的主要内容

劳动合同的内容是指对劳动者和用人单位权利与义务的具体规定，是双方当事人切身利益的反映，也是国家劳动法律、法规和政策的体现。

1. 劳动合同必备条款

《劳动合同法》第十七条规定，劳动合同应当具备以下条款：用人单位的名称、住所和法定代表人或者主要负责人；劳动者的姓名、住址和居民身份证或者其他有效证件号码；劳动合同期限；工作内容和工作地点；工作时间和休息休假；劳动报酬；社会保险；劳动保护、劳动条件和职业危害防护；法律、法规规定应当纳入劳动合同的其他事项。

（1）劳动合同期限

劳动合同期限即劳动合同规定的双方当事人权利义务的有效时间。根据《中华人民共和国劳动法》（以下简称《劳动法》）规定，劳动合同按期限不同可以分为三类：

有固定期限的劳动合同，即在订立合同中明确了生效和终止时间的劳动合同，也称定期劳动合同。其期限可长可短，可长到几年、十几年，可短到一年或者几个月。

无固定期限的劳动合同，即劳动合同中只约定了起始日期，没有约定具体终止日期的合同。无固定期限劳动合同可以依法约定终止劳动合同条件，在履行中只要不出现约定的终止条件或法律规定的解除条件，一般不能解除或终止劳动关系，劳动关系可以一直存续到劳动者退休为止。

以完成一定的工作为期限的劳动合同，该项工作或者工程一经完成，劳动合同即终止。

由于我国劳动合同短期化问题突出，为了保护劳动者权益，鼓励订立无固定期限劳动合同。《劳动合同法》规定，有下列情形的，劳动者提出或者同意续订、订立劳动合同的，除劳动者提出订立固定期限劳动合同外，应当订立无固定期限劳动合同：劳动者在该用人单位连续工作满 10 年的；用人单位初次实行劳动合同制度或者国有企业改制重新订立劳动合同时，劳动者在该用人单位连续工作满 10 年且距法定退休年龄不足 10 年的。

《劳动合同法》第十四条第二款规定的连续工作满 10 年的起始时间，应当自用人单位用工之日起计算，包括劳动合同法施行前的工作年限。

《劳动合同法实施条例》第十条规定，劳动者非因本人原因从原单位被安排到新用人单位工作的，劳动者在原用人单位的工作年限合并计算为新用人单位的工作年限。原用人单位已经向劳动者支付经济补偿的，新用人单位在依法解除、终止劳动合同计算支付经济补偿的工作年限时，不再计算劳动者在原用人单位的工作年限。

《劳动合同法实施条例》第十二条规定，地方各级人民政府及县级以上地方人民政府有关部门为安置就业困难人员提供的给予岗位补贴和社会保险补贴的公益性岗位，其劳动合同不适用劳动合同法有关无固定期限劳动合同的规定以及支付经济补偿的规定。

此外，还需注意的是，试用期应包括在劳动合同期限之中。签订劳动合同可以不约定试用期，也可以约定试用期，但试用期最长不得超过 6 个月。《劳动合同法》规定：劳动合同期限 3 个月以上不满 1 年的，试用期不得超过 1 个月；劳动合同期限 1 年以上不满 3 年的，试用期不得超过 2 个月；3 年以上固定期限和无固定期限的劳动合同，试用期不得超过 6 个月；以完成一定工作任务为期限的劳动合同或者劳动合同期限不满 3 个月的，不得约定试用期。劳动者在试用期的工资不得低于本单位相同岗位最低档工资或者劳动合同约定工资的80%，试用期工资不得低于用人单位所在地的最低工资标准；非全日制劳动合同，不得约定试用期。

（2）工作内容和工作地点

工作内容是劳动者在劳动合同有效期内所从事的工作岗位（工种），以及工作应达到的数量、质量指标或者应当完成的任务。工作内容更多地是体现用人单位的权利和劳动者应尽的责任，不同的工作岗位对员工有不同的要求，劳动者从事国家规定的技术工种，必须持证上岗。根据《劳动法》《职业教育法》、劳动保障部《招用技术工种从业人员规定》，对从事技术复杂、通用性广、涉及国家财产、人民生命安全和消费者利益的职业（工种）的劳动者，必须经过培训，并取得职业资格证书后，方可就业上岗。目前，必须持有职业资格证书才能上岗的技术工种（职业）有87个，包括三类：第一类，生产、运输设备操作人员；第二类，农、林、牧、渔、水利业生产人员；第三类，商业、服务业人员；第四类，办事人员和有关人员。

《劳动合同法》还增加了工作地点条款。这是因为实践中劳动者的工作地点可能与用人单位住所地不一致，有必要在订立劳动合同时予以明确。

（3）劳动报酬

劳动报酬是用人单位根据劳动者提供的劳动数量和质量，以货币形式支付给劳动者的工资。此项条款应明确员工适用的工资制度、工资支付标准、支付时间、支付周期、工资计算办法、资金津贴的获得条件和标准等。如有必要，还可以明确加班加点工资的计算办法、支付时间以及下岗待工期间的工资待遇等。工资标准不得低于当地最低工资标准，同时也不得低于本单位集体合同规定的最低工资标准。

按照我国的《最低工资规定》，“最低工资”是指在劳动者在法定工作时间内提供了正常劳动的前提下，所在企业应支付的最低劳动报酬。最低工资率在国务院劳动行政主管部门的指导下，由省、自治区、直辖市人民政府劳动行政主管部门会同同级工会、企业家协会，参考政府统计部门提供的当地就业者及其赡养人口的最低生活费用、职工的平均工资、劳动生产率、城镇就业状况和经济发展水平等因素自行确定，其幅度高于当地的社会救济金和待业保险金标准，低于平均工资。最低工资应以法定货币按时支付，企业必须将政府对最低工资的有关规定告知本单位劳动者，企业支付给劳动者的工资不得低于其适用的最低工资率。

《劳动合同法实施条例》第十四条规定，劳动合同履行地与用人单位注册地不一致的，有关劳动者的最低工资标准、劳动保护、劳动条件、职业危害防护和本地区上年度职工月平均工资标准等事项，按照劳动合同履行地的有关规定执行；用人单位注册地的有关标准高于劳动合同履行地的有关标准，且用人单位与劳动者约定按照用人单位注册地的有关规定执行的，从其约定。

《劳动合同法实施条例》第十五条规定，劳动者在试用期的工资不得低于本单位相同岗位最低档工资的80%或者不得低于劳动合同约定工资的80%，并不得低于用人单位所在地的最低工资标准。

《劳动合同法》第二十二条第二款规定的培训费用，包括用人单位为了对劳动者进行专业技术培训而支付的有凭证的培训费用、培训期间的差旅费用以及因培训产生的用于该劳动者的其他直接费用。

（4）工作时间和工作制度

工作时间与劳动者提供的劳动量及其报酬有着十分重要的联系。过去有很多人在签订劳动合同时只关注劳动报酬而不重视劳动时间条款的内容，导致在履行劳动合同时超过法定劳动时间而并没有获得相应的劳动报酬。《劳动合同法》进一步明确了该劳动者具体的工作时间和休息休假安排。

根据我国《劳动法》和《国务院关于职工工作时间的规定》：①劳动者每日工作不超过 8 小时、每周工作不超过 40 小时。企业因生产特点不能实行以上工时制度的，经劳动保障行政部门批准，可以实行综合计算工时工作制或不定时工作制。②综合计算工时工作制是针对因工作性质特殊，需连续作业或受季节及自然条件限制的企业部分职工，采用的以周、月、季、年等为周期综合计算工作时间的一种工时制度。在综合计算工作时间的周期内，具体某一天、某一周的工作时间可以超过 8 小时和 40 小时，但是，在综合计算工作时间周期内，平均日工作时间和平均周工作时间应与法定标准工作时间基本相同。③不定时工作制是指每一工作日没有固定的上下班时间限制的工作时间制度。它是针对因生产特点、工作特殊需要或职责范围的关系，无法按标准工作时间衡量或需要机动作业的职工所采用的一种工时制度。经批准实行不定时工作制的职工，不受《劳动法》第 41 条规定的日延长工作时间标准和月延长工作时间标准的限制，但用人单位应采用弹性工作时间等适当的工作和休息方式，确保职工的休息、休假权利和生产、工作任务的完成。

2008 年 7 月 17 日，人力资源和社会保障部第 6 次部务会议通过了《企业职工带薪年休假实施办法》，并于 9 月 18 日公布之日起施行。职工连续工作满 12 个月以上的，享受带薪年休假。

《劳动合同法》第三节增加了“非全日制用工”条款。非全日制用工指“劳动者在同一用人单位一般平均每日工作时间不超过四小时，每周工作时间累计不超过二十四小时的用工形式。”《劳动合同法》还指出，“非全日制用工小时计酬标准不得低于用人单位所在地人民政府规定的最低小时工资标准。非全日制用工劳动报酬的结算支付周期最长不得超过十五日。”

（5）劳动保护和劳动条件

劳动保护是用人单位为保障劳动者在劳动过程中的安全和健康，防止工伤事故和预防职业病的发生所应采取的技术措施和组织措施。劳动条件是为完成工作任务应由用人单位提供的、不得低于国家规定标准的必要条件。具体的生产工作条件应当包括：加班加点、劳动工作条件、劳动工具、生产工艺流程、安全操作规程、安全卫生、健康检查、女工及未成年工特殊保护和伤亡事故处理制度等，以及用人单位根据国家有关法律、法规而采取的其他保护措施。我国《劳动合同法》增加了社会保险条款，以强化用人单位和劳动者的社会保险权利义务意识，增加了职业危害防护条款，用人单位承担了如实告知义务，并要在劳动合同中写明，不得隐瞒或欺骗。

（6）劳动纪律

劳动纪律即劳动者在劳动过程中必须遵守的工作秩序和规则，包括国家法律、行政法规和用人单位按照合法的程序制定的规则和纪律等。这里要特别注意的是，用人劳动单位制定的规章制度往往以劳动合同附件的形式被写进劳动合同，成为企业约束劳动者或解除劳动合同的依据。依照我国劳动政策相关规定，这些附件也可以作为劳动争议处理的有效证据。

（7）劳动合同终止的条件和违反劳动合同的责任

劳动合同终止的条件是导致或引起合同关系消灭的原因，包括法定终止条件和约定终止条件。合同期限届满、约定义务完成属于法定终止条件。约定终止条件即双方当事人根据各自的实际情况，经对方协调一致，将一定情形的发生作为合同终止的法律事实，当约定的事实出现时劳动合同自行终止。劳动合同应当明确约定当一方当事人违反劳动合同的规定给对方造成损失时，应承担的法律后果。

**即时案例**　　**计件制职工未完成定额是否享受最低工资？**

谈某与单位签订的劳动合同约定谈某实行计件工资制，完成劳动定额每少10%，其劳动工资即被扣减20%，直至工资被扣完为止。某月，谈某因患病初愈，仅完成定额的70%，单位遂据此发放其当月工资800元，双方产生劳动争议。谈某认为，自己因患病导致体力不足，但自己也坚持工作，单位即使减发工资也不能低于最低工资标准。单位认为谈某已经病愈上班，其未完成定额，不受最低工资标准的限制，单位才根据合同约定和公司制度规定发放工资。

所谓“正常劳动”就是劳动者在法定工作时间或劳动合同约定的工作时间内提供了劳动。劳动者只要正常出勤并在用人单位指挥下工作，均可认为是正常工作，对于劳动者因工作能力等原因未完成工作任务的，只要劳动者正常工作，其工资也不应低于最低工资标准。

实行计件工资制的用人单位必须在科学合理的劳动定额的基础上，确定基本计件单价和超额计件单价。基本计件单价应根据法定工作时间内应完成的正常劳动确定。劳动者提供正常劳动并按基本计件计算的工资不得低于最低工资标准。超额计件单价用于计算劳动者超出正常劳动的工资报酬。原国家劳动部规定，在劳动合同中，双方当事人约定的劳动者在未完成劳动定额或承包任务的情况下，用人单位可低于最低工资标准支付劳动者工资的条款不具有法律效力。

案例中工厂首先要在科学合理劳动定额的基础上，确定基本计件单价和超额计件单价。其次，对于合理确定的基本计件单价，谈某应当按时保质保量完成工作任务，对于没有按时完成工作任务的，工厂有权依照劳动合同或依法订立的厂规厂纪减发他的月工资，但是谈某在工厂规定的工作时间内已履行了正常的劳功义务，其工资应不低于最低工资标准。

需注意的是，有的用工双方当事人约定“由于劳动者每周工作时间不足40小时标准工作时间，用人单位可按最低工资标准折算工资”。其实只要属于全日制劳动合同关系，就应执行月最低工资标准。双方自愿约定的工作时间，可以少于法定标准工作时间，但不允许因此而按照最低工资标准“折算”。

资料来源：白天亮．关于“最低工资”十大典型案例解析［OL］．［2011－03－25］http://blog.hr.com.cn/html/30/n－82530－2．html.

2. 约定条款

除上述劳动合同法定条款以外，双方当事人还可以根据实际需要在协调一致的基础上，规定其他补充条款。一般常见的约定条款有以下内容：①试用期限；②培训；③保密事项；④补充保险和福利待遇；⑤其他事项，如住房、交通、子女就学等。约定条款只要不违反国家法律和行政法规，一经双方商定，均为合法有效且对当事人具有法律约束力。

3. 专项劳动协议

与劳动合同有密切联系的是各项专项协议。劳动关系当事人的部分权利义务可以以专项协议的形式规定。所谓专项协议，是劳动关系当事人为明确劳动关系中特定的权利义务，在平等自愿、协商一致的基础上所达成的契约。专项协议可以在订立劳动合同的同时协商确定，如服务期限协议、培训协议、保守企业商业密秘协议、补充保险协议、岗位协议书、聘任协议书等。其时间应在劳动合同的附件中注明，以保证其法律效力。有的专项协议是在合同的履行期间因适应主客观情况的变化的需要而订立的，如在企业劳动制度改革过程中，由于劳动制度的变化，结构调整，拖欠劳动者工资、应报销的医疗费或其他债务以及因企业或劳动者个人原因离岗或下岗而签订的有关社会保险费缴纳、下岗津贴等内容的专项协议书。必须注意这类专项协议与劳动合同的一致性，当出现矛盾时，应及时变更劳动合同的相关内容。

### 11.2.4 劳动合同的履行

劳动合同的履行是指企业劳动合同订立以后，劳动者和管理者双方当事人按照合同条款的要求，共同实现劳动过程和相互履行权利和义务的行为与过程。

1. 劳动合同的履行分为全部履行和不适当履行两种

全部履行是指合同双方当事人履行合同的全部义务和实现合同中规定的全部权利；不适当履行是指合同双方当事人或一方当事人只履行合同中规定的部分义务，或只实现合同中规定的部分权利。劳动合同履行的理想模式是全部履行，双方当事人均实现自己的全部权利和履行自己的全部义务。但由于某些原因，包括双方当事人自己的责任、企业经营状况的变化以及社会及经济宏观环境的改变等，都可能使双方当事人不能够或不愿意按照合同的条款一一履行，这时就出现了合同的不适当履行。从政府和立法角度来说，要尽量避免和减少企业劳动合同的这种不适当履行，或尽量减少合同条款的不履行程度和比例，促进合同全部履行，或提高合同的履行程度和比例。

2. 与用人单位存在事实劳动关系的劳动者也依法享有劳动保障权益

在现实中，一些企业为了减少负担，规避责任，有意降低其合同签订率。为了保护劳动者的合法权益，2005 年我国劳动和社会保障部出台了《关于确立劳动关系有关事项的通知》([2005]12 号)。通知规定，用人单位招用劳动者未订立书面劳动合同，但同时具备下列情形的，劳动关系成立：①用人单位和劳动者符合法律、法规规定的主体资格；②用人单位依法制定的各项劳动规章制度适用于劳动者，劳动者受用人单位的劳动管理，从事用人单位安排的有报酬的劳动；③劳动者提供的劳动是用人单位业务的组成部分。

用人单位未与劳动者签订劳动合同，认定双方存在劳动关系时可参照下列凭证：①工资支付凭证或记录（职工工资发放花名册）、缴纳各项社会保险费的记录；②用人单位向劳动者发放的工作证、服务证等能够证明身份的证件；③劳动者填写的用人单位招工招聘登记表、报名表等招用记录；④考勤记录；⑤其他劳动者的证言等。其中，前三项的有关凭证由用人单位负举证责任。

用人单位招用劳动者符合第一条规定的情形的，用人单位应当与劳动者补签劳动合同，劳动合同期限由双方协商确定。协商不一致的，任何一方均可提出终止劳动关系。但对符合签订无固定期限劳动合同条件的劳动者，如果劳动者提出订立无固定期限劳动合同，用人单位应当订立。用人单位提出终止劳动关系的，应当按照劳动者在本单位工作年限每满一年支付一个月工资的经济补偿金。

3. 劳动者不必履行无效的劳动合同

如前所述，由于用人单位违背自愿平等、协商一致原则而订立的无效合同，劳动者不必履行；对劳动者造成损害的，用人单位还应当承担赔偿责任。这具体包括：

（1）造成劳动者工资收入损失的，按劳动者本人应得工资收入支付给劳动者，并加付相当于应得工资收入25% 的赔偿费用。

（2）造成劳动者劳动保护待遇损失的，应按国家规定补足劳动者的劳动保护津贴和用品。

（3）造成劳动者工伤、医疗待遇损失的，除按国家规定为劳动者提供工伤、医疗待遇外，还应支付劳动者相当于医疗费用 25% 的赔偿费用。

（4）造成女职工和未成年工身体健康损害的，除按国家规定提供治疗期间的医疗待遇外，还应支付相当于其医疗费用25%的赔偿费用。

（5）劳动合同约定的其他赔偿费用。

4. 用人单位安排劳动者加班加点应符合国家有关规定

加班加点也称延长劳动时间，是指用人单位经过一定程序，要求劳动者的日工作时数和周工作天数超过法律、法规规定的最高限制，一般有正常情况下加班加点和非正常情况下加班加点两种形式。

正常情况下加班加点，按照《劳动法》的规定，需具备以下三个条件：

（1）由于生产经营需要。

（2）必须与工会协商。

（3）必须与劳动者协商。

正常情况下加班加点，一般每日不得超过 1 小时；因特殊原因需要延长工作时间的，在保障劳动者身体健康的条件下延长工作时间每日不得超过 3 小时，但是每月不得超过 36 小时。

非正常情况下加班加点是指依据《劳动法》第四十二条的规定，遇到下列情况，用人单位可以不受正常情况下的限制而安排劳动者加班加点：

（1）发生自然灾害、事故或者因其他原因，威胁劳动者生命健康和财产安全、需要紧急处理的。

（2）生产设备、交通运输线路、公共设施发生故障，影响生产和公众利益，必须及时抢修的。

（3）法律、行政法规规定的其他情形。

禁止安排怀孕 7 个月以上和在哺乳未满 1 周岁的婴儿的女职工加班加点和夜班劳动。用人单位安排劳动者在休息日加班的，应安排补休；不能安排补休的，应依法支付加班工资。安排劳动者加点或在法定节日加班的，应依法支付加班加点工资。

5. 劳动者依法享有法定节假日休假权利

（1）法定节假日

根据国务院《全国年节及纪念日放假办法》规定，我国法定节假日包括三类：

第一类是全体公民放假的节日，包括新年、劳动节和国庆节。

第二类是部分公民放假的节日及纪念日，包括妇女节、青年节等。

第三类是少数民族习惯的节日，具体节日由各少数民族聚居地区的地方人民政府按照各该民族习惯规定放假日期。

全体公民放假的假日，如果适逢星期六、星期日，应当在工作日补假。部分公民放假的假日，如果适逢星期六、星期日，则不补假。

（2）病假

根据劳动部《企业职工患病或非因工负伤医疗期规定》（劳部发[1994]479号）等有关规定，任何企业职工因患病或非因工负伤，需要停止工作医疗时，企业应该根据职工本人实际参加工作的年限和在本单位工作年限，给予一定的病假假期。在病假期间，还应针对不同工作年限和不同病假期限的长短支付一定比例的工资。此外，劳动者还依法享有女职工产假、依法参加社会活动请假等。

---

**即时案例　　　　一起因员工自愿超时加班引发的劳动争议案**

某化工厂招用165名职工，双方签订了为期3年的劳动合同。职工都希望在合同期限内多挣些钱，厂方与职工便在合同里约定每天工作12小时，厂方按规定支付给职工2个小时的加班费，职工也都同意。半年后，职工刘某感到工时长，有些疲劳，提出了不再加班的请求。厂方以加班是职工自愿，并在劳动合同里作了规定，不加班就是违反合同，以要承担违约赔偿责任为理由，拒绝刘某的请求。为此，双方发生争议。刘某向当地劳动人事争议仲裁委员会提出申诉。仲裁委裁决，该厂与职工所签每日工作12小时的条款无效，必须执行每日8小时的工作制。

这是一起因工作时间问题引发的劳动争议案，该化工厂的做法是错误的，即使职工自愿，超过规定时限加班也是违法的。

国务院《关于修改〈国务院关于职工工作时间的规定〉的决定》规定，职工每日工作8小时，每周工作40小时。《劳动法》第四十一条规定，用人单位由于生产经营需要，经与工会和劳动者协商后可以延长工作时间，一般每日不得超过1小时，因特殊原因需要延长工作时间的，在保障劳动者身体健康的条件下延长工作时间每日不得超过3小时，但是每月不得超过36小时。上述规定的工时标准表明，除实行不定时工作制或综合计算工时工作制的企业外，企业正常生产经营的时间一般不能超过8小时，需要加班的一般每日不能超过1小时，特殊原因加班每日不能超过3小时。而本案中该厂每日工作时间为12小时，比特殊情况下加班的3小时还多了1小时，显然是违法的。

本案涉及的另一个重要法律问题是，法定工作时间标准与劳动合同约定及劳动者自愿之间的关系。根据《劳动法》的规定，只有按照法定工作时间标准安排劳动者劳动才是合法的、有效的。违反法定标准所订立的劳动合同以及虽然是劳动者自愿的超时劳动，都是违法的，约定和自愿也是无效的。因为《劳动法》第十八条明确规定，违反法律、行政法规的劳动合同属无效劳动合同，无效劳动合同从订立的时候起，就没有法律约束力，而且无效的劳动合同是以法律规定为依据来确认，而不是依据劳动合同当事人自愿或非自愿。

工作时间制度是保护劳动者身体健康和劳动过程中安全生产的重要制度。不管是用人单位还是劳动者都必须严格遵照执行。企业不能以劳动者想多挣钱为理由，让劳动者加班而违法。否则，企业是要承担法律责任的。

资料来源：钟崂．职工自愿超时加班企业也违法［OL］．［2012-09-13］http://www.legalinfo.gov.cn/pfkt/content/2012-09/13/content_3839486．htm？node=7905．

---

### 11.2.5 合同的变更与续订

1. 劳动合同的变更

劳动合同变更是在履行劳动合同过程中，由于情况发生变化，经双方当事人协商一致，对已经订立的劳动合同依法进行补充和修改，劳动合同的未变更部分继续有效。与订立劳动合同一样，变更劳动合同应当遵守平等自愿、协商一致的原则，不得违反法律、行政法规的规定。经双方协商同意，依法变更后的劳动合同继续有效，对双方当事人都有约束力。

合同变更的前提是双方原已存在着合法的合同关系，变更的原因主要是客观情况发生变化，变更的目的是为了继续履行合同。劳动合同的变更一般只限于内容的变更，不包括主体的变更。

（1）劳动合同变更的条件是：①以双方协商同意；②订立劳动合同所依据的法律、法规已经修改或部分失效；③劳动合同期限虽满，但依法不得终止劳动合同的；④劳动合同订立时所依据的客观情况发生重大变化，致使劳动合同部分条款无法履行的；⑤符合劳动合同约定的变更条件的。

（2）劳动合同变更的程序是：①当事人要求变更劳动合同，应当填写《变更劳动合同通知书》，并及时送交对方，由对方当事人在《通知回执》上签收。②被通知方接到通知书后，应在七日内就是否同意变更劳动合同书面答复通知方，逾期不答复的，视为同意按对方的要求变更劳动合同。③双方同意变更劳动合同的，应及时就变更的条件和内容进行协商；经协商达成一致意见的，应签订《变更劳动合同协议书》一式两份，送劳动行政部门签证后，由双方各持一份。

2. 劳动合同的续订

劳动合同期限届满，经双方协商一致，可以续订劳动合同。劳动合同的续订是指有固定期限的劳动合同到期后，双方当事人就劳动合同的有效期限进行商谈，经平等协商一致而续延劳动合同期限的法律行为。劳动合同续订的原则与订立劳动合同的原则相同。提出劳动合同续订要求的一方应在合同到期前 30 日书面通知对方。续订劳动合同不得约定试用期。依据《劳动法》的规定，劳动者在同一用人单位工作满 10 年，双方同意续延劳动合同，劳动者提出订立无固定期限的劳动合同的，用人单位应当与之订立无固定期限的劳动合同；有固定期限的劳动合同，期限届满既未终止又未续订，劳动者与用人单位仍存在劳动关系的，视为续延劳动合同，用人单位应当与劳动者续订劳动合同。当事人就续延劳动合同的期限达不成一致意见的，其期限从签字之日起不得少于一年，或者按原条件履行。

### 11.2.6 劳动合同的解除和终止

劳动合同的终止有广义和狭义之分。狭义的劳动合同终止，是指双方当事人已经履行完毕合同约定的所有权利和义务，或其他法律事实的出现致使双方当事人的劳动关系不复存在，且任何一方均没有提出继续保护劳动关系的请求，合同就此终止了法律效力。广义的劳动合同终止，不光包括狭义的劳动合同终止，还包括劳动合同的解除。

1. 劳动合同的解除

劳动合同的解除是指在劳动合同订立后、尚未全部履行以前，由于某种原因导致劳动合同一方或双方当事人提前中断劳动关系的法律行为。根据《劳动法》的规定，劳动合同既可以由单方依法解除，也可以由双方协商解除。因此，劳动合同的解除分为法定解除和协商解除两种。

协商解除劳动合同必须符合双方自愿、平等协商、保持当事人双方权利义务平等、不得损害一方的利益的原则。解除劳动合同是提前终止劳动合同的行为，从表面上看这种行为不利于维护稳定的劳动合同关系，但实际上法律规定劳动合同双方当事人有权经过平等协商或者依据法定程序单方面解除合同，这也是契约自由原则的一种体现。这一法律规定既照顾了劳动合同当事人订立劳动合同时的自愿原则，反映了劳动合同所具有的变动性和流动性的特点，对于维护和保证用人单位的用人自主权与劳动者的择业自主权又有非常重要的意义。这项权利的规定有利于劳动者根据自己的能力、特长、爱好和兴趣，选择最适合自己的职业，从而最大限度地发挥自己的潜能和智慧，更好地为社会工作和实现自身的价值；有利于督促当事人双方全面、正确地履行劳动合同，增强合同当事人双方的危机感和责任感，促进用人单位之间、劳动者之间展开公平竞争；同时更有利于劳动制度的改革和完善。

(1) 劳动者单方解除

我国《劳动法》第三十二条规定，有下列情形之一的，劳动者可以随时通知用人单位解除劳动合同：在试用期内的；用人单位以暴力、威胁或者非法限制人身自由的手段强迫劳动的；用人单位未按照劳动合同约定支付劳动报酬或者提供劳动条件的。

劳动者解除劳动合同，应当提前三十日以书面形式通知用人单位。这是劳动者解除劳动合同的条件和程序。劳动者提前三十日以书面形式通知用人单位解除劳动合同，无需征得用人单位的同意，用人单位应及时办理有关解除劳动合同的手续。但由于劳动者违反劳动合同的有关约定而给用人单位造成经济损失的，应依据有关规定和劳动合同的约定，由劳动者承担赔偿责任。

(2) 用人单位单方解除

《劳动法》第二十五条规定，劳动者有下列情形之一的，用人单位可以解除劳动合同：在试用期间被证明不符合录用条件的；严重违反劳动纪律或者用人单位规章制度的；严重失职，营私舞弊，对用人单位利益造成重大损害的；被依法追究刑事责任的。

《劳动法》第二十六条规定，有下列情形之一的，用人单位可以解除劳动合同，但是应当提前三十日以书面形式通知劳动者本人：劳动者患病或者非因工负伤，医疗期满后，不能从事原工作也不能从事由用人单位另行安排的工作的；劳动者不能胜任工作，经过培训或者调整工作岗位，仍不能胜任工作的；劳动合同订立时所依据的客观情况发生重大变化，致使原劳动合同无法履行，经当事人协商不能就变更劳动合同达成协议的。

此外，《劳动法》第二十七条规定：用人单位濒临破产进行法定整顿期间或者生产经营状况发生严重困难，确需裁减人员的，应当提前三十日向工会或者全体职工说明情况，听取工会或者职工的意见，经向劳动保障行政部门报告后，可以裁减人员。《劳动法》还规定，用人单位自裁减人员之日起六个月内录用人员的，应当优先录用被裁减的人员。

但是，对于有下列情形之一的劳动者，用人单位不得依据《劳动法》第二十六条、

第二十七条的规定解除劳动合同：劳动者患职业病或者因工负伤并被确认丧失或者部分丧失劳动能力的；劳动者患病或者负伤，在规定的医疗期内的；女职工在孕期、产期、哺乳期内的；法律、行政法规规定的其他情形。

（3）用人单位解除劳动合同应当依法向劳动者支付经济补偿金

根据《劳动法》及《违反和解除劳动合同的经济补偿办法》([1994]481 号）的规定，在下列情况下，用人单位解除与劳动者的劳动合同，应当根据劳动者在本单位的工作年限，每满一年发给相当于一个月工资的经济补偿金：

①经劳动合同当事人协商一致，由用人单位解除劳动合同的；劳动者不能胜任工作，经过培训或者调整工作岗位仍不能胜任工作，由用人单位解除劳动合同的；在以上两种情况下支付经济补偿金，最多不超过 12 个月。

②劳动合同订立时所依据的客观情况发生了重大变化，致使原劳动合同无法履行，经当事人协商不能就变更劳动合同达成协议，由用人单位解除劳动合同的。

③用人单位濒临破产在进行法定整顿期间或者由于生产经营状况发生严重困难，必须裁减人员，由用人单位解除劳动合同的。

④劳动者患病或者非因工负伤，经劳动鉴定委员会确认不能从事原工作，也不能从事用人单位另行安排的工作而解除劳动合同的。在这类情况下，同时应发给不低于 6 个月工资的医疗补助费。劳动者患重病或者绝症的还应增加医疗补助费，患重病的增加部分不低于医疗补助费的 50%，患绝症的增加部分不低于医疗补助费的 100%。经济补偿金应当一次性发给。

如果用人单位解除劳动者劳动合同后，未按以上规定给予劳动者经济补偿的，经相关部门裁决，除必须全额发给经济补偿金外，还需按欠发经济补偿金数额的 50% 支付额外经济补偿金。

（4）用人单位不得随意解除劳动合同

《劳动法》及《违反〈劳动法〉有关劳动合同规定的赔偿办法》规定，用人单位不得随意解除劳动合同。用人单位违法解除劳动合同的，由劳动保障行政部门责令改正；对劳动者造成损害的，应当承担赔偿责任。其具体赔偿标准是：①造成劳动者工资收入损失的，按劳动者本人应得工资收入支付劳动者，并加付相当于应得工资收入 25% 的赔偿费用；②造成劳动者劳动保护待遇损失的，应按国家规定补足劳动者的劳动保护津贴和用品；③造成劳动者工伤、医疗待遇损失的，除按国家规定为劳动者提供工伤、医疗待遇外，还应支付劳动者相当于医疗费用 25% 的赔偿费用；④造成女职工和未成年工身体健康损害的，除按国家规定提供治疗期间的医疗待遇外，还应支付相当于其医疗费用 25% 的赔偿费用；⑤劳动合同约定的其他赔偿费用。

---

**即时案例**　　　　**合同期内被淘汰　员工喊赔偿**

案例：合同期内“末位”淘汰了我

近日，杨先生向本报求助，他于三年前与成都某公司签订了一份为期三年的合同，公司实行末位淘汰制度，规定连续两年考核不称职者按末位予以淘汰。最近，杨被末位淘汰。虽在合同期内，但公司按制度行事，拒绝支付经济补偿金。

杨先生认为，按照公司末位淘汰的制度，他被辞掉无可厚非，但问题的关键是合同期内自己被解聘是否该得到经济赔付？公司的解释是按制度办事，不存在违约，所以就不应该赔偿。自己的权益是否被侵犯？是选择沉默还是坚决捍卫自身利益，杨先生一时没了主意。

调查：员工呼吁企业制度要合法

记者发现，近几年，“末位淘汰制”被很多企业、单位采用，甚至成了一些企业激励员工上进的法宝，尤其是从事IT或技术研发的岗位或者单位对该制度更是“情有独钟”。据杨介绍，像他这样的情况并不是个别现象，“我有一个朋友在一个公司销售部上班，合同是一年一签，公司规定连续三个月排名最后就要遭淘汰，我这个朋友在签完合同的第四个月就被‘炒’了。”而他的朋友认为自己不能胜任工作，所以对被解聘没有半点怨言，完全没有怀疑公司的做法是否合法。

多数员工对于该制度持反对态度。“太残酷，部门员工每个月都十分努力，但成绩显著的员工仍然被排在末位，成为被淘汰的对象。”一公司职员魏先生说：“这样的制度对企业来说是一种激励员工努力的办法，但也容易造成员工之间的不良竞争。如果在公司合同期间内，使用末位淘汰制度解聘员工，肯定伤害了员工的合法权益。”走访中，员工呼吁企业应该在遵循《劳动法》等法规的前提下，制定企业的规章制度。

律师：合同期内被“炒”员工可索赔

杨先生和其朋友的情况该不该获得经济补偿？四川鼎立律师事务所邓志军律师认为，问题的关键要看末位淘汰制是否写入合同中，并作为合同的终止条款。如果制度已写入合同中，而且公司是合同期满后对杨进行辞退就可以不作经济赔偿。同时，根据法律规定，员工在任职期间，如果不能胜任本职工作，用人单位可以根据员工的实际情况调整岗位或进行培训，如果调整岗位或培训后仍不能胜任工作，可以提前30日通知该员工解除劳动合同，并以一年（含一年以内）按一个月工资的标准进行补偿。杨先生是在合同期内被解聘的，那么就属于公司单方面解除劳动合同，他在该公司已经工作将近三年，可以按照三个月的工资索要经济赔偿。

资料来源：屈咏梅．合同期内被淘汰，员工喊赔偿［N］．华西都市报，2006-11-22(13).

---

2. 劳动合同终止

劳动合同终止是指劳动合同关系的消灭，即劳动关系双方权利义务的失效。劳动合同的终止分为两类：自然终止和因故终止。

（1）自然终止

①合同期限已满。在定期企业劳动合同约定的期限届满后，除非双方当事人依法续订或依法延期，否则合同即行终止。

②合同目的已经实现。以完成一定的工作为期限的企业劳动合同在其约定工作完成以后，或其他类型的企业劳动合同在其约定的条款全部履行完毕以后，合同因目的的实现而自然终止。

③合同约定的终止条件出现。在企业劳动合同约定的终止条件出现以后，企业劳动合同就此终止。

（2）因故终止

①当事人死亡。劳动者一方死亡，合同即行终止；雇主一方死亡，合同可以终止，也可以因继承人继承或转让第三方而使合同继续存在，这要依实际情况而定。

②劳动者退休。劳动者因达到法定退休年龄或丧失劳动能力且办理了离退休手续后，合同即行终止。

③企业不复存在。因依法宣告破产、解散、关闭或兼并，原有企业不复存在，其合同也告终止。

劳动合同依法解除或终止时，用人单位应同时一次付清劳动者工资，依法办理相关保险手续；当用人单位依法破产时，应将劳动者工资列入破产清偿顺序，首先支付劳动者工资。

## 11.3 集体合同与劳动关系协调机制

开展集体协商，签订集体合同，建立企业自主协调劳动关系机制，不仅是建立现代企业制度、调整企业劳动关系，促进劳动关系和谐稳定的内在要求，也是我国实现适应社会主义市场经济发展要求的劳动关系调整体制目标的重要举措。做好这项工作，对于促进劳动关系和谐稳定，调动广大职工的积极性、创造性，促进企业生产发展和经济效益的提高，维护改革、发展、稳定的局面，都具有十分重要的意义。

### 11.3.1 集体合同

集体合同起源于18世纪末期的英国，19世纪中后期得到较大发展，在第一次世界大战之后逐渐走向成熟。第一次世界大战后德国、法国、澳大利亚、芬兰和瑞典等国家开始颁布集体合同法规。国际劳工组织也加强了这方面的立法工作，先后通过了《集体协商建议书》《促进集体谈判公约》《促进集体谈判建议书》等文件，对各国的集体合同立法发挥了重要的指导和参考作用。我国集体协商签订集体合同始于20世纪80年代，利用集体合同来确定劳动关系的方式首先在国有企业进行。为规范集体协商和签订集体合同的行为，依法维护劳动者和用人单位的合法权益，我国劳动和社会保障部根据《中华人民共和国劳动法》和《中华人民共和国工会法》，于2004年1月颁发了新修订的《集体合同规定》，自2004年5月1日起施行。

1. 集体合同的概念和特征

根据我国的《集体合同规定》，集体合同是指用人单位与本单位职工根据法律、法规、规章的规定，就劳动报酬、工作时间、休息休假、劳动安全卫生、职业培训、保险福利等事项，通过集体协商签订的书面协议。通过工会或职工代表与用人单位集体协商，也可以订立专项集体合同。专项集体合同，是指用人单位与本单位职工根据法律、法规、规章的规定，就集体协商的某项内容签订的专项书面协议。

集体合同除具有一般协议的主体平等性、意思表示一致性、合法性和法律约束性以外，还具有自身的特点，主要是：

（1）签约主体的确定性。与劳动合同不同，集体合同的一方是企业或雇主团体，另一方是以工会组织作为代表的劳动者。没有建立工会组织的，则由劳动者按照一定的程序推举代表，而不能是劳动者个人或劳动者中的其他团体或组织作为签约主体。

（2）合同的整体性。集体合同是以企业的一般劳动条件为标准的约定，是以全体劳动者的共同权利和义务为内容，整体性地规定劳动者与企业之间的劳动权利与义务。集体合同的整体性特点是与其他劳动合同的重大区别之一，个人劳动合同内容只涉及单个劳动者的权利义务。

(3) 集体合同的定期书面合同的生效需经过特定的程序。按照《劳动法》及其配套规章的规定，集体合同签订后，应在7日内由企业一方将集体合同一式三份及说明报送劳动行政部门审查。劳动行政部门在收到集体合同文本的15日内未提出异议的，集体合同即行生效。而个人与单位签订的劳动合同则无需上级行政主管部门审核既可生效。

(4) 集体合同的法律效力高于个人劳动合同的效力。集体合同规定了企业的最低劳动标准，凡低于集体合同的个人劳动合同的标准一律无效，故集体合同的法律效力高于个人与用人单位签订的劳动合同。

2. 集体劳动合同的原则和主要内容

(1) 签订集体合同应遵循的原则

集体协商、签订集体合同应遵循自愿协商、平等协商、和谐稳定的原则。具体来讲，包括：

遵守法律、法规、规章及国家有关规定；相互尊重，平等协商；诚实守信，公平合作；兼顾双方合法权益；不得采取过激行为。

(2) 集体合同的主要内容

集体合同所要确定的内容主要包括三个方面：有关劳动者的就业、劳动、工作条件的条款（通常指劳动者的集体劳动条件）；有关合同双方各自权利和义务的条款；其他应该具备的条款，如合同的变更和解除、合同实施的监督检查、违约责任、合同争议的处理、文本、期限和延续等。

在上述三方面的条款中，集体劳动条件的规定是最重要的，它反映了集体合同的特殊性质，是集体合同的核心内容，对个人劳动合同起制约作用。它主要有劳动报酬和工资、保险福利、工作时间、劳动保护、休息休假、延长工时、劳动安全与卫生、职工招聘、职业培训、劳动纪律、违纪处理、辞退等事项。

此外，还有过渡性规定和集体合同文本本身的规定。过渡性规定主要包括因签订或履行集体合同发生争议的解决措施，以及集体合同的监督检查办法等。集体合同文本本身的规定包括集体合同的有效期限、变更解除条件等。

### 11.3.2 集体谈判与劳动关系协调机制

劳动关系总是处于发展变化之中，需要有效的调整机制，以维系劳动关系的和谐稳定。劳动关系调整机制可包括劳动立法调整、企业内部调整、劳动争议处理和劳动监察等。发达市场经济国家经过长期发展，其劳动关系的调整已形成了一整套制度化、法制化的综合体系。在这一体系中，三方协调是劳动关系的基本格局和基本原则。集体谈判制度和工业民主反映了构成劳动关系的两个主体——雇员和雇主的自行协调，这是劳动关系调整机制的基础环节；而劳动立法、劳动争议的处理以及劳动监察主要反映了在市场经济条件下政府对劳动关系的调整和规范。在这里，我们着重介绍企业内部的集体协商和集体谈判，劳动争议和劳动监察是第三节的内容。

1. 集体谈判

集体协商制度包含集体谈判、合同和协商。集体协商制度灵活、气氛融洽，有缓冲的余地，可以在车间、分厂、总厂等多层次展开。协商的内容可以从日常生活到企业经营活动。这是一种经常进行交流、沟通的协商方式。

集体谈判是劳动关系协商机制的重要内容和形式，是指职工代表与经营者代表之间就双方建立劳动关系所涉及的各项条件进行谈判，以签订集体合同或集体协议。集体谈判的特征是：①集体谈判是一个很有弹性的决策机制。集体谈判可以适用于各种政治经济制度，比立法、司法和行政制度都有弹性，而且它可以满足各种产业和职业的需要。集体协议的方式也是各种各样的，从十分简单的口头协议到十分复杂的总协议，还允许有附加条款，在内容上可由双方任意协定。②集体谈判体现了工业民主的观点。集体谈判从一开始就成为了工人参与工业社会决策过程的一条主要渠道。在劳动关系上，用人单位与员工既有冲突，又有共同利益，尽管集体谈判不能完全消除双方冲突，但是它毕竟提供了一种机会，使双方能更好地了解对方的立场、目标和条件，以及双方的分歧和共同点。它也提供了一种有条理的程序，通过这一程序，双方有可能达成一个比较接近双方目标的共同协议。③集体谈判具有公平性。集体谈判作为一种方法，将平等和公正引入工业社会和劳动力市场，使劳资双方由不平等的雇佣关系转变为一种平等的合作关系。④集体谈判具有稳定性和有效性。集体谈判的结果是双方在平等公正的基础上签订集体协议，这可以使双方达成一致意见并认真履行，因此个别谈判和个人劳动合同更具有效性和稳定性。目前，集体谈判制度是国外市场经济国家对日常劳资关系问题特别是利益划分问题进行经常性调整的一项重要制度。

2. 劳动关系的三方协调机制

三方协调是确立和调整劳动关系的基本格局和基本原则。三方协调机制是指在调整劳动关系、制定劳动标准、处理劳动争议等方面由政府、雇员和雇主三方代表共同参与决定，相互影响、互相制衡。三方协商机制的作用有：有助于政府向雇主和工会两大不同利益群体宣传自己的政策主张并赢得它们的支持；在一定程度上缓和了劳资矛盾，保护了工人的一些权利，这对于提高工人的劳动积极性十分有益；能够设计并解决单个基层组织劳资双方无力解决的宏观劳动问题。三方协调原则能将劳动关系的调整范围从各类基层经济组织扩大到整个产业社会的领域，是融洽、稳定劳动关系的重要制度。我国于1990年加入了国际劳工组织公约，正式确认以三方协调方式（政府、资方和工人代表）谈判和处理争议的基本原则，并于1996年正式开始建立劳动争议仲裁的三方机制。此外，我国已签署了联合国《经济、社会及文化权利国际公约》，并于2001年实施。公约规定劳动者有罢工的权利，而我国在批准时也没有对该条款提出保留，这表明我国政府同意履行这一规定。

3. 工会在调整劳动关系中的地位

只有当工会组织能相对独立于政府而与资方及其组织进行平等谈判时，集体谈判机制才能有效建立。2001年10月，我国九届全国人大常委会第二十四次会议通过了《工会法（修正案）》，突出了工会维护员工合法权益的职责和义务，强化了员工参加和组织工会权利的法律保障，建立了工会维护员工和对会员负责的组织体制，推动了工会组织的民主化。《工会法》全面规定了工会在调整劳动关系中的地位和性质：工会是职工自愿结合的工人阶级的群众组织。工会在劳动关系中是劳动者维护其权益的组织形式，是使劳动法律规范由观念抽象形态转化为现实秩序的一种物质媒介力量。因此，工会的基本任务之一就是通过平等协商和集体合同制度，协调劳动关系，维护企业职工的劳动权益。工会有以下权利：①工会有参与国家社会事务管理和参加用人单位民主管理的权利；②工会有维护职工合法权益的权利；③工会有代表职工与企业、事业单位的行政部门签订集体合同的权利；④工会有权参与劳动争议的调解和仲裁；⑤工会有监督用人单位解除劳动合同的权利；⑥工会有监督用人单位为改善员工工作生活条件提供经费和必要物质条件的权利；⑦工会有要求用人单位为工会办公和开展活动提供经费和必要的物质条件的权利。

4. 加大建立健全集体协商机制的力度

建立集体协商机制是完善集体合同制度的重要内容和手段。我国新颁布的《集体合同规定》对集体协商的内容、协商的准备、协商的程序、协商的中止等作出了更加具体的规定，为在各类企业普遍建立集体协商制度提供了依据。今后，对于涉及劳动标准、劳动条件及其他与劳动关系相关的问题，由用人单位代表与相应的工会组织代表或职工推选的代表通过集体协商加以确定。任何一方无正当理由都不得拒绝集体协商。

新颁布的《集体合同规定》对集体协商代表的产生方式及职工协商代表的保护等也作了新的规定，明确了集体协商代表的权利和义务，规定集体协商双方首席代表可以书面委托本单位以外的专业人员作为本方协商代表，职工协商代表在任期内用人单位不得与其解除劳动合同，无正当理由不得调整其工作岗位，并明确了集体协商代表的任职期限由被代表方确定。同时，对企业集体协商代表及相关人员也要加强培训，使他们全面理解和掌握《集体合同规定》及相关的法规政策、经济管理知识、企业财务知识和协商技巧等，提高他们的业务水平和集体协商能力。不仅如此，还要将非公有制企业、自主决定工资总额的国有和集体企业作为推行工作集体协商的重点，以工资集体协商为切入点，努力提高集体协商的实效性。

## 11.4 劳动争议

劳动争议又称劳动纠纷，是指劳动法律关系中的双方当事人关于劳动权利和劳动义务的争执和纠纷。劳动争议产生的根本原因是劳动关系双方的利益冲突。劳动争议是劳动关系处于不协调或不平衡状态的表现，若处理不好或不及时，随时可能引起各种社会冲突和恶性事件。因此，对以劳动争议形式出现的劳资纠纷的及时妥善处理是调整劳动关系中十分重要的内容。

### 11.4.1 劳动争议的类型

劳动争议有多种，主要有以下几种类型：①按照劳动争议中是否含有涉外因素来分类，可分为国内劳动争议和涉外劳动争议；②按照劳动争议的内容来分类，可分为权利争议和利益争议；③按照职工一方当事人涉及的人数来分类，可分类为集体争议（三人以上）和个人争议（三人以下）；④执照劳动者争议的客体来划分，可分为履行劳动合同争议、开除争议、辞退争议、辞职争议、工资争议、保险争议、培训争议等。

劳动争议的范围主要有：①因履行劳动合同发生的争议；②因执行国家有关工资、保险、福利、培训、劳动保护的规定发生的争议；③因企业开除、除名、辞退职工和职工退职、自动离职发生的争议；④法律、法规规定的其他劳动争议。

### 11.4.2 劳动争议处理

通过处理劳动争议来调整劳动关系，是各国普遍采用的一种比较成熟的调整劳动关系的机制。对劳动争议进行处理，可以纠正劳动关系中的偏差行为，有利于维护劳动关系双方当事人的各项权利。妥善、正确地处理劳动争议，对于发展良好健康的劳动关系，维护劳动者的合法权益，保障用人单位生产任务的顺利完成，促进经济的发展，具有极其重要的现实意义。

1. 劳动争议处理原则

（1）当事人在适用法律上一律平等。劳动争议双方当事人虽然在劳动关系中存在行政上的隶属关系，但其法律地位是平等的。也就是说，不管用人单位大小如何，也不管职工一方职位是什么，任何一方当事人都不得有超越法律规定的特权，不能因为某单位是重点企业，或者是当地创利创汇大户，而袒护其侵害职工劳动权益的行为。当事人双方在适用法律上一律平等、一视同仁，对任何一方都不偏袒，不歧视，对被侵权或受害的任何一方都同样予以保护。

（2）在查清事实基础上依法处理。在处理劳动争议的过程中，劳动争议处理机构和劳动争议当事人，必须在查清事实的基础上依法协商、依法解决劳动争议。首先，当事人应积极就自己的主张和请求提出证据；其次，劳动争议处理机构应及时调查取证。这两者有机结合，才能达到查清事实的目的。依法处理争议，就要依据法律规定的程序要求和权利、义务要求去解决争议，还要掌握好“依法”的顺序。即有法律依法律，没有法律依法规，没有法规依规章，没有规章依政策。另外，处理劳动争议还可以依据依法签订的集体合同、劳动合同，以及依法制定并经职代会或职工大会讨论通过的企业规章。处理劳动争议既要有原则性，又要有灵活性，要坚持原则性和灵活性相结合。

（3）重视调解劳动争议。处理劳动争议应当重视调解方式。调解是处理劳动争议的基本手段，贯穿于劳动争议处理的全过程。调解既是一道专门程序，也是仲裁与审判程序中的重要方法。着重调解的原则，首先有利于增加当事人之间的相互理解，使其在今后的工作中能够相互支持和配合；其次可以简化程序，有利于及时、彻底地处理劳动争议。

重视调解的原则有：第一，自愿原则。要向企业劳动争议调解委员会申请调解，必须经争议双方当事人同意，否则调解委员会不予受理。劳动争议处理机构进行调解必须是当事人真正自愿地和解和自愿达成调解协议，而不得对争议案件强行调解，也不得采取强迫或变相强迫的方法进行调解。第二，合法、公正原则。调解是建立在查明事实、分清责任的基础上，通过说服教育，使当事人在法律许可的范围内达成和解协议，不能无原则地进行。三是必须与及时裁决或及时判决结合起来。对于当事人不愿调解或调解不成的，不应久调不决，以免拖延时日，损害当事人的合法权益，甚至造成不良后果。

（4）及时处理劳动争议。首先，劳动争议发生后，当事人应当及时协商或及时至申请仲裁申请调解，要避免超过仲裁申请时效，丧失申请仲裁的权利。其次，劳动争议处理机构在受理案件后，应当在法定结案期限内尽快处理完毕。劳动争议往往涉及当事人尤其是职工一方的切身利益，如果不及时加以处理，势必会损害劳动者合法权益，甚至使矛盾激化。因此有关劳动争议法规对争议处理规定了严格的时间限制，以免出现“案无定日”、久拖不决的现象。最后，对处理结果，当事人不履行协议或决定的，要及时采取申请强制执行等措施，以保证案件的顺利处理和处理结果的最终落实。

(5) 基层解决争议。劳动争议案件应主要由企业设立的调解委员会和当地县、市、市辖区仲裁委员会解决，向法院起诉，也是按法定管辖权由当地基层法院受理。基层解决原则，方便了当事人参加调解、仲裁和诉讼活动，有利于争议的及时处理和法律文书的送达与执行，有利于就地调查，查明事实真相。

2. 劳动争议处理途径和程序

劳动者与用人单位发生劳动争议后，可通过多种程序解决。根据劳动法的规定，我国目前的劳动争议处理机构为劳动争议调解委员会、劳动争议仲裁委员会和人民法院。协商调解、仲裁、起诉是解决劳动争议的三个现实渠道。

我国劳动争议处理遵循当事人适用法律一律平等，重调解，及时处理，在查清事实的基础上依法处理的原则。劳动争议发生后，当事人首先应当选择协商解决；不愿协商或协商不成的可以向本企业劳动争议调解委员会申请调解；调解不成的，可以向劳动争议仲裁委员会申请仲裁；对仲裁裁决不服的，可以向人民法院起诉。企业调解委员会的调解不是处理争议的必经程序，而劳动争议仲裁委员会的仲裁是法院受理劳动争议的必经程序，未经仲裁委员会裁决的劳动争议案件，人民法院一般不予受理。劳动争议处理的具体途径如下：

(1) 双方自行协商解决。协商是争议双方采取自治的方法，根据双方的合意或团体协议，相互协调，和平解决纷争。

(2) 斡旋与调解程序。斡旋是在争议双方自我协商失败的情况下，由第三者或中间人介入，互递信息，传达意思，以促成和解。斡旋分为自愿斡旋和强制斡旋：自愿斡旋是一方或双方自愿接受斡旋和解建议；强制斡旋出现在仲裁或审判程序中，是政府使用强制手段介入劳动纠纷，以预防罢工和关闭工厂。

调解是第三者或者中介人介入争议处理过程，并提出建议，促使双方达成协议的过程。调解人的角色更加独立，可以提出解决争议的具体方案或建议，供双方参考。因此，不愿协商或达不成协议的，双方可自愿申请企业调解委员会调解，并对调解达成的协议自觉履行。调解虽然不是劳动争议处理的必经程序，但却是劳动争议处理制度中的“第一道防线”和首选步骤，它具有及时、易于查明情况、方便争议当事人参与调解活动等优点，是我国劳动争议处理制度的重要组成部分。根据《劳动法》和《劳动争议处理条例》的规定，企业可以设立劳动调解委员会，负责调解本企业发生的劳动争议。目前，我国有的地方政府也开始建立劳动调解委员会。调解不成的可申请仲裁，当事人也可越过调解程序直接申请仲裁。

(3) 仲裁程序。仲裁是仲裁机构对争议事项作出的裁决决定。仲裁裁决具有约束力，并具有强制执行的效力。当事人一方或双方都可以向仲裁委员会申请仲裁，仲裁庭应当先行调解，调解不成的，再作出裁决。一方当事人不履行生效的仲裁调解书或裁决书的，另一方当事人可以申请人民法院强制执行。该程序是人民法院处理劳动争议的前置程序，也就是说，人民法院不直接受理没有经过仲裁程序的劳动争议案件。

根据《劳动法》及《中华人民共和国企业劳动争议处理条例》等的规定，劳动者与用人单位发生下列劳动争议，可以向劳动争议仲裁委员会提出仲裁申请：①因企业开除、除名、辞退职工和职工辞职、自动离职发生的争议；②因执行有关工资、保险、福利、培训、劳动保护的规定发生的争议；③因履行、解除、终止劳动合同发生的争议；④因认定无效劳动合同、在特定条件下订立劳动合同发生的争议；⑤因职工流动发生的争议；⑥因用人单位裁减人员发生的争议；⑦因经济补偿和赔偿发生的争议；⑧因履行集体合同发生的争议；⑨因用人单位录用职工非法收费发生的争议；⑩法律、法规规定应当受理的其他劳动争议。

劳动者向劳动争议仲裁委员会申请仲裁应符合法律规定程序和要求。根据《劳动法》及有关规定，当事人应当在劳动争议发生之日起六十日内向仲裁委员会申请仲裁，以书面形式向仲裁委员会提交申诉书，并按被诉人数提交副本。申诉书应当载明下列事项：①职工当事人的姓名、职业、住址和工作单位，企业的名称、地址和法定代表人的姓名、职务。②仲裁请求所依据的事实和理由。③证据、证人的姓名和住址。申诉书内容不完整的，当事人可在仲裁委员会指导下进行补正，并按规定时间提交。当事人申请仲裁，应当向有管辖权的仲裁委员会提出申请。

仲裁委员会应在收到仲裁申请的六十日内作出仲裁裁决。由于案件情况复杂，在六十日内不能结案，需要延期的，经报仲裁委员会批准，可以适当延期，但是延长的期限不得超过三十日。

（4）法院审判程序。当事人对仲裁裁决不服的，可以自收到仲裁裁决书之日起15日内将对方当事人作为被告向人民法院提起诉讼。人民法院按照民事诉讼程序进行审理，实行两审终审制。法院审判程序是劳动争议处理的最终程序。

劳动者对劳动保障行政部门作出的具体行政行为不服的，可以申请行政复议。根据《行政复议法》《行政诉讼法》劳动保障部《社会保险行政争议处理办法》等的规定，公民、法人或者其他组织如认为行政部门或具有行政职能的机构作出的具体行政行为侵犯了其合法权益，可以自知道该具体行政行为之日起60日内提出行政复议申请。因自然灾害以及社会原因引起的不可抗力或者其他正当理由耽误法定申请期限的，申请期限自障碍消除之日起继续计算。社会保险经办机构做出具体行政行为，未告知申请人有权申请行政复议或者行政复议申请期限的，行政复议申请期限从申请人知道行政复议权或者行政复议申请期限之日起计算，但最长不超过两年。

### 11.4.3 劳动监察

1. 劳动监察及其主要内容

劳动监察制度是指由劳动行政主管部门对单位和劳动者遵守劳动法律、法规、规章的情况进行检查并对违法行为予以处罚的劳动法律制度。劳动监察是劳动监察机构代表国家行使劳动监察职权，对劳动行政管理当事人遵守法律、法规，执行劳动行政机关命令、决定等情况进行监督、检查，并采取强制性措施保证各项劳动法律、法规实施。劳动监察的主体是政府，其特点是独立于劳资关系之外，以第三者的立场落实国家的劳动政策并监督法律的执行。

第二次世界大战后，在劳动监察方面，雇主组织尤其是工人组织参与劳动监察并实施劳动法的监督极为普遍，但这并没有改变政府对劳动监察权的控制。在我国，劳动监察是由县级以上政府劳动行政部门，代表国家对用人单位遵守劳动法律、法规、规章的情况进行监督检查，并对违法行为予以制止、矫正和处罚的一种行政执法制度。劳动监察是一种专业性的行政执法，在保证劳动法律、法规的贯彻执行方面，有着与其他部门与群众监督不同的作用，因此它是《劳动法》监督检查体系中最主要的一种制度。2004 年 11 月 1 日，国务院令第 423 号颁布了《中华人民共和国劳动保障监察条例》，并于 2004 年正式实施。

劳动监察的作用主要是调解劳动关系。它是劳动关系调整工作的“监控器”，能够及时纠正违法行为，维护劳动关系双方合法权益，化解潜在的劳动争议。劳动监察不限于职业安全卫生方面的监督检查，而是所有劳动关系基准政策和劳动合同执行情况的全面监察。它能在一定程度上减轻劳动争议处理工作的压力，还能为宏观预警系统提供多方面的劳动关系信息，及时排除各种隐患。因此，劳动监察是调解劳动关系的重要基础。其主要内容有：①劳动用工监察；②劳动工资监察；③社会保险福利监察；④职业培训监察；⑤劳动保护监察。

2. 劳动监察的主要任务

劳动监察的主要任务就是监督劳动保护立法的贯彻执行，保护劳动者的合法权益，协调劳动关系，促进劳动关系和谐稳定。我国《劳动保障监察条例》第十条规定，劳动保障行政部门实施劳动保障监察，履行下列职责：①宣传劳动保障法律、法规和规章，督促用人单位贯彻执行；②检查用人单位遵守劳动保障法律、法规和规章的情况；③受理对违反劳动保障法律、法规或者规章的行为的举报、投诉；④依法纠正和查处违反劳动保障法律、法规或者规章的行为。

劳动者在权益受到用人单位或非法职业中介机构等侵害时，可以向劳动保障监察机构投诉。根据《劳动法》《劳动保障监察条例》等的规定，任何组织或者个人对违反劳动保障法律、法规或者规章的行为，有权向劳动保障行政部门举报和投诉。可以投诉的事项包括：①用人单位违反录用和招聘职工规定的。如招用童工、收取风险抵押金、扣押身份证件等。②用人单位违反有关劳动合同规定的。如拒不签订劳动合同、违法解除劳动合同、解除劳动合同后不按国家规定支付经济补偿金、国有企业终止劳动合同后不按规定支付生活补助费等。③用人单位违反女职工和未成年工特殊劳动保护规定的。如安排女职工和未成年工从事国家规定的禁忌劳动、未对未成年工进行健康检查等。④用人单位违反工作时间和休息休假规定的。如让劳动者超时加班加点、强迫劳动者加班加点、不依法安排劳动者休假等。⑤用人单位违反工资支付规定的。如克扣或无故拖欠工资、拒不支付加班加点工资、拒不遵守最低工资保障制度规定等。⑥用人单位制定的劳动规章制度违反法律法规规定的。如用人单位规章制度规定农民工不参加工伤保险，工伤责任由农民工自负等。⑦用人单位违反社会保险规定的。如不依法为农民工参加社会保险和缴纳社会保险费，不依法支付工伤保险待遇等。⑧未经工商部门登记的非法用工主体违反劳动保障法律法规，侵害农民工合法权益的。⑨职业中介机构违反职业中介有关规定的。如提供虚假信息、违法乱收费等。⑩从事劳动能力鉴定的组织或者个人违反劳动能力鉴定规定的。如提供虚假鉴定意见、提供虚假诊断证明、收受当事人财物等。

根据《劳动保障监察条例》《关于实施〈劳动保障监察条例〉若干规定》等的规定，劳动保障行政部门或者受委托实施劳动保障监察的组织应当设立举报、投诉信箱和电话，为举报人保密；对举报属实，为查处重大违反劳动保障法律、法规或者规章的行为提供主要线索和证据的举报人给予奖励。

## 11.5 劳动保护

劳动保护是每个国家面临的一大社会问题，是现代社会生产发展的客观要求。在生产活动中，不安全因素是一种客观存在，与生产活动密切相关。劳动保护就是国家、企业通过一定的法规，采取一切必要的政策和措施，改善劳动条件和环境，避免或降低生产劳动事故带来的经济损失，增强企业凝聚力，提高企业经济效益，维持社会稳定。

### 11.5.1 劳动保护的含义

劳动保护有几种不同的含义。广义上，劳动保护泛指保护劳动者的所有法律规范，不仅包括劳动法，而且包括民法、行政法中的有关内容；中义上，劳动保护是指保护劳动者在劳动关系存续期间及其结束之后有关权利的法律规范，包括就业保障、工资保障、休假休息保障、劳动过程中的安全卫生保障、社会保险和福利等内容，几乎包含劳动法的全部内容；狭义上，劳动保护仅指劳动者在劳动场所实现劳动的过程中的安全和健康的法律规范。这里着重研究狭义的劳动保护。

狭义的劳动保护是指国家和企业为了保护生产者在生产劳动过程中的安全与健康，为改善劳动条件、防止伤亡事故和职业病发生而制定的各项劳动保护法规和制度，其目的是对劳动者在劳动过程中的安全与健康进行保护，防患于未然，防止和减少经济损失，促进经济发展，维护社会稳定。

### 11.5.2 劳动保护的作用和意义

1974 年，联合国劳工局召开的第 59 届大会通过决议，号召各国和各地区的政府和企业家改善职工劳动场所及其邻近环境的物质条件，以保证职工在劳动过程中的安全。从此，劳动保护的紧迫性和重要性逐渐被广泛理解和接受。具体来说，劳动保护有以下几方面的作用和意义。

1. 是现代生产发展的客观要求

劳动保护是人们认识和驾驭不安全因素的手段。随着科学技术的发展，新材料、新工艺、新能源的不断采用，以及新兴工业领域的拓展，既给社会带来了丰富的物质文明，又增加了对自然环境和人类健康的危害性。在生产活动中，不安全因素是一种客观存在，劳动保护是生产过程本身的客观要求。而现代化生产发展对劳动保护提出了新的内容和更高的要求，需要劳动保护随着生产的发展不断完善。

2. 维持社会稳定

劳动保护是世界各国都很关心的社会问题之一。各国政府通过对劳动保护的规范和监督，来避免因劳动问题而导致的罢工、游行等社会对抗活动，这实际上是把劳动保护作为维持社会稳定的手段之一。为了维护劳动者的职业安全与卫生，各国都通过立法来对其加以保证。我国在《中华人民共和国宪法》《劳动法》中都规定有劳动保护的条款，还颁布了一系列有关劳动保护的单行法规。

3. 增强企业凝聚力，提高企业经济效益

加强劳动保护，可以提高企业的声望，增强企业的凝聚力和对外部优秀人才的吸引力，这会对提高企业经济效益起到十分重要的作用。开展劳动保护需要企业支出一定的费用，而劳动保护能减少伤亡事故和职业病的发生，这将减少因伤亡事故和职业病发生时必须支付的医疗费用，减少因劳动者误工带来的损失，减少被执法机关罚款的损失等。从长远来看，劳动保护的支出将得到更多的回报。[1]

### 11.5.3 劳动保护的任务和内容

2002 年 6 月 29 日全国第九届全国人民代表大会常务委员会第 28 次会议通过了《中华人民共和国安全生产法》，并自 2002 年 11 月 1 日起施行。2011 年 1 月 1 日开始，新《工伤保险条例》正式实施。2011 年 12 月 31 日，第十一届全国人民代表大会常务委员会第 24 次会议于通过了《全国人民代表大会常务委员会关于修改〈中华人民共和国职业病防治法〉的决定》并自公布之日起施行。这一系列的法律法规，构成了对劳动者的劳动健康和劳动安全的有力保障。

1. 劳动卫生

劳动卫生是劳动保护的一部分，它是指在劳动过程中为了改善劳动条件，保护劳动者的健康，避免有毒、有害物质的侵害，防范不良劳动环境和有毒有害物质使劳动者身体健康受到危害或者引起职业病和职业中毒而采取的措施的总和。

相对于劳动安全而言，劳动卫生往往容易被忽视，因为不安全因素造成的伤亡事故具有明显、恶性的后果，而不安全因素对身体造成的伤害往往是一个渐进的过程，症状在开始的时候并不明显，人们容易忽略对不卫生因素的防范治理。事实上，不卫生对劳动者及其家属带来的危害极为严重，如尘肺病在目前难以治愈，而全国累计患者近 40 万人。因此，劳动卫生与劳动安全都不能偏废。

为了规范职业病危害事故的调查处理，及时有效地控制职业病危害事故，减轻职业病危害事故的损害，根据《中华人民共和国职业病防治法》，企业应实施如下劳动卫生管理措施：

（1）工作场地要保持正常通风。通风的主要作用在于排出工作场地污染、潮湿、过热或过冷的空气，送入外界清洁空气，以改善工作场地的空气环境。为了净化劳动环境，除了采取人工通风、机械通风的措施之外，还应从工作地的具体情况出发，培植除尘设备，做好除尘工作。

（2）保持良好的采光照明条件。采光指以天空的自然散光作为光源。在对工作场所的建筑设计中应充分利用自然光源。照明则是指人工光。在不能利用阳光的情况下，需采用照明。照明多在采光的基础上设置，以满足工作面上所需要的照度。一般来说，自然光优于人工光，间接光优于直接光，匀散光优于集聚光。

（3）合理控制噪声。在生产过程中，由于生产性因素而产生的声音就是生产噪声或工业噪声。噪声会为劳动者带来极大的伤害，短时间会引起听觉疲劳，长时间会引起职业性听力障碍，使劳动生产率下降。对工作噪声的控制要从三个方面采取措施：一是对噪声源的控制，这是控制噪声的最根本的措施；二是控制噪声的传播，采取吸声、隔声和消声等方法控制噪声的传播；三是在厂区规划和厂房设计中采取防止噪声危害的措施。

（4）控制有毒物品作业。为了保证作业场所安全使用有毒物品，预防、控制和消除职业中毒危害，保护劳动者的生命安全、身体健康及其相关权益，国务院在 2002 年颁布了《使用有毒物品作业场所劳动保护条例》。按照有毒物品生产的职业中毒危害程度，有毒物品分为一般有毒物品和高毒物品。国家规定要对作业场所使用高毒物品实行特殊管理。

（5）制定劳动卫生标准。劳动卫生标准是以保护劳动者健康为目的的卫生标准，其主要内容是对劳动条件的各种卫生要求作统一规定。预防职业性损害的首要环节是控制、减弱职业性有害因素的强度和浓度，因此，在劳动卫生实践中，要对各种职业性有害因素规定一个接触限量。从内容上看，劳动卫生标准除了对作业环境中的各种职业有害因素规定浓度或强度标准，还有对某些作业方法和劳动卫生管理规定标准。

2. 劳动安全

劳动安全是指保障劳动者在生产过程中不致产生劳动急性伤害，防止中毒、触电、机械外伤、车祸、坠落、坍塌、爆炸、火灾等危及劳动者人身的事故的一切措施。在劳动过程中，存在许多发生事故的可能性，因此劳动法律、法规对劳动安全明确作出了规定，以确保劳动者安全。在生产过程中一旦发生工伤事故，往往会产生难以挽回的损失，因此，加强劳动安全是一项重要工作。

劳动安全管理的措施主要有：

（1）建立劳动安全制度。这是加强安全生产工作的关键。各企业和单位要实行劳动安全责任制，劳动安全责任制是企业的各级领导、职能部门和一定岗位上的劳动者个人对劳动安全工作应负责任的规定。企业劳动安全责任制一般采取分级和分部门责任制。通过这一制度，把“安全第一”的原则用制度的形式固定下来，使劳动保护工作贯穿于生产全过程管理的各个环节。

（2）加强安全管理。不同行业有不同的生产过程，其劳动对象、工艺过程、生产过程、生产方法和生产的外部条件各具特点。现代生产是劳动者操作现代化的机器设备进行的，而机器设备大都具有高温、高压、高速的特点，这些都是可能导致事故的因素。如果不根据这些特点采取相应的安全措施，往往会导致突发事故，威胁劳动者安全。因此，企业应从自身的生产特点出发，加强企业安全生产基础工作，建立严密、完整、有序的安全管理体系和规章制度，完善安全生产技术规范和质量工作标准，使安全生产工作经常化、规范化、标准化。

（3）加强劳动安全教育和劳动安全技能培训。劳动安全教育是指对职工进行劳动保护法规、政策和专业安全知识的教育。通过安全教育，使职工熟悉和掌握劳动保护法规、安全操作、劳动安全技术知识和规章制度，以树立劳动安全的观念。对新工人要进行工厂、车间、现场三级教育。工厂级教育是指对新入厂的工人要进行工厂生产情况、安全生产要求等初步的安全教育或训练，车间级教育是指进行车间安全生产指示和规章制度的教育，现场级教育是指进行生产工作的性质、岗位职责范围、操作规程、岗位安全要求、安全防护设施的性质、个人防护用品的使用和保管的教育。经过三级教育，新工人才能上岗工作。对特殊工种的职工，应实行专门的安全教育训练。如对接触剧毒品、易燃品、易爆品、化学品、腐蚀品等较多的操作人员，要进行专门的安全技术训练和考核，合格者方能上岗操作。在采用新的生产工艺、新的技术设备或调换职工生产岗位时，必须对职工进行操作方法或新岗位的安全教育。要开展多种形式的安全教育活动，如举办展览、讲座，进行现场示范等。

（4）加大安全生产监管力度。完善国家监察、地方监管、企业负责的安全工作体制，进一步理顺综合监管与行业监管、国家监察与地方监管、政府监管与企业管理等方面的关系，明确各自的职责。要搞好重点监察、专项监察和定期监察，真正做到重心下移、关口前移。要强化事故责任追究制度，对已经发生的重大安全事故，要查清事故原因，严肃追究有关人员的责任。

（5）加强安全生产法制建设。做好安全生产工作，根本是靠法制。要抓紧修改完善有关安全生产的法律法规。要加快地方有关安全立法工作的进度。要加强安全执法工作，提高执法能力和水平，彻底改变有法不依、执法不严、违法不究的状况，维护法律法规的权威性和严肃性，对违反安全生产法律法规、酿成重特大事故的，要依法严惩，以儆效尤。

---

**即时案例**　　**员工实习中工伤辞职时获得赔偿**

小常在一家企业实习中受伤，被认定为工伤五级。后小常与该企业签订劳动合同，合同到期后，因企业不再为其缴纳社会保险，小常提出辞职，并向劳动争议仲裁委员会提起申诉，要求企业赔偿其一次性工伤医疗补助金和伤残就业补助金；支付合同到期后的伤残津贴；补齐社会保险；解除劳动合同经济补偿金，获得仲裁委支持。日前，该企业对仲裁结果不服，遂上诉至法院，被东丽区人民法院一审驳回。

法院查明，被告常立刚到原告公司实习时受伤，经劳动和社会保障局认定其所受伤害为工伤，伤残五级。之后，原、被告双方签订劳动合同（至2009年1月31日期满）及《工伤事故处理协议》，约定原告为被告安排工作，原告支付被告一次性伤残补助，原告为被告缴纳社会保险。原告提供的考勤记录显示，被告2008年12月出勤3. 5天，2009年1月1日至10日没有出勤，2009年1月10日原告安排全体员工放假。原告从2009年3月起未给被告缴纳社会保险。

2009年6月10日，被告以原告未给其缴纳2009年度社会保险为由，提出与原告解除劳动关系，同时向劳动争议仲裁委员会提起申诉，要求企业支付申请人一次性工伤医疗补助金和伤残就业补助金78 000元；支付2009年1月10日至6月10日的伤残津贴4100元；缴纳2009年3月至5月的社会保险，申请人承担职工个人缴费部分；支付申请人解除劳动合同经济补偿金1648. 50元，获得仲裁委支持。

法庭上，原告企业称，被告常立刚2006年作为学生到企业实习，期间违规从管跺上跳下，造成脾破裂摘除。事故发生后，企业出于对被告的保护，向有关部门提出了工伤鉴定申请，并鉴定为五级工伤。此后，双方签订赔偿协议，并签订了劳动合同，由此要求法院驳回裁决。

天津东丽区人民法院认为，双方签订的劳动合同，依法受到保护。被告于2006年8月1日到原告处实习，并在工作中受伤。依据工伤认定结论及《工伤事故处理协议》，原告应是被告工伤赔偿的责任主体，因此，原告应承担被告的各项工伤待遇。同时，《劳动法》规定，用人单位应为被告缴纳劳动关系存续期间的社会保险。被告为伤残五级，依据《天津市工伤保险若干规定》应当享受本人30个月的月平均工资。依据《工伤保险条例》规定，劳动者保留与用人单位劳动关系的，由用人单位安排适当的工作，难以安排工作的，由用人单位按月发给伤残津贴，五级伤残津贴标准为本人工资的70%。2009年1月10日原告全公司员工放假，被告失去了劳动的条件，因此，原告应向被告支付2009年1月10日至6月10日期间的伤残津贴。关于解除劳动合同经济补偿金问题，依据我国《劳动合同法》和《劳动合同法实施条例》规定，原告应向被告支付一个半月的经济补偿金。

综上，天津东丽区人民法院判决原告公司支付被告常立刚一次性工伤医疗补助金和伤残就业补助金78 000元，2009年1月10日至6月10日的伤残津贴4100元，解除劳动关系经济补偿金1648. 50元。

资料来源：陈遇冬，丽研. 员工实习中受五级工伤 辞职时获得赔偿［OL］.［2010 -03 -21］http://www.022net.com/2010/3 -21/445439312471490. html.

---

此外，根据国家有关规定，广大劳动者，包括广大农民工，均有权参加基本医疗保

险、基本养老保险、失业保险和女职工生育保险等社会劳动基本保险项目。

## 小结

劳动关系是在社会分工和市场经济条件下，劳动者和用人单位之间由于各自的经济利益而产生的一种生产合作关系。这种生产合作关系同时也是受到相关法律法规保护和调整的一种权利义务关系。本章着重从五个方面对其进行研究：①劳动关系概述。主要分析了劳动关系的本质和特征，并通过世界主要国家的劳动关系从尖锐对立到逐步缓和的演变过程，分析我国在向市场经济转轨的过程中构建和谐劳动关系的重要性和紧迫性。②劳动合同。劳动合同是形成劳动关系的基础和前提，劳动合同所包含的内容是构成劳动关系的核心内容。因此，依法签订并认真履行劳动合同，是劳动者和用人单位双方当事人获取自身权益和构建和谐劳动关系的保障。同时，由于劳动就业的流动性使劳动关系处于经常变化之中，熟悉和了解劳动合同的变更、续订和终止等方面的法律知识，对每一个劳动者和用人单位都是十分必要和重要的。③集体合同和三方协调机制。劳动者和用人单位在法律上是平等关系，但事实上，劳动者一方往往处于弱势地位，特别是单个劳动者。因此，劳动者组织起来建立工会，通过集体谈判增强谈判能力，保护自身权益不受侵害，是世界各国劳动关系发展过程中的普遍现象。同时，政府介入劳动关系的协调和管理，建立劳动关系的三方协调机制，加强对劳动关系管理的法制建设，是现代劳动关系发展过程中的必然趋势和重要内容。④劳动争议。劳动争议和劳资纠纷在生产过程中是不可避免的。了解劳动争议处理的原则、机构和程序等，对于妥善处理和化解劳资矛盾，保护劳动者权益是非常必要和必须的。政府在劳动争议处理中发挥着重要的作用，而日常和主动的劳动监察，更能够有效地防范和解决劳资矛盾和纠纷。⑤劳动保护是现代社会生产发展的客观要求。搞好劳动保护工作，有利于劳动者的身体健康，可以避免或降低生产劳动事故带来的经济损失，增强企业凝聚力，提高企业经济效益。

## 练习与思考

1. 什么是劳动关系？试述构建和谐劳资关系的重要性。
2. 签订劳动合同必须遵循的原则和主要内容是什么？
3. 集体合同和集体谈判的意义是什么？三方机制的含义是什么？
4. 处理劳动争议必须遵循什么原则？劳动监察的主要内容是什么？
5. 试述认真实施劳动保护的重要性。
6. 怎样维护劳动者的合法权益？

## 参考文献

[1] 赵领娣，付秀梅．劳动经济学 [M]. 北京：企业管理出版社，2004.

[2] 钱振波，等．人力资源管理：理论·政策·实践 [M]. 北京：清华大学出版社，2004.

[3] 亚瑟 W 小舍曼．人力资源管理 [M]. 11 版．张文贤，译．大连：东北财经大学出版社，2001.

[4] 王大庆，焦建国．劳资关系理论与西方发达国家的实践 [J]. 经济研究参考，2003(51).

[5] 21 世纪安全生产教育丛书编写组．劳动保护争议与仲裁典型案例评析指导读本 [M]. 北京：中国劳动社会保障出版社，2002.

[6] 劳动和社会保障部，中国就业培训技术指导中心．企业人力资源管理人员国家职业资格培训教程 [M]. 北京：中国劳动社会保障出版社，2000.

# 第12章　人力资源外包管理

世界权威管理杂志《哈佛商业评论》指出："企业外包是过去75年来最重要的管理理念和经营手法"。[1]外包行业的迅猛崛起应该归功于"核心竞争力"的普及，这个概念正是来自于加里·哈默尔、C. K. 普拉哈拉德在1990年发表在《哈佛商业评论》上的一篇文章《企业核心竞争力》。而几乎在同一时刻，著名作家和思想家汤姆·彼得斯认为应该将企业视为一系列的产品索引——也就是说，企业应该从一系列可供选择的业务中，选取核心部分由企业自己掌控，而其他部分则从第三方即商业伙伴或者供应商那里采购。今天，外包模式已广泛应用于商业活动之中，人力资源管理的职能也在外包之列。2004年，美国人力资源管理协会（SHRM）和国家事务局（BNA）在一项联合调查中发现，三分之二的被调查人力资源经理外包了至少一项人力资源活动。[2]

## 12.1　人力资源外包概述

尽管人力资本概念正被广泛传播，但在普遍意义上，企业人力资源成本历来被看作是重大的成本中心，在企业精简机械、控制成本的组织变革中，它总是优先被纳入变革的领域。而人力资源管理中的事务性工作也在制约其战略角色的扮演：繁杂的工作无形中也增加了人力资源部的运营成本。人力资源外包概念的出现，在很大程度上解决了这些问题，对人力资源管理的运作产生了意想不到的巨大影响。

### 12.1.1　人力资源外包的含义

人力资源外包是指依据双方签订的服务协议，将企业人力资源部分业务的持续管理责任外包给第三方服务商进行管理的活动。服务商按照合约管理某项特定的人力资源活动，提供预定的服务并收取既定的服务费用。可以有效地实行外包的人力资源活动具有以下三个特征：

（1）它的确是可以由雇员完成的工作，但是也可以由外部服务商提供服务，且由外部服务商提供服务其成本可能更低。

（2）可以与可信的第三方服务商协商签订合同，限定服务水准及协定费用等契约条款。

（3）合同期限可定为最低1~3年，最高5年，并且要约定如果任何一方对此安排感到不满意，都可以提前终止合同。

作为一种新出现的商业模式，人力资源外包在概念的界定上还存在一定的模糊性和争议。中国人力资源外包网给出的定义是：人力资源外包就是企业根据需要将某一项或几项人力资源管理工作或职能外包出去，交由其他企业或组织进行管理，以降低成本，实现效率最大化。[①] 人力资源外包并不是如字面意思那样，仅仅指企业人力资源的外包，而是统指人力资源管理工作的外包，企业内部人力资源的外包仅仅作为其中的一个部分存在。为了与国外研究保持一致性，并且符合近年来国内该领域研究的一种习惯，本文沿用“人力资源外包”的笼统说法，不再区分人力资源职能外包与人力资源外包等概念的差异。

由于企业竞争环境日益激烈，企业所有者和高层管理者对企业中的各种管理活动都追求其量化价值，也就是对每一项活动都要进行成本—收益的分析，以量化起每一项支出和未来收益，而不会把有限的资金资源投资到不知道确切收益的各种管理活动上。企业之所以选择人力资源外包，也是基于服务质量和成本方面的考虑，这包括：

（1）企业的人力资源管理人员的知识、技能和素质达不到企业所进行的人力资源管理活动所需具备的各种资格要求。这些活动有设计一个有效的培训和考核体系、进行员工的有效测评和职业生涯设计等。

（2）所进行的人力资源管理活动，由企业的人力资源管理者实施的成本可能太高；另一方面，实施的效果可能不能达到企业预期的结果。这时，企业就会把这项管理活动部分或者全部外包，因为一方面各种专门的人力资源管理咨询机构有足够的人力资源专家来实施这些管理活动；另一方面，他们具有实施相关管理活动的成功经验和失败教训，因此他们的各种管理活动成功的机会要比企业内部员工实施的机会要大几倍，如人员测评、各种人力资源制度和政策的建立和实施就是如此。

（3）企业从来没有进行过相关的各种人力资源管理活动，这些活动有必要进行外包。如新型产业部门的员工的招聘和职业生涯设计等。

（4）根据世界性的降低人力资源成本的需要，精简企业的人力资源部门，使人力资源部不可能自己完成所有的工作。因为企业的人力资源人员要进行战略性的人力资源规划和设计，提供相应的各种产品和服务，因此许多低附加值的人力资源工作要进行外包。

人力资源外包在相对长期保持有效的情况下，能够转化为企业的一种竞争优势。由于人力资源活动具有日常性、连续性、一致性的特点，短期的人力资源外包项目虽然能满足企业一时的需要，暂时解决企业专业人员不够或专业能力不足的问题，但也会带来变动频繁，连续性或一致性不足，降低项目结束后同类工作成本效益等问题。而比较长期的人力资源外包项目如果能够有效进行，企业就可以比较放心地重构人力资源部门结构，减少人力资源职能人员，这样通常能够将低成本、高效率、高质量的人力资源服务转化为企业的一种竞争优势。同时，改造后的人力资源部可以利用外包所提供的时间资源，更多、更实在地关注对企业成功具有直接贡献的领域，而人力资源职能人员的专业知识和专业能力也会因此得到重新组合和再开发，从而进一步提高人力资源活动的效益。

另一方面，在外包过程中，由于服务商承担了企业人力资源活动的某些风险和不确定性，比如遵守劳动法规和政府规章以及变化技术手段方面的风险或难以预料的情况，因此能在一定程度上降低企业人力资源活动的风险和损失。这对于生存在人力资源管理高度法制化和信息技术高度发达环境下的西方国家企业来说，非常具有现实的意义。实际上，面对人力资源管理领域的迅速发展变化，不少企业感到难以承受但又不得不去适应。因此，它们往往将人力资源外包作为组成“抵御风险托拉斯”的一个途径。

---

① 佚名. HR 外包的定义［OL］.［2012 - 12 - 11］http://www.hros.cn/v2012/ao/default.asp#1.

### 12.1.2 人力资源外包的优势与劣势分析

人力资源外包可以为企业带来七大战略性优势：集中精力、提高服务质量、雇佣更好的人员、采用更好的技术、有更多技能可供选择、灵活性增强、雇员优势增加。

其中，最主要的战略优势是帮助企业集中精力开展核心业务。如果所有的人力资源工作都由企业内部的人力资源雇员来完成，一方面耗费成本较大，另一方面，由于人力资源部门人员花费了大量时间在这些事务性、常规性工作上，会没有足够的时间精力来规划公司长远的人力资源战略。企业逐渐认识到没有必要雇佣那么多人来做基本的人力资源工作，而基本的人力资源行政操作不论企业大小都要做，那么这些事务性工作就可以转交给人力资源外包机构。

任何事物都具有两面性，外包也是如此，既有优点也有缺点。在外包决策前，应当在全面调查和规划，尤其是深入了解备选服务商的情况之后，再作外包决定。实际上，根据2004年SHRM进行的人力资源外包调查结果显示，一些人力资源外包导致了顾客服务质量的下降（占被调查者的25%）、与雇员之间的人事关系恶化（占被调查者的37%）、雇员道德表现的下降（占被调查者的6%）。[①] 以下几个方面是人力资源外包后最值得关注的重大问题：

1. 战略锁定

很多企业是根据自己的战略发展方向来制定外包策略的。比如，企业的战略是进行集中管理或分散管理，还是分散以后再集中，都会影响到外包策略的制定。外包可能是实现这些战略的催化剂，但如果企业没有参考自己的长期战略就作出了外包的决定，则有可能导致灾难性的后果。

2. 智力资本流失

因外包引发的人员流失可能导致公司智力资本和能力的流失。最优秀的员工常常是第一个离开公司的，他们的智力资本也随之离开了公司。

3. 失去对核心领域的控制

站在现在的角度看，很多以前不被看好的业务领域成为了企业的新的利润增长点：环境的多变，带来了更多的不确定性。公司可能会将自己未来的核心业务外包出去。

---

**即时案例** **阿迪达斯告别中国**

在关闭中国最后一家工厂后，业内又传出阿迪达斯将与其中国300家代工厂终止合作的消息。

上海东隆羽绒制品有限公司相关负责人就向媒体透露，包括东隆在内的4家代工厂已收到阿迪达斯将于今年10月终止合同的通知，还有2家则在明年停止。

而东隆已经与阿迪达斯合作了十几年，其安徽铜陵的工厂约70%的产能为阿迪达斯服务。阿迪达斯的忽然撤离，让曾经“衣食无忧”的东隆不得不另谋生路。

事实上，正如传闻所言，包括东隆在内的300家代工厂将陆续失去来自阿迪达斯的订单。而此前阿

① LILLY J D. Outsourcing the Human Resource Function: Environmental and Organizational Characteristics that Affect HR Performance [J]. Journal of Business Strategies, 2005, 22(1).

迪达斯关闭在华唯一自有工厂的时候，还没有对外公布接下来的这一步，也正是这一步让几百家代工厂宛如遭遇晴天霹雳。

据报道，阿迪达斯与代工商签订长期加工合作协议规定，这些代工厂至少70%的产能必须为阿迪达斯服务，且每家代工供应商每年都必须制定并不断更新3年战略规划。

未承想，到2011年时，阿迪达斯大中华区的高层曾给供应商开会许诺过的“2015年以前订单计划不会改变”，现在却成为泡影。虽然不少厂家为了未来的合作投入了大笔资金，但在此次终止合作合同中，产能100%为阿迪达斯提供服务的代工商是明年4月份终止合作，其余的则一律将在今年10月份终止合作。

终止合作不仅终止了未来的收益，还意味着当下的损失。东隆就表示其将为工厂的设备损失付出高达300万元的代价。

资料来源：肖伟．成本攀升导致撤离 阿迪与中国300代工厂终止合同[N]．辽宁日报，2012-8-21.

### 12.1.3 人力资源外包形式

外包的形式多种多样，应具体根据企业外包的目的、服务商资质、环境因素等多个方面决定选择何种模式。企业人力资源外包的形式包括：

1. 部分外包

企业将其进行的一项人力资源管理活动的一部分（组织干不了或干不好的部分）进行有条件（按照企业提供的信息资料和在规定的时间内完成）的外包。例如：企业要设计一项绩效考评系统，但是企业自身难以有效地设计出相对应的考核指标，那么就可以把这项工作进行外包。

2. 整体外包

企业在进行一项人力资源管理活动时，由于以前没有做过相应的工作，但工作又相对比较重要，因此要进行外包。还有一种情况是企业在实施此项管理活动时，成本太高或者效果达不到企业的预期，因此企业必须借助于外部综合的人力资源公司或者专门的咨询机构的力量。例如：进行股票期权的运用、实施和员工职业生涯设计等。

3. 小包干

把企业的一种或多种的人力资源管理活动全部进行外包，自己只对活动结果进行检验和考核。例如：企业的招聘活动完全由外部招聘机构来进行，企业只提出相应的员工资格条件、员工的考评方法等。

4. 大包干

有的企业没有人力资源管理部门，它把它所有的人力资源管理活动全部外包，企业不进行相关的活动，不进行设计，也不进行实施。企业只提供建议和实施监督。例如：一部分高新技术企业、虚拟企业等在进行具体的人力资源管理活动时可能进行大包干。

5. 综合外包

企业在进行人力资源管理活动外包时，可能不只是一种管理活动而是综合运用其中几种管理活动的外包，因为只有这样才能发挥各种外包的整合一协同作用，如人员测评的小包干和绩效考评的整体外包（设计）等。

### 12.1.4 适合外包的人力资源职能

那么，究竟哪些人力资源业务可以签约外包呢？是否决定签约外包，可以用决策学科的方法论来加以评估、判定。首先，要确定现有人力资源项目或职能对于机构的使命来说是不是至关重要的。如不是，就需要评估，考虑结束或放弃该项人力资源职能或项目了。若该项目或职能对于机构来说是至关重要的，那么就要评估该项业务是由企业内部完成还是外包出去由专业服务商来完成，哪种效果会更好一些。如外包出去效果好，就要考虑把该人力资源项目或职能放手让外包服务商去做；如由内部来做效果会更好，那接下来的工作应该是寻求有没有更好的途径，以通过减少成本或改善绩效的办法，来提升人力资源的运作绩效。

一般来说，如果价值链上的某一环节对企业来说做得不是最好，或者如果能做好但是必须花费高额成本，而它又不能形成企业的竞争优势，那么只要这种活动不至于与客户分开，就可以把它外包给比本企业做得更好的专业公司去做。人力资源管理工作的内容包括员工招聘、培训与教育、劳动关系、福利、工作分析与岗位描述、人力资源管理信息系统、绩效考核、薪酬等，只要是不涉及企业机密的工作，都可以作为人力资源管理外包的内容。

具体来说，在招聘工作中，招聘方案的设计、寻找新人员信息、招聘录用（面试、预筛选、测试）、求职者背景调查及推荐者调查、雇员租赁、雇佣确认等工作都可以外包。在培训工作中，员工技能培训、基层管理培训、管理人员培训、安全培训、团队建设、计算机培训等都可作为外包的内容；在薪酬制定中，职位说明书、职位评价、薪资调查、薪资方案的设计等都可以作为外包的内容；建立计算机处理系统，维护技术性人力资源管理信息系统等都可以作为人力资源管理信息系统外包的内容；还有组织发展中有关计划制定与发布的培训、继任计划、外出安排等也可以外包；人力资源管理规划中的制定人员增长和扩展计划、精简计划、组织发展规划和人员配备计划等都可作为外包的内容。

---

**即时案例** **宝洁的人力资源外包**

宝洁公司和国际商业机器公司（IBM）（2003年）9月9日宣布签署了一项为期10年、价值4亿美元的全球协议，国际商业机器公司业务咨询服务事业部将为宝洁公司提供人力资源业务转型外包服务，为近80个国家的近9.8万名宝洁员工提供支持。国际商业机器公司提供的服务包括：工资管理、津贴管理、补偿计划、移居国外和相关的安置服务、差旅和相关费用的管理以及人力资源数据管理。国际商业机器公司还将利用宝洁公司现有的处于领先地位的全球SAP系统和员工门户网站，为宝洁公司的人力资源系统提供应用开发和管理服务。

大约有800名宝洁员工将加入这个国际商业机器公司人力资源业务转型外包团队，该团队将与国际商业机器公司业务咨询服务事业部的人力资源小组一起，构成世界领先的人力资源专业服务组织。通过这一计划，将有机会在两家公司以及国际商业机器公司人力资源业务转型外包运营的未来客户员工之中运用人力资源管理方面的各种最佳实践经验。

这一协议于2004年1月1日生效。国际商业机器公司负责管理三个人力资源共享服务供应中心（这三个中心分别位于哥斯达黎加的圣何塞、英国的纽卡斯尔和菲律宾的马尼拉），以及超过25个其他国家中的各类专业人员。它们将成为国际商业机器公司全球业务转型外包服务中心网络中的一个组成部分。

这一协议能够带来很多益处，例如：它将使宝洁公司通过流程改造、技术集成和最佳实践来改进服务和减少人力资源成本；通过为高层管理人员提供统一、精确和标准化的实时员工报告，进一步改善决策质量；此外，它还将能够以更加实时、灵活和随需应变的方式提供各种员工服务。

资料来源：http://www.ccw.com.cn/news2/corp/htm2003/20030915_10VO7.html.

许多公司的实践表明，外包的服务的内容包括：不涉及企业机密、要求具有较强的专业性、程序较繁琐和经常进行的人力资源管理工作。外包业务需要遵循一个原则才能最大限度地为公司业务服务：公司核心业务，即有关公司文化建设、机构设置、核心决策等事项不能外包，只要是常规事务性的工作则都能够外包。

## 12.2 人力资源外包决策

人力资源外包决策需要认真的分析和周密的组织安排，否则，轻率的决定将会对企业的人力资源体系形成巨大的冲击。外包成功与否，实际上在企业决定是否外包时就已经定下了基调。其中有两个方面必须考虑：第一，要从专注于自身核心竞争力的战略高度出发，考虑是否需要外包。外包最早是出于削减成本和获取专业服务的考虑，现在则越来越变成战略性的考虑。企业纷纷都将此视为专注于自己的核心竞争力，迅速响应市场，支持业务的快速成长，或者进行业务转型的助力器。第二，外包必须获得企业最高层的深刻理解和广泛支持。CEO要很清楚企业的核心竞争力在哪里。此外，为了对市场作出更快速的反应，使整个公司更容易转型，人力资源外包还需要考虑是否将一些非核心业务外包出去，外包后可能的结果是什么，外包人员怎么安排、流程怎么处理、承包商怎么配合自己的业务等。

### 12.2.1 生产还是外包：人力资源外包的战略分析

企业发展面临的最大问题就是资源不足，其中包括管理资源不足。在一个企业里，要设置配套的人力资源专业管理人员，如薪资管理专员、招聘专员、组织服务等，代价是相当大的，而很多企业并没有这样完善的配备。企业要发展，必定要在注重核心业务竞争力提升的同时做好企业的其他管理。外包服务的出现，正好有许多因素可以对“生产还是外包”的决策产生影响。企业的最终目的不外乎最优化地利用已有的生产、管理和财务资源。“生产还是外包”的决策分析也就因此涉及了下面几个相关问题：

（1）企业的核心职能部门与核心竞争力是什么?

（2）外包能给企业带来什么好处?

（3）外包的成本是多少?

（4）将其他业务外包后，如何充分利用企业自己的核心竞争力?

（5）外包是如何改变或支持企业公司的经营模式的?

（6）外包如何改变企业资产负债表的表现?

（7）在外包方面，企业与竞争对手的不同之处是什么?

（8）企业为什么决定不外包?外包为什么不能转化为企业的经营优势?

对以上问题的回答就构成了外包决策的思维框架。进一步而言，人力资源外包过程应该应用类似于其他业务外包的战略决策方法对是否进行人力资源外包作出理性的决策，从以下几个角度进行分析：

1. 战略

“我们要成为什么样的企业组织?”这是个最重要、需要最先解决的问题。在不少决策过程中，自豪感或纯粹的情感因素占了很大成分。追求自给自足的自豪感会产生很多问题。正如亨利·福特（Henry Ford）在20世纪20年代发现的那样，即使是大公司也不可能完全实现自给自足。福特曾希望能在他的纵向一体化程度全球最高的生产厂里制造所有所需零件，但如今的福特汽车公司早就不是那么回事了，它50%的零部件需从外部购买。

企业越追求自给自足，规模越大，其管理任务也越复杂、越多元化。在这种情况下，管理层完全有可能由于过度分散而无法有效管理。所以应该尽一切可能在“生产还是外包”的决策过程中剔除纯粹的情感因素。

2. 成本

在对“生产还是外包”决策的成本因素进行彻底分析时，需考虑两个关键的先决条件。第一，要将固定成本和可变或增加成本分开。所有的相关成本，不论是直接或间接的、近期或预期的变动，都要包含进这两类成本中。对成本进行客观的估测时，还要考虑到长期生产带来的改良效果。第二，在决定生产还是外包某部分时，一定要得到所需投资的准确资料。制造某产品的生产资金通常会等同甚至超出设备投资额。在人力资源决策中也很有必要同时考虑投资中的这两项因素。

3. 质量

管理人员必须考虑自己生产的产品与购买的产品在质量上是否有重大差别，以及某种质量的产品是否根本买不到。还有一种可能是所需的质量低于市面上的质量水平，这时，企业就应该自己生产了。

4. 数量

决定自己制造的最常见的一个原因是：需求量太小，供应商不感兴趣。独特的非标准化产品如果需求量小，向来都很难买到。企业也许会觉得自己是迫不得已才自行制造的，但这样做在经济上非常划不来。规划设计、准备工具、安装调试和购买原材料的成本会高得吓人，而加大购买量或寻找合适的替代品可能在成本上会划算得多。

5. 专业知识

做事要想做到像具备专业知识、技能和生产方法的供应商那样好，通常花费巨大。专业供应商可能会在开发与研制改良产品上投入巨资。正如美国汽车工业发现的那样，培养这种专门技能不仅成本上极不合算，而且费时太久。

6. 设计或生产流程的秘密

有时企业决定自行生产某部件是因为可以得到额外的工业保护，特别当该部件是个关键部分，靠专利也得不到足够保护时更是如此。但是，产品一旦出售，企业对设计侵权的防范就力不从心了。如果专利都保护不了某部件，那么内部生产也会同样无能为力。不过若企业能经常开发出专利生产流程，就可以自行生产而不是外包了。

7. 劳动力

不论生产什么新产品，可能都需要企业员工掌握新的劳动技能；而招聘、交叉培训、人事升迁这一系列过程非常繁复，牵扯到工会时更是如此。而且企业对将涉足的领域可能毫无经验，也缺少训练有素的员工。但这个问题可通过购买决策轻而易举地转嫁给其他人，具体而言，就是转嫁给供应商。

如果企业内部有工会，那么这也是企业在作决策时要考虑的重大因素。工会在合同中通常有条款禁止工厂购买可自己生产的产品。

8. 生产能力

显而易见，某部件与企业规模的关系越紧密，购买而不是内部生产的可能性就越大。如果生产产品所需的投资巨大，较小的企业除外包外往往别无选择。

成熟一些的企业通常会比新公司更愿意尝试将目前需要购买的部件归入到生产一体化中去。新企业一般总是致力于提高产出，很少有剩余资本和生产能力去生产零部件。成熟企业的情况则恰恰相反，它们拥有剩余的物力、财力和人力，因此通过生产目前需购买的部件增加利润的能力也更强。

9. 对闲置资源的利用

即使有合适的供应品种，自行生产的决策有时也会带来利润。在行业不景气时，企业就会面临设备、劳动力和管理人员闲置的问题；通过生产原先需要购进的部件，可令闲置设备重新运转，保住熟练工人，并将经营成本分摊到更大的产量中去。

---

**即时案例**　　**小微企业的人力资源外包**

据易才集团与 ChinaHR Key 联合发布的《2012 中国小微企业人力资源管理白皮书》调查数据显示，人力资源信息服务、社保管理及人员招聘等几方面的人力资源外包服务都受到小微企业负责人的极大欢迎。通过外包服务充分利用社会化分工，小微企业借助第三方专业机构可以快速搭建起适合自身发展的组织框架，从而可以专注于扩大自身在新产品、新业务上的核心竞争力，更好地成长壮大。一位曾选择外包服务的小微企业管理者表示，通过人力资源外包服务，一方面可以解决企业在人力资源管理方面的一些诟病，有效地降低人才流失率，简化招聘、管理、培训等流程，将更多的精力放在核心业务上，另一方面通过外包还能极大地节约成本，部分服务甚至可以节约企业自主管理成本的 20%。

随着社会化分工进一步深化，中国小微企业的发展越来越快，这就导致小微企业在管理上要及时变革，认清企业核心价值的所在。而对于小微企业来说，时间成本往往要高于人力成本，如何在短期内实现快速发展和规模扩张，是小微企业目前最为关注的问题。聪明的企业会考虑通过“外包”这种更开放的新型组织形式代替“大而全、小而全”的臃肿组织形式，突出核心优势，快速建立起合理的人力资源管理体系，以此达到节省时间和人力成本的目的，使企业更加专注于核心竞争力的提升。

资料来源：佚名．小微企业人才流失率大 人力外包成转型关键［OL］．［2012－08－23］http://finance.jrj.com.cn/2012/08/23114414235743.shtml.

---

### 12.2.2 外包什么：人力资源价值链分析

组织人力资源职能的执行可以被认为是一个活动或者任务链。它开始于组织的人员需求计划，结束于员工的退出，可以称为人力资源价值链，如图 12－1 所示。

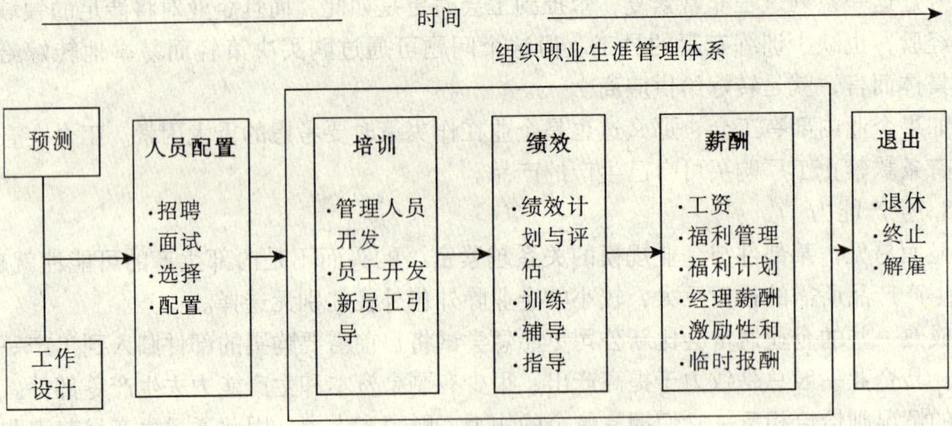


**图 12－1　人力资源价值链**

资料来源：LILLY J D. Outsourcing the Human Resource Function：Environmental and Organizational Characteristics that Affect HR Performance［J］. Journal of Business Strategies，2005，22(1).

人力资源价值链中的各种活动构成了人力资源职能的基础，也是分析哪项人力资源职能适合于外包的决策依据。在此决策依据的基础上，可以进一步判断出哪些人力资源职能是构成组织—雇员关系的核心要素，能够为组织创造价值，哪些不是组织—雇员关系中的核心构成，这一点是十分重要的。下面的两种人力资源分类方法在这一点的判断上非常有价值。

Alan Speaker 曾发展了一个概念模型，将人力资源管理活动分为四大类，如图 12－2 所示：左上角的活动特征为可交易性、战略价值高。可交易性的活动意味着完成这些活动不需要高水平的人际关系技巧，多数是一些事务性的、可以程序化的活动；战略价值高，意味着对企业推行竞争战略的能力有直接影响。右上角的活动特征为关联性高，活动的战略价值也很高。关联性高往往是指人力资源活动具有很强的企业个性特征，与企业的长远发展密切相关的活动。左下角的活动战略不直接影响竞争战略的实现，同时具有可交易性。但是，当雇员们没有得到合理数额的工资或者他们在要求诸如医疗等福利时遇到了困难，他们就会对此十分关注，因而这些活动对雇员很重要。右下角的活动具有高度的关联性，需要很高的人际技能，如解雇咨询等，但对竞争战略来说影响较低。

Alan Speaker 的模型对人力资源活动的划分还有待于进一步探讨，但他的模型中提出的几个维度却十分具有启发性。通过 Alan Speaker 的模型可以看出，对于整个人力资源管理活动来说，适合外包的只是具有可交易性的那一部分活动，在现实中，大部分的外包实践也集中在这些活动中，而对管理层十分重要的战略价值高、具有关联性的那一部分活动则仍然应保留在企业内部。

不是所有的人力资源管理业务都适合外包的。其实在很多情况下，企业发现外包的结果并不如预期中的省时、省钱和省力，甚至即使找到了最好的外包服务商，在运作过程中还是可能遇到一些意想不到的问题。选择适合外包的人力资源活动进行外包，可以降低这种风险和不足。

康奈尔大学的 Snell 教授创立了一个人力资源管理支撑企业核心能力的综合模型，即二维能力模型，见图 12－3。该模型有两个基本维度：价值性和独特性。如果一项人力资

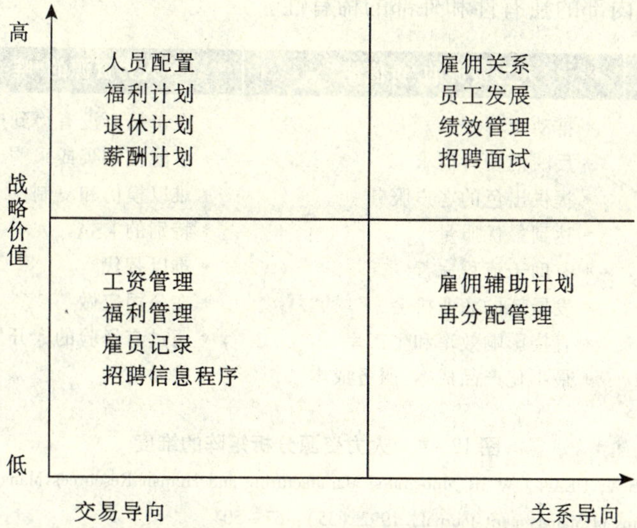


**图 12－2　Alan Speaker 人力资源分类模型**

资料来源：黄昱方．人事外包对中小企业的适应性分析［J］．商业研究，2006(3)．

源职能或活动能为企业带来更大的与顾客价值相关的战略性利益，那么它就具有更高的价值。如果一项人力资源职能或活动在外部市场上难以获得，那么它就是有独特性的。

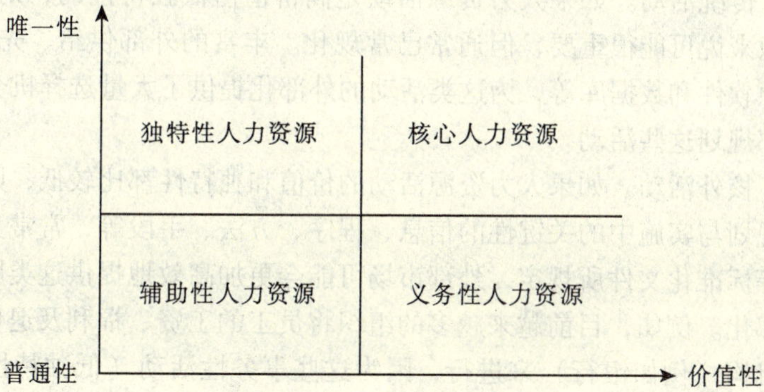


**图 12－3　人力资源分类矩阵**

资料来源：SNELL S A，DEAN J W JR．Integrated Manufacturing and Human Resources Management：a Human Capital Perspective［J］．Academy of Manage ment Journal，1992（35）：467－504．

第一是价值标准，通过它可将人力资源活动界定在高价值和低价值这一范围内。高价值是指对达到组织目标有直接作用的活动，低价值是指事务性的管理活动。人力资源活动的价值取决于它是否能帮助组织获得竞争优势和发展核心能力。

价值体现了买主对卖主所提供商品或服务愿意支付的值。人力资源的“顾客”是直接享受人力资源服务的广泛群体，例如经理、雇员、求职者、合同人、合作伙伴等。“顾客”的收益越大，人力资源活动的价值就越高。显然，企业应该将那些价值高的人力资源活动内部化，而将价值低的人力资源活动外部化。

第二是独特性标准，通过它可将人力资源活动界定在高独特性和低独特性这一范围内。高独特性是指对组织来说非常特殊的活动，低独特性是指日常的活动。人力资源活动的独特性是指组织内部的独有性和外部的稀有性。

| 分析纬度 | 人力资源的“价值性” | 人力资源的“唯一性” |
|---|---|---|
| 具体内涵 | * 推动变革<br>* 反映消费者需求<br>* 提供出色的客户服务<br>* 达到最优质量<br>* 有助于流程完善<br>* 发展新的商业机会<br>* 直接影响效率和生产率<br>* 最小化产品成本、服务成本 | * 在市场上没有得到广泛应用<br>* 不能被购买或采购<br>* 难以模仿和复制<br>* 特别的 KSA<br>* 难以替代<br>* 在公司定做<br>* 通过有经验的人开发<br>* 差异性 |

图 12－4　人力资源分析矩阵的维度

资料来源：SNELL S A, DEAN J W JR. Integrated Manufacturing and Human Resources Management: a Human Capital Perspective［J］. Academy of Management Journal, 1992 (35): 467－504.

如果以独特性为横坐标，以价值性为纵坐标，则可构筑起人力资源的二维结构框架：

第 1 象限：核心活动。如果人力资源活动既具有高价值又具有高独特性，则称其为核心活动。一般而言，核心活动是很难从外部市场得到的，组织应使其内部化，以获得竞争优势。

第 2 象限：传统活动。如果人力资源活动是高价值但低独特性的，则称为传统活动。传统活动对组织来说可能很重要，但通常已常规化。丰富的外部供给、先进的信息技术、成熟的人力资源软件和数据库等，为这类活动的外部化提供了大量选择机会，因此通常不需要在组织内部规划这些活动。

第 3 象限：核外活动。如果人力资源活动的价值和独特性都比较低，则称其为核外活动。核外活动规划与实施中的关键性的信息、程序、方法、手段等，常常为通用的工业标准、设计规范等标准化文件所规定，外部市场可能会更加高效地提供这类服务，故组织应将这些活动外部化。例如，目前越来越多的组织将员工的工资、福利及退休金等的发放借助于某些专门机构（例如银行）来进行，因为这些事务性活动（低独特性）对增加组织的竞争力不起直接作用（低价值）。

第 4 象限：特殊活动。如果人力资源活动具有高独特性但价值较低，则称为特殊活动。特殊活动的独特性一般比较明显，但其价值往往还取决于组织的独特性。对特殊活动，应该结合企业经营战略和人力资源战略确定是内化还是外包。

企业可以根据价值标准和独特性标准来衡量人力资源活动，以决定外包业务。组织应该内部化的活动主要是那些实施费用低于利用外部资源（例如市场关系）所需费用的情况。对于某些特殊组织的某些独特的人力资源活动，由于现有市场没有直接可利用的资源，依赖外部资源就可能行不通，或者可能需要额外费用。对于市场稀有的资源，如果利用外部资源获取的成本很高，就会降低其战略价值。同样地，对一些通用的和标准化的人力资源活动，如果花费较大费用内部化，也会使其不具备战略价值。

选择哪些项目外包取决于公司的战略，这并没有一个绝对化的判别模式。例如，员工的培训和发展是连在一起的，培训可以外包，但发展的问题必须由企业自己解决。销售技巧、人际沟通、团队建设等等一系列的培训课程可以外包给第三方公司，但如果要给某个员工设计一个职业发展方案，指导他如何达到一个既定的目标，就必须由公司的人力资源部门和管理层人员共同负责，不可外包出去。即便是一些事务性工作的外包，如薪资管理，也不意味着所有的事情都能由外包公司做。对于整个流程的控制、监督以及与员工的必要沟通，还是需要在公司内部进行。企业对福利方案、薪酬方案拥有完全的所有权和控制权，这些是不可以外包的。外包服务商在很大程度上只是给客户提供一个后台的支持，也是用客户的名义为其员工提供服务。所以，外包之后还是需要企业去做很多日常的管理工作，也需要公司去监督外包服务商的服务质量和水平。

不同公司选择外包的项目是不同的。2004 年中国联通集团计划招聘应届毕业生 2200 名，由于人数庞大和以往繁重工作的教训，联通决定，采用外包的方式来完成此次招聘，并将信息发布、宣讲推广、简历接收、第一轮筛选等费时费力的非核心环节外包给第三方机构。相对而言，美国西南航空公司就决不把招聘外包。西南航空公司是一家以低价闻名的航空公司，也可能是美国唯一成功的航空公司。所有的航空公司都有着相同的飞机，都提供相同的却挺难吃的食物，所有的航空公司都有相同的地勤人员。但西南航空与众不同的是它的员工。西南航空断定员工是公司最重要的部分，因此招聘战略对西南航空的成败至关重要。正如西南航空的标语所说："我们招聘的是人的态度，培训的是人的技能。"西南航空需要的是具有良好服务态度、能真诚待客并让旅途变得有趣的员工，它能教导员工如何端上饮料，如何检票等。谁都能做这些事情，但西南航空需要的是能友善地完成这些事情的员工，因此西南航空不会把招聘外包。而那些招聘什么样的员工对企业来说并不重要、只是需要大量的员工的企业就会选择将招聘外包。

### 12.2.3 人力资源外包的成本—收益分析

在做人力资源职能外包决策的时候，企业会非常关注外包的成本以及可能的投资回报，期望有完整的成本—效益分析。因为企业最关心的总是利润，在人力资源外包问题上，企业最关心的总是提高人力资源效益，降低管理成本。在人力资源活动外包方面，比较常见的一种成本效益衡量方式是：核算现有工作人员完成某特定活动的成本（包括薪资、福利、办公空间、电话及计算机设备及其使用等），再将这些成本与该活动外包的成本进行比较。

但是，这种分析可能是很不准确的。例如：通过外包腾出了办公空间、设备和物品，但如果不能立即将它们卖掉或转租出去的话，企业就可能看不到即时的成本节省。公司经常遗漏外包前期的一些实质性成本，包括用在旅行、培训、配备基础设施、打造监督项目进展的管理团队上的费用。分析家估计，将业务外包的公司在刚开始的两年内别指望成本会大幅下降。

在成本问题上，最难回答的问题之一是：什么样的外包定价是可以接受的？以下是四种外包定价方式：

1. 竞标定价

这是指将多家外包承包商的报价进行对照比较。这种比较法之所以受欢迎，是因为经理人因此有了估价的余地。

2. 市场定价

这是指与其他规模相似的公司支付的外包费用相比较。这个方法的优点在于：被拿来比较的是别的公司与外包承包商协商过的价格，而不是公司最初收到的那些报价。但是，这类信息很难获取。

3. 实际成本定价

这是指与公司自己运作的成本相比。成本意识强的经理人对这个方法情有独钟。如果对方的报价比公司目前（或维持现状）的成本更低，外包似乎是明智之举。出于这个原因，经理人可能很快就会向某个潜在的承包商透露他们目前在该项业务上的成本支出，以期获取满意的报价。承包商也喜欢这种方法——它会因为这种信息的透露而获得了更多议价的余地。

4. 期望成本定价

这是指与绩效表现最好的公司在此业务上投入的成本相比。这种方法比较了外包承包商的报价和外包公司应当支付的成本——后者就相当于由自己来提供这种外包服务时所希望达到的最低成本。

但是，成本只是一个因素，还有其他很多需要考虑的问题。企业必须考虑员工和管理人员对以外包方式完成此项工作的满意度、现有职能人员的能力发展、企业的技术现状等。人力资源外包决策者必须考虑究竟什么会带来最高的回报率和最小的组织混乱。

大体上看，外包传统的人力资源职能，如福利、培训或人员配置，使企业有可能精简这些职能工作。在大多数情况下，会减少企业的运营成本，免于为自购设备及其长期维护付出高昂的资金费用。随着在外包活动方面经验的积累，企业对人力资源外包的成本和效益的判断和分析也会日臻准确。

## 12.3 人力资源外包的风险管理

### 12.3.1 人力资源外包的风险

人力资源外包作为培育企业核心竞争力的重要决策之一，必将成为企业未来的发展趋势。但是，作为新生事物，它的出现和发展在为企业带来巨大优势的同时，也必将引发新的风险。

1. 员工流失风险

员工是企业的特殊资源，从某种意义上来讲，这种资源的不可再生性决定了员工的重要性。人力资源外包活动可能给员工带来某种心理上的不稳定性，从而造成企业合格员工的外流，使得企业员工流失的风险加大。

2. 企业内部风险

如果采用了人力资源外包策略，企业的人力资源部门将受到一定的冲击。仅仅出于减少开支的目的而决定业务外包，往往会导致企业战略上的短视。尤其是在当组织对人力资源的外包业务管理监控不善时，过多的外包业务会直接影响到人力资源部门的战略性贡献及它在组织中的地位。由于人力资源管理活动的外包，使得人力资源管理职能日益虚拟化，并处于与外部签订的各种外包合同的约束关系中，因此它满足变动的组织需求的灵活性就会降低，从而增加了企业对外包服务商的依赖。

3. 信息不对称风险

按照信息经济学的理论，在人力资源外包活动中，企业和外包服务商之间形成了委托—代理关系。企业和外包服务商之间是一种亲密的合作伙伴关系，但由于企业目标不同，工作方法可能因组织管理方式、思维模式以及组织文化等方面存在的差异而有所不同，因此在使用的过程中，必然会出现信息的不对称情况。一是逆向选择，就是企业（委托人）在选择外包服务商（代理人）时，外包服务商隐瞒了部分信息，而这些信息可能对企业是不利的，这会使企业误选了不适合自身实际情况的外包商。二是败德行为，假设企业和外包服务商在签订契约时各自拥有的信息是对称的，但签订契约后，企业不可能像原先那样全面、细致地了解外包业务运作的全过程；那么外包服务商在有契约保障的情况下，则可能采取一些不利于外包企业的行为，从而损害企业的利益，表现为外包业务的不及时或者外包质量的降低。这种败德行为增加了外包企业潜在的费用。

4. 企业信息泄漏风险

企业实施人力资源外包首先要确保企业包括知识产权、商业机密、管理延续在内的一切信息安全。外包企业将自己的人力资源交由外包商来运行或开发，其商业秘密或所有权信息可能会泄露给竞争对手，从而使企业面临潜在的风险。造成外包企业信息泄露的原因有两类：一类是外包服务商有意识地泄露企业的有关策略信息给企业的竞争对手。另一类是外包服务商无意识地泄露了外包企业的策略信息。这主要是因为人力资源的特殊性，例如合作员工的保密意识太差，造成企业相关信息的泄露，使企业蒙受重大损失。

5. 文化冲突风险

即使合作双方在目的性方面一致，也可能存在文化障碍。文化是员工在企业的成长过程中所形成的共同的价值观体系，人力资源外包涉及外包企业与外包服务商双方的人力资源整合，会面临由于企业之间价值观的差异所带来的摩擦和冲突，从而弱化了企业文化的凝聚功能，对企业文化建设带来困难。再者，不同的员工由于教育背景的不同，对信息的感知也是不同的，因此在信息交流过程中，容易产生信息失真的情况，从而引起摩擦和冲突，影响企业文化的顺利形成。

---

**即时案例**　　**央企劳务派遣泛滥成灾**

“什么都不一样！工资不一样，奖金不一样，福利也不一样。有时候想想都觉得憋屈，凭什么？”高川（化名）愤愤不平地说。他说的是自己作为劳务派遣工与正式职工之间的不同。39岁的高川在北京一家央企已经工作了6年。他现在已做到部门副主管，年薪超过20万元。能在收入较高的国企工作，在外人看来是很值得羡慕的事，但高川却有着挥之不去的苦恼。

高川刚开始搞不明白为什么自己是本单位职工，却要跟另一个人力资源服务公司签订用工合同，后来他才知道，自己是一个劳务派遣工。年终领奖金是件让人难受的事。自己的业绩明明比同事优秀得多，但就是因为人家是正式职工，奖金就比自己多拿了不少，高川觉得郁闷。

高川并不是唯一一个陷入上述情境的人。他所在的央企有10 000多人，只有不到3000人的正式职工，其余全是劳务派遣工。

从全国范围内来说，劳务派遣工的数量更是惊人。由于中国目前还没有建立关于劳务派遣的正式统计制度，关于劳务派遣用工数量众说纷纭。全国人大、全国总工会采用的数据是2500万人。而根据《2011中国人力资源服务业白皮书》（下称《白皮书》），中国符合法律规定的劳务派遣用工在1000万人左右。

根据人力资源和社会保障部（下称"人保部"）劳动科学研究所研究员张丽宾所做的统计，全国就业人数3亿多人，除去一亿多灵活就业者，按劳务派遣用工占10%计算，总量在2000万人左右。"劳务派遣用工现在在中国是过度滥用，早已偏离了这种用工方式的初衷。"张丽宾对《第一财经日报》记者说。

之所以众多企业都选择劳务派遣，除了可以节约成本，它流行的另外一个原因，可能还和当前企业承担的社保、税负有关。根据有关统计，如果按照社保缴费最高基数来计算，企业需要额外承担的社保、公积金等五项费用是职工工资的近四成。也就是说，一个职工如果名义工资是1万元，企业需要支出将近1.4万元，而职工拿到手也就7000元左右。

资料来源：王羚．劳务派遣泛滥成灾 同工不同酬亟待法律规范［N］．第一财经日报，2012-4-19.

### 12.3.2 人力资源外包的风险管理

在人力资源外包的过程中收益与风险共存。外包所带来的成本缩减和战略灵活性等潜在收益让企业如此兴奋，以至于企业会认为外包的风险只是外包决策要考虑的影响因素却不是决定因素。因此，外包决策变得相对简单，而外包的风险管理成为了外包活动的主要内容。一个成功的人力资源外包风险管理体系，需要考虑到以下问题：

如何确定外包承包商？

通过什么流程和制度来保证所有的工作都按时完成？

通过什么流程和制度来保证成本控制在双方认同的范围内？

如何估计外包成本？

通过什么样的流程和制度来保证质量达标？

为了达到目标，应设立怎样的激励机制？

到底是什么妨碍了公司目标的实现？

公司现在与外包承包商共享了多少信息与技术？双方通过何种方式实现信息的共享？

公司如何处理沟通事务？如何整合内部程序与流程？

1. 服务商的评价与选择

企业在进行人力资源管理外包决策时，首先要考虑的是外包的内容。在企业准备实施人力资源管理外包之前，必须先辨别清楚某一职能是否真的适宜外包。通常对于企业来说安全性是首要考虑，同时要坚持不把关系企业核心发展能力的工作外包出去的原则。

在人力资源管理外包的内容确定好以后，就要考虑如何选择服务商，一般应从以下几个方面来考虑。首先当然要考虑服务的价格，因为人力资源管理的某项工作外包以后，企业必然要承担一定的外包成本，如果成本较大，甚至大于由企业内部自己承担的成本，那还不如不要外包。其次是要注重服务商的信誉和质量，它将对整项工作的完成乃至对企业的正常发展起到决定性作用。比如薪酬设计外包就是最典型的例子：薪酬管理属于商业机密，一旦泄露给竞争对手，必将对企业产生极其不利的影响。因此企业在为涉及企业机密、员工满意度、工作流程等敏感性的人力资源管理工作（比如工作分析与岗位描述、薪酬设计、人力资源管理信息系统等）选择服务商时，必须确信其可靠性。此外，企业还需根据本企业人力资源管理工作量的大小，考虑服务商的强弱，选择适合于本企业的服务商。

接下来的工作就是要选择外包的方式。一般来说企业寻求人力资源管理外包服务商的方式可分为三大类。一类是普通的中介咨询机构，它们从事的业务很广，人力资源管理外包仅仅是它们诸多业务中的一项，企业可以把人力资源管理的某项工作（如员工档案管理、员工培训、福利制度、劳动关系等）完全交给它们去做。第二类是专业的人才或人力资源服务机构，如英、法等国新近出现的快速人员服务公司就是专为企业人力资源外包服务的。当然，国际盛行的“猎头”公司也属于这类公司。企业把对高层次员工的招聘外包给这类公司是比较合适的。第三类是企业可以寻求高等院校、科研院所的人力资源专家或研究机构的帮助，由他们来为企业出谋划策，比如设计员工的绩效考核、薪酬制度等。当然，上述三类外包的方式不是各自孤立的，在实际操作中企业往往会召集各类人员，组成一个“智囊团”，力求把工作做好。

---

**即时案例**　　**招聘业务外包**

据公司 IBM 人事资源经理张榕透露，今年的校园招聘任务将大部分由中华英才网完成。中华英才网在各大学里展开招聘宣传，组织校园招聘会，利用其网络的人才招聘系统接收学生的电子简历，按照 IBM 的要求对学生进行初试、笔试的筛选。笔试的试题由 IBM 提供，然后中华英才网根据笔试成绩，按照 1:3 或 1:4 的比例来确定最后的面试候选人，IBM 只负责最后一轮的面试。此外，在招聘工作全部结束后，IBM 还可以利用中华英才网提供的管理软件对应聘人才进行后续的分析和总结。

据介绍，把包括专业技能测试、心理素质测试在内的招聘活动交给第三方来承担是国外企业招聘新员工的普遍做法，国外也有很多专门从事人才招聘、测评的机构。张榕说，公司其实早在两三年前就已经有了外包招聘业务的想法，IBM 在世界其他国家和地区的分公司采取的也是这种方式，但当时在国内还找不到类似的服务。这两年，国内涌现出数百家人才网站，其功能和服务日趋完善，已具备了代理企业招聘业务的能力。

张榕表示，将校园招聘交给专业网站来做，一是可以利用网站校园推广方面的优势把宣传做深做透，二是通过网络接收简历申请，可以加快招聘的进程，三是由网站代理初期筛选、笔试和初次面试，可以保证企业直接接触到最符合需要的候选人，在整个招聘过程中做到省时、省力、提高效率。同时，把招聘活动外包给第三方进行，也有助于招聘的客观、公正。中华英才网公关部经理王鹏介绍说，中华英才网今年也是首次尝试全方位代理企业的招聘活动，除 IBM 以外，中华英才网还代理了中金公司、斯达康的校园招聘工作。

资料来源：李丽萍．招聘业务全部“外包”专业机构代理“抢人”[N]．中国青年报，2000-11-01.

---

经过上述工作，人力资源外包就可以由相应的服务商来负责实施了。在此期间，企业的人力资源管理部门应该积极参加：一方面要注意人力资源外包风险的防范与控制，应与服务商就相应的外包项目签订书面合同，明确双方的权利和义务以及违约赔偿等问题。在外包实施过程中对工作的进展作定时检查，确保工作的顺利、安全实施。另一方面应积极参与配合，为外包服务商尽可能提供帮助，应建立起双赢（Win-Win）的合作关系，共同把工作做好。

人力资源外包风险主要包括以下几个方面：企业自身能力约束的风险、供应商的选择风险及企业文化沟通的风险。此外，缺乏有效的监督机制以监控外包商的行为和保持长期的稳定的信任合作关系也是企业开展人力资源外包业务的需要注意的方面。如何防范这些风险事件的发生或把风险损失降到最小，可以从人力资源外包的内容决策、人力资源外包供应商的合理选择、风险监控机制的建立和人力资源外包风险预警管理体系的建立等方面进行风险管理。

管理和选择人力资源外包服务商被认为是人力资源外包过程中的难题和焦点。

（1）选择资质优良的服务商是关键

人力资源管理外包业务确定后，就要考虑如何选择供应商，这是外包各环节中最关键的问题。要选择实力雄厚、信用记录好的公司。外包是一个长期的决策与投入，这就对外包服务机构的资质提出了更高的要求。企业在选择外包机构的时候，不能仅仅着眼于成本考虑，还应对外包机构对于此业务是否有长期承诺、是否有实质性的投入建设、是否具有丰富的操作经验、是否规范经营、是否会恪守国家法律的规定以及保密原则等方面的内容进行综合考虑。

（2）综合考虑外包的多种因素

要考虑服务的价格。人力资源管理的某项工作外包以后，企业必然要承担一定的外包成本。如果成本过大，甚至大于由企业内部自行承担的成本，那还不如不外包。

选择适合于本企业的服务机构。企业还要根据本企业人力资源管理工作量的大小，综合考虑服务机构的各方面条件和能力，选择适合于本企业的服务机构。

明确公司人力资源管理部门与外包服务商的责、权、利。要确定双方的负责人和联系人，让外包服务商的专家深入企业，认识和了解企业的各种运作过程，诊断各种问题，分析产生的原因；然后双方共同商量，对出现的障碍及时沟通解决。

2. 人力资源外包的过程管理

人力资源外包的过程管理主要是指通过设计规范化、科学化的外包运作流程，有效地防范和化解人力资源外包风险，以更好地实现外包的目的。选定承包商后，公司还将在实施外包的过程中面临其他几大难题。富士通咨询公司（Fujitsu Consulting）的彼得·索尔非（Peter Salfi）认为，这些问题包括失去企业的灵活性、确保承包商履行承诺等。[①] 关于灵活性的问题，索尔非建议企业提前指定有权作决策的人，并由他为推动变革的进行提供必要领导。索尔非又提到："在你的业务状况及优先考虑的事情发生变化时，要确保你与承包商之间的关系状态允许你们随之调整工作范围以及服务等级。这种调整可能意味着价格方面会有所变化，但承包商不应要求你支付额外费用，因此你们必须预先定好规则。"

公司需提前定好的规则包括：

（1）定价和报酬

清楚地说明各项服务是如何定价的，外包承包商是按钟点，是按启用的计算机台数，还是按解决的问题的数量支付报酬。承包商还应该对自己的成本在长期内发生的变化作出规定，包括清楚标明付款日期。

① LILLY J D. Outsourcing the Human Resource Function: Environmental and Organizational Characteristics that Affect HR Performance [J]. Journal of Business Strategies, 2005, 22(1).

（2）对服务的描述

具体描述每项服务的内容，规定一旦出现问题，由哪方承担费用。承包商应该详细说明哪些工作属于核心服务，哪些属于额外服务。

（3）绩效标准

明确对哪些操作进行评估，具体如何进行；如果评估结果达不到双方原定的标准，要确定需要通过何种流程采取改正措施；如果改正措施无效，要通过何种流程终止。因为事态总在不断变化之中，所以一定要确保企业能灵活应对。

（4）管理层之间的接触

设立沟通机制，或者找到双方公司中保持密切联系的外包项目拥护者，他们将使这种合作关系平稳地发展下去。

（5）退出条款

退出条款需要为双方合作的结束和意外事件作准备，包括合作结束后，怎么处理库存、设备、邮寄名单，在合作结束之前，各方必须投入多少精力等。

一旦合作开始，外包承包商和发包公司应该每月碰一次头，对外包服务的绩效表现、某些突出事件及其他小问题进行回顾。因为这些小问题是不容忽视的，否则它们会越变越大，最终导致合作关系的僵化。在达成外包协议的最初几个月里，关于服务范围及各自职责的误解是常有的事情。

合作关系管理的另一个重要方面是管理者自身的管理技巧。管理全由企业自行负责的员工就已经够难的了，管理外部员工就更难了。出色的关系管理能力已成为高层领导者必须掌握的关键技能，它能保证外包的效率。内部管理要求管理人员有教练的技巧，外部管理要求管理人员具有个人影响力。为了成功地管理外部员工，管理人员必须与他们共享信息。

项目管理技巧也变得越来越重要。如果没有详细描述外包服务的范围、目标、风险、质量、成本以及利益，并由专业的项目经理管理这一切，双方就有可能陷入令人沮丧且得不偿失的争吵当中，如为哪些工作是在服务范围内哪些是在服务范围之外纠缠不清。除了详细的计划工作之外，即时监督和控制工作范围、风险及质量的变化同样很重要。

但所有这一切并不意味着内部管理就更容易。事实上，外包成功的最大障碍在于公司内部，即那些坚持固守在“自我”范围内的经理人。这些经理人很难接受将自己多年以来从事的工作交给其他公司去做，他们认为公司很多业务都是“机密性”的，永远都不可以外包。有这种想法的经理人包括不愿冒险者和自立山头的人，还有一些人受自身利益所限，看不到外包给公司带来的利益。

人力资源外包业务的深入，要求建立一种长期稳定的合作关系，双方首先应当持有互信互利的合作态度。要建立这种机制，除了双方的态度外，还需要对权利义务加以界定。双方通过约定把握自由尺度，严格工作流程，确立责任划分，划分利益归属。双方要在互信互利的基础上，签订相应的外包合同，明确双方的责、权、利，还要明确合作期间的定期联系和相互报告体系，制定双方都接受的条款和违约责任等。

## 12.4 外包对人力资源职能的挑战

在人力资源业务外包之后，人力资源专业人员该何去何从呢？其实，对于这个问题，从事人力资源的专业人员大可不必惊慌失措。因为在实践的过程中，企业并不是全部把人力资源管理的业务外包出去，而是有选择地进行人力资源的外包工作。换而言之，企业只不过是把一些不涉及企业机密的、高层次人才物色的、社会福利管理的、技能培训的、重复的、繁琐的、事务性的人事行政工作外包给专业性人力资源机构。所以，在人力资源业务外包的大趋势下，并不存在“人力资源专业人员将失业”的说法。相反，越来越多的企业实践表明，推行人力资源外包业务，有了专业性人力资源承包方的介入，发包企业可以在降低成本的基础上，大大提升其人力资源管理的运作效率。

### 12.4.1 人力资源外包对人力资源管理的贡献

现代企业战略理论越来越强调人力资源管理应成为企业经营的战略伙伴，并在组织绩效中扮演更加重要的角色。人力资源外包是人力资源角色变革的结果，但人力资源外包对人力资源战略角色转变的促进作用，需要更多理论解释和实践加以印证。

1. 对核心化雇佣的支持作用

人力资源外包对人力资源管理的支持作用明显表现在企业的核心化雇佣战略中。近20年来，许多企业由传统的长期雇佣制向核心化、弹性化和低成本高效率化雇佣模式转化，以应对市场不确定因素增多、裁员、企业瘦身、成本上升以及人力资本升值等变化。其主要做法是将一些替代成本低或雇佣成本高、产出效率低的人力资源作为边缘性资源或临时性资源，随生产和经营状况变化灵活配置。弹性化雇佣的动力主要来自劳动力市场的压力，劳动力的需求对人力资源管理外包成本有潜在的影响。当人力资源活动在企业内部进行时，若劳动力需求发生变化，经常需要调整和重新分配雇员间的活动，其成本往往是高昂的。例如，当人员增加时，需对新雇员的雇佣和培训进行投资；当人员减少时，不仅会丧失这些人力资本投资，还会增加解除劳动关系的成本。而采用外包的形式，即使某一委托人的需求发生变化，契约方也完全可能在不花费高昂成本的情况下重新在其众多的委托人之间进行调整。因此，人力资源外包可以缓解当公司面临巨大的人力资源需求不确定性时产生的压力，特别是裁员的压力。然而，对弹性化雇佣制度的最大争议是其对员工的流失率和员工忠诚度的不利影响，而人事外包也难以体现建立在不同契约关系之上的员工群体的公平管理，因为当人事代理机构介入企业与员工之间、成为雇佣关系的契约者时，企业实际上存在着一个二级的内部劳动力市场，非正式员工的权益往往受到忽视甚至损害。

2. 对企业人力资本的积累作用

从某种意义上说，现代企业人力资源管理的一切活动，都是围绕着企业人力资本库（Human Capital Pool）的建设而进行的。随着中介市场的形成，企业越来越倾向于将一些具有高人力资本属性的管理活动外包，例如将高层管理者和高级技术人才的获取活动外包给猎头公司。这显然不同于一般交易性活动，而属于核心人力资本库的存储行为。依据人力资本含量的不同，人力资源获取活动也就具有了功能性的差异。例如：对一般员工的招聘属于交易性外包，因为企业将这种职能外包大多出于规模经济能产生潜在成本节约的考虑；而对高级人才的获取显然是为了通过外部供应方获得专业人才的优质服务，这属于战略性的人才储备和使用行为。显然，是否将对高级人才获取的任务委派给外部，各企业持不同的态度，因为它与企业战略之间有着不同寻常的关系，甚至直接决定了战略的成败。培训和管理咨询是企业比较热衷的人力资源外包形式，这种借助外脑的行为被认为有以下优势：首先，有助于企业将有限的人力资源集中在核心业务的开发和配置上；其次，有助于企业降低对一些使用频率低的人力资源的长期投资；再次，有助于降低组织变革和人员精简的直接或间接成本；此外，有助于借鉴其他企业的成熟经验和管理知识；最后，有助于增强对核心人员的有效管理和激励。尽管企业不倾向于将更多的核心业务外包，但在低成本战略驱动下，不排除将外部的一些成本较低、服务优质的专业性职能引入，例如培训和管理咨询等。在外部形势严峻的情况下，很多企业把管理咨询作为企业排忧解难的一种手段。

3. 对智力资源开发管理的影响

如果将人力资源外包纳入知识管理的框架之中，对外包是否能够促进隐性知识在组织内部的积累及显性化和内在化争议较大。一种观点认为，人力资源管理的效果（如员工的工作积极性、上进心和合作性等表现）依赖于组织内部的隐性知识，而根据核心资源的定义，企业是资源的独特集合体，其长期的竞争优势主要来自于企业所拥有和控制的特殊资源或战略资源。因此，那些可以获得超额利润的企业，是因为它们拥有特有的稀缺资源，依靠这些资源可以产出较之其他企业成本低或者质量高的产品。这种资源存在于企业内部而不是外部，它们具有无形性、难以模仿性、企业专属性、异质性和高效性等特点。如果企业具有不断产生这种资源的内在动力，就可以持续保持其竞争优势。在知识经济时代，企业的核心资源是以智力资源为代表的。根据现代资源管理理论，当企业实施人力资源的内部管理模式时，拥有隐性知识的管理人员可以通过指导下属的工作来实现隐性知识向显性知识的转化。即使有些下属当时不能完全理解或不听从其指导，一段时期后，通过管理人员的灌输和努力，也会使这种知识在员工之间内在化。而人力资源外包尽管可以在契约中将一些目标具体化，但是以隐性知识为基础的管理难以有效地传递和交流，并不可避免地产生资源配置和人员管理的低效率。因此，一个通常的观点是：人力资源外包比较适合在传统的制造业和劳动密集型产业中实施，而对于具有较强隐性知识特征的企业，人力资源外包的风险较大，其效益容易受到质疑。

4. 对员工职业开发和管理的影响

在新的外部竞争环境下，人力资源管理的核心任务之一是实现对员工的绩效激励。这种激励作用表现在两个方面：其一，引导员工行为向企业要求的目标靠近；其二，抑制员工不利于组织绩效的行为。在实施内部人力资源管理时，员工因追求自我或本部门目标而牺牲组织整体利益的事情时有发生，由此产生了组织管理成本。对该问题的解决有赖于控制机制和控制程度。一般认为，建立有效的内部劳动力市场是一种有效的途径。具体而言，因为它强调内部晋升机制，重视为员工的职业生涯发展提供通道，向员工灌输了一种管理意图，让员工知道对组织的持续贡献将获得更多的晋升和个人机会，企业也会由于员工的忠诚而降低内部管理成本。在人力资源外包策略的驱动下，这种设计缜密的内部激励机制有可能被瓦解。因为随着组织的扁平化和组织边界的模糊，员工比组织长寿，员工对个人职业发展的忠诚度必然高于对组织的忠诚度，而形成了新一代知识员工的职业理念。正如20世纪90年代中后期提出的无边界职业生涯（Boundaryless Career）和员工的自我开发模式所解释的那样，员工的职业生涯选择会依据员工的技术专长，充分利用同一组织内部不同工作或不同组织、不同职业的资源去实现自身的职业发展目标。无边界职业生涯观的提出突破了组织对员工职业发展的障碍，较有说服力地解释了在当今社会，雇员不断转换工作和职业，在企业间频繁流动，搜寻职业发展资源的原因，也唤起对人力资源外包的文化思考。因此，随着人力资源外包而出现的员工组织忠诚度降低和流动率升高的问题，往往被认为是人力资源外包的弊端之一；而且随着一些全面外包形式如员工租赁等的发展，人力资源外包越发显示出对员工激励和企业文化的负面影响。

**即时案例　　“人力资源外包”遭遇维权难题**

张雨今年中专毕业。日前，下沙经济开发区的一家合资企业来到她所在的学校招工。张雨报名后，经过招工单位的二次面试和体检，最终被该单位录用。在上岗前，单位要求与张雨签劳动合同，但是在订立合同时，张雨惊奇地发现合同的甲方并非该用人单位，而是之前从未听说过的一家位于下沙的人才劳务服务公司。虽然心存疑虑，但没有经验的张雨还是在合同上签了字。

等到上岗后，张雨才知道，虽然她的待遇和在工厂里签订合同的正式职工没有太大差别，但不同的是，她属于工厂“人力资源外包”的工人，她的人事关系并非属于该厂，而是属于之前与她签合同的那家人才劳务服务公司。平时发工资也不一样，与厂方签合同的正式职工都是每个月的10日在厂里领工资，而她们这些与劳务公司签合同的职工是每个月15日由劳务公司来发工资。

张雨抱怨说，“人力资源外包”让她感觉自己并不属于这个企业。缺少了对企业的认同感，员工能为“自己的企业”发展一心一意工作吗？按习惯的方式，单位用工应该由单位直接向劳动者支付工资，为什么要转一大圈呢？目前最让张雨担心的是，她听到过很多关于这种劳务公司诈骗的事情，据说劳务诈骗的最终受害者都是被派遣的劳动者，他们的权益根本得不到合理保障。

资料来源：李长灿．“人力资源外包”遭遇维权难题［N］．今日早报，2005-08-22.

### 12.4.2　人力资源外包对人力资源专业人员的挑战

在人力资源外包的情况下，企业人力资源专业人员传统的工作职能发生了巨大的变化。原有的关注内部的人才战略规划和功能定位转向了既要考虑内部保留下来的人事管理工作，又要考虑与人力资源外包相关的工作。也就是说，要处理好内部人力资源管理工作和人力资源外包工作之间的有效平衡。具体来说，人力资源外包给人力资源专业人员带来了如下的挑战：

1. 制定企业人力资源战略规划的内容和规划方式方面

企业人力资源专业人员的重要工作是制定并监督人力资源战略规划的执行。传统的人力资源专业人员在进行人力资源战略规划时所遵循的是围绕企业的发展战略，在分析企业现有人才结构和水平的基础上，通过定性和定量的方法，确定企业的人才需求和供给数量并规划相应的人才获取、配置、定薪、开发和绩效考评等活动。在存在人力资源外包的条件下，企业人力资源专业人员在人力资源战略规划内容和规划方式等方面将发生巨大的变化。

从具体的人力资源战略规划的内容来讲，外包方式下的战略性人力资源规划的侧重点越来越接近企业核心人事服务功能的领域。这些核心人事职能领域具体包括：企业核心人才的获取、绩效考核及其绩效沟通、特殊技能培训、企业文化建设等。这些核心人力资源功能的内容因企业的性质而异，但都需要企业人力资源专业人员具有较高的规划水平。比如说，在招聘方面，如果在企业内部进行，对全部人才的获取都有可能掌控在人力资源专业人员手中。但在招聘外包的情形下，部分人才的获取将有可能通过服务商来进行。其中，有可能适合企业的人才被拒之于门外。因此，如何根据人才的结构和需求确定招聘外包业务的范围，这对人力资源专业人员提出了新的挑战。

从规划方式来讲，在没有外包的情况下，可以从企业内外部各个角度来分析人员的结构和水平，并采取定性或者定量的方法来进行人才规划。但在存在外包服务的前提下，如何通过与服务商的有效沟通，将服务商提供的服务内容嫁接到企业总体的人力资源规划当中，这又是经理人员必须考虑的一个重要问题。

2. 人力资源专业人员外包工作能力方面

企业人力资源战略规划制定后，一般情况下，企业人力资源专业人员的工作侧重于制定合理的人力资源战略规划，执行人力资源战略规划，监督人力资源战略的执行过程，对关键人才进行面试，及时就人力资源方面的重要问题与高层主要领导进行沟通等。然而，在存在外包的情况下，企业对人力资源专业人员的工作能力有新的和更多的要求。在外包时，企业人力资源专业人员要综合考虑外包后企业人力资源的战略规划及其战略执行。在人力资源外包的企业，人力资源专业人员需要综合分析以下许多问题并及时作出相应的决策和规划：确定采取什么外包方式（是全面人力资源职能外包、部分人力资源职能外包、人力资源职能人员外包还是分时外包）；对企业人事工作外包的作用和外包可能导致的问题进行分析；对外包的内容进行选择；对外包的成本—效益进行计算；确定外包工作时间安排；确定外包合同；选择和分析外包服务商，维护和执行外包合同；对外包商的工作绩效的监控；续签外包合同；对外包工作进行总结等。虽然企业的有些工作如外包的成本—效益分析可以通过人力资源专业人员的下属来完成，但涉及企业外包决策的许多事项如对外包商工作绩效的监控，决定是否与外包商续签合同等是一般人力资源部门员工难以决定和完成的，这往往需要人力资源专业人员进行相应的决策和规划。

3. 人力资源专业人员沟通技能方面

从具体的管理技能角度分析，外包为人力资源专业人员带来的最大挑战莫过于对其沟通技能的要求。在外包的情况下，企业人力资源的一些职能工作由服务商提供，但服务商的工作本身有一个被企业内部员工理解的过程。比如，某一公司的薪酬体系由某一服务商设计，但在执行过程当中肯定会碰到这样或那样的问题，如何及时有效地把这些员工所关注的问题与员工进行沟通，除了其中的一部分由一般的人力资源员工在这方面与其他员工进行沟通外，在许多关键性的问题上如薪酬策略、层级设置、薪酬的调整策略等主要通过人力资源专业人员来进行阐释。企业的人力资源活动一般都会涉及企业全体员工，企业外包本身的成功需要全体的理解与配合。尽可能让员工了解外包信息尤其是与他们切身利益的服务方式、服务标准等内容非常重要。在许多场合，人力资源专业人员应当明确必要的沟通细节如沟通地点、沟通时间、沟通的方法、沟通的内容和范围等。必要时，人力资源专业人员还可以要求与服务商一起与员工进行沟通。

人力资源专业人员在外包过程当中与外包服务商的充分沟通也会影响企业外包后的总体效果。关于外包范围的确定、外包过程的监督、外包过程当中员工问题的答复、外包职能如何有效地与企业内部人力资源管理职能互补等方面的沟通都有可能影响到企业人力资源管理和外包的质量和效果。如何通过与外包服务商进行有效的沟通，使企业外包所提供的服务有利于企业内部员工对企业文化的认同，缩小员工价值观与企业价值观之间的差距也是十分重要的。

总之，增强与企业内部员工的沟通、与企业人力资源职能部门员工的沟通和与外包服务商的沟通对人力资源专业人员的技能提出了挑战。通过各种方式提升人力资源专业人员沟通技巧是提升外包效果的必要环节。

4. 人力资源专业人员职业角色转化方面

一些传统的人事职能外包后，企业人力资源专业人员的角色如何转化，企业人力资源管理如何从内部导向型转向内外部结合型的管理，这是人力资源专业人员面临的另一个挑战。从职业角色来说，外包后人力资源专业人员的战略性角色并没有改变，但人力资源外包后高层领导者对人力资源专业人员的绩效和能力考察有了不同的视野。外包前，企业高层领导人可能对人力资源管理当中出现的问题有更多的宽容。外包后，由于许多事务性的职能已经转嫁出去，高层管理人员更有可能把注意力转向考察企业人力资源管理方面的效果、判断人力资源专业人员的战略性规划能力和执行能力的高低等方面。人力资源外包一方面减轻了人力资源专业人员在一些事务性工作上的管理责任，但另外一方面也增加了他们在战略性规划、人力资源管理成本和效益的监控、内部人力资源管理核心能力的提升等方面的综合性能力要求。而这些能力的展现必将影响到企业人力资源专业人员个人职业生涯和他们在企业中的形象和地位。

## 小结

简而言之，人力资源外包是指公司委托第三方人力资源管理外包服务机构代为处理公司部分人力资源工作。由于公司规模、人力资源要求、公司长远战略规划的不同，外包的初衷和动机各不相同，外包所带来的机遇和挑战也是各有特色，这使得人力资源外包在不同公司的实际开展程度有很大差异。许多公司的实践表明，外包业务需要遵循一个原则才能最大限度地为公司业务服务：公司核心业务，即有关公司文化建设、机构设置、核心决策等事项不能外包，只要是常规事务性的工作都能够外包。成功的人力资源外包决策不仅是建立在详尽、全面的战略分析基础上，还需要缜密的计划和具体实施过程的监控，以防范人力资源外包所带来的风险。在人力资源外包的环境下，人力资源专业人员在企业的角色和定位上也发生了巨大的改变，而更加接近于企业战略伙伴的角色。

## 练习与思考

1. 什么是人力资源外包？
2. 人力资源外包的优势和劣势是什么？
3. 人力资源外包的类型有哪些？
4. 如何进行人力资源外包的战略分析？

5. 如何制定人力资源外包决策?
6. 怎样有效管理人力资源外包的风险?
7. 外包后企业人力资源的角色和定位是什么?

## 参考文献

[1] 查尔斯·盖伊. 企业外包模式 [M]. 华经, 译. 北京: 机械工业出版社, 2003.

[2] LILLY J D. Outsourcing the Human Resource Function: Environmental and Organizational Characteristics that Affect HR Performance [J]. Journal of Business Strategies, 2005, 22(1).

[3] JET MAGSAYSAY. 祭起外包三大法宝 [OL]. [2004-04-28] http://www.ceconline.com/operation/ma/8800035149/01/.